中等职业教育国家规划教材

全国中等职业教育教材审定委员会审定

GONGYONGDIAN WANGLUO JI SHEBEI

供用电网络及设备

（第三版）

编著　李　俊　等

主审　崔海文　刘连光　黄　伟

中国电力出版社

CHINA ELECTRIC POWER PRESS

内 容 提 要

本书为中等职业教育国家规划教材,由全国中等职业教育教材审定委员会审定。

本书主要内容包括供用电网络的基本知识,供用电网络的基本计算,供用电网络的电压调整,电弧及触头的基本知识,低压开关电器,熔断器,高压开关电器,电器设备选择,用电设备,供配电所的接线方式及成套配电装置,并附录了相关设备的技术参数及特性。

本书作为中等职业院校学生的专业基础教育教材,也可作为有关工程技术人员培训和参考用书。

图书在版编目(CIP)数据

供用电网络及设备/李俊等编著. —3 版. —北京:中国电力出版社,2017.1(2024.7 重印)
中等职业教育国家规划教材
ISBN 978-7-5123-9697-5

Ⅰ.①供… Ⅱ.①李… Ⅲ.①供电—电力系统—中等专业学校—教材 ②电力系统—设备—中等专业学校—教材 Ⅳ.①TM72

中国版本图书馆 CIP 数据核字(2016)第 200968 号

出版发行:中国电力出版社
地　　址:北京市东城区北京站西街 19 号(邮政编码 100005)
网　　址:http://www.cepp.sgcc.com.cn
责任编辑:雷　锦(010-63412530)
责任校对:黄　蓓
装帧设计:赵姗姗
责任印制:吴　迪

印　　刷:北京九州迅驰传媒文化有限公司
版　　次:2002 年 1 月第一版　2017 年 1 月第三版
印　　次:2024 年 7 月北京第二十二次印刷
开　　本:787 毫米×1092 毫米　16 开本
印　　张:15.75
字　　数:385 千字
定　　价:33.00 元

前　言

　　随着我国对能源的需求不断扩大，电力科学技术飞速发展，电工类产品不断更新，新材料、新技术、新工艺、新方法在供用电技术领域不断出现，电力行业的规程与规范也随之发生了新变化。为了适应供用电技术领域的发展状况，本教材力求反映电力工业最新的技术装置与技术成果，注意了经济发展和社会进步对中等职业教育的要求，力求概念清晰、深入浅出、循序渐进，反映供电企业、工矿企业、城镇和农村供用电技术的实际需要。本书第二版自 2006 年出版以来，已有 10 年时间，被几十所院校选用过，并得到了各院校同仁的认可。此版在前两版的基础上修订，保留了原内容体系不变，修改了部分错误，更新了一些陈旧的知识。

　　为了便于教师教学和学生自学，每个单元都设置了内容简介、教学要求、单元小结和习题。为了方便课堂练习和设备选择，在附录中选编了部分导体和设备的技术参数。

　　本书第三版由李俊、刘伟、孙奇志、孙丽杰、庞振峰修订。

　　介于作者水平所限，仍有不足之处，希望广大读者批评指正。

编著者

2017 年 1 月

第一版前言

本教材是根据中等职业技术学校供用电技术专业"供用电网络及设备"课程的教学大纲编写的。

随着我国社会主义市场经济体制的确立，科学技术飞速发展，电工类产品不断更新，新技术、新工艺、新方法在供用电技术领域不断出现。技术规程与规范也随之发生了一些变化，尤其是近期大规模的城乡电网改造工程中大量使用新型的设备和技术。为了适应供用电技术领域的发展状况，本教材力求反映最新的技术与装置并且适当地考虑了今后的发展动向，在编写过程中注重了经济发展对中等职业技术的新要求，力求概念清晰、深入浅出、循序渐进，反映供电企业、工矿企业、城镇和农村供电技术工作的实际。

为了便于教学和学生自学，每个单元都包括内容简介、教学要求、单元小结和习题。为了方便课堂练习和设备选择的需要，在附录中选编了部分导体的电气等技术参数。

本教材共设 10 个单元，由哈尔滨电力学校李俊、江西省电力培训中心吴文辉、戴勇三人共同编写，其中吴文辉编写第一～第三单元，李俊编写第四～第八单元，戴勇编写第九、第十单元。全书由李俊主编，上海电力工业学校袁建文主审。

对于本教材中的缺点和错误，恳请广大读者批评指正。

编 者

2001 年 10 月

第 二 版 前 言

《供用电网络及设备》是教育部 80 个重点建设专业主干课程之一，是根据教育部最新颁布的中等职业学校电厂及变电站电气运行专业"供用电网络及设备"课程教学大纲编写的。

本书以培养学生的创新精神和实践能力为重点，以培养在生产、服务、技术和管理第一线工作的高素质劳动者和中初级专门人才为目标。教材的内容适应劳动就业、教育发展和构建人才成长"立交桥"的需要，使学生通过学习具有综合职业能力、继续学习的能力和适应职业变化的能力。

随着我国社会主义市场经济体制的确立，对能源的需求不断扩大，电力科学技术飞速发展，电工类产品不断更新，新材料、新技术、新工艺、新方法在供用电技术领域不断出现。电力行业的规程与规范也随着发生了变化，尤其是 1998 年开始的城乡电网改造工程中大量的使用了新技术与新装备。为了适应供用电技术领域的发展状况，本书力图反映电力工业最新的技术装置与技术成果，适当地考虑了今后的发展动向。本书在再版的编写过程中对第一版中的错误和问题进行了修正和补充，并注意结合了经济发展和社会进步对中等职业教育的要求，力求概念清晰，叙述深入浅出、循序渐进，能够反映出供电企业、工矿企业、城镇和农村供用电技术的实际需要。

为了便于教师教学和学生自学，每个单元都设置了内容简介、教学要求、单元小结和习题。为了方便课堂练习和设备选择，在附录中选编了部分导体和设备的技术参数。

本教材共分 10 个单元，由哈尔滨电力职业技术学院刘伟、孙奇志、齐云秋、孙丽杰修订第 1～6 单元，哈尔滨煤矿机械研究所高级工程师庞振峰修订第 7、8 单元，哈尔滨供电公司高级工程师张滨修订第 9、10 单元，全书由哈尔滨电力职业技术学院李俊统稿，崔海文负责审定。

本书可作为中等职业学校（普通中专、成人中专、技工学校、职业高中）教材，也可作为职工培训用书或供用电技术人员参考。

对于本书中的缺点和错误，恳请广大读者批评指正。

编　者
2006 年 9 月

目　　录

供用电网络的基本知识

知识要点

1. 电能的优点。
2. 世界电力系统的发展简史，我国电力系统的发展。
3. 发电厂的主要类型，火力发电厂、水力发电厂和原子能发电厂中电能生产的过程。
4. 电力用户的类型和特点，变电站的类型和特点，电力系统和电力网的概念，供用电网络的概念。
5. 供用电网络的接线方式及其特点。
6. 电力系统运行的特点。
7. 对电力系统的基本要求。
8. 电气设备额定电压的定义和分类，线路的额定电压与输送功率、输送距离的关系。
9. 中性点不接地系统的工作原理，单相完全接地时的有关结论、适用范围。
10. 消弧线圈的作用及补偿原理，补偿方式及其适用范围。
11. 中性点直接接地系统的特点及适用范围。

课题一　电力系统概述

内容要求

1. 了解我国电力工业的发展；
2. 熟悉发电厂的类型及电能生产的过程；
3. 了解电力系统及供用电网络的构成；
4. 掌握供用电网络的接线方式及其特点；
5. 了解电力系统运行的特点及对电力系统的基本要求；
6. 了解电力网常用电压等级，掌握电气设备额定电压的确定方法。

电是能量的一种表现形式，是现代社会中最重要、最方便的能源，现代工农业生产、交通运输以及城乡人民生活等各个方面，广泛地使用着电能。是电能有许多优点：首先，电能易于转换成其他形式的能量，使用便利。例如工厂中的电动机，就是将电能转换成机械能，拖动各种机械；又如我们日常使用的电灯，是将电能转换成光能，满足照明需要。其次，电能还可以经高压输电线路进行远距离输送，满足远方的用户的需求，且输送与分配经济。另外，许多生产部门利用电进行控制，更容易实现自动化，提高产品质量和经济效益。

一、电力工业的发展

(一) 电力系统发展简史

1831 年法拉第发现电磁感应定律后，很快出现了原始的交流发电机、直流发电机和直流电动机。由于当时发电机发出的电能只用于电化学工业和电弧灯，而电动机所需电能又来自蓄电池，电机制造和电力输送技术的发展最初集中于直流电，原始的电力线路输送的就是 100～400V 低压直流电。由于输电电压低、输送功率小、距离近，所以应用不多。

到了 1882 年，法国人德普勒将水电厂发出的电输送到慕尼黑以驱动水泵，采用直流输电线路，电压为 1500～2000V，输送功率约 2kW，输电距离为 57km，这可认为是世界上第一个电力系统。

生产的发展对输送功率和输送距离提出了进一步要求，以致直流输电已不能适应需要。1885 年随着变压器和异步电动机的相继问世，实现了单相交流输电。1891 年在制成三相异步电动机、三相变压器的基础上又实现了三相交流输电。

1891 年在法兰克福举行的国际电工技术展览会上，俄国人多里沃—多勒列沃列斯基展出的输电系统奠定了近代输电技术的基础。该系统从拉芬镇到法兰克福全长 175km，安装在拉芬镇的水轮发电机组功率为 230kVA，电压为 95V，转速为 150r/min。升压变压器将电压升高到 25000V，电能经直径为 4mm 的铜线输送至法兰克福，用两台降压变压器将电压降低到 112V，其中一台变压器供电给白炽灯，另一台变压器供电给异步电动机，以驱动一台功率为 75kW 的水泵。这标志着电力系统的发展取得了重大突破，是现代电力系统的雏形。

随着生产技术的发展，科学的进步，人们逐步掌握了三相交流电，汽轮发电机组不久便代替了以蒸汽机为原动力的发电机组，三相交流发电机、变压器和电动机等设备的性能指标不断提高。发电厂之间出现了并列运行，输电电压、输电功率、输电距离日益增大。各国逐步将一个个孤立运行的发电厂、变电站用线路连接起来，形成规模更大的电力系统。三相交流电力系统的优越性，使之取代了低压直流输电，数十年间，大电力系统不断涌现，甚至出现了全国性和跨国性的电力系统。

在现代，有些电力系统的输电距离达到数千公里，系统容量达数亿千瓦，同步发电机并列运行的稳定性对电力系统可靠运行的威胁愈来愈大，虽然各国在解决交流系统稳定运行方面进行了大量的研究工作，也解决了许多工程实际问题，但交流输电由感抗所带来的固有困难和局限性，在生产实际中也逐渐地被人们所认识，于是，高压直流输电技术又重新为人们所重视。高压大容量可控汞弧阀与可控整流器的问世，为高压直流输电的发展创造了条件。许多国家已相继出现了超高压交、直流输电的大型电力系统。

(二) 我国电力系统的发展

在我国，自 1882 年在上海建立第一个发电厂至 1949 年的 60 余年间，电力工业的发展非常缓慢。1949 年新中国成立之初，全国总装机容量为 184.9 万 kW，年发电量仅 43 亿 kWh，在世界上居第 25 位。

新中国成立后，1957 年底，第一个五年计划完成时，全国总装机容量为 464 万 kW；1962 年底，第二个五年计划完成时，全国总装机容量达 1300 万 kW；到 2000 年，第九个五年计划完成时，全国总装机容量突破 3 亿 kW，其中水电装机容量达 7680 万 kW。2000 年内全国新增发电容量 1900 万 kW 左右（其中水电机组容量 427 万 kW），关停小火电 311 万 kW；2000 年发电量达到 13556 亿 kWh，人均年用电量已达到 1000kWh，比 1949 年人均不足

10kWh 增加了 100 倍。变化最大的是农村用电。新中国成立之初，我国农村除上海近郊使用极少量电力外，其余均与电力无缘；1978 年，我国农村乡镇和行政村的通电率分别为 86.63％和 61.65％；2000 年底，我国农村乡镇和行政村的通电率分别为 99.20％和 98.1％，农户通电率达到 96.87％。

到 2015 年底，我国电力系统总装机容量 15 亿 kW，其中非化石能源发电容量 5.16 亿 kW，占总装机比重 34.3％，当年新增机组容量约 1.3 亿 kW，2015 年发电量 56045 亿 kW·h。2009 年 1 月世界上运行电压最高、技术水平最先进、我国拥有自主知识产权的 1000kV 交流输电工程投入商业运行。目前已形成东北、华北、华中、华东、西北、川渝等跨省区域电力系统。通过建设以特高压电网为骨干网架的坚强智能电网，促进大水电、大煤电、大核电、大型可再生能源发电基地的集约化发展，实现更大范围能源资源优化配置。

二、电能生产的过程

将自然能（石油、煤炭、天然气、水力、核能等）转变成电能的过程称为发电，一般在发电厂中进行，按其使用能源的不同，发电厂的类型主要有火力发电厂、水力发电厂、原子能发电厂（又称核电厂），另外还有太阳能发电厂、风力发电厂、潮汐发电厂和地热发电厂等近年来发展迅速的可再生能源发电厂。本书目前只针对在我国占比较大的三种发电方式做一简介。

（一）火力发电厂

火力发电厂一般简称为火电厂，是以煤、石油、天然气等作为燃料，燃料在锅炉中燃烧时的化学能被转换为热能，再借助汽轮机等热力机械将热能变换为机械能，并由汽轮机带动发电机将机械能变换为电能。迄今为止，在世界上的绝大多数国家中，火力发电厂在电力系统中所占的比重都是较大的。

火力发电厂按其作用可分为单纯发电的和既发电又兼供热的两种类型。前者指一般的火力发电厂，后者指供热式火力发电厂（或称热电厂）。一般火力发电厂应尽量建设在燃料基地或矿区附近，将发出的电能用高压线路送往用电负荷中心。这样既避免了燃料的长途运输，提高了能量输送的效益，还防止了对城市地区的环境污染，通常把这种火力发电厂称为"坑口电厂"，坑口电厂是当前和今后建设大型火力发电厂的主要发展方向。热电厂的建设是为了提高热能的利用率，由于它要兼顾供热，所以必须建设在大城市或工业区的附近。

一般火力发电厂多采用凝汽式汽轮发电机组，故又称为凝汽式发电厂，其生产过程如图 1-1 所示。

煤先由输煤皮带运送到锅炉房的煤斗中，再经煤斗进入磨煤机被磨成煤粉，在热空气的输送下，经喷燃器送入锅炉燃烧室内燃烧。助燃空气由送风机先送入空气预热器加热为热空气，其中一部分热空气进入磨煤机以干燥和输送煤粉，另一部分热空气则进入燃烧室助燃。在燃烧室内，燃料着火燃烧并放出热量，其热量的一部分将传给燃烧室四周的水冷壁，并在流过水平烟道内的过热器及尾部烟道内的省煤器、空气预热器时，继续把热量传给蒸汽、水和空气；而被冷却后的烟气则经除尘器除去飞灰，由引风机从烟囱排入大气。另外，通常用水把由锅炉下部排出的灰渣和由除尘器下部排出的细灰冲到灰渣泵房，经灰渣泵排往储灰场。

在水冷壁中产生的蒸汽在流经过热器时进一步吸收烟气的热量而变为过热蒸汽，然后通过主蒸汽管道被送入汽轮机。进入汽轮机的蒸汽膨胀做功，推动汽轮机的转子旋转，将热能

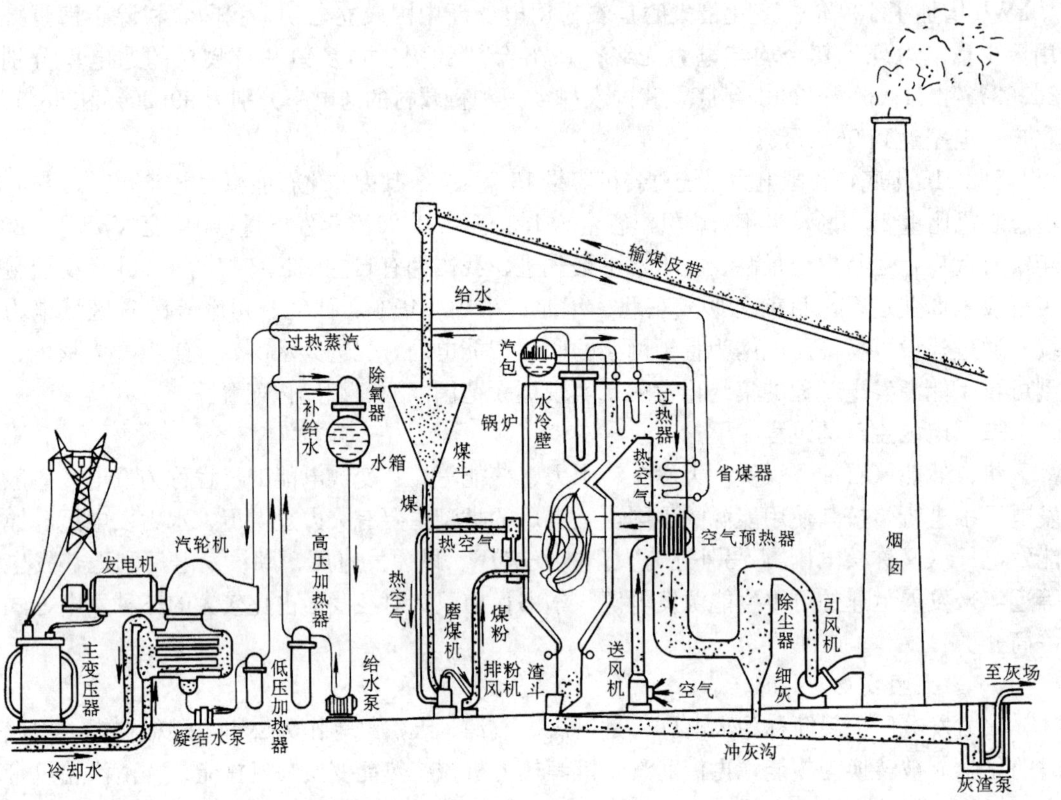

图 1-1 凝汽式火力发电厂生产过程示意图

变为机械能,汽轮机带动发电机旋转,将机械能变为电能。在汽轮机内做完功的排汽将进入凝汽器内放出汽化热而凝结为水,凝结水再由凝结水泵经由低压加热器加热送入除氧器。除氧后的水由给水泵打入高压加热器加热进一步提高温度后再进入锅炉。以后又重复上述过程,并不断地产生出热能。

将汽轮机的排汽冷却为水是由循环水泵把冷却水送入凝汽器来实现的。冷却水经循环水泵打入凝汽器的循环水管中,在吸收了蒸汽的热量后,又经排水管排出,从而将热量带走。通常,由于循环水系统带走很大一部分热量,因此,一般凝汽式发电厂的效率是不高的,目前比较先进的指标也只达到 30%～40%。

为了提高这种发电厂的效率,人们自然会想到能否尽量减少被循环水所带走的热量,而把做过功的蒸汽(乏汽)中所含的热量充分利用起来。这就是发展供热式发电厂的原因。供热式发电厂与凝汽式发电厂不同的地方只是在汽轮机的中段抽出了供热能用户的蒸汽,而这些蒸汽实际上已经在汽轮机中作了部分功,再把这些蒸汽引到给水加热器去加热供热力用户的用水,或把蒸汽直接送给热力用户。这样一来,进入凝汽机内的蒸汽量就大大减少了。于是循环水所带走的热量消耗也就相应地减少了,从而提高了热效率。现代化大型供热式发电厂的效率可达 60%～70%。从供电和供热的全局来看,可节约燃料 20%～25% 左右。由于供热网络不能太长,所以供热式发电厂总是建设在热力用户附近。此外,供热式发电厂的发电出力还与热力用户的需热量有关。当需热量多时,发电厂必须相应多发电;需热量少时,则发电出力也减少。因而,这类发电厂在电网中的运行方式远不如凝汽式发电厂灵活。

火力发电厂发展的主要趋势是采用高温，高压（亚临界、超临界），大容量机组（目前世界上最大机组容量已达 1300MW）以及建设大容量的火力发电厂，这样可以显著地提高火力发电厂的效率。

（二）水力发电厂

水力发电厂是利用河流所蕴藏的水能资源来发电。水能资源是最干净、廉价的能源。水力发电厂的容量大小决定于上下游水位差（简称水头）和流量大小。因此，水力发电厂往往需要修建拦河大坝等水工建筑物以形成集中的水位差，并依靠大坝形成具有一定容积的水库以调节水库的流量。根据地形、地质、水能资源特点等的不同，水力发电厂可分为坝式水电厂、引水式水电厂、混合式水电厂和抽水蓄能电厂。

坝式水电厂的水头是由挡水大坝抬高上游水位而形成。若厂房布置在坝后，则称之为坝后式水电厂，如浙江的新安江水电厂。若厂房起挡水坝的作用，承受上游水的压力，则称之为河床式水电厂，如葛洲坝水电厂。

引水式水电厂的水头由引水道形成。这类水电厂的特点是具有较长的引水道，如天生桥二级水电厂，设计水头 176m，引水隧洞长达 9555m。

混合式水电厂的水头由坝和引水道共同形成。这类电厂除坝具有一定高度外，其余与引水式电厂相同。

抽水蓄能电厂是一种特殊的水电厂，当电网中的电力负荷处于高峰时段，电厂放水发电；电力负荷处于低谷时段，利用电网的多余电能将下游水库的水抽至上游水库，转变为势能形态储蓄起来，达到储蓄和调节电能的目的，如广州抽水蓄能电厂。

水力发电厂的生产过程要比火力发电厂简单，如图 1-2 所示。

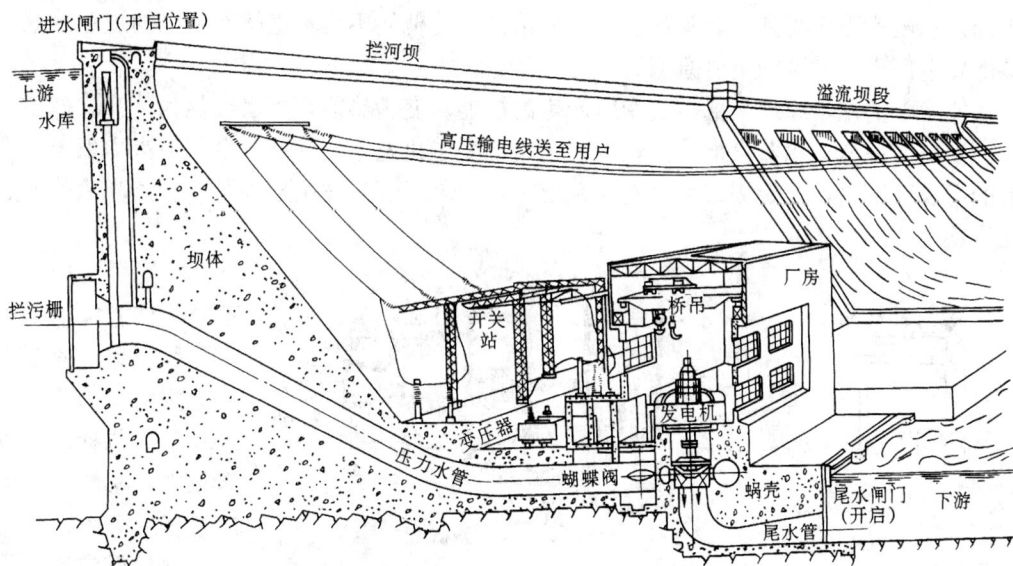

图 1-2　水力发电厂生产过程示意图

由挡河坝维持在高水位的水，经压力水管进入螺旋形蜗壳推动水轮机转子旋转，将水能变为机械能。水轮机带动发电机旋转，机械能再变为电能，做完功的水则经过尾水管排往下游。发电机发出的电能则经过变压器升压后由高压输电线送出。由于水力发电厂的生产过程比较简单，运行维护人员较少，易于实现自动化。水力发电厂不需要消耗燃料，它的电能生产成本比火力发电厂低。此外，水力机组的效率较高，承受变动负荷的性能较好，因此在系统中的运行方式较为灵活；水力机组起动迅速，在事故时能充分地发挥其备用作用。随着水力发电厂的兴建，往往可以同时解决发电、防洪、灌溉和航运等多方面的问题，实现河流的综合利用，使国民经济取得更大的综合效益。但是由于水力发电厂需要建设大量的水工建筑物，相对于火力发电厂来说，建设投资比较大，建设工期比较长，占用劳力比较多。特别是水库还将淹没一部分土地，给农业生产带来一定不利影响，还存在移民问题。另外，水力发电厂的运行方式受气象和水文等条件的影响，有丰水期和枯水期之别，会给电网的运行带来一定的不利因素。

水力发电厂按其运行方式可分为无调节水电厂和有调节水电厂。无调节水电厂的水库库容小，不能对径流进行调节，直接引用河中径流发电，所以也称其为径流式水电厂。有调节水电厂可利用水库对径流进行重新分配。按调节周期长短，又可分为日调节、周调节、季调节、年调节和多年调节水电厂。

（三）核能发电厂

核能的利用是现代科学技术的一项重大成就。从 20 世纪 40 年代原子弹的出现起，核能就逐渐被人们所掌握并陆续被用到工业和交通等许多部门，从而为人类提供了一种新的巨大的能源。

由于煤、石油和天然气等燃料的储量有限，它们又是重要的化工原料，一些国家的水能资源已基本开发殆尽，因此从 20 世纪 50 年代起某些国家就转向研究核能发电。从 1954 年世界上第一个核能发电厂建成至今，全世界已有几十个国家先后建成总共 200 多个核能发电厂，总装机容量已超过 1 亿 kW。正在建设或已订货的核能发电厂的总容量更大。一些资源贫乏的发达国家由于受到"能源危机"的冲击，迫使他们不得不走核能发电的道路，这是促使核能发电厂迅速发展的主要原因。

核能发电的基本原理是把核裂变所产生的核能转变为热能，将水加热为蒸汽，然后同一般火力发电厂一样，用蒸汽推动汽轮机，再带动发电机发电。核能发电厂与火力发电厂在构成上的主要区别是，前者用核蒸汽发生系统（反应堆、蒸汽发生器、泵和管道）来代替后者的蒸汽锅炉。

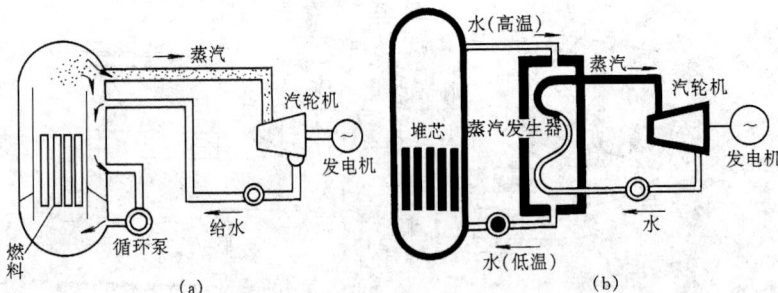

图 1-3 核能发电厂生产进程示意图
(a) 沸水堆型反应堆；(b) 压水堆型反应堆

根据核反应堆型式不同，核能发电厂可分为几种类型。图 1-3 为目前使用较为广泛的轻水堆型（包括沸水堆和压水堆）核能电厂的生产过程示意图。

这种反应堆是用水作为载热剂。在沸水堆内，水被直接变成蒸汽，它的系统构成较为简单，但有可能使汽轮机等设备受到放射性污染，以致使这些设备的运行、维护和检修复杂化。为了避免这个缺点，可采用压水堆型反应堆。这里，增设了一个蒸汽发生器，从反应堆里引出的高温水在蒸汽发生器内将热量传给另一个独立回路的水，将之加热成高温蒸汽以推动汽轮发电机组旋转。由于在蒸汽发生器内两个回路的水是完全隔离的，所以就不会造成对汽轮机等设备的放射性污染。

核能发电厂的主要优点之一是可以大量节省煤、石油和天然气等燃料。例如，一座装机容量为 500MW 的火力发电厂每年至少要烧掉 150 万吨煤；而同容量的原子能发电厂每年只消耗 600kg 的铀燃料，可以避免大量的燃料运输。核能发电厂的另一个特点是燃烧时不需要空气助燃。所以，核能发电厂可以建设在地下、山洞里、水下或空气稀薄的高原地区。从发电厂的建设投资和发电成本来看，核能发电厂所需的固定投资虽较火力发电厂要高，但长年的燃料费和维护费则比火力发电厂要低，它的规模愈大则生产每千瓦时电能的投资费用下降愈多。

核能发电厂的主要问题是放射性污染。尽管在发电厂建设时已采取了相应的措施，但放射性污染事故仍不断发生，有的还比较严重。例如，1979 年美国的西西里核电站事故、1986 年苏联的切尔诺贝利核电站事故、2011 年日本核泄漏事故等。显然，只有更好地解决了污染的防护问题以及放射性废弃物的处理问题，核能发电厂的建设才可能得到更大的发展。我国在建设核能发电厂方面也取得了可喜的成果。截至 2016 年 6 月，我国投入商业运行的核电机组共 30 台，已有大亚湾、秦山、岭澳、田湾、宁德、红沿河等多个核电站投入运行。

尽管在核电发展的历程中，曾发生过三里岛、切尔诺贝利和福岛三次大事故，使人们对核电安全担忧，给核电的发展带来负面冲击，例如福岛事故后，德国、瑞士等国宣布逐步弃核，但是另外一些国家如美国、英国、法国及韩、印等国和国际原子能机构也对核电安全重新进行了评估，作出明确结论，确认了继续发展核电的方针。我国的核电工业目前仍然保持着良好的安全记录，但在电力中占比较低，有很大的发展潜力，预计到 2020 年，可以达 4%。我国政府承诺，到 2020 年非化石能源占一次能源消费比重将达到 15% 左右，单位国内生产总值二氧化碳排放比 2005 年下降 40%～50%，发展核电是实现这一目标的现实途径之一。

三、电力系统的组成

使用电能的单位称为电力用户。用电的类型很多，主要分为工业用电、农业用电与生活用电等。工业用电集中、用电量大、设备利用率高，对供电可靠性要求高；农业用电分散、用电量小，与气候及季节有关，平时对供电可靠性要求较低，灾害天气时对供电可靠性要求高；人民生活用电面广，形式多样，随着生产的发展和生活水平的提高，用电量愈来愈大，对供电可靠性要求也愈来愈高。

电力用户或电力负荷应按对供电可靠性的要求进行分级，一般分三级：

（1）一级负荷：中断供电将造成人员伤亡时；中断供电将在政治、经济上造成重大损失时；中断供电将影响有重大政治、经济意义的用电单位的正常工作。例如，重大设备损坏、重大产品报废、重要交通枢纽、大型体育场馆、大量人员集中的公共场所等用电单位的重要电力负荷。

（2）二级负荷：中断供电将在政治、经济上造成较大损失时；中断供电将影响重要单位的正常工作。例如主要设备损坏、大量产品报废、重点企业大量减产、交通枢纽、通讯枢纽等用电单位的重要电力负荷。

(3) 三级负荷：不属于一级和二级负荷的其他负荷。

世界上许多国家将大型火电厂建设在煤炭和石油等能源的产地，以节约燃料运输费用；水电厂又需要建设在江河水流落差较大的河段。而用电负荷中心，一般集中在大城市、工业中心、矿山、农业发达及交通枢纽等地。因此，发电厂和负荷中心之间往往相距几十、几百甚至数千公里，这就需要用电力线路作为输送电能的通道。将发电厂的电能送到负荷中心的电力线路称为输电线路；将负荷中心的电能送到各用户的电力线路叫作配电线路。

电压的升高或降低，是通过变压器完成的。安装变压器配电设备及其测量、保护与控制设备的地方称为变电站。用于升高电压的称为升压变电站（或称升压站），用于降低电压的称为降压变电站。变电站根据它在电力系统中的地位，可分成以下几类：

1. 枢纽变电站

位于电力系统的枢纽点，连接电力系统高压和中压的几个部分，汇集多个大电源和大容量联络线，电压为 $330\sim750kV$。枢纽变电站的特点是电压等级高，变电容量大，出线数目多；全所停电后，将引起系统解列，造成大面积停电。

2. 中间变电站

高压侧以交换潮流为主，起系统交换功率的作用，或使长距离输电线路分段，一般汇集 $2\sim3$ 个电源，电压为 $220\sim330kV$，同时又降压供给当地用户，这样的变电站主要起中间环节的作用，称为中间变电站。全所停电后，将引起区域电网解列。

3. 地区变电站

高压侧电压一般为 $110\sim220kV$，向地区用户供电为主的变电站，这是一个地区或城市的主要变电站。全所停电后，仅使该地区中断供电。

4. 终端变电站

在输电线路的终端，接近负荷点，高压侧电压多为 $110kV$，降压后直接向用户供电的变电站，即为终端变电站。全所停电后，只是用户受到损失。

由发电机、各类变电站、输配电线路和电力用户的电气装置连接成的整体，称为电力系统。电力系统加上热力发电厂中的热能动力装置、热能用户和水电厂的水能动力装置，也就是电力系统加上锅炉、汽轮机、水库、水轮机以及原子能发电厂的反应堆等，统称为动力系统。电力系统中各种电压的变电站及输配电线路组成的统一体，称为电力网。电力网的主要任务是输送与分配电能，并根据需要改变电压。图 1-4 所示为动力系统、电力系统和电力网的示意图，图中用单线表示三相导体。

从研究与计算方面考虑，可将电力网分为地方网、区域网、远距离输电网三类。电压为 $110kV$ 以下的电力网，电压较低，输送功率小，线路距离短，主要供电给地方负荷，称为地方网；电压在 $110kV$ 以上的电力网，电压较高，输送功率大，线路距离长，主要供电给大型区域性变电站，称为区域网；输电线路长度超过 $300km$，电压在 $330kV$ 及以上的电力网，称为远距离输电网。电压为 $110kV$ 的电力网属于地方网还是区域网，主要应从它在电力系统中的作用考虑。

按电压的高低可将电力网分为低压网、中压网、高压网和超高压网等类。电压在 $1kV$ 以下的称为低压网；电压为 $1\sim10kV$ 的称为中压网；电压高于 $10kV$ 低于 $330kV$ 的称为高压网；电压在 $330kV$ 及以上的称为超高压网。按电力网的接线方式区分，可将电力网分为

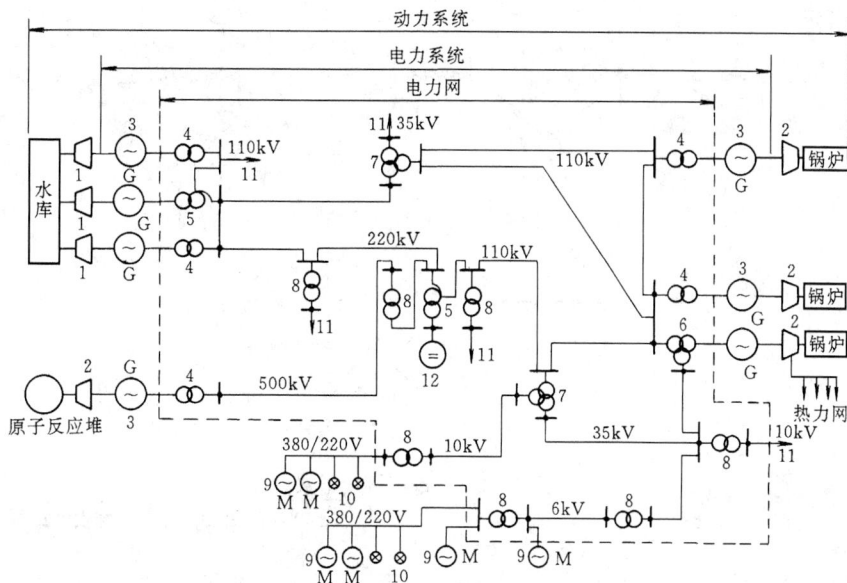

图 1-4　动力系统、电力系统、电力网的示意图

1—水轮机；2—汽轮机；3—发电机；4—升压双绕组变压器；5—升压自耦变压器；
6—升压三绕组变压器；7—降压三绕组变压器；8—降压双绕组变压器；9—电动机；
10—电灯；11—负荷（泛指）；12—调相机

一端电源供电的电力网（又称为开式网）；两端电源供电的电力网及多端电源供电的电力网三类（后两类又称为闭式网）。按电力网在电力系统中的作用可分为系统联络网（又称网架）与供用电网络两类。系统联络网主要为系统运行调度服务；供用电网络主要为用户服务。

四、供用电网络

（一）供用电网络的基本接线

供用电网的接线形式随用户的要求而异，其基本接线形式有以下两类：

1. 无备用接线形式

对于无备用接线，用户只能从一个方向取得电源。这类接线分为单回路放射式、干线式、链式和树枝式，如图 1-5 所示。

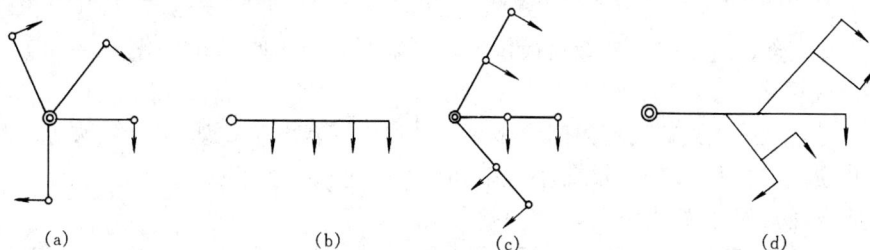

图 1-5　无备用接线形式

(a) 放射式；(b) 干线式；(c) 链式；(d) 树枝式

无备用接线的主要优点在于接线简单，运行方便；主要缺点是供电可靠性差。

2. 有备用接线形式

有备用接线形式分为双回路放射式、双回路干线式、环式、两端供电式和多端供电式，如图1-6所示。

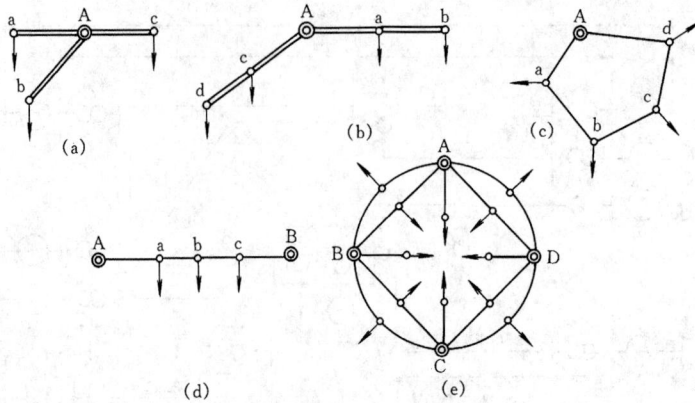

图1-6 有备用接线形式

(a) 双回路放射式;(b) 双回路干线式;(c) 环式;(d) 两端供电式;(e) 多端供电式

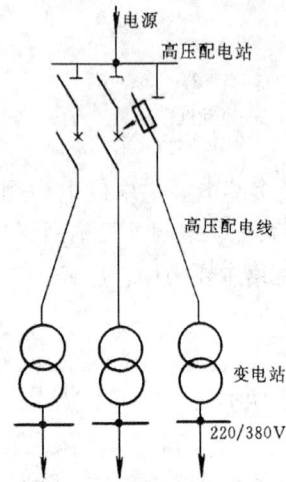

图1-7 放射式网络

(二) 高压配电网的接线方式

高压配电网是指采用35kV或110kV电压作为配电电压的网络,其网络接线应根据负荷的分布和负荷的类别来确定。

1. 放射式网络

线路终端不装高压断路器,只装带接地开关的隔离开关,如图1-7所示。为了提高这种接线的供电可靠性,可装设自动重合闸装置。

放射式网络的优点是:供电可靠性较高,故障发生后影响范围小;继电保护装置简单且易于整定;便于实现自动化;运行简单,切换操作方便。

放射式网络的缺点是:一旦线路或开关设备发生故障,由该回路供电的负荷将中断供电且难以恢复;配电线路和高压开关柜数量多,投资大。

单回路放射式网络适于对分布在变电站周围的第三级负荷供电,可以节省投资。对于一、二级负荷供电,可采用双回路放射式网络。

2. 干线式网络

各用户变电站沿线路的前进方向分布时,采用干线式网络,如图1-8所示。其优点是:变配电所的馈出线回路数少、投资小、结构简单;缺点是当任一段线路故障时,会导致所有变电站停电,即可靠性差,线路故障影响范围大。因此,只能对第三级负荷供电。为减少干线故障时的停电范围,每条线路连接的变压器台数不宜超过5台,总容量不超过3000kVA。

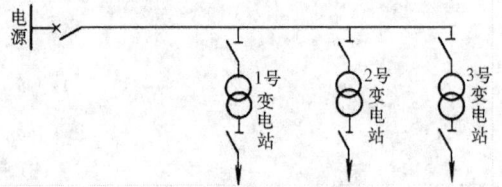

图1-8 干线式网络

当要求干线式网络提高供电的可靠性以满足第二级负荷时,可采用双干线式网络,如图1-9所示。在正常工作时,每个变电站只允许与一条干线连接,当这一条干线故障时,可切换到另一条干线上去，负荷只短时停电。

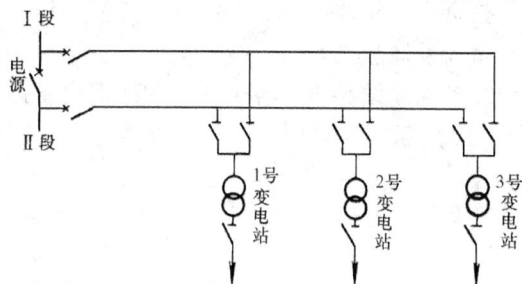

图 1-9　双干线式网络

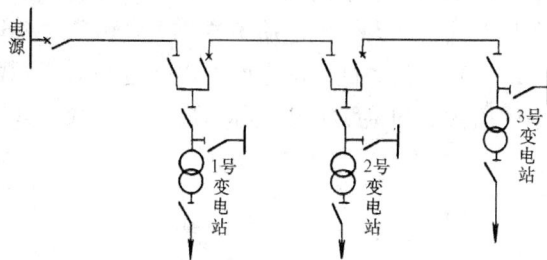

图 1-10　单链式网络

3. 链式网络

图 1-10 所示为"一进一出"的单链式网络，变电站后面的线路段发生故障时，由于断路器自动断开，不影响前段线路的供电，这比单干线式网络的可靠性高。

为了进一步提高供电的可靠性，采用图 1-11 所示的"双进双出"双链式网络，适用于供给一、二级重要负荷。这种网络的缺点是断路器数量多、投资大。

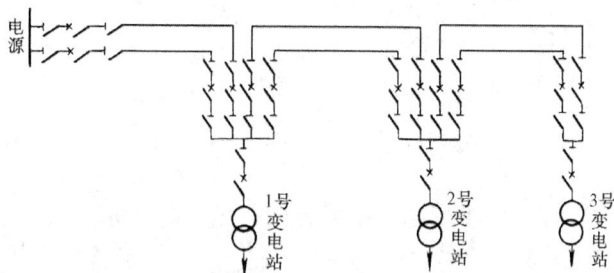

图 1-11　双链式网络

4. 两端供电网络

当线路两侧均有电源时，用两端供电的链形网络，如图 1-12 所示。这种网络的可靠性很高，任何一段线路故障都不会造成任一变电站停电，可用于一、二级负荷，其缺点是继电保护装置复杂。

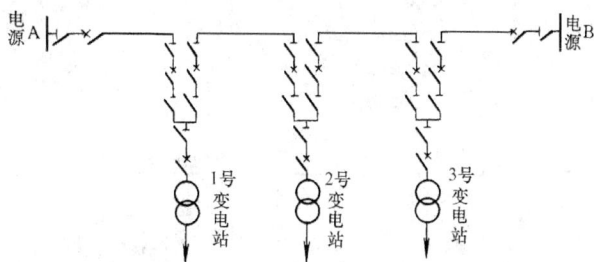

5. 环形接线网络

电源在不同的方向均有负荷分布时，采用环形接线较好，如图 1-13 所示。这种接线供电可靠，适用于一、二级负荷，缺点和两端供电网络的缺点相同。

图 1-12　两端供电网络

（三）低压配电网的接线方式

低压配电网是指额定电压为 380/220V 的配电网。

1. 开式低压配电网

由单侧电源采用放射式、干线式或链式供电，投资小、接线简单、安装维护方便，但缺点是电能损耗大、电压质量差、供电可靠性差以及负荷发展较困难。

(1) 放射式低压配电网。由变电站低压侧引出多条独立线路供给各个独立的用电设备或集中负荷群的接线方式，称为放射式接线，如图 1-14 所示，它适用于以下用电情况。

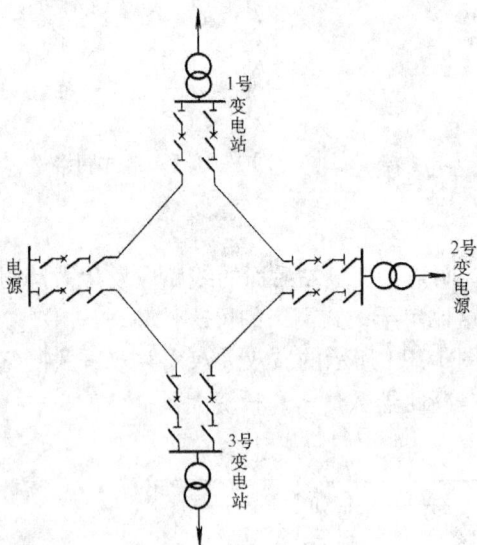

图 1-13　环形接线网络

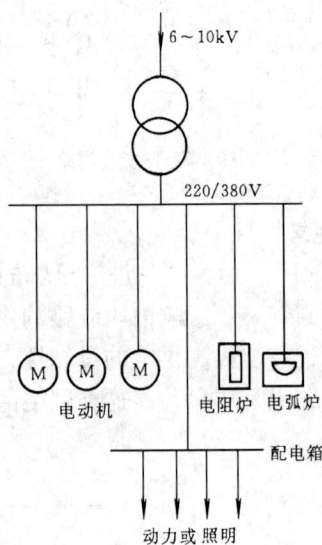

图 1-14　放射式低压配电网

1) 设备容量不大，并且位于变电站不同方向；

2) 负荷配置较稳定；

3) 单台设备容量较大；

4) 负荷排列不整齐。

(2) 干线式低压配电网。

1) 干线式低压配电网，如图 1-15 (a) 所示。这种电网不必在变电站低压侧设置低压

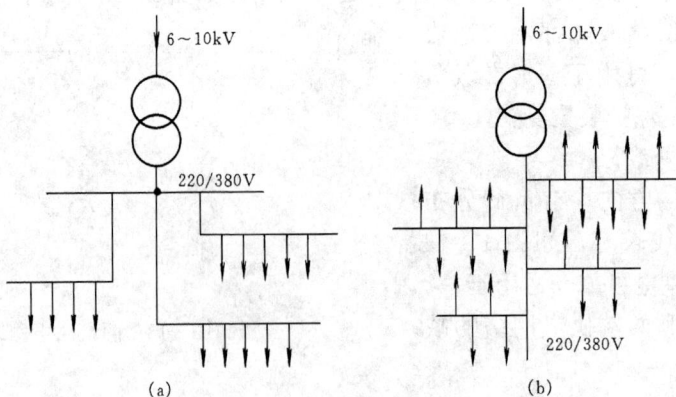

图 1-15　干线式低压配电网络

(a) 一般干线式低压配电网络；(b) 变压器—干线配电系统

配电盘，直接从低压引出线经低压断路器和负荷开关引接，因而减少了电气设备的需要量。这种接线适用于以下用电情况。①数量较多，而且排列整齐的用电设备；②对供电可靠性要求不高的用电设备，如机械加工、铆焊、铸焊、铸工和热处理等。

2）图 1-15（b）所示为变压器—干线配电系统，主干线由变电站引出，沿线敷设，再由主干线引出支干线对用电设备供电。这种网络比一般干线式配电网所需配电设备更少，从而使变电站结构大为简化，投资大为降低。一般在生产厂房宜于采用干线式配电系统，对动力站宜采用放射式配电系统。同时，根据供电系统需要，常将两种形式混合使用。

（3）链式低压配电网。图 1-16 所示为链式接线。链式接线的特点与干线式基本相同，适于彼此相距很近、容量较小的用电设备，链式相连的设备一般不宜超过 5 台，链式相连的配电箱不宜超过 3 台，且总容量不宜超过 10kW。

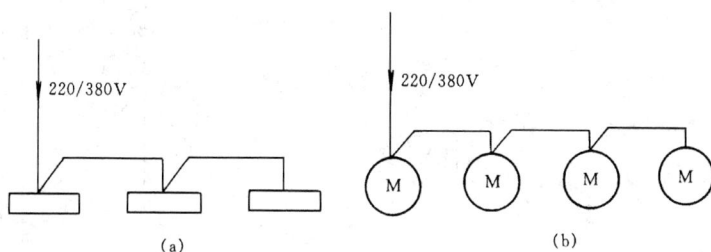

图 1-16　低压链式接线

（a）连接配电箱；（b）连接电动机

2. 闭式低压网络

简单闭式接线网络有三角形、星形、多边形及其他混合形等几种，如图 1-17 所示。简单闭式接线的主要特点是：高压侧由多回路供电，电源可靠性较高；充分利用线路和变压器的容量，不必留出很大备用容量；在联络干线端和干线中部都装有熔断器。

对简单闭式接线的特殊要求是：各对应边的阻抗应尽可能相等，以保证熔断器能选择性断开；连在一起的变压器容量比不宜大于 1:2，短路电压比不宜大于 10%；如从不同的电源引出，还应注意相位和相序关系。

五、电力系统的特点基本要求

（一）电力系统运行的特点

1. 电能生产、输送与使用的连续性

现阶段，电能尚不能大量地廉价储存，发、输、变、配及用电是在同一瞬间进行的，每时每刻的发电量取决于同一时刻用户的用电量和输送过程的损耗，其中的任一环节出现故障，都会影响电力系统的运行。因此，应该努力提高系统各环节的可靠性，为电力系统安全、经济和连续的运行创造条件，以保证对用户不间断地供电。

2. 与生产及人们生活的密切相关性

电力工业与国民经济、人民生活的关系极其密切，电能供应不足或中断，将直接影响国民经济的完成和人民的正常生活，对某些用户甚至会造成产品报废、设备损坏以及危及人身安全等严重后果。这就要求不断提高电力工业的发展速度，以满足国民经济各部门日益增长的需要，并不断提高供电的可靠性与电能质量，将事故及不正常运行降低到最低限度。

3. 暂态过程的短暂性

电力系统由于运行方式的改变而引起的波过程、电磁暂态过程和机电暂态过程是非常短

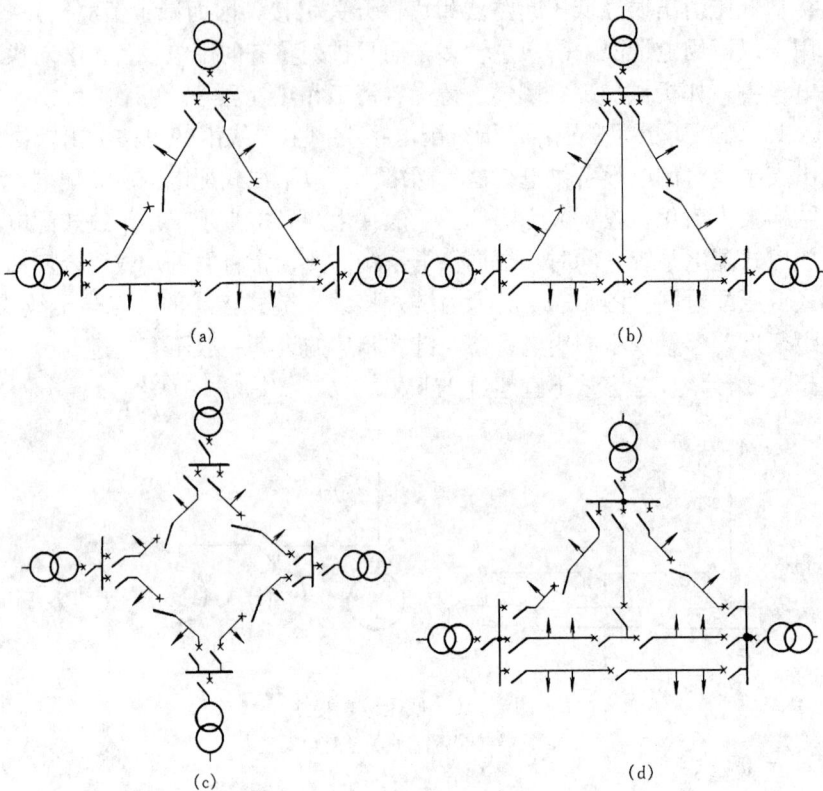

图 1 - 17　简单闭式接线网络

(a) 三角形；(b) 星形；(c) 多边形；(d) 混合形

暂的，因此，正常运行和故障情况所进行的调整和切换操作，要求非常迅速。所以，电力系统运行必须采用自动化程度高，又能迅速而准确动作的继电保护及自动装置和自动监测控制设备。

(二) 对电力系统的基本要求

1. 尽量满足用户的用电需要

满足国民经济各部门及人民生活不断增长的用电需求，保障供给是电力部门的重要任务。电力工业的发展速度，应超前于其他部门的发展速度，起到先行作用。应竭力避免由于缺电而使工业企业不能充分发挥其生产能力的情况。

2. 安全可靠的供电

电力生产，安全第一，预防为主、综合治理。这就要求加强电力系统各元件和设备的管理，经常进行监测、维护，并定期进行预防性试验和检修，定期更新设备，使设备处于完好的运行状态；提高工作人员素质，严格执行各项规章制度，不断提高运行水平，防止事故的发生。一旦发生事故，应能迅速和妥善处理，防止事故扩大，做到迅速恢复供电。因为，供电中断将使工农业生产停顿，人们生活秩序混乱，甚至危及人身和设备的安全，造成十分严重的后果。突然停电给国民经济造成的损失远远超过电网本身的损失。因此，首先要确保安全可靠的供电。

电力系统中发生事故是导致供电中断的主要原因，但要杜绝事故的发生是非常困难的，而各种用户对供电可靠性的要求也是不一样的。通常，对一级用户应设置两个或两个以上的独立电源，电源间应能自动切换，以便在任一电源发生故障时，对这类用户的供电不致中断；对二级用户也应设置两个独立电源，手动切换可以满足要求，可能造成短时停电；对三级用户一般采用单电源供电，但也不能随意停电。

3. 保证良好的电能质量

良好的电能质量指标是指电力系统中交流电的频率正常（$50\pm0.1\sim\pm0.5$Hz）、电压不超过额定值的$\pm5\%\sim\pm10\%$和波形正常（正弦波）。电能质量合格，用电设备能正常工作并具有最佳的技术经济效果；如果变动范围超过允许值，虽然尚未中断供电，但已严重影响到产品质量和数量，甚至会造成人身和设备故障，同时对电力系统本身的运行也有危险。因此，必须通过调频及调压措施来保证频率和电压的稳定。

4. 保证电力系统运行的经济性

电能生产的规模很大。在其生产、输送和分配过程中，本身消耗的能源占国民经济能源中的比例相当大，因此，最大限度地降低每生产 1kWh 电能所消耗的能源和降低输送、分配电能过程的损耗，是电力部门广大职工的一项极其重要的任务。电能成本的降低不仅意味着能源的节省，还将降低各用电部门成本，对整个国民经济带来很大的好处。

现在最广泛的做法是实行电力系统的经济运行。按照最优化原则分配各发电厂、发电机组之间的发电出力及输电和配电路径，充分利用水力资源，尽可能采取节能降耗措施，力争取得整个现代电力系统最大的、综合的经济效益。

六、电气设备的额定电压

（一）额定电压

为了使电气设备的生产实现标准化、系列化，各种电气设备都规定有额定电压。当电气设备在额定电压下长期工作时，其技术性能与经济性能最佳。额定电压等级是国家主管部门根据国民经济的发展需要、技术经济的合理性和工业水平等因素确定的。我国规定的各种电气设备的额定电压按电压高低可分为三类。

第一类额定电压为100V 以下，主要用于安全照明、蓄电池及开关设备的操作电源。直流为 6、12、24、48V；交流为单相 12、36V；三相为（线电压）36V。

第二类额定电压高于100V，低于1000V，见表 1-1，这类电压主要用于低压三相电动机及照明设备。

表 1-1　　　　　　　　　　第 二 类 额 定 电 压　　　　　　　　　　单位：V

用 电 设 备			发 电 机		变 压 器			
直流	三相交流		直流	三相交流	三 相		单 相	
	线电压	相电压			一次绕组	二次绕组	一次绕组	二次绕组
110	(127)		115	(133)	(127)	(133)	(127)	(133)
220	220	127	230	230	220	230	220	230
440	380	220	400	400	380	400	380	

注 括号内的电压，只用于矿井下或其他安全条件要求较高处。

第三类额定电压高于1000V，见表 1-2，这类电压主要用于发电机、变压器、输配电线路和用电设备。

表 1 - 2　　　　　　　　　　　第 三 类 额 定 电 压　　　　　　　　　单位：kV

用电设备	交流发电机	变 压 器		用电设备	交流发电机	变 压 器	
		一次绕组	二次绕组			一次绕组	二次绕组
3	3.15	3 及 3.15*	3.15 及 3.3	66	66	66	72.5
6	6.3	6 及 6.3*	6.3 及 6.6	110	110	110	121
10	10.5	10 及 10.5*	10.5 及 12				
	13.8	13.8		220	220	220	242
	15.75	15.75		330	330	330	363
	18	18		500	500	500	550
	20	20		750	750	750	800
35	35	35	40.5	1000	1000	1000	1000

注　(1) 表中所列均为线电压。

　　(2) 括号内的电压仅用在特殊地区。

　　(3) 水轮发电机允许采用非标准额定电压。

＊　适用于升压变压器。

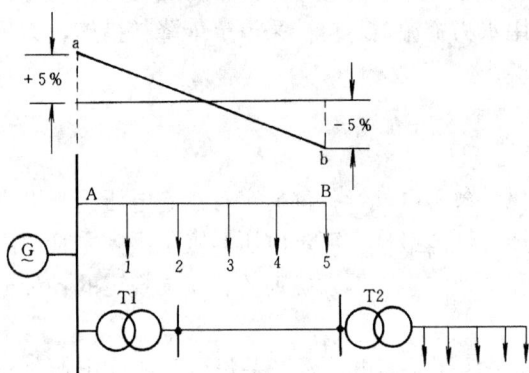

图 1 - 18　额定电压的解释图

同一电压等级下设备的额定电压并不相同，现以图 1 - 18 为例。设发电机在额定电压下工作，给电力网 AB 部分供电。因为线路有电压损失，所以负荷 1～5 点所受电压不同，线路首端电压 U_A 大于末端电压 U_B。如负荷沿线路均匀分布，则电压沿线路长度的变化情况大致如图 1 - 18 中斜线 ab 所示。用电设备的额定电压不可能按上述斜线变化的电压制造，而且电力网中各点电压也是经常变化的，所以用电设备的额定电压只能力求接近于实际工作电压。为使设备生产标准化，通常采用该线路首端电压和末端电压的算术平均值 $\dfrac{U_A+U_B}{2}$ 作为电力网的额定电压，用电设备的额定电压等于电力网的额定电压。

我国电力网的额定电压有：0.22、0.38、3、6、10、35、66、110、220、330、500、750、1000kV 等。一般城市或大工业企业配电，采用 6、10kV 电压等级的网络。35、66、110、220、330、500、750、1000kV 电压等级，多用于远距离输电。大功率电动机的额定电压用 3、6 或 10kV，小功率电动机的额定电压用 380、220V。照明采用 380/220V 三相四线制网络，电灯接在相线和中线之间的 220V 相电压上。电压为 110V 或 220V 的直流网络，广泛应用在发电厂和变电站中，供电给继电保护、控制和信号设备等。

对用户而言，当要求供给的功率和与供给电能的电源点之间的距离确定后，供电线路的电压高则电流小，在线路和变压器中的功率损耗、电能损耗和电压损失也小，可以采用较小截面的导线以节约有色金属。但是，供电线路电压高时，线路的绝缘强度要求高，线路绝缘子就用得多，导线之间的距离和导线对地的距离都大，因而线路杆塔的几何尺寸也大。这样，杆塔材料消耗多，线路投资大。同时，线路两端的升、降压变电站内的变压器和开关电器等电气设备的投资也大。故供电线路的电压高低，要根据供电功率和供电距离由技术经济比较确定，见表1-3。

表1-3　　　　　各级电压架空线路的合理输送功率及输电距离

额定电压 （kV）	输送功率 （MW）	输电距离 （km）	额定电压 （kV）	输送功率 （MW）	输电距离 （km）
0.38	<0.1	<0.25	110	10～50	50～150
3	0.1～1.0	1～3	220	100～500	100～300
6	0.1～1.2	4～15	330	200～800	200～600
10	0.2～2.0	6～20	500	400～1500	150～850
35	2～10	20～50	750	800～2200	500～1200
66	3.5～30	30～100			

供电线路除采用架空线路外，还大量采用电缆线路，电缆线路的额定电压与输送功率大小和输送距离远近的关系，见表1-4。

发电机的额定电压比电力网的额定电压高5%，见表1-1和表1-2所列。这是考虑一般电力网的电压损失为10%，如果首端电压比电力网的额定电压高5%，则末端电压比电力网的额定电压低5%，从而保证用电设备的工作电压偏移均不会超出允许范围，一般为±5%。

表1-4　电缆线路的合理输送功率及输电距离

额定电压 （kV）	输送功率 （MW）	输电距离 （km）
0.38	<0.175	<0.35
6	<3	<8
10	<5	<10

通常容量为750～3000kW的发电机额定电压可采用3.15kV；容量为750～50000kW的发电机额定电压可采用6.3kV；容量为12～100MW的发电机额定电压采用10.5kV；容量为40～100MW的水轮发电机及125MW的汽轮发电机额定电压采用13.8kV；容量为110～225MW的水轮发电机及200MW的汽轮发电机额定电压采用15.75kV；容量为300MW的发电机额定电压可采用18kV或20kV；容量为600MW的发电机额定电压可采用20kV。

变压器一次绕组的额定电压，对升压变压器和降压变压器来讲有所不同。因为升压变压器一般是与发电机电压母线或与发电机直接连接，如图1-18所示电路中的T1，所以升压变压器一次绕组的额定电压与发电机相同，见表1-2中有"＊"的数字。降压变压器相当于电力网的用电设备，如图1-18所示电路中的T2，其一次绕组的额定电压等于电力网的额定电压。

变压器二次绕组的额定电压，考虑到线路和变压器的电压损失比电力网的额定电压高5%～10%；对于二次绕组线路较短、高压侧电压在35kV及以下、短路电压在7.5%及以下的变压器，采用5%，否则采用10%。

（二）额定电流

电气设备的额定电流是指在一定的基准环境温度下，允许长期连续通过设备的最大电流，并且此时设备的绝缘和载流部分被长期加热的最高温度不超过所规定的允许值。我国采用的基准环境温度如下：

电力变压器和电器（周围空气温度）	40℃
发电机（冷却空气温度）	35～40℃
裸导线、绝缘导线和裸母线（周围空气温度）	25℃
电力电缆：空气中敷设	30℃
直埋敷设	25℃

对于发电机和变压器等，还规定了它们的额定容量，其条件与额定电流相同。因为发电机的原动机只能供给有功功率，所以发电机的额定容量一般用有功功率表示。变压器的额定容量是指二次绕组为额定电压时的容量，规定用视在功率表示。

课题二　电力系统中性点的接地方式

内容要求

1. 熟悉电力系统中性点的三种常见接地方式。
2. 掌握各种接地方式的特点、有关结论及其适用范围。
3. 掌握中性点不接地方式的分析方法和结论。
4. 掌握中性点经消弧线圈接地方式的分析方法，熟悉补偿方式及其适用范围。

电力系统的中性点是指星形连接的变压器或发电机的中性点。这些中性点的运行方式是个复杂的综合性的技术问题，它关系到绝缘水平、通信干扰、接地保护方式、电压等级和系统稳定等很多方面。

电力系统中性点的接地方式分为有效接地和非有效接地。其中中性点有效接地包括中性点直接接地和中性点经低电阻接地两种，中性点非有效接地方式包括中性点不接地、中性点经消弧线圈接地、中性点经高电阻接地等。供配电系统中常见的中性点接地方式有中性点不接地、中性点经消弧线圈接地和中性点直接接地三种。

一、中性点不接地系统

中性点不接地系统的供电可靠性较高。在这种系统中发生一相接地故障时，不构成短路回路，接地相电流不大，不必切除接地相；但这时非接地相的对地电压却升高为相电压的$\sqrt{3}$倍，因此，对绝缘水平要求高。

（一）中性点不接地系统的正常工作

图 1-19（a）为简化的中性点不接地三相系统正常运行情况的示意图，图中断路器 QF 正常运行时处于合闸状态。正常运行时，三相电源的相电压分别为 U_u、U_v、U_w，并且三相对称，中性点的电位 $\dot{U}_n$ 为零。三相导线之间电容较小，忽略不计；各相导线对地之间的分布电容，分别用集中的等效电容 C_u、C_v 和 C_w 代替。当导线经过完善的换位后，各相对地电容相等，即 $C_u = C_v = C_w$，各相对地电容电流 $\dot{I}_{Cu}$、$\dot{I}_{Cv}$、$\dot{I}_{Cw}$ 大小相等，相位差为 120°，如图 1-19（c）所示，各相对地电容电流的相量和为零，所以对地电流为零。各相电源电流等于各相负荷电流与对地电容电流的相量和，如图 1-19（b）所示，图中仅示出 U 相情况，$\dot{I}_u = \dot{I}_{Lu} + \dot{I}_{Cu}$。

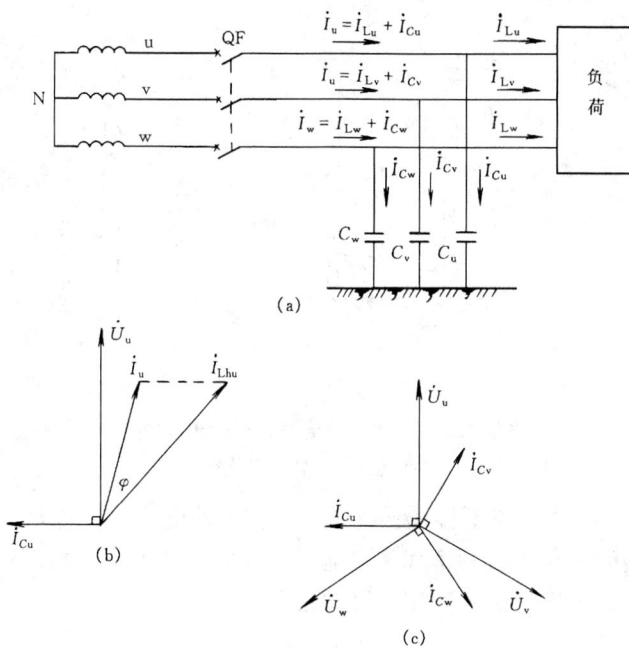

图 1-19　中性点不接地三相系统正常运行情况

(a) 中性点不接地接线图；(b) 电流相量图；(c) 电压相量图

实际上，由于架空线路的导线排列不对称、换位不完全等原因，各相对地电容是不会完全相等的；此外，负荷也不会绝对平衡，中性点的电位可能不为零，会产生中性点对地电位偏移的现象，但位移电压较小，可以忽略不计。

（二）中性点不接地系统的单相接地故障

当某一相导线与地之间的绝缘受到破坏，称为单相接地故障，若接地处的电阻近似于零，称为完全接地或金属性接地，否则称为不完全接地。图 1-20 所示为 w 相 k 点发生完全接地的情况。这时故障相对地电压 $\dot{U}_w$ 变为零；中性点对地电压 $\dot{U}_n$ 不再为零，而为 $-\dot{U}_w$，数值上变为相电压；未接地的 u 相对地电压 $\dot{U}_u = \dot{U}_u + \dot{U}_n = \dot{U}_u - \dot{U}_w$；未接地的 v 相对地电压 $\dot{U}_v = \dot{U}_v + \dot{U}_n = \dot{U}_v - \dot{U}_w$。

图 1-20（b）为 w 相发生完全接地时的相量图。由图可见 $\dot{U}_u$ 和 $\dot{U}_v$ 之间的夹角为 60°，非故障两相的对地电压数值升高 $\sqrt{3}$ 倍，即变为线电压；三相系统的线电压大小不变，相位差仍和正常运行时一样，不影响线电压电力用户的工作。

由于 u、v 两相对地电压较接地前升高了 $\sqrt{3}$ 倍，则相对地的电容电流也相应增大 $\sqrt{3}$ 倍；而 w 相已接地，该相对地电容电流为零，这时三相对地电容电流之和不再为零，大地中有电流流过，并通过接地点成为回路，如图 1-20（a）所示，则 w 相接地处的电容电流（即接地电流）为 $\dot{I}_C = -(\dot{I}_{Cu} + \dot{I}_{Cv})$，电流为容性电流，其有效值为

$$I_C = 3\omega C U_{ph} \tag{1-1}$$

式中　U_{ph}——电源的相电压，V；

　　　ω——角频率，rad/s；

　　　C——相对地电容，F。

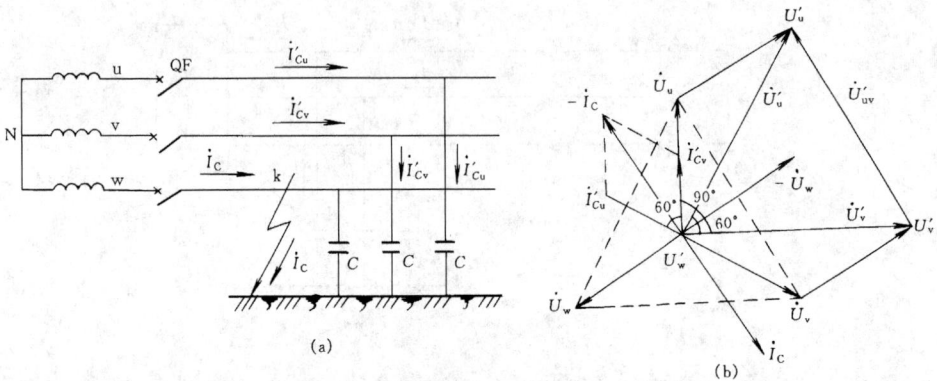

图 1-20　中性点不接地系统的单相接地

(a) 电路图；(b) 相量图

式 (1-1) 表明，在中性点不接地系统中，单相接地电流等于正常运行时相对地电容电流的三倍。其值与网络的电压、频率和相对地电容的大小有关，而相对地电容又与线路的结构（电缆或架空线）和长度有关。实用计算中按下式计算

对架空线路 $\qquad\qquad I_C = (2.7 \sim 3.3)UL \times 10^{-3}$ $\qquad\qquad\qquad$ (1-2)

式中　L——线路的长度，km；

$\qquad$ U——电网的线电压，kV；

$\qquad$ 2.7——系数，适用于无架空地线的线路；

$\qquad$ 3.3——系数，适用于有架空地线的线路。

对电缆线路 $\qquad\qquad\qquad I_C = 0.1UL$ $\qquad\qquad\qquad\qquad\qquad$ (1-3)

当发生的是不完全接地，即故障点经过一定的阻抗接地，此时接地相对地电压大于零而小于相电压，未接地相对地电压大于相电压而小于线电压，中性点电压大于零小于相电压，线电压仍保持不变，接地电流比完全接地时要小一些。

（三）中性点不接地系统的适用范围

中性点不接地系统中，发生单相接地故障时，由于线电压保持不变，三相系统的平衡没有破坏，电力用户可以继续运行，因而供电可靠性高，这是中性点不接地系统的主要优点。在中性点不接地系统中，线路和电气设备的对地绝缘水平都是按线电压设计的，虽然非故障相对地电压升高到 $\sqrt{3}$ 倍，对设备的绝缘并不危险，但是，长期带接地故障运行可能引起非故障相绝缘薄弱处损坏，继而发展成为相间故障。所以在中性点不接地系统中，一般都装有绝缘监察装置或继电保护装置，当发生单相接地时，发出接地故障信号，使值班人员尽快采取行动，查找故障点并消除故障。一般规定单相接地故障时继续运行的时间不得超过 2h。

据统计，电力网中单相接地故障约占全部短路故障的 70%，特别是 35kV 及以下的电力网，由于单相接地电流不大，一般接地电流能自动熄灭，所以这种电力网采用中性点不接地方式最为合适。但当接地电流较大（大于 30A）时，将产生稳定的电弧，形成持续性的弧光接地，电弧的大小与接地电流成正比，强烈的电弧将会损坏设备，甚至导致相间短路；当接地电流小于 30A 而大于 5A 时，有可能产生间歇性电弧，出现间歇性过电压，其幅值可达 2.5~3 倍相电压，足以危及整个网络的绝缘。故对整个电力网的绝缘水

平要求高，对电压等级较高的电力网，其绝缘方面的投资大为增加。所以，中性点不接地系统的适用范围为：

（1）电压低于 500V 的三相三线制装置；

（2）3～10kV 系统当接地电流 $I_C \leqslant 30$A 时；

（3）20～66kV 系统当接地电流 $I_C \leqslant 10$A 时；

（4）与发电机有直接电气联系的 3～20kV 系统（如要求发电机能带内部单相接地故障运行），当接地电流 $I_C \leqslant 5$A 时。

如不能满足以上条件，通常采用中性点经消弧线圈接地方式或中性点直接接地方式。

二、中性点经消弧线圈接地系统

消弧线圈是一个具有铁芯的可调电感线圈，它装设在变压器或发电机星形接线的中性点。当发生单相接地故障时，可消除接地处的电弧及由它所产生的危害。另外，当接地电流过零值而电弧熄灭之后，消弧线圈的存在可以显著减小故障相电压的恢复速度，从而减小了电弧重燃的可能性，使单相接地故障自动消除。

（一）消弧线圈的工作原理

正常运行时，因消弧线圈的阻抗较大，各相对地电容相等，中性点对地电压为零，消弧线圈中没有电流通过。

单相接地故障时，如图 1 - 21 所示，假定 w 相接地，中性点对地电压 $\dot{U}_n = -\dot{U}_w$，未接地相电压升高 $\sqrt{3}$ 倍，线电压不变。此时，消弧线圈处于电源 w 相相电压的作用下，有电感电流 $\dot{I}_L$ 通过，通过消弧线圈的电感电流为 $I_L = \dfrac{U_w}{\omega L}$，此电感电流必定通过接地点形成回路，所以接地处的电流为接地电容电流 $\dot{I}_C$ 和电感电流 $\dot{I}_L$ 的相量和，如图 1 - 21（a）所示。接地故障电流 $\dot{I}_C$ 超前故障相对地电压 $\dot{U}_w$ 90°，电感电流 $\dot{I}_L$ 滞后 $\dot{U}_w$ 90°，$\dot{I}_L$ 和 $\dot{I}_C$ 相角差为 180°，即方向相反，如图 1 - 21（b）所示，在接地处 $\dot{I}_L$ 和 $\dot{I}_C$ 相互

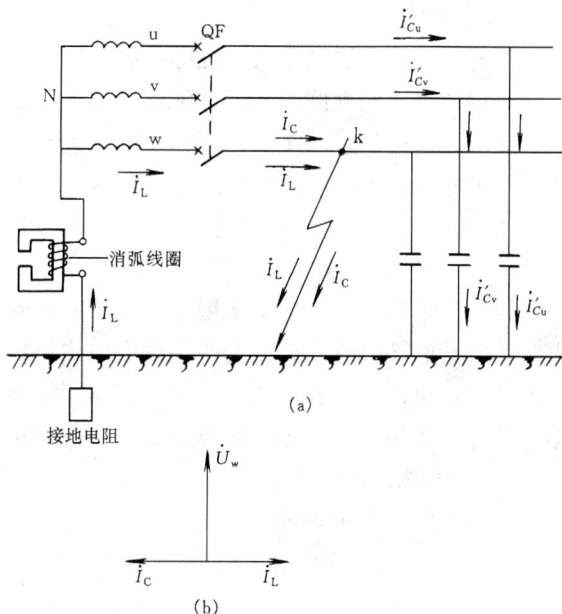

图 1 - 21　中性点经消弧线圈接地系统
（a）电路图；（b）相量图

抵消，称为电感电流对接地电流的补偿。如果适当选择消弧线圈的匝数，就可使接地处的电流变得很小或等于零，从而消除了接地处的电弧及由它所产生的危害。

（二）消弧线圈的补偿方式

在讨论消弧线圈的补偿时，经常使用补偿度和脱谐度两个概念。单相接地故障时消弧线圈的电感电流对接地电流的比值，称为补偿度 k，即 $k = \dfrac{I_L}{I_C}$；电容电流与电感电流的差值同电容电流之比，称为脱谐度 v，$v = 1 - k = \dfrac{I_C - I_L}{I_C}$。根据电感电流对电容电流的补偿程度，

消弧线圈的补偿方式有完全补偿、欠补偿和过补偿三种。

1. 完全补偿

完全补偿是使电感电流等于电容电流，即 $I_L = I_C$，补偿度 $k = 1$，脱谐度 $v = 0$，此时，感抗 X_L 与容抗 X_C 相等，消弧线圈通过大地与三相电容构成串联谐振电路。当三相对地电容大小不等时，中性点对地会出现一定的电压，将在串联谐振回路产生很高的线电压，使消弧线圈承受很大的压降，结果，中性点对地电位升高，可能造成设备的绝缘损坏。因此，一般不采用完全补偿方式。

2. 欠补偿

欠补偿是使电感电流小于电容电流，即 $I_L < I_C$，补偿度 $k < 1$，脱谐度 $v > 0$。单相接地故障时接地处有容性的欠补偿电流 $I_C - I_L$。但在欠补偿时，可能在切除部分运行线路时使相对地电容减小，或由于频率下降等原因，均使容抗增大，电容电流下降，结果变成完全补偿，产生满足谐振的条件。因此，装在电网中的变压器中性点的消弧线圈，以及具有直配线的发电机中性点的消弧线圈，一般不采用欠补偿方式。

3. 过补偿

过补偿是使电感电流大于电容电流，即 $I_L > I_C$。补偿度 $k > 1$，脱谐度 $v < 0$。单相接地故障时接地处有感性的过补偿电流 $I_L - I_C$。这种补偿方式不会产生串联谐振，因为当电容电流减小时，过补偿电流更大，不会变为完全补偿。另外，即使将来电网发展，原有的消弧线圈还可使用。因此，装在电网中的变压器中性点的消弧线圈，以及具有直配线的发电机中性点的消弧线圈，应采用过补偿方式。但过补偿电流不能超过 10A，否则，接地处的电弧不能自动熄灭。

目前在很多供电系统中采用了自动跟踪补偿装置，可以避免人工调整消弧线圈的问题，不会使电网的部分或全部在调整过程中失去补偿；另外，自动跟踪补偿装置能够保证调整的精度，不仅可以提高消弧线圈的动作成功率，同时能够限制弧光接地过电压和谐振过电压等。因此对于装设自动跟踪补偿装置的系统是可以采用完全补偿的。

（三）消弧线圈的容量配置

消弧线圈的容量，可按下式计算

$$Q = K I_C \frac{U_N}{\sqrt{3}} \tag{1-4}$$

式中　Q——消弧线圈补偿容量，kVA；

　　　K——储备系数，过补偿取 1.35；

　　　I_C——电网或发电机回路总的对地电容电流，A；

　　　U_N——电网或发电机回路的额定线电压，kV。

消弧线圈的总容量确定后，可选择消弧线圈的台数。一般对接地电流的补偿应采取就地平衡的原则，也就是将各台消弧线圈分散安装在系统内各发电机和变压器中性点上。

（四）中性点经消弧线圈接地系统的适用范围

由于消弧线圈能有效地减小单相接地电流，迅速熄灭故障处的电弧，防止间歇性电弧接地时产生的过电压，故广泛应用于 3～66kV 电压系统。我国规定，凡不符合中性点不接地运行方式的 3～66kV 系统，均应采用中性点经消弧线圈接地的运行方式。个别雷害事故较严重地区的 110kV 系统，为了减少由于雷击造成的单相闪络而引起的线路断路器跳闸的次数，提高供电的可靠性，减少断路器的维修工作量，也可采用经消弧线圈接地的运行方式。电压等级更高的系统一般不采用经消弧线圈接地的运行方式。

三、中性点直接接地系统

将中性点直接与地连接的电力系统，称为中性点直接接地系统，如图 1-22 所示。这种系统中性点的电位固定为地的电位，当某一相由于对地绝缘损坏造成接地时，便形成单相短路。

由于中性点的电位被固定为零，未接地相电位不升高，因而各相对地的绝缘水平决定于相电压，这就大大降低了电力网的造价。电压等级愈高，其经济效益愈显著，这就是中性点直接接地系统的优点。

当中性点直接接地系统发生单相短路时，短路电流 $I_k^{(1)}$ 很大，危害严重，故障线路不能继续运行，并在继电保护作用下，故障线路将被切除，供电连续性中断。在中性点直接接地系统中，一般只将一部分中性点接地，可以减小单相短路电流，同时在输电线路上装设自动重合闸装置，以提高这种系统的供电可靠性。

图 1-22　中性点直接接地系统

目前我国电压为 220kV 及以上的系统，都采用中性点直接接地的运行方式。110kV 系统中也大都采用中性点直接接地的运行方式。

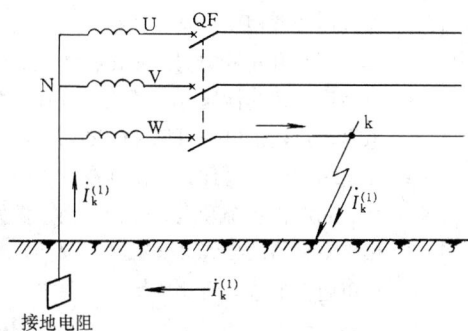

小　　结

电能是一种优质能源，目前生产电能的发电厂，按使用的能源种类主要可分为火力发电厂、水力发电厂和原子能发电厂，这些发电厂都各有特点。

使用电能的单位称为用户，按用电特点划分，主要类型有工业用电、农业用电与生活用电等；按供电可靠性划分，有一级负荷、二级负荷和三级负荷。

变电站是用来汇集电能、升降电压和分配电能的，按其在系统中的地位和作用，可分为枢纽变电站、中间变电站、地区变电站、终端变电站等。

由发电厂中的电气部分、各类变电站、输电线路、配电线路和用户的电气装置连接成的整体，称为电力系统。电力系统中各种电压的变电站及输配电线路组成的统一体，称为电力网。电力网按其在电力系统中的作用可分为系统联络网（又称网架）与供用电网络两类。系统联络网主要为系统运行调度服务；供用电网络主要为用户服务。

供用电网络的接线形式随用户的要求而异，其基本接线形式分无备用接线形式、有备用接线形式两大类。按电压高低分为高压配电网络和低压配电网络。

电力系统运行的特点：电能生产输送与使用的连续性；与生产及人们生活的密切相关性；暂态过程非常短暂。对电力系统运行的基本要求：尽量满足用户的用电需要；保证安全可靠的供电；保证良好的电能质量；保证电力系统运行的经济性。

额定电压和额定电流是各种电气设备的主要技术参数。

电力系统的中性点是指星形连接的变压器或发电机的中性点。目前，我国电力系统常见的中性点的接地方式有中性点不接地系统、中性点经消弧线圈接地系统和中性点直接接地系统三种。中性点的运行方式是个复杂的综合性的技术问题，它关系到绝缘水平、通信干扰、接地保护方式、电压等级和系统稳定等很多方面。

习　　题

1-1　与其他能源相比，电能具有哪些优点？

1-2　发电厂有哪几种类型？简述各类发电厂的生产过程。

1-3　电力用户按其性质分为哪几种？各有哪些特点？

1-4　电力用户按供电的可靠性的要求分为几级？各有什么要求？

1-5　变电站的作用是什么？按其在系统中的地位和作用，变电站有哪几种类型？

1-6　什么叫电力系统和电力网？什么是供用电网络？

1-7　供用电网络的接线方式有哪些种类？

1-8　城市电网的接线有哪些特殊的要求？

1-9　试绘出干线式和双干线式城市网络的接线，并比较接线的优缺点。

1-10　试绘出单链式和双链式城市网络的接线，并比较接线的优缺点。

1-11　试绘出工矿企业常用的三种高压放射式配电网络的接线，并比较接线的优缺点。

1-12　电力系统运行的特点是什么？对电力系统有什么要求？

1-13　为什么要规定各类电气设备的额定电压？电力网、用电设备、发电机和变压器的额定电压是如何规定的？

1-14　目前我国供配电系统中有哪几种中性点运行方式？都分别应用在什么情况下？

1-15　试画出中性点不接地系统中发生单相接地故障时，各电压和电流的相量图。

1-16　试述消弧线圈的工作原理、补偿方式。一般采用何种方式？

1-17　35kV 系统无架空地线的线路总长度大于多少时应装设消弧线圈？10kV 架空线路的总长度大于多少时应装设消弧线圈？

1-18　三种中性点接地方式中，发生单相接地故障时，各种电压如何变化？如何处理故障？

1-19　试比较三种中性点运行系统的优缺点。

供用电网络的基本计算

知识要点

1. 线路参数的意义和计算，线路的等值电路。

2. 变压器参数的意义和计算，变压器的等值电路。

3. 功率及其表示方法。

4. 供用电网络线路中的功率损耗计算。

5. 变压器中的功率损耗计算。

6. 电压损耗、电压偏移的概念。

7. 电力网环节首末端功率的平衡关系。

8. 电力网环节首末端电压的平衡关系。

9. 高压开式配电网络最大电压损耗计算。

10. 两端供电网的最大电压损耗计算。

11. 按电压损耗要求选择导线截面。

12. 短路的定义，短路的类型，短路的原因，短路的危害，短路计算的基本假设。

13. 标幺值的含义、特点及基准值的选择，标幺值的计算。

14. 供用电网络各元件的电抗计算，等值电抗的计算。

15. 供用电网络三相短路时短路电流的计算。

16. 不对称短路的概念。

　　供用电网络的计算，必须借助供用电网络的等值电路。作供用电网络的等值电路时，首先要将组成供用电网络的主要元件用其相应的参数表示。本单元着重分析供用电网络的主要元件：供配电线路和变压器的参数，并把它们绘成等值电路。供用电网络的基本计算主要介绍电压损耗计算、功率损耗计算和短路电流计算。

　　供用电网络的计算目的是：对于待建的供用电网络是为了决定网络的最优接线方式，完成线路各设备元件的选型，对继电保护装置进行整定校验；对已建成的供用电网络是为了制订最佳运行方式，确定电压调整方案，确定二次设备的整定值及计划安排检修等。

课题一　供用电网络的参数及等值电路

内容要求

　　1. 熟悉供用电线路参数的意义及等值电路，掌握电力线路参数的计算方法。

　　2. 熟悉配电变压器参数的意义及等值电路，掌握双绕组变压器的参数计算公式。

一、线路参数的计算

供用电网络中线路的参数是指线路的电阻、电抗、电导和电纳。严格地讲，这些参数是沿线路均匀分布的，即所谓分布参数，经分析和计算，对于频率为 50Hz 而长度不超过 300km 的架空线路和长度不超过 100km 的电缆线路，用集中参数代替分布参数，所引起的误差很小，可以满足工程计算中的精确度要求。

在供用电线路正常运行时，三相负荷电流基本上是对称的，其中性线电流为零，可以取消其中性线，因此，只需用一相的参数来表示三相对称的线路。

下面讨论铝、铜导线的架空线路参数。

（一）电阻

单位长度每相导线的电阻 R_0 为

$$R_0 = \frac{\rho}{S} = \frac{10^3}{\gamma S} \quad (\Omega/km) \tag{2-1}$$

若导线长度为 L（km），每相导线的电阻 R 为

$$R = R_0 L \quad (\Omega) \tag{2-2}$$

式中　S——导线的标称截面积，mm^2；

ρ——导线材料的计算用电阻率，$(\Omega \cdot mm^2)/km$，铝为 31.5 $(\Omega \cdot mm^2)/km$，铜为 18.8$\Omega \cdot mm^2/km$；

γ——导线材料的计算用电导率，$m/(\Omega \cdot mm^2)$，铝 32$m/(\Omega \cdot mm^2)$，铜为 53$m/(\Omega \cdot mm^2)$。

这里的 ρ、γ 取值与物理学中的取值略有不同，是计及了一些工程因素的影响，而作了适当修正后的值。主要考虑的因素有：

（1）多股线因扭绞使得每股导线的实际长度比绞线的外表计算长度有所增加，ρ 的取值也相应增大。

（2）导线的实际截面积一般比标称截面积略小，ρ 的取值有所增大。

（3）运行中导线温度的变化范围较小，对电阻影响不大，故取年平均温度为 20℃ 时的值。

（4）导线中通过交流时的趋肤效应与邻近效应。

为计算方便，导线的计算截面积和外径可查附表1、附表2，导线每公里长的电阻值，一般可以由国家标准中直接查得，见附表3、附表4。

（二）电抗

由电工原理可知，交流电流通过导线时，在导线材料中及周围空间产生交变电磁场，磁通量与导线匝数的乘积称为磁链，单位电流产生的磁链称为电感，电感与交流电角频率的乘积称为感抗。线路的电抗，指的就是线路的感抗。其大小与导线的半径、三相导线的排列方式、相间距离、导线对地高度及电流的频率有关，对于工频为 50Hz 的三相交流架空线路，经过整循环换位，每相单位长度的导线感抗 X_0 为

$$X_0 = 0.1445 \lg \frac{D_{av}}{r} + 0.0157 \quad (\Omega/km) \tag{2-3}$$

式中　r——导线的计算半径，mm；

D_{av}——三相导线的几何均距，mm。

导线的几何均距可按下式计算

$$D_{av} = \sqrt[3]{D_{UV}D_{VW}D_{WU}} \text{（mm）}$$

式中，D_{UV}、D_{VW}、D_{WU} 分别表示导线间的距离，如图 2-1 所示。当导线为边长 D 的正三角形排列时，几何均距 $D_{av} = D$（mm）；当导线为水平排列时，见图 2-1（b），几何均距 $D_{av} = 1.26D$（mm）。

架空线路的几何均距随电压的高低而变化，一般 380/220V 线路，D_{av} 为 400～600mm；6～10kV 线路，

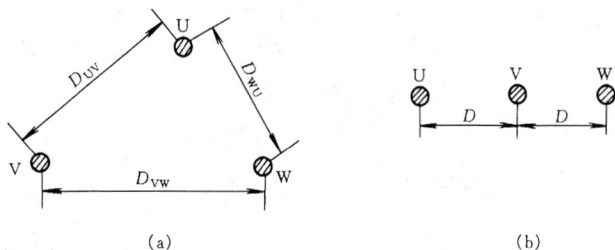

图 2-1 导线的排列

（a）三角形排列；（b）水平排列

D_{av} 为 1000～1200 mm；35kV 线路，D_{av} 约为 3000mm；110kV 线路，D_{av} 约为 5000mm。

线路长度为 L（km），每相导线的电抗 X 为

$$X = X_0 L \text{（Ω）} \tag{2-4}$$

附表 3、4 中列出了一些架空线路导线单位长度的电抗值，一般可取 0.35～0.4Ω/km，电缆可取 $X_0 \approx 0.08$Ω/km。

【例 2-1】 一条长度为 10km 的 10kV 架空线路，采用 LJ-70 导线，直线杆上的陶瓷横担作正三角形排列，线间距离为 1m，试计算导线的电阻和电抗。

解 查附表 1，LJ-70 绞线的计算外径为

$$d = 10.8\text{mm}$$

则

$$R_0 = \frac{\rho}{S} = \frac{31.5}{70} = 0.45 \text{（Ω/km）}$$

$$X_0 = 0.1445 \lg \frac{D_{av}}{r} + 0.0157$$

$$= 0.1445 \lg \frac{1000}{\frac{10.8}{2}} + 0.0157$$

$$= 0.344 \text{（Ω/km）}$$

$$R = R_0 L = 0.45 \times 10 = 4.5 \text{（Ω）}$$

$$X = X_0 L = 0.344 \times 10 = 3.44 \text{（Ω）}$$

由附表 3 查得：$R_0 = 0.46$Ω/km，$X_0 = 0.345$Ω/km，可见计算结果与附表 3 中数据基本相符，实际计算时可直接查表得到。

（三）电纳

线路的导线间，在电压作用下形成电场，导线上电荷与电压的比值称为线路电容。电纳等于每相电容与电角频率的乘积，而电容的值等于导线所载电荷量与相互间电压之比。电纳的大小与三相导线排列方式、相间距离、导线的计算半径和电压的频率有关。对于工频 50Hz 的架空线路，单位长度的每相电纳 B_0 为

$$B_0 = \frac{7.58}{\lg \frac{D_{av}}{r}} \times 10^{-6} \text{（S/km）} \tag{2-5}$$

长度为 L（km）的线路，每相的电纳 B 为

$$B = B_0 L \quad \text{(S)} \qquad (2-6)$$

长度为 L（km）的线路，三相无功（容性）功率 Q_C 为

$$Q_C = U^2 B \quad \text{(Mvar)} \qquad (2-7)$$

式中 U——线路的线电压，kV。

对于 35kV 及以下的架空线路，由于距离短、电压低，电容功率对线路的影响不大，故线路电纳可略去不计。

（四）电导

线路的电导是由与导线接触的绝缘介质表面的泄漏电流、电晕损耗和绝缘介质损耗造成的，其大小是由有功功率损耗值来确定。架空线路的电导主要由电晕现象造成，而电缆线路的电导主要由绝缘介质损耗造成。按规程设计的架空线路，在正常气象条件下不会发生电晕现象，35kV 及以下各型导线也不必校验电晕；35kV 以下的电缆线路的介质损耗较小。所以，对于供配电线路，电导均略去不计。

二、线路的等值电路

长度低于 300km 的架空线路和长度低于 100km 的电缆线路常用 Ⅱ 型等值电路，如图 2-2 所示。电纳分支常用无功功率（容性）表示。

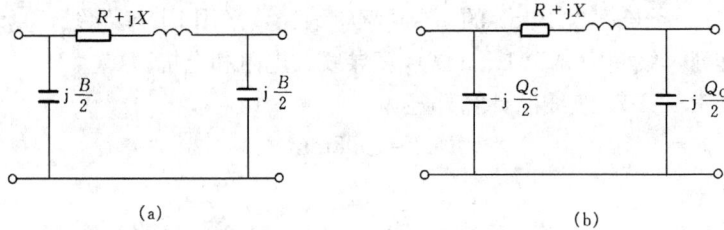

图 2-2 Ⅱ 型等值电路

(a) 用电纳表示；(b) 用无功功率表示

对于 35kV 及以下的配电线路，由于电纳分支的容性无功可以略去不计，使 Ⅱ 型电路进一步简化，称为简化等值电路图，如图 2-3 所示。

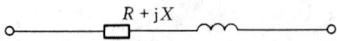

图 2-3 配电线路的简化等值电路　　　　　图 2-4 ［例 2-2］的等值电路图

【例 2-2】 试根据［例 2-1］计算数据，画出线路的等值电路图。

解 对 10kV 配电线路，用简化等值电路图表示，如图 2-4 所示。

三、变压器的等值电路及参数

电力变压器是电力网的主要元件。按相数分为单相和三相；按构造可分为双绕组、三绕组、自耦、分裂等；按调压方式分为普通、有载调压等类型。这里只介绍供用电网络中常用的三相双绕组变压器。

（一）变压器等值电路

由于三相变压器是三相对称的电气元件，其等值电路可用一相来表示。

1. 变压器 Γ 型等值电路

由电机与拖动基础可知，变压器可用 T 型等值电路表示，但在供用电网络的计算中，

为了减少网络的节点数，简化网络的计算量，将变压器励磁分支移到电源侧，如图 2 - 5 所示。将励磁阻抗改用励磁导纳（$Y_T = G_T - jB_T$）或导纳中通过的三相功率（$\Delta P_0 + j\Delta Q_0$）表示。

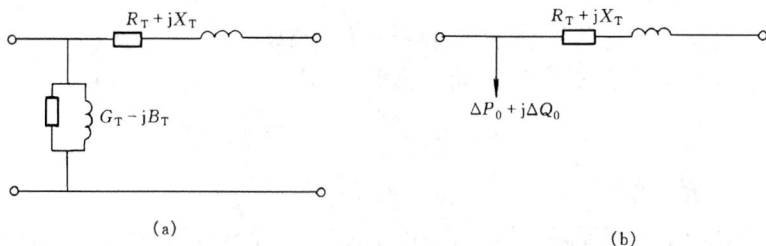

图 2 - 5 变压器 Γ 型等值电路

(a) 励磁回路用导纳表示；(b) 励磁回路用功率表示

2. 变压器简化等值电路

对于额定电压在 10kV 及以下的变压器，其空载损耗是很小的，可以略去不计，得到变压器的简化等值电路，如图 2 - 6 所示。

（二）变压器参数

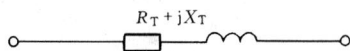

图 2 - 6 变压器的简化等值电路图

在变压器的铭牌或试验报告中，给出了短路试验和空载试验中的四个特性数据，它们是短路损耗 ΔP_k（kW）；短路电压百分数（$U_k\%$）；空载损耗 ΔP_0（kW）和空载电流百分数（$I_0\%$）。以下用变压器的特性数据，分别求出变压器的参数。

1. 电阻

变压器等值电路的电阻是一个假想电阻，当一侧电流通过该电阻时，所引起的有功功率损耗（称为铜损耗）和实际电流分别流过两侧绕组所引起的总有功功率损耗是相等的。电阻值可通过短路试验来确定，因为试验的短路电压很低，励磁分支的功率损耗可略去不计，因此，短路损耗近似地等于铜损耗。三相短路损耗 ΔP_k 为

$$\Delta P_k = 3I_N^2 R_T \times 10^{-3} = \frac{S_N^2}{U_N^2} R_T \times 10^{-3} \quad (kW) \tag{2-8}$$

式中 I_N——变压器的额定电流，A；

       R_T——折算到 U_N 电压侧的变压器等值电阻，Ω；

       S_N——变压器的额定容量，kVA；

       U_N——与 I_N 对应的变压器某一侧绕组的额定电压，kV。

由式（2-8）可解得双绕组变压器的电阻为

$$R_T = \frac{\Delta P_k U_N^2}{S_N^2} \times 10^3 \quad (\Omega) \tag{2-9}$$

2. 电抗

变压器的电抗是由变压器两侧绕组漏磁通所感应产生的电动势形成的。等值电路中的电抗可由变压器短路电压的百分数求得。

由短路试验中短路电压的定义，可以得到

$$U_k\% = \frac{\sqrt{3} I_N Z_T}{U_N} \times 100 = \frac{S_N Z_T}{U_N^2} \times 100 \times 10^{-3}$$

因此，变压器折算到某一侧的阻抗 Z_T 为

$$Z_T = \frac{U_k\%}{100} \times \frac{U_N^2 \times 10^3}{S_N} = \frac{10U_k\%U_N^2}{S_N} \quad (\Omega) \tag{2-10}$$

当 R_T 为已知时，电抗 X_T 为

$$X_T = \sqrt{Z_T^2 - R_T^2} \quad (\Omega) \tag{2-11}$$

对于大容量变压器，因 $X_T \gg R_T$，可略去 R_T，即

$$X_T = \frac{10U_k\%U_N^2}{S_N} \quad (\Omega) \tag{2-12}$$

3. 励磁功率损耗和导纳

变压器励磁导纳中功率损耗包括电导中空载有功损耗与电纳中励磁无功损耗两部分。空载有功损耗是指铁芯中的涡流和磁滞损耗；励磁无功损耗是指产生磁场所消耗的无功功率，可以近似地用 $I_0\%$ 求出。按空载电流百分数 $I_0\%$ 的定义有

$$I_0\% = \frac{I_0}{I_N} \times 100 = \frac{\sqrt{3}U_N I_0}{\sqrt{3}U_N I_N} \times 100 = \frac{\Delta S_0}{S_N} \times 100 \approx \frac{\Delta Q_0}{S_N} \times 100$$

所以，变压器的励磁无功损耗 ΔQ_0 为

$$\Delta Q_0 = \frac{I_0\% S_N}{100} \quad (\text{kvar}) \tag{2-13}$$

变压器励磁导纳的计算公式为

$$G_T = \frac{\Delta P_0}{U_N^2} \times 10^{-3} \quad (S) \tag{2-14}$$

$$B_T = \frac{\Delta Q_0}{U_N^2} \times 10^{-3} \quad (S) \tag{2-15}$$

在一般电力网解析法手算中，参数都折算到高压侧；在计算机算法中常折算到低压侧。

【例 2-3】 SL7-800/10 型电力变压器，变比为 10/0.4kV，试求折算到高压侧的参数，并画出其等值电路。

解 （1）变压器参数计算。查附表 6 得：变压器的技术数据 $\Delta P_0 = 1.513\text{kW}$、$\Delta P_k = 9.988\text{kW}$、$U_k\% = 4.5$、$I_0\% = 1.5$。

$$R_T = \frac{\Delta P_k U_N^2}{S_N^2} \times 10^3 = \frac{9.988 \times 10^2}{800^2} \times 10^3 = 1.56 \quad (\Omega)$$

$$Z_T = \frac{10U_k\%U_N^2}{S_N} = \frac{10 \times 4.5 \times 10^2}{800} = 5.63 \quad (\Omega)$$

$$X_T = \sqrt{Z_T^2 - R_T^2} = \sqrt{5.63^2 - 1.56^2} = 5.40 \quad (\Omega)$$

$$\Delta P_0 = 1.513 \quad (\text{kW})$$

$$\Delta Q_0 = \frac{I_0\% S_N}{100} = \frac{1.5 \times 800}{100} = 12 \quad (\text{kvar})$$

$$G_T = \frac{\Delta P_0}{U_N^2} \times 10^{-3} = \frac{1.513}{10^2} \times 10^{-3} = 1.513 \times 10^{-5} \quad (S)$$

$$B_T = \frac{\Delta Q_0}{U_N^2} \times 10^{-3} = \frac{12}{10^2} \times 10^{-3} = 1.2 \times 10^{-4} \quad (S)$$

$$Y_T = G_T - jB_T = 1.513 \times 10^{-5} - j1.2 \times 10^{-4} \quad (S)$$

（2）变压器等值电路，如图 2-7 所示。

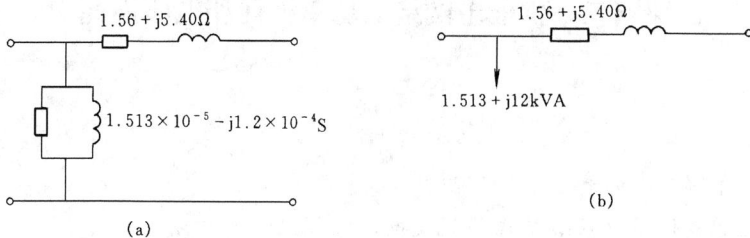

图 2-7　［例2-3］的等值电路

(a) 励磁分支用导纳表示；(b) 励磁分支用功率表示

【例 2-4】　某供用电网络如图 2-8 所示。各元件的技术参数标示于图中，试画出等值电路，计算出折算到高压侧的参数。

解　（1）架空线路参数。由附表 3 查得 LJ-70 的单位长度参数为 $R_0 = 0.46\Omega/$ km，$X_0 = 0.359\Omega/$km。

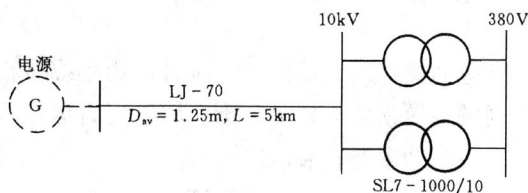

图 2-8　［例2-4］的供用电网络

线路阻抗为

$$R+jX = (R_0+jX_0) \cdot L = (0.46+j0.359) \times 5 = 2.3+j1.8 \ (\Omega)$$

（2）变压器参数。由附表 6 查得 SL7-1000/10 的技术数据为：$\Delta P_0 = 1.799$kW、$\Delta P_k = 11.25$kW、$U_k\% = 4.5$、$I_0\% = 1.2$。

并联电阻

$$R_T = \frac{1}{2}\ \frac{\Delta P_k U_N^2}{S_N^2} \times 10^3 = \frac{1}{2} \times \frac{11.25 \times 10^2}{1000^2} \times 10^3 = 0.563 \ (\Omega)$$

并联电抗

$$Z_T = \frac{1}{2}\ \frac{10U_k\% U_N^2}{S_N} = \frac{1}{2} \times \frac{10 \times 4.5 \times 10^2}{1000} = 2.25 \ (\Omega)$$

$$X_T = \sqrt{Z_T^2 - R_T^2} = \sqrt{2.25^2 - 0.563^2} = 2.18 \ (\Omega)$$

两台变压器有功损耗为

$$\Delta P_0 = 2 \times 1.799 = 3.598 \ (kW)$$

两台变压器无功损耗为

$$\Delta Q_0 = 2 \times \frac{I_0\% S_N}{100} = 2 \times \frac{1.2 \times 1000}{100} = 24 \ (kvar)$$

等值电路如图 2-9 所示。

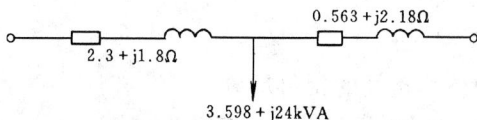

图 2-9　［例2-4］的等值电路

课题二　供配电网络的功率损耗和电压损耗

内容要求

1. 了解功率的表示方法。
2. 掌握供用电网络功率损耗及电压损耗的计算方法。
3. 懂得电力网环节首、末端功率和电压的平衡关系。
4. 掌握供用电网络最大电压损耗的计算方法。
5. 初步掌握按电压损耗要求选择导线截面积的方法。

电力网在向负荷传送电能时，会在线路和变压器等元件内产生功率损耗，导致网络中节点间的电压损耗。以下分析供用电网络运行时各元件相互间的功率平衡和电压平衡关系。

一、功率及其表示法

电流流过线路和变压器等元件，在电阻中消耗的功率，称为有功功率；交流有功功率用瞬时功率在一周期内的平均值表示，称为平均功率。电感和电容中与电源所交换的功率用瞬时功率的最大值表示，称为无功功率。

供用电网络计算中，负荷可以用电流表示，但用复功率表示更方便。由电工基础得知，三相复功率有两种表示方式，即

$$\dot{S} = \sqrt{3}\dot{U}\overset{*}{I} \tag{2-16}$$

或
$$\dot{S} = \sqrt{3}\overset{*}{U}\dot{I}$$

式中　$\dot{S}$——三相复功率，kVA；

　　　$\dot{U}$——线电压相量，kV；

　　　$\dot{I}$——线电流相量，A；

　$\overset{*}{U}$、$\overset{*}{I}$——线电压相量和线电流相量的共轭相量。

本书采用的表示方法为复数功率 $\dot{S} = \sqrt{3}\dot{U}\overset{*}{I}$。

在复数坐标上，取电压为参考相量，当电路为感性时，电流相量滞后于电压相量 φ 角，三相复功率为

$$\dot{S} = \sqrt{3}\dot{U}\overset{*}{I} = \sqrt{3}U\underline{/j0^\circ}\,I\underline{/j\varphi} = \sqrt{3}UI\mathrm{e}^{\mathrm{j}\varphi}$$
$$= S\,(\cos\varphi + \mathrm{j}\sin\varphi) = P + \mathrm{j}Q$$

式中　S——视在功率，kVA；

　　　P——三相有功功率，kW；

　　　Q——三相无功功率，kvar；

　　　φ——电压相量与电流相量间的相角差。

当电路为容性时，电流超前电压相角 φ，三相复功率为

$$\dot{S} = \sqrt{3}\dot{U}\overset{*}{I} = \sqrt{3}U\underline{/j0^\circ}\,I\underline{/-j\varphi} = \sqrt{3}UI\mathrm{e}^{-\mathrm{j}\varphi}$$
$$= S\,(\cos\varphi - \mathrm{j}\sin\varphi) = P - \mathrm{j}Q$$

二、功率损耗

供用电网络的功率损耗，是指线路和变压器中的功率损耗。

1. 线路的功率损耗

在三相线路中，电流通过线路电阻和电抗所产生的三相功率损耗为

$$\Delta \dot{S} = \Delta P + j\Delta Q = (3I^2 R + j3I^2 X) \times 10^{-3} \quad (\text{kVA}) \tag{2-17}$$

如用通过线路的功率表示，则为

$$3I^2 = 3\left(\frac{S}{\sqrt{3}U}\right)^2 = \frac{S^2}{U^2} = \frac{P^2 + Q^2}{U^2}$$

式（2-17）可改写为

$$\Delta \dot{S} = \Delta P + j\Delta Q = \left(\frac{P^2 + Q^2}{U^2} \times R + j\frac{P^2 + Q^2}{U^2} \times X\right) \times 10^{-3} \quad (\text{kVA}) \tag{2-18}$$

式中　$\Delta \dot{S}$——三相线路中所产生的功率损耗，kVA；

$\quad\quad$ ΔP——线路的有功功率损耗，kW；

$\quad\quad$ ΔQ——线路的无功功率损耗，kvar；

$\quad\quad$ P、Q——线路阻抗环节首端或末端的三相有功功率、无功功率，kW、kvar；

$\quad\quad$ R、X——线路的电阻和电抗，Ω；

$\quad\quad$ U——对应于功率的线路首端或末端线电压，kV。

在近似计算时，U 可用电网平均电压或额定电压代替。对于 35kV 及以上线路，由于线路电容的补偿作用，其无功功率损耗要比上述计算值小，为（$\Delta Q - Q_C$）。

2. 双绕组变压器的功率损耗

电流通过变压器等值电路阻抗所产生的功率损耗，随负荷大小而变化，这部分功率损耗称为可变损耗，计算公式同式（2-17）、式（2-18）相似。变压器励磁分支中的功率损耗随电压而变化，实际变压器工作电压常接近于额定电压，故称这部分损耗为固定损耗，它近似等于变压器的空载损耗，因此变压器的功率损耗为

$$\Delta \dot{S}_T = \Delta P_T + j\Delta Q_T$$
$$= \left(\frac{P_T^2 + Q_T^2}{U_N^2} R_T \times 10^{-3} + \Delta P_0\right) + j\left(\frac{P_T^2 + Q_T^2}{U_N^2} X_T \times 10^{-3} + \Delta Q_0\right) \quad (\text{kVA}) \tag{2-19}$$

式中　$\Delta \dot{S}_T$——三相变压器中的功率损耗，kVA；

ΔP_T、ΔQ_T——三相变压器中的有功功率、无功功率损耗，kW、kvar；

$\quad\quad$ P_T、Q_T——通过变压器环节首端或末端的有功功率、无功功率，kW、kvar；

$\quad\quad$ U_N——对应功率的等值电路首端或末端线电压，kV。

变压器的功率损耗也可以直接根据空载试验和短路试验的特性数据计算

$$\Delta \dot{S}_T = \left[\Delta P_k \cdot \left(\frac{S}{S_N}\right)^2 + \Delta P_0\right] + j\left[\frac{U_k\%}{100} \times \frac{S^2}{S_N} + \frac{I_0\% S_N}{100}\right] \quad (\text{kVA}) \tag{2-20}$$

式中　S——通过变压器的视在功率，kVA。

三、电压损耗

电流通过电力网各元件时导致网络中各点电压幅值和相位发生变化。电力网中两点电压的相量差，称为电压降落；电力网中两点电压的代数差，称为电压损耗。

如图 2-10 所示，具有阻抗 $Z = R + jX$ 的串联电路中有电流 $\dot{I}$ 通过，线路首端电压 $\dot{U}_1$，末端电压 $\dot{U}_2$，电压降落 $\Delta \dot{U}_{12} = \dot{I}Z = \dot{I}(R + jX)$，电压损失为 ΔU_{12}，如图 2-10（b）所示。

电压降落在实轴上的投影 ΔU，称为电压降落纵分量；在虚轴上的投影 δU，称为电压降落的横分量。

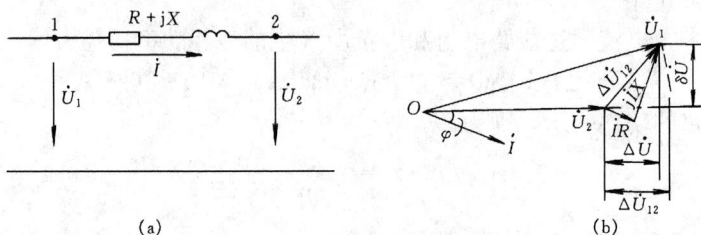

图 2-10　电压降落与电压损耗

(a) 等值电路；(b) 电压、电流相量图

在供用电网络中，某指定点的实际电压与额定电压的代数差，称为该点的电压偏移，常用百分数表示

$$m\% = \frac{U - U_N}{U_N} \times 100 \qquad (2-21)$$

当 $m\%$ 为正值时，说明实际电压高于额定电压；当 $m\%$ 为负值时，说明实际电压低于额定电压。实际工作中，不需关心两点间电压在相位上有什么区别，而要关心某指定点电压与额定电压的偏移，因此，常以电压损耗和电压偏移作为衡量电压质量的主要指标。

四、电力网环节首末端功率及电压的平衡关系

在电力网等值电路中，将网络分成很多电流不变的单元，这些单元称为电力网环节。电

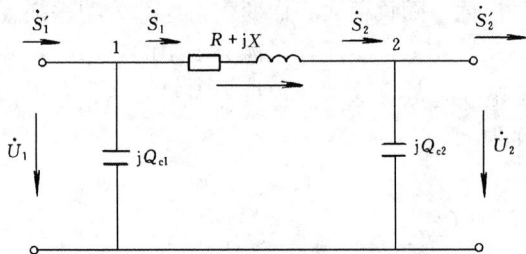

图 2-11　电力网中的一个 Π 型等值电路

力网的等值电路就由许多环节构成，分析环节首末端功率、电压的平衡关系，就可逐段求解整个电力网的功率分布和电压分布。

（一）环节首末端功率的平衡关系

图 2-11 为电力网的一个 Π 型等值电路，分别对于首端和末端来说，显然有：$\dot{S}'_1 = \dot{S}_1 + jQ_{c1}$ 和 $\dot{S}_2 = \dot{S}'_2 + jQ_{c2}$。$(R+jX)$ 段是一个环节，环节首末端功率分别为 $\dot{S}_1$ 和 $\dot{S}_2$。

1. 已知环节末端功率，求首端功率

已知环节末端三相功率 $\dot{S}_2 = P_2 + jQ_2$（kVA），则环节中的三相功率损耗 $\Delta\dot{S}_2$ 按式（2-18）得

$$\Delta\dot{S}_2 = \Delta P_2 + j\Delta Q_2 = \left(\frac{P_2^2 + Q_2^2}{U_2^2}R + j\frac{P_2^2 + Q_2^2}{U_2^2}X\right) \times 10^{-3} \quad (kVA)$$

环节首端的三相功率为

$$
\begin{aligned}
\dot{S}_1 &= \dot{S}_2 + \Delta\dot{S}_2 = (P_2 + jQ_2) + (\Delta P_2 + j\Delta Q_2) \\
&= (P_2 + \Delta P_2) + j(Q_2 + \Delta Q_2) \\
&= \left(P_2 + \frac{P_2^2 + Q_2^2}{U_2^2}R \times 10^{-3}\right) + j\left(Q_2 + \frac{P_2^2 + Q_2^2}{U_2^2}X \times 10^{-3}\right) \\
&\approx \left(P_2 + \frac{P_2^2 + Q_2^2}{U_N^2}R \times 10^{-3}\right) + j\left(Q_2 + \frac{P_2^2 + Q_2^2}{U_N^2}X \times 10^{-3}\right)
\end{aligned}
$$

$$= P_1 + jQ_1 \qquad \text{(kVA)} \qquad\qquad (2\text{-}22)$$

2. 已知环节首端功率，求末端功率

已知环节首端功率为 $\dot{S}_1 = P_1 + jQ_1$ （kVA），则环节中的三相功率损耗 $\Delta \dot{S}_1$ 按式（2-18）得

$$\Delta \dot{S}_1 = \Delta P_1 + j\Delta Q_1 = \left(\frac{P_1^2 + Q_1^2}{U_1^2} R + j \frac{P_1^2 + Q_1^2}{U_1^2} X \right) \times 10^{-3} \quad \text{(kVA)}$$

环节末端的三相功率为

$$\begin{aligned}
\dot{S}_2 &= \dot{S}_1 - \Delta \dot{S}_1 = (P_1 + jQ_1) - (\Delta P_1 + j\Delta Q_1) \\
&= (P_1 - \Delta P_1) + j(Q_1 - \Delta Q_1) \\
&= \left(P_1 - \frac{P_1^2 + Q_1^2}{U_1^2} R \times 10^{-3} \right) + j\left(Q_1 - \frac{P_1^2 + Q_1^2}{U_1^2} X \times 10^{-3} \right) \\
&\approx \left(P_1 - \frac{P_1^2 + Q_1^2}{U_N^2} R \times 10^{-3} \right) + j\left(Q_1 - \frac{P_1^2 + Q_1^2}{U_N^2} X \times 10^{-3} \right) \\
&= P_2 + jQ_2 \qquad \text{(kVA)}
\end{aligned} \qquad (2\text{-}23)$$

（二）环节首末端电压的平衡关系

仍以图 2-11 所示的电力网环节为例。

1. 已知环节末端电压，求首端电压

设 $\dot{U}_2 = U_2 \angle 0°$，则线路首端电压为

$$\begin{aligned}
\dot{U}_1 &= \dot{U}_2 + \sqrt{3}\dot{I}(R + jX) = \dot{U}_2 + \sqrt{3}\left(\frac{\dot{S}_2}{\sqrt{3}\dot{U}_2} \right)^{*}(R + jX) \\
&= U_2 + \frac{P_2 - jQ_2}{U_2}(R + jX) \\
&= \left(U_2 + \frac{P_2 R + Q_2 X}{U_2} \right) + j\left(\frac{P_2 X - Q_2 R}{U_2} \right) \\
&= (U_2 + \Delta U_2) + j\delta U_2 \qquad \text{(kV)}
\end{aligned} \qquad (2\text{-}24)$$

因此，相量图如图 2-12 (a) 所示。$\dot{U}_1$ 有效值为

$$U_1 = \sqrt{(U_2 + \Delta U_2)^2 + (\delta U_2)^2} \qquad\qquad (2\text{-}25)$$

由于一般情况下，$(U_2 + \Delta U_2) \gg \delta U_2$，功率角 δ 很小，对于供用电网络，可用下式计算

$$U_1 = U_2 + \Delta U_2 = U_2 + \frac{P_2 R + Q_2 X}{U_2} \qquad \text{(kV)} \qquad (2\text{-}26)$$

2. 已知环节首端电压，求末端电压

参照前面的分析与推导，设 $\dot{U}_1 = U_1 \angle 0°$，环节末端电压为

$$\begin{aligned}
\dot{U}_2 &= \left(U_1 - \frac{P_1 R + Q_1 X}{U_1} \right) - j\frac{P_1 X - Q_1 R}{U_1} \\
&= (U_1 - \Delta U_1) - j\delta U_1 \qquad \text{(kV)}
\end{aligned} \qquad (2\text{-}27)$$

相量图如图 2-12 (b) 所示。$\dot{U}_2$ 有效值为

$$U_2 = \sqrt{(U_1 - \Delta U_1)^2 - (\delta U_1)^2} \qquad\qquad (2\text{-}28)$$

对于供用电网络

$$U_2 = U_1 - \Delta U_1 = U_1 - \frac{P_1 R + Q_1 X}{U_1} \qquad \text{(kV)} \qquad (2\text{-}29)$$

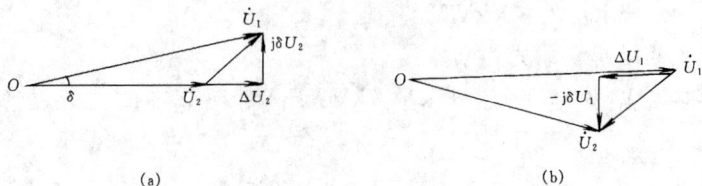

图 2-12　电力网阻抗环节的电压相量图

(a) 以 $\dot{U}_2$ 为参考相量；(b) 以 $\dot{U}_1$ 为参考相量

五、高压开式配电网络最大电压损耗计算

一端有电源的电力网，称为开式电网。开式电网的接线简单、运行方便、投资经济，但是用户只能以一个方向获得电能，可靠性较差。

35kV 及以下的开式配电网最大电压损耗计算的步骤如下：

(1) 作等值电路图，并计算出各元件的参数，然后标注在等值电路图中。作等值电路图时，可略去线路电纳和变压器的励磁分支。

(2) 从负荷端开始，朝电源侧逐段计算出功率分布。计算时，略去环节中的功率损耗，因此，环节首末端的功率相等。

(3) 使用环节首末端电压平衡关系式，从电源向负荷方向逐段计算出电压分布。在计算环节阻抗中的电压损耗时，可引用电压损耗计算公式，如实际电压不可知，可用额定电压代替。

由于这类线路不长，负荷功率小，电压低，采取上述方法步骤后，计算误差仍在工程允许范围内。

配电网络的分支特别多，电压计算的目的是寻找网络内电压最低的配电点，以确定线路的最大电压损耗值，考核配电线路的最大电压损耗和电压偏移是否在规程允许范围。

下面讨论几种典型配电网络最大电压损耗的计算方法。

（一）具有集中负荷的三相开式配电网络

【例 2-5】　某机械厂从总降压变电站引一条 10kV 架空配电线路供电给 4 个车间，导线为三角形排列，$D=1\text{m}$，有关线路导线型号、长度、各车间变压器型号、负荷、功率因数已标注在图 2-13（a）中。试计算该配电网络的功率分布和最大电压损耗百分数。当总降压变电站的出线电压为 10.5kV 时，各车间变电站低压母线的电压偏移是多少？

解　(1) 作等值电路。首先计算各线路、变压器的参数。计算步骤和方法与〔例 2-4〕相同（略）。

其次，根据计算电路图画出等值电路图，并将计算出的参数标注在图中，如图 2-13（b）所示。

(2) 功率分布计算。将各负荷数据计算表示如下

$$\dot{S}_\text{a}=\dot{S}'_\text{a}=P'_\text{a}+jQ'_\text{a}=200+j200\tan\varphi=200+j150\ (\text{kVA})$$

$$\dot{S}_\text{b}=\dot{S}'_\text{b}=P'_\text{b}+jQ'_\text{b}=100+j100\tan\varphi=100+j75\ (\text{kVA})$$

$$\dot{S}_\text{c}=\dot{S}'_\text{c}=P'_\text{c}+jQ'_\text{c}=120+j90\ (\text{kVA})$$

$$\dot{S}_\text{d}=\dot{S}'_\text{d}=P'_\text{d}+jQ'_\text{d}=160+j120\ (\text{kVA})$$

功率分布从线路末端向线路首端推算

$$\dot{S}_\text{bc}=\dot{S}_\text{c}=120+j90\ (\text{kVA})$$

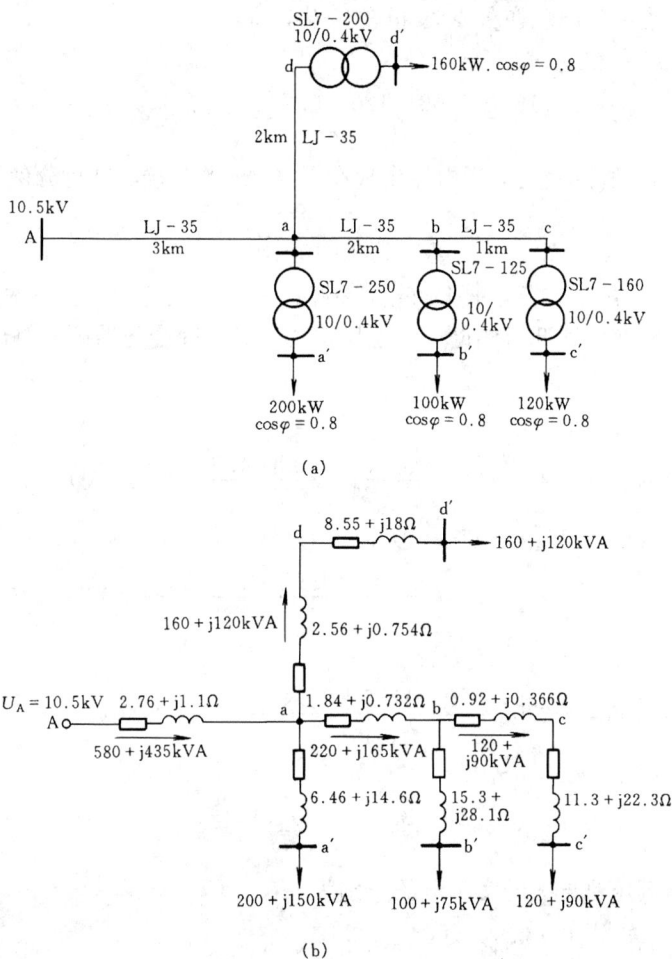

图 2-13 ［例 2-5］的电路图

(a) 计算电路图；(b) 等值电路图

$$\dot{S}_{ab}=\dot{S}_b+\dot{S}_{bc}=（100+j75）+（120+j90）=220+j165（kVA）$$

$$\dot{S}_{ad}=\dot{S}_d=160+j120（kVA）$$

$$\dot{S}_{Aa}=\dot{S}_a+\dot{S}_{ab}+\dot{S}_{ad}$$

$$=（200+j150）+（220+j165）+（160+j120）$$

$$=580+j435（kVA）$$

（3）电压损耗计算。最大电压损耗 ΔU_{max} 可能出现在干线 Ac 末端，即

$$\Delta U_{Ac}=\Delta U_{Aa}+\Delta U_{ab}+\Delta U_{bc}$$

$$=\frac{P_{Aa}R_{Aa}+Q_{Aa}X_{Aa}}{U_N}+\frac{P_{ab}R_{ab}+Q_{ab}X_{ab}}{U_N}+\frac{P_{bc}R_{bc}+Q_{bc}X_{bc}}{U_N}$$

$$=\frac{580\times2.76+435\times1.1}{10}+\frac{220\times1.84+165\times0.732}{10}$$

$$+\frac{120\times0.92+90\times0.366}{10}$$

$$=208+52.6+14.3\approx275（V）$$

最大电压损耗也可能出现在分支线 ad 的末端，即

$$\Delta U_{ad} = \Delta U_{Aa} + \Delta U_{ad}$$

$$= 208 + \frac{160 \times 2.56 + 120 \times 0.754}{10} = 258 \ (V)$$

因 $\Delta U_{Ac} > \Delta U_{ad}$，所以最大电压损耗出现在干线 Ac 的末端，其百分值为

$$\Delta U_{max}\% = \Delta U_{Ac}\% = \frac{\Delta U_{Ac}}{U_N} \times 100 = \frac{275}{10000} \times 100 = 2.75 < 7$$

规程规定，10kV 配电线路，其允许电压损耗为 7%，故此网符合技术要求。

（4）计算各车间变压器低压侧母线的电压偏移。各车间变压器侧压侧母线电压归算到高压侧的电压分别为

$$U'_{a'} = U_A - \Delta U_{Aa} - \Delta U_{aa'}$$

$$= 10500 - 208 - \frac{200 \times 6.46 + 150 \times 14.6}{10} = 9944 \ (V)$$

$$U'_{b'} = U_A - \Delta U_{Aa} - \Delta U_{ab} - \Delta U_{bb'}$$

$$= 10500 - 208 - 52.6 - \frac{100 \times 15.3 + 75 \times 28.1}{10} = 9876 \ (V)$$

$$U'_{c'} = U_A - \Delta U_{Ac} - \Delta U_{cc'}$$

$$= 10500 - 275 - \frac{120 \times 11.3 + 90 \times 22.3}{10} = 9889 \ (V)$$

$$U'_{d'} = U_A - \Delta U_{Ad} - \Delta U_{dd'}$$

$$= 10500 - 258 - \frac{160 \times 8.55 + 120 \times 18}{10} = 9886 \ (V)$$

各车间变压器低压侧母线的实际电压分别为

$$U_{a'} = U'_{a'} \times \frac{1}{k} = 9944 \times \frac{0.4}{10} = 398 \ (V)$$

$$U_{b'} = U'_{b'} \times \frac{1}{k} = 9876 \times \frac{0.4}{10} = 395 \ (V)$$

$$U_{c'} = U'_{c'} \times \frac{1}{k} = 9889 \times \frac{0.4}{10} = 396 \ (V)$$

$$U_{d'} = U'_{d'} \times \frac{1}{k} = 9886 \times \frac{0.4}{10} = 395 \ (V)$$

各车间变压器低压侧母线的电压偏移为

$$m_{a'}\% = \frac{U_{a'} - U_N}{U_N} \times 100 = \frac{398 - 380}{380} \times 100 = 4.73 < 7$$

$$m_{b'}\% = \frac{U_{b'} - U_N}{U_N} \times 100 = \frac{395 - 380}{380} \times 100 = 3.95 < 7$$

$$m_{c'}\% = \frac{U_{c'} - U_N}{U_N} \times 100 = \frac{396 - 380}{380} \times 100 = 4.21 < 7$$

$$m_{d'}\% = \frac{U_{d'} - U_N}{U_N} \times 100 = \frac{395 - 380}{380} \times 100 = 3.95 < 7$$

以上数据说明，电压偏移都符合技术要求。

若线路上有几个集中负荷，则最大电压损耗的计算式为

$$\Delta U_{\max}=\frac{1}{U_{\mathrm{N}}}\sum_{i=1}^{n}(P_iR_i+Q_iX_i)\ (\mathrm{V}) \tag{2-30}$$

式中　U_{N}——线路额定电压，kV；

$\quad\quad P_i$——第 i 段线路通过的有功功率，kW；

$\quad\quad Q_i$——第 i 段线路通过的无功功率，kvar；

$\quad R_i$、X_i——第 i 段线路的电阻和电抗，Ω。

若已知线路中的电流分布，可将关系式

$$P_i=\sqrt{3}U_{\mathrm{N}}I_i\cos\varphi_i,\quad Q_i=\sqrt{3}U_{\mathrm{N}}I_i\sin\varphi_i$$

代入式（2-30），则有

$$\Delta U_{\max}=\sqrt{3}\sum_{i=1}^{n}(I_iR_i\cos\varphi_i+I_iX_i\sin\varphi_i) \tag{2-31}$$

式中　I_i——通过第 i 段线路的电流有效值，A；

$\quad\quad \varphi_i$——通过第 i 段线路的电流相位。

（二）具有匀布负荷的开式配电网络

对于城市配电网、平原地区农村配电网、工厂车间的树干式低压配电网络及路灯负荷等，可以近似地认为负荷沿线路均匀分布，称为匀布负荷。图 2-14（a）表示一条配电线路，供电电源 A，负荷沿 ab 段均匀分布。

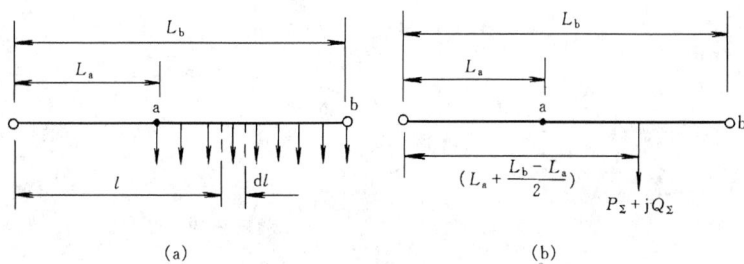

图 2-14　匀布负荷的电压损耗

(a) 匀布负荷图；(b) 等效集中负荷图

在 dl 线路上的电压损耗为

$$\mathrm{d}(\Delta U)=\frac{1}{U_{\mathrm{N}}}(PR_0+QX_0)\,l\mathrm{d}l \tag{2-32}$$

式中　P——线路每公里长的有功功率，kW；

$\quad\quad Q$——线路每公里长的无功功率，kvar；

$\quad R_0$、X_0——线路每公里长的电阻和电抗，Ω/km。

ab 段匀布负荷在全部线路 Ac 上引起的最大电压损耗

$$\begin{aligned}\Delta U_{\mathrm{Ac}}&=\int_{L_{\mathrm{a}}}^{L_{\mathrm{b}}}\mathrm{d}(\Delta U)=\frac{PR_0+QX_0}{U_{\mathrm{N}}}\int_{L_{\mathrm{a}}}^{L_{\mathrm{b}}}l\mathrm{d}l\\&=\frac{PR_0+QX_0}{U_{\mathrm{N}}}\left(\frac{L_{\mathrm{b}}^2-L_{\mathrm{a}}^2}{2}\right)\\&=\frac{PR_0+QX_0}{U_{\mathrm{N}}}(L_{\mathrm{b}}-L_{\mathrm{a}})\left(L_{\mathrm{a}}+\frac{L_{\mathrm{b}}-L_{\mathrm{a}}}{2}\right)\\&=\frac{P_{\Sigma}R_0+Q_{\Sigma}X_0}{U_{\mathrm{N}}}\left(L_{\mathrm{a}}+\frac{L_{\mathrm{b}}-L_{\mathrm{a}}}{2}\right)\end{aligned} \tag{2-33}$$

式中　　P_Σ——线路总有功功率，kW；

$\quad\quad Q_\Sigma$——线路总无功功率，kvar。

式（2-33）表明，计算匀布负荷在线路上的最大电压损耗时，可以用一个与匀布总负荷相等，位于匀布负荷中点的集中负荷等值地代替，如图 2-14（b）所示。

【**例 2-6**】　一条额定电压为 380V 的三相架空配电线路，如图 2-15 所示。干线 Ac 采用 LJ-70 型导线，支线 be、bf 采用 LJ-50 型导线，$D_{av}=0.8$m，各负荷功率、功率因数及距离数已标注在图中。试计算最大电压损耗；当 A 点电压为 382V 时，计算各负荷点的电压偏移。

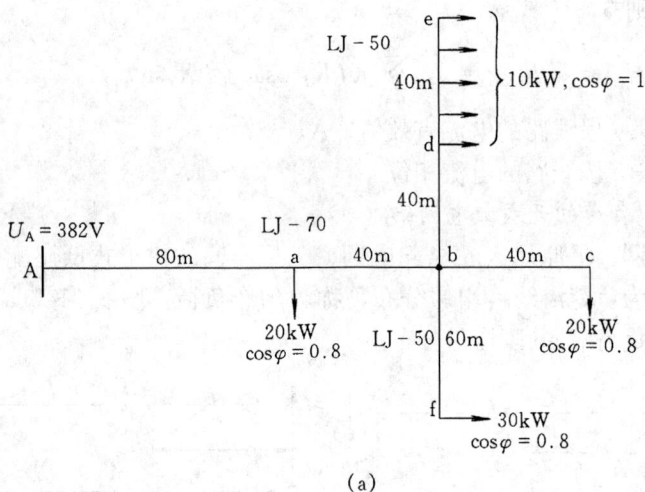

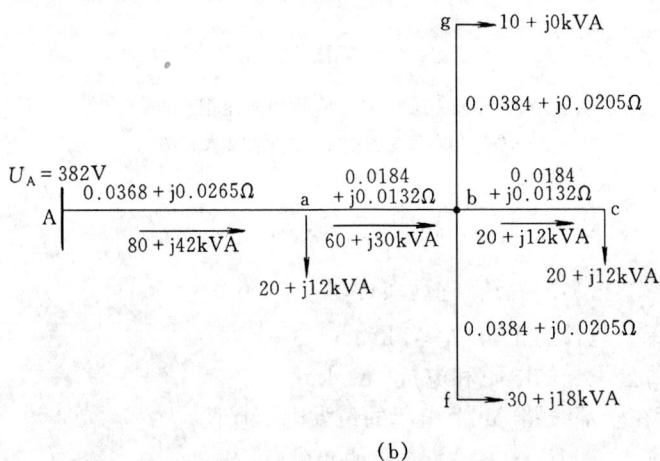

图 2-15　[例 2-6] 电路图

(a) 计算电路图；(b) 等值电路图

解　（1）作等值电路。设 de 段中点为 g，查附表 3 计算各线路参数如下

$Z_{Aa}=0.08\times（0.46+j0.331）=0.0368+j0.0265（\Omega）$

$Z_{ab}=Z_{bc}=0.04\times（0.46+j0.331）=0.0184+j0.0132（\Omega）$

$Z_{bg}=Z_{bf}=0.06\times（0.64+j0.341）=0.0384+j0.0205（\Omega）$

根据计算电路图，画出等值电路，并将计算出的线路参数标注在等值电路中，如图 2-15 （b）所示。

（2）计算线路功率分布

$\dot{S}_a = 20 + j12$ （kVA）；$\dot{S}_c = 20 + j12$ （kVA）；

$\dot{S}_g = 10 + j0$ （kVA）；$\dot{S}_f = 30 + j18$ （kVA）；

$\dot{S}_{bc} = \dot{S}_c = 20 + j12$ （kVA）

$\dot{S}_{bg} = \dot{S}_g = 10 + j0$ （kVA）

$\dot{S}_{bf} = \dot{S}_f = 30 + j18$ （kVA）

$\dot{S}_{ab} = \dot{S}_{bc} + \dot{S}_{bf} + \dot{S}_{bg} = $ （20+j12）+（30+j18）+（10+j0）

$\qquad = 60 + j30$ （kVA）

$\dot{S}_{Aa} = \dot{S}_a + \dot{S}_{ab} = $ （20+j12）+（60+j30）= 80+j42 （kVA）

（3）计算线路最大电压损耗。各线路的电压损耗如下

$$\Delta U_{bc} = \frac{1}{0.38}（20\times0.0184+12\times0.0132）= 1.39 \text{（V）}$$

$$\Delta U_{bg} = \Delta U_{be} = \frac{1}{0.38}（10\times0.0384）= 1.01 \text{（V）}$$

$$\Delta U_{bf} = \frac{1}{0.38}（30\times0.0384+18\times0.0205）= 4 \text{（V）}$$

比较得 $\Delta U_{bf} > \Delta U_{bc} > \Delta U_{be}$，故 f 点电压最低，线路最大电压损耗为

$$\Delta U_{max} = \frac{1}{0.38} \big[（80\times0.0368+42\times0.0265）+（60\times0.0184+30\times0.0132）$$

$$\qquad +（30\times0.0384+18\times0.0205）\big]$$

$$\qquad = 18.6 \text{（V）}$$

$$\Delta U_{max}\% = \frac{18.6}{380}\times100 = 4.89$$

（4）计算各负荷点的电压偏移为

$$\Delta U_{Aa} = \frac{1}{0.38}（80\times0.0368+42\times0.0265）= 10.7 \text{（V）}$$

$$\Delta U_{ab} = \frac{1}{0.38}（60\times0.0184+30\times0.0132）= 3.95 \text{（V）}$$

当点 A 电压为 382V 时，各点电压偏移为

$$U_a = 382 - 10.7 = 371.3 \text{（V）}$$

$$U_b = 371.3 - 3.95 = 367.35 \text{（V）}$$

$$U_c = 367.35 - 1.39 = 365.96 \text{（V）}$$

$$U_e = U_g = 365.96 - 1.01 = 366.34 \text{（V）}$$

$$U_f = 367.35 - 4 = 363.35 \text{（V）}$$

$$m_a\% = \frac{371.3 - 380}{380}\times100 = -2.29$$

$$m_b\% = \frac{367.35 - 380}{380}\times100 = -3.33$$

$$m_c\% = \frac{365.96 - 380}{380}\times100 = -3.69$$

$$m_e\% = \frac{366.34-380}{380} \times 100 = -3.59$$

$$m_f\% = \frac{363.35-380}{380} \times 100 = -4.38$$

（三）用线电压供电的两线配电网络

因为电流沿相线往返时，在每一条相线上要引起电压降落，故不平衡负荷电流导致线路的电压损耗是平衡负荷的两倍。最大电压损耗计算式为

$$\Delta U_{max} = \frac{2}{U_N} \sum_{i=1}^{n}(P_iR_i + Q_iX_i) \quad (V) \tag{2-34}$$

（四）用相电压供电的配电网络

电流沿相线和零线往返，电压损耗计算和式（2-34）相似，区别在于此处的电压损耗为相电压损耗，假定相线截面积和零线截面积相同，电压损耗计算式为

$$\Delta U_{ph} = \frac{2}{U_{ph}} \sum_{i=1}^{n}(P_iR_i + Q_iX_i)$$

$$= 2\sum_{i=1}^{n}(I_iR_i\cos\varphi_i + I_iX_i\sin\varphi_i) \tag{2-35}$$

式中　ΔU_{Ph}——相电压损耗，V；

　　　　U_{Ph}——相电压，V。

【例2-7】　一条额定电压为220V的单相架空配电线路，相线和零线的型号为LJ-70，水平排列，$D=0.6$m，供给3个单相负荷，各负荷点距离、负荷电流、功率因数已标注在图2-16（a）中。试计算：（1）线路最大电压损耗百分数；（2）如电源侧线电压为390V，求各负荷点的电压偏移。

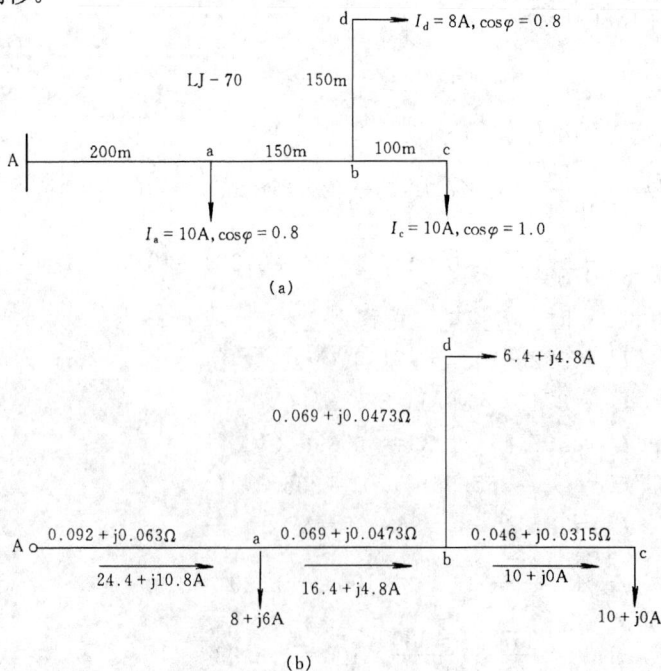

（a）

（b）

图2-16　［例2-7］电路图

（a）计算电路图；（b）等值电路图

解 （1）作等值电路。计算各线路参数如下

$$Z_{Aa}=0.2\times(0.46+j0.315)=0.092+j0.063（\Omega）$$

$$Z_{ab}=Z_{bd}=0.15\times(0.46+j0.315)=0.069+j0.0473（\Omega）$$

$$Z_{bc}=0.1\times(0.46+j0.315)=0.046+j0.0315（\Omega）$$

根据计算电路图画出等值电路图，并将计算数据标注在等值电路中，如图 2-16（b）所示。

（2）计算线路电流分布

$$\dot{I}_a=I_a\cos\varphi+jI_a\sin\varphi=10\times0.8+j10\times0.6=8+j6（A）$$

$$\dot{I}_c=10+j0（A）$$

$$\dot{I}_d=6.4+j4.8（A）$$

通过线路的电流

$$\dot{I}_{bc}=\dot{I}_c=10+j0（A）$$

$$\dot{I}_{bd}=\dot{I}_d=6.4+j4.8（A）$$

$$\dot{I}_{ab}=\dot{I}_{bc}+\dot{I}_{bd}=16.4+j4.8（A）$$

$$\dot{I}_{Aa}=\dot{I}_a+\dot{I}_{ab}=8+j6+16.4+j4.8=24.4+j10.8（A）$$

（3）计算相线路的最大电压损耗

$$\Delta U_{bc}=2\times(10\times0.046)=0.92（V）$$

$$\Delta U_{bd}=2\times(6.4\times0.069+4.8\times0.0473)=1.34（V）$$

由于 $\Delta U_{bd}>\Delta U_{bc}$，故最大电压损耗为 ΔU_{Ad}，即

$$\Delta U_{max}=\Delta U_{Ad}=2\times\lfloor(24.4\times0.092+10.8\times0.063)+(16.4\times0.069+4.8$$

$$\times0.0473)+(6.4\times0.069+4.8\times0.0473)]$$

$$=9.9（V）$$

$$\Delta U_{max}\%=\Delta U_{Ad}\%=\frac{9.9}{220}\times100=4.5$$

（4）计算各负荷点的电压偏移

$$\Delta U_{Aa}=2\times(24.4\times0.092+10.8\times0.063)=5.85（V）$$

$$\Delta U_{ab}=2\times(16.4\times0.069+4.8\times0.0473)=2.72（V）$$

$$U_a=U_A-\Delta U_{Aa}=\frac{390}{\sqrt{3}}-5.85=225.17-5.85=219.32（V）$$

$$m_a\%=\frac{291.32-220}{220}\times100=-0.31$$

$$U_b = U_a - \Delta U_{ab} = 219.32 - 2.72 = 216.60 \text{ (V)}$$

$$m_b\% = \frac{216.60 - 220}{220} \times 100 = -1.55$$

$$U_c = U_b - \Delta U_{bc} = 216.60 - 0.92 = 215.68 \text{ (V)}$$

$$m_c\% = \frac{215.68 - 220}{220} \times 100 = -1.96$$

$$U_d = U_b - \Delta U_{bd} = 216.60 - 1.34 = 215.26 \text{ (V)}$$

$$m_d\% = \frac{215.26 - 220}{220} \times 100 = -2.15$$

以上各点的电压偏移都未超出允许值。

六、高压开式输电网络最大电压损耗计算

110kV 及以上开式输电网络线路长、电压高、功率大，其等值电路含线路的电纳和变压器的励磁分支，电流通过各元件所引起的功率损耗不能忽略。其计算步骤如下：

（1）作等值电路图，并计算出各元件的参数，然后标注在等值电路图中。等值电路应含线路的电纳（或用无功功率表示）和变压器的励磁分支（用功率表示）；参数计算时可用 $X_T \approx Z_T$ 简化。

（2）算出各用户总降压变电站的"计算负荷"，以简化等值电路。"计算负荷"是指变电站低压母线上的负荷、变压器阻抗与导纳中的功率损耗、变电站高压母线负荷和与高压母线相连线路一半电容功率的总和。

（3）使用环节首末端功率平衡关系式，从负荷端开始，向电源端逐段计算出功率分布。计算时可用额定电压代替。

（4）使用环节首末端电压平衡关系式，从电源端向负荷点逐段计算出电压分布，电压损耗。

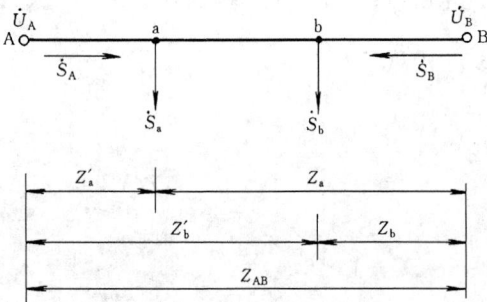

图 2-17 两端供电网的功率分布

七、两端供电网的最大电压损耗计算

线路两端都接有电源的供电网络，称为两端供电网。在两端供电网中，每个负荷都能从两个方向同时获得电能，因而提高了供电可靠性。环网可以看成是两端电源电压相量相等的两端供电网。

（一）两端供电网功率分布计算方法

图 2-17 为具有两个集中负荷的两端供电网，电源的线电压分别为 $\dot{U}_A$、$\dot{U}_B$，以额定线电压 $\dot{U}_N$ 为参考相量，以功率形式表示的计算式为

$$\left. \begin{aligned} \dot{S}_A &= \left[\frac{(\dot{U}_A - \dot{U}_B)}{Z_{AB}} \right]^* U_N \times 10^3 + \frac{\sum \dot{S} Z^*}{Z_{AB}^*} \\ \dot{S}_B &= \left[\frac{(\dot{U}_B - \dot{U}_A)}{Z_{AB}} \right]^* U_N \times 10^3 + \frac{\sum \dot{S} Z'^*}{Z_{AB}^*} \end{aligned} \right\} \tag{2-36}$$

式中 $\dot{S}_A$、$\dot{S}_B$——两端电源的输出功率，kVA；

Z_{AB}——线路的总阻抗，Ω；

$\dot{S}$——各负荷点的负荷功率，kVA；

Z——负荷点到电源点 B 的线路阻抗，Ω；

Z'——负荷点到电源点 A 的线路阻抗，Ω。

式（2-36）表明，电源的输出功率包括两部分，第一部分与电源两端电压的相量差有关，而与负荷无关，称为循环功率（或称平衡功率）；第二部分与各点负荷和该负荷点到另一电源的阻抗有关，称为供载功率。

在计算两端供电网的功率分布时，可以利用叠加原理将循环功率与供载功率分开来计算。也就是先令两端电源电压相量相等，求出供载功率；再令负荷功率为零，求出循环功率，最后将两者叠加得出初步功率分布。

式（2-36）中的电压和阻抗都是复数，因此，用它计算功率分布的方法，称为复功率法。这种方法计算更精确，但要进行繁杂的复数运算，下面讨论计算供载功率时的简化情况。

1. 均一网的供载功率计算

如果两端供电网各段线路采用相同材料、相同截面积、相同的几何均距，这种电力网称为均一网。对于均一网，式（2-36）可简化为

$$\left. \begin{array}{l} P_A = \dfrac{\Sigma PL}{L_{AB}} \\ Q_A = \dfrac{\Sigma QL}{L_{AB}} \end{array} \right\} \qquad (2\text{-}37)$$

2. 近似均一网的供载功率计算

在电力系统中，均一网不多，但同一电压等级情况下，往往各段线路采用相同材料，线间几何均距近似相等，导线截面相差不超过 2～3 级标称截面，这种电力网称为近似均一网。这种电网可用下式计算

$$\left. \begin{array}{l} P_A = \dfrac{\Sigma PX}{X_{AB}} \\ Q_A = \dfrac{\Sigma QR}{R_{AB}} \end{array} \right\} \qquad (2\text{-}38)$$

式中 X 和 R——与某负荷点 P、Q 相对应的到另一端电源点的电抗和电阻。

应用式（2-38）计算供载功率的方法称为网络拆开法，它的意义是：将具有复数阻抗输送复功率的电力网，拆开成两个电力网，其中一个电力网只具有感抗并输送有功功率；另一个电力网只具有电阻并输送无功功率，然后再将两个电力网相叠加。这种方法大大简化了运算工作，又能满足工程上准确度要求。

（二）两端供电网的最大电压损耗计算举例

【例 2-8】 额定电压为 10kV 的闭环网，电源接于网络 A 点，全部网络是用铝线敷设的架空线路，导线为三角形排列，线间几何均距为 1m，各线段的导线型号、线路长度及负荷如图 2-18（a）所示。试求功率分布情况及正常情况下的最大电压损耗。

解 （1）计算功率分布。将环网从 A 点切开，扩展为两端供电网络形式，如图 2-18（b）所示，由于电力网干线均一，可用式（2-37）计算如下

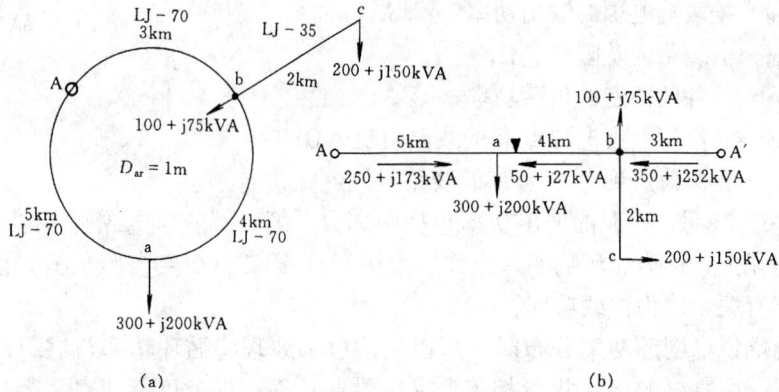

图 2-18　[例 2-8] 电路图

(a) 计算电路图；(b) 等值电路图

$$P_A = \frac{\Sigma PL}{L_{AA'}} = \frac{300 \times (4+3) + (200+100) \times 3}{5+4+3} = 250 \ (kW)$$

$$Q_A = \frac{\Sigma QL}{L_{AA'}} = \frac{200 \times (4+3) + (150+75) \times 3}{5+4+3} = 173 \ (kvar)$$

$$\dot{S}_{Aa} = P_A + jQ_A = 250 + j173 \quad (kVA)$$

$$\dot{S}_{ba} = (300+j200) - (250+j173) = 50+j27 \quad (kVA)$$

$$\dot{S}_{A'b} = (50+j27) + (200+j150) + (100+j75) = 350+j252 \quad (kVA)$$

从功率分布可以发现，a 点负荷吸收的功率来自线路两个方向，称 a 点为功率分点，标以"▼"。

(2) 计算最大电压损耗。查附表 3 得导线参数：LJ-70 型 $R_0 = 0.46\Omega/km$，$X_0 = 0.345\Omega/km$；LJ-35 型　$R_0 = 0.92\Omega/km$，$X_0 = 0.366\Omega/km$。

最大电压损耗一种可能是在电源与功率分点之间，即

$$\Delta U_{Aa} = \frac{(250 \times 0.46 + 173 \times 0.345) \times 5}{10} = 87.3 \ (V)$$

另一种可能是在电源点与分支末端 c 之间，即

$$\Delta U_{A'c} = \Delta U_{A'b} + \Delta U_{bc}$$

$$= \frac{(350 \times 0.46 + 252 \times 0.345) \times 3}{10} + \frac{(200 \times 0.92 + 150 \times 0.366) \times 2}{10}$$

$$= 122.2 \ (V)$$

所以　$\Delta U_{max}\% = \Delta U_{A'c}\% = \frac{122.2}{10000} \times 100 = 1.22$

在两端供电网干线中，功率分点的电压最低。在某些情况下，有功功率分点和无功功率分点可能不重合，则在有功功率分点上标以符号"▼"，无功功率分点上标以符号"▲"。至于电压最低点是有功功率分点，还是无功功率分点，只有通过计算才能确定。

八、按电压损耗要求选择导线截面积

在供用电网络设计中，为了满足负荷电能质量，导线上的电压损耗应低于最大允许值，因此，对于输电距离较长或负荷电流较大的线路，必须按允许电压损耗来选择或校验导线截面积。

根据式（2-30），$\Delta U_{\max}=\dfrac{1}{U_N}\sum\limits_{i=1}^{n}(P_iR_i+Q_iX_i)$　　（V）

电压损耗的百分值为　$\Delta U\%=\dfrac{\Delta U}{U_N\times10^3}\times100=\dfrac{\Delta U}{10U_N}$，设线路允许电压损耗为 $\Delta U_{al}\%$，则有

$$\dfrac{\sum\limits_{i=1}^{n}(P_iR_i+Q_iX_i)}{10U_N^2}\leqslant\Delta U_{al}\%\tag{2-39}$$

由于导线截面积对导线电抗的影响不大，对架空线路可初取 $X_0=0.4\Omega/km$，对电缆可初取，$X_0=0.08\Omega/km$，因此，如果干线导线截面积相同，由（2-39）可求出 R_0

$$R_0\leqslant\dfrac{10U_N^2\Delta U_{al}\%-\sum\limits_{i=1}^{n}Q_iX_0L}{\sum\limits_{i=1}^{n}\rho_iL}\tag{2-40}$$

于是，由式（2-1）可导出满足电压损耗要求的导线截面积 S

$$S\geqslant\dfrac{\rho}{R_0}\tag{2-41}$$

根据式（2-41）所得 S 值选出导线标称截面积后，再根据线路布置情况得出实际 R_0 和 X_0 代入式（2-39）进行校验。

【例2-9】　设有一回 10kV LJ 型架空线路向两个负荷点供电，线路长度和负荷情况如图 2-19 所示，已知架空线线间距为 1m，允许电压损耗 $\Delta U_{al}\%=5$，试选择导线截面积。

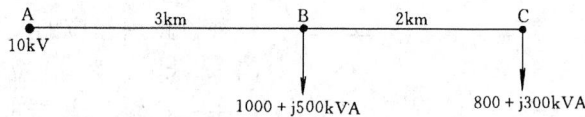

图 2-19　［例2-9］电路图

解　设线路 AB 段和 BC 段选取同一截面积的 LJ 型铝绞线，初取 $X_0=0.4\Omega/km$，由式（2-39）有

$$\Delta U_{AC}\%=\dfrac{[R_0L_{AB}(P_1+P_2)+X_0L_{AB}(Q_1+Q_2)]+[R_0L_{BC}P_2+X_0L_{BC}Q_2]}{10U_N^2}$$

$$=\dfrac{R_0[3\times(1000+800)+2\times800]+0.4\times[3\times(500+300)+2\times300]}{10\times10^2}$$

$$\leqslant5$$

于是可得

$$R_0\leqslant0.54\ (\Omega/km)$$

$$S\geqslant\dfrac{\rho}{R_0}=\dfrac{31.7}{0.54}=58.4\ (mm^2)$$

选取 LJ-70 铝绞线，查附表可得：$R_0=0.46\Omega/km$，$X_0=0.345\Omega/km$，将参数代入式（2-39）可得

$$\Delta U_{AC}\%=4.252<5$$

可见，LJ-70 导线满足电压损耗要求。

课题三　短路电流计算

内容要求

1. 了解短路的类型、危害及产生短路的原因。
2. 初步学会无限大容量系统三相短路的计算。
3. 了解不对称短路的概念。

一、短路的基本概念

1. 短路的定义

短路是电力系统运行中常见的一种十分严重的故障形式。所谓"短路"，是指三相系统中相与相导体之间的非正常连接，如通过电弧和其他小阻抗的相间短接；此外在中性点直接接地系统或三相四线制系统中，还指单相或多相接地（或接中性线）。

在中性点不接地系统或中性点经消弧线圈接地中，短路主要是指各种相间短路，包括不同相的多点接地。单相接地不会造成短路，仅有不大的接地电流流过接地处，系统仍可继续运行，故称为接地故障，而不称为短路。

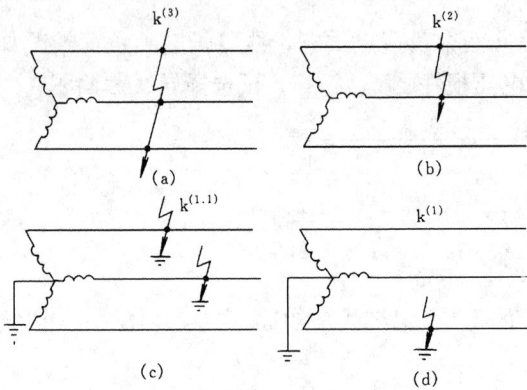

图 2-20　短路的类型
(a) 三相短路；(b) 两相短路；
(c) 两相接地短路；(d) 单相短路

2. 短路的类型

三相系统中短路的基本类型有三相短路、两相短路、单相短路、两相接地短路。各种短路用相应的文字符号表示：三相短路——$k^{(3)}$，两相短路——$k^{(2)}$，单相短路——$k^{(1)}$，两相接地短路——$k^{(1,1)}$。如图 2-20 所示为各种短路的示意图。

三相短路时，由于短路回路的各相阻抗相等，三相的电流仅较正常运行时增大，电压较正常时降低，但三相仍是对称的，故三相短路是对称短路。除三相短路外，其他的几种短路都属于不对称短路，三相处于不同情况，每相电路中的电流和数值不完全相等，电压和电流之间的相位角也不相同。

事故统计表明，在中性点直接接地系统中，最常见的是单相短路，约占短路故障的 65%～70%，两相短路约占 10%～15%；两相接地短路约占 10%～20%；三相短路约占 5%。三相短路所占比例虽小，但三相短路所造成的后果严重，而且，计算三相短路电流的方法是不对称短路计算的基础。因此在后面的介绍中着重介绍三相短路计算。

3. 短路的原因

造成短路的主要原因是电气设备载流部分的绝缘损坏。引起绝缘损坏的因素很多，主要有：各种形式的过电压，如雷电过电压等；绝缘材料的自然老化和污秽；设备本身不合格，绝缘强度不够；直接的机械损伤等。

工作人员由于未遵守操作技术规程和安全规程而发生误操作，或者误将低电压设备接入较高电压的电路中；还有供用电网络中线路的断线和倒杆事故，都可能造成短路。

鸟兽跨越在裸露的相线之间或相线与接地物体之间，或者咬坏设备和导线电缆的绝缘，也是导致短路的一个原因。

4. 短路的危害

发生短路时，由于短路回路的阻抗减小，短路回路的电流急剧增大，此电流称为短路电流。短路电流基本上是感性电流，在数值上可能达到正常工作电流的几倍到几十倍，绝对值可达几万安培甚至几十万安培，对导体、设备，以至整个电力系统都会产生极大的危害。

（1）毁坏设备。短路时在短路点会产生电弧，电弧温度极高，会烧断导体，烧坏设备；短路电流在电源和短路点之间流动，所经之处，导体和设备都严重发热，使绝缘损坏。同时短路电流产生的电动力，会使导体弯曲变形，使设备产生机械损坏或者支架受到损坏。

（2）中断供电，三相短路时，短路点的电压为零，短路点以后的用户供电中断。同时电源与短路点间的线路电压突然降低，使其间的用电设备的正常工作也受到破坏。短路点距电源越近，停电范围越大。

（3）系统解列。严重的短路要影响电力系统运行的稳定性，可使并列运行的发电机失去同步，严重的情况下会造成系统解列。

（4）通信干扰。不对称短路时，其电流将产生较强的不平衡交变磁场，在附近的通信线路和电子设备中产生感应电压和磁场，形成对通信的严重干扰。

为了保证系统安全可靠地运行，减轻短路的影响，除在运行维护中应努力设法消除可能引起短路的一切原因外，还应尽快地切除故障部分，使系统电压在较短的时间内恢复到正常值。为此，可采用快速动作的继电保护和断路器，配电网中使用重合器、分段器等。此外，还应考虑采用限制短路电流的措施，如在电路中加装电抗器等。

5. 短路计算的基本假设

在现代电力系统的实际条件下，要进行极准确的短路计算是相当复杂的，同时，对解决大部分实际工程问题，并不要求极准确的计算结果。为了简化和便于计算，实用中多采用近似计算方法，这种方法是建立在一系列基本假设条件基础上的，计算结果有些误差，但不超过工程中的允许范围。

短路电流实用计算的基本假设条件：

（1）系统在正常运行时是三相对称的。

（2）电力系统各元件的磁路不饱和，即各元件的电抗为一常数，计算中可以应用叠加原理。

（3）略去变压器的励磁电流和所有元件的电容。

（4）在高压电路的短路计算中略去电阻不计，但在计算低压网络的短路电流时，应计及元件电阻，可以不计算复阻抗，用阻抗的绝对值 $|Z| = \sqrt{R^2 + X^2}$ 进行计算。

（5）所有发电机电势的相位在短路过程中都相等，频率与正常工作时相同。

二、标幺制

标幺制是一种相对单位制。短路电流的实用计算中常用到的物理量，如电流、电压、电抗和视在功率等，都是用无单位的相对数，即标幺值进行计算的，只在列出计算结果以及计算低电压电路的短路电流时，才用有名单位制。

（一）标幺值

标幺值是一个物理量的实际有名值与一个预先选定的具有相同量纲的基准值的比值，即

$$A_* = \frac{A}{B} \tag{2-42}$$

式中　A_*——物理量 A 的标幺值；

　　　A——用有名单位表示的某物理量；

　　　B——A 物理量的基准值，与 A 物理量单位相同。

如某变压器的视在功率为 $S_N = 31.5\text{MVA}$，任意取基准功率为 100MVA 时，则变压器功率的标幺值为

$$S_* = \frac{31.5\text{MVA}}{100\text{MVA}} = 0.315$$

若选取基准功率为 31.5MVA，则标幺值 $S_* = 1$。

可见，标幺值是无单位的数，实际上标幺值就是某物理量的有名值对基准值的倍数。由于选取的基准值不同，同一有名值的标幺值却不相等，所以讲到一个量的标幺值时，必须首先说明它的基准值，否则没有意义。一般来说，基准值可以任意选取，但只有基准值选取得恰当，采用标幺制才可使一个复杂的数变成一个很简单的数，使运算工作量大为减少。

（二）基准标幺值

以任意选取的数值作为基准值得到的标幺值，称为基准标幺值，以下角标"$*b$"表示，符号 $*$ 表示该量是标幺值。

在三相系统的短路电流计算中，常用的电气量有：线电压 U、相电流 I、一相电抗 X、三相视在功率 S。这四个电气量间应满足关系：$S = \sqrt{3}UI$ 和 $U = \sqrt{3}IX$。选取这四个电气量的基准值分别为：基准电压 U_b、基准电流 I_b、基准电抗 X_b、基准功率（容量）S_b。这四个基准值也应满足欧姆定律和功率方程式，即

$$\left.\begin{aligned} S_b &= \sqrt{3}U_bI_b \\ U_b &= \sqrt{3}I_bX_b \end{aligned}\right\} \tag{2-43}$$

式（2-43）中只有两个是独立量，所以选取基准值时，只可以任意选取其中的两个，另外两个必须由式（2-43）确定。通常系统的电压和功率（容量）多为已知，所以一般是选取基准功率 S_b 和基准电压 U_b，基准电流 I_b 和基准电抗 X_b 由式（2-43）求得

$$I_b = \frac{S_b}{\sqrt{3}U_b} \tag{2-44}$$

$$X_b = \frac{U_b}{\sqrt{3}I_b} = \frac{U_b^2}{S_b} \tag{2-45}$$

于是 U、I、S、X 的基准标幺值为

$$\left.\begin{aligned} S_{*b} &= \frac{S}{S_b} \\ U_{*b} &= \frac{U}{U_b} \\ U_{*b} &= \frac{I}{I_b} = \frac{\sqrt{3}U_b}{S_b} \times I \\ X_{*b} &= \frac{X}{X_b} = \frac{S_b}{U_b^2} \times X \end{aligned}\right\} \tag{2-46}$$

式（2-46）中有名值的单位：电压单位为 kV；电流单位为 kA；电抗单位为 Ω；功率单位为 MVA。

另外应注意，在同一电路中，各级电压的 U_b 可取不同值，但只能取一个共同的 S_b。

（三）额定标幺值

三相电路中每台电气设备都有额定工作状态，并以 S_N、U_N、$I_N\left(=\dfrac{S_N}{\sqrt{3}U_N}\right)$、$X_N$ $\left(=\dfrac{U_N}{\sqrt{3}I_N}\right)$ 等额定参数表示。以额定参数作为基准值的标幺值，称为额定标幺值，以 S_{*N}、U_{*N}、I_{*N}、X_{*N} 表示

$$\left.\begin{aligned}
S_{*N}&=\frac{S}{S_N}\\[4pt]
U_{*N}&=\frac{U}{U_N}\\[4pt]
I_{*N}&=\frac{I}{I_N}=\frac{\sqrt{3}U_N}{S_N}\times I\\[4pt]
X_{*N}&=\frac{X}{X_N}=\frac{S_N}{U_N^2}\times X
\end{aligned}\right\} \tag{2-47}$$

（四）百分值

百分值是标幺值的另一种表现形式，它以符号 $U\%$、$X\%$ 等表示。发电机的各种电抗、变压器的短路电压和电抗器的电抗，在产品手册或铭牌上都以百分值的形式给出。在用标幺值计算短路电流时，必须先把百分值化为额定标幺值。标幺值等于百分值除以 100。如手册中给出某电抗百分值为 $X\%$，则 $X_{*N}=\dfrac{X\%}{100}$。

（五）额定标幺值换算成基准标幺值

电力系统中，各元件的电抗都是以额定参数为基准的标幺值（或以百分值的形式给出），由于各元件的额定功率一般都不相同，因此，在进行短路电流计算时，必须把它们换算成同一基准功率下的基准标幺值。

如某元件的额定电压为 U_N，额定电功率为 S_N，电抗百分值为 $X\%$，则电抗有名值为

$$X=\frac{X\%}{100}\times\frac{U_N^2}{S_N} \tag{2-48}$$

现将该电抗换算为以基准电压 U_b 和基准功率 S_b 的标幺值

$$X_{*b}=X\times\frac{S_b}{U_b^2}=\frac{X\%}{100}\times\frac{S_b}{S_N}\times\left(\frac{U_N}{U_b}\right)^2=X_*\times\frac{S_b}{S_N}\times\left(\frac{U_N}{U_b}\right)^2 \tag{2-49}$$

（六）标幺制的特点

（1）线电压的标幺值与相电压标幺值相等

$$U_*=\frac{U}{U_b}=\frac{\sqrt{3}U_{ph}}{\sqrt{3}U_{phb}}=U_{ph*}$$

（2）三相视在功率的标幺值与单相功率标幺值相等

$$S_*=\frac{\sqrt{3}UI}{\sqrt{3}U_bI_b}=U_*I_*$$

（3）当 $U_* = 1$ 时，功率标幺值与电流标幺值相等。即当 $U_* = 1$ 时，$S_* = I_*$。

（4）当 $U_* = 1$ 时，电流标幺值等于电抗标幺值的倒数。

因为 $U_* = \dfrac{U}{U_b} = \dfrac{\sqrt{3}IX}{\sqrt{3}I_bX_b} = I_* X_*$

所以 $I_* = \dfrac{U_*}{X_*}$

当 $U_* = 1$ 时，$I_* = \dfrac{1}{X_*}$

（七）标幺值换算为有名值

标幺值在短路计算中仅作为一种工具，作为一个中间桥梁，它没有单位。不论是选择电气设备，还是其他一些计算，需要得到的结果必须是有名值。所以，最后必须把标幺值换算成有名值，根据式（2-46）有

$$I = I_* \cdot I_b = I_* \times \frac{S_b}{\sqrt{3}U_b} \qquad \text{(kA)}$$

$$U = U_* U_b \qquad \text{(kV)}$$

$$X = X_* X_b = X_* \times \frac{U_b^2}{S_b} \qquad \text{(Ω)}$$

$$S = S_* S_b \qquad \text{(MVA)}$$

三、供用电网络各元件的电抗

短路电流实用计算中，对 3kV 及以上的高压电路，只考虑各主要元件的电抗，包括电源、电力变压器、电抗器和架空线路及电缆线路。对母线、开关电器、互感器等元件的电抗都不考虑。

（一）电源

系统电源的电抗，可由电力系统变电站高压馈电线出口断路器的断流容量 S_{oc} 来估算，这 S_{oc} 就看作是电源系统的极限短路容量 S_k，因此，电源的电抗为

$$X_s = \frac{U^2}{S_{oc}} \qquad \text{(Ω)} \tag{2-50}$$

式中 U——高压馈电线的短路计算电压，kV；

S_{oc}——高压馈电线出口断路器的断流容量，MVA。

如有关手册、产品样本等资料中没有断流容量，只有开断电流 I_{oc}（kA）数据，则其断流容量为

$$S_{oc} = \sqrt{3}U_N I_{oc} \qquad \text{(MVA)}$$

式中 U_N——断路器的额定电压。

（二）电力变压器

可由变压器的短路电压 $U_k\%$ 求得

$$X_{T*} = \frac{U_k\%}{100} \times \frac{U_N^2}{S_N} \times \frac{S_b}{U_b^2} \tag{2-51}$$

（三）电抗器

电抗器是用来限制短路电流的电感绕组，其铭牌上给出额定电抗百分数 $X_L\%$、额定电压 U_{NL}（kV）和额定电流 I_{NL}（kA），则有

$$X_L\% = \frac{\sqrt{3}I_{NL}X_L}{U_{NL}} \times 100$$

则 $$X_L = \frac{X_L\%}{100} \times \frac{U_{NL}}{\sqrt{3}I_{NL}} \quad (\Omega) \tag{2-52}$$

（四）线路

线路长度为 L（km），单位长度电抗为 X_0（Ω/km），则线路电抗 $X = X_0 L$（Ω）。

四、计算短路点与电源间的等值电抗

在进行供用电网络短路电流计算之前，应收集有关计算数据资料，如作为电源向用户变电站供电的系统变电站，它在系统不同运行方式下的等值内阻抗和各元件的技术数据等。在进行计算时，首先作出计算电路图，根据计算电路图作出各短路点的等值电路，求出等值电路中各元件电抗的基准标幺值，然后将等值电路逐步化简，求出短路回路总电抗；最后根据总电抗，可求出短路电流值。下面讨论求出短路回路总电抗的方法。

（一）计算电路图

计算电路图是一种简化了的系统单线图，如图 2-21 所示。图中仅画出与计算短路电流有关的元件以及它们之间的连接方式，注明各元件参数并按顺序编号。

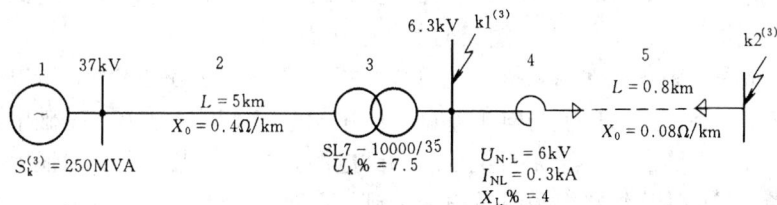

图 2-21　计算电路图举例

计算电路图中各元件的连接方式，应根据电气装置的运行方式和计算短路电流的目的来决定。

计算电路图中，可能有用变压器联系的几级电压。在实用计算中，各级电压都用该级电压线路的平均额定电压代替，并标在母线上，如图 2-21 中的 37kV 和 6.3kV 母线。

平均额定电压为线路首端电压与末端电压的平均值，用 U_{av} 表示。由于同一电压级电网中，升压变压器绕组的额定电压与降压变压器绕组的额定电压不同，使计算复杂，应用平均额定电压计算时，可以认为凡接在同一电压等级的所有元件的额定电压都等于其平均额定电压，这样使计算大为简化，而引起的误差不大。对于电抗器则要用实际额定电压，因为电抗器的电抗通常比其他元件的电抗大得多，计算时仍用它本身的额定电压，以减少计算误差。

部分电压等级的平均额定电压列于表 2-1。

表 2-1　　　　　　　　　　　平 均 额 定 电 压　　　　　　　　　　单位：kV

U_N	110	60	35	10	6	3	0.38	0.22
U_{av}	115	63	37	10.5	6.3	3.15	0.4	0.23

（二）等值电路图

先将计算电路图中各元件用电抗符号代替，电抗旁以分数形式注明该元件的顺序编号和电抗的标幺值，分子为序号，分母为电抗标幺值，然后画上短路点符号，这样就画成了等值电路图，如图 2-22 所示。

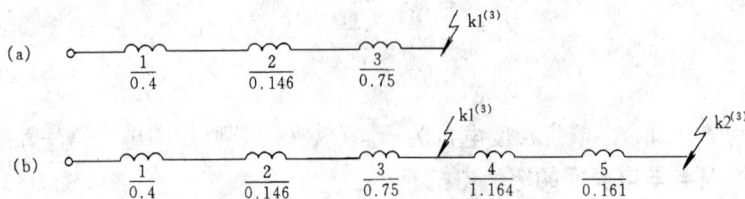

图 2-22 对应于图 2-21 的等值电路
(a) k1$^{(3)}$点短路等值电路；(b) k1$^{(3)}$、k2$^{(3)}$点等值电路

计算电路中的短路点是根据计算目的来确定的。一般有 n 个短路点，应分别对每个短路点作等值电路图。等值电路图仅画出某点短路时短路电流所通过的元件，例如图 2-21 中 k1$^{(3)}$点短路，短路电流由系统电源供给，仅通过系统内电抗 1、架空线路 2 和变压器 3，不通过电抗器 4 和电缆线路 5，所以 k1$^{(3)}$点短路时的等值电路，仅画出电源内电抗、架空线路和变压器的电抗，如图 2-22 (a) 所示。习惯上也可将 n 个短路点的等值电路画在一起，如图 2-22 (b) 所示为 k1$^{(3)}$、k2$^{(3)}$点短路时的等值电路。

在等值电路中代表各元件的电抗，是对称三相电路中任一相的数值，所以是用单相电路代替对称的三相电路。但形式上与电工基础中的单相电路不同，在电工基础中，电流从电源流出，经电抗流到短路点，再经无阻抗导线回到电源。在等值电路中，习惯上不画短路点与电源间的连接，并且认为短路电流是从电源流到短路点。

（三）各元件电抗的计算

当某点短路，短路电流通过的元件在 n 个电压等级下时，用有名值计算，必须把不同电压等级的各元件的电抗折算到同一电压等级后，才能连接成等值电路。这种折算往往给计算带来很多麻烦，但用标幺值计算时，只要恰当选择基准值，便可避免这种计算。

首先讨论基准电压的选取。在不同电压级的各段电路中，变压器两侧额定电压之比为变压器的变比 $k_T = \dfrac{U_{av2}}{U_{av1}}$，注意此处用平均额定电压代替额定电压。任意选取某一段电路的基准电压等于该段电路的平均额定电压，如图 2-21 所示电路中，选取第 I 段电路的基准电压 $U_{b1} = U_{av1} = 37$kV，折算到第 II 段电路后为

$$U'_{b1} = U_{b1} k_T = U_{av1} \times \frac{U_{av2}}{U_{av1}} = U_{av2} = 6.3 \ (kV)$$

即等于第 II 段的电路的平均额定电压。

同理，如首先选取第 II 段电路的基准电压等于该电路的平均额定电压时，则折算到第 I 段电路后，同样等于第 I 段电路的平均额定电压。

由此得出结论：只要选取基准电压为某一段电路的平均额定电压，它折算到各段电路后，便等于该段电路的平均额定电压，或者说各段电路的基准电压便等于该段电路的平均额定电压，即 $U_{b1} = U_{av1}$，$U_{b2} = U_{av2}$。这样，对各段电路来说都有 $U_b = U_{av}$。

这样选取基准电压，变压器的变比 $k_{T*} = 1$，两侧的电气量就不需要折算。

短路电流实用计算中，一般选取基准功率 $S_b = 100\text{MVA}$，选取基准电压 $U_b = U_{av}$，各段电路的基准电流，则由基准功率和基准电压决定。各元件电抗值按下式计算

$$
\left.
\begin{aligned}
\text{电源} \quad & X_{s*} = \frac{U_{av}^2}{S_{oc}} \times \frac{S_b}{U_b^2} = \frac{S_b}{S_{oc}} = \frac{S_b}{S_k} \\[2mm]
\text{电缆和架空线路} \quad & X_{1*} = X_0 L \times \frac{S_b}{U_b^2} = X_0 L \times \frac{S_b}{U_{av}^2} \\[2mm]
\text{变压器} \quad & X_{T*} = \frac{U_k\%}{100} \times \frac{S_b}{S_N} \times \left(\frac{U_N}{U_b}\right)^2 = \frac{U_k\%}{100} \times \frac{S_b}{S_N} \\[2mm]
\text{电抗器} \quad & X_{L*} = \frac{X_L\%}{100} \times \frac{U_{NL}}{\sqrt{3}\,I_{NL}} \times \frac{S_b}{U_{av}^2}
\end{aligned}
\right\} \tag{2-53}
$$

式（2-53）为计算各元件基准标幺值的公式，式中功率全部为视在功率，单位为MVA；电压 U_{av} 为电缆、架空线路和电抗器所在电压级的平均额定电压，电压单位全部为kV；电流单位为kA；线路长度单位为km；单位长度电抗 X_0 单位为 Ω/km。

在以后的短路计算中，所有电抗的标幺值都是基准标幺值，故下角标"b"可略去。

【例 2 - 10】　试算出图 2 - 21 中各元件电抗的基准标幺值。

解　选 $S_b = 100\text{MVA}$，U_b 为各级平均电压 U_{av}，则

电源 　　　　$X_{1*} = \dfrac{S_b}{S_k} = \dfrac{100}{250} = 0.4$

架空线路 　　$X_{2*} = X_0 L_1 \times \dfrac{S_b}{U_{av1}^2} = 0.4 \times 5 \times \dfrac{100}{37^2} = 0.146$

变压器 　　　$X_{3*} = \dfrac{U_k\%}{100} \times \dfrac{S_b}{S_N} = \dfrac{7.5}{100} \times \dfrac{100}{10} = 0.75$

电抗器 　　　$X_{4*} = \dfrac{X_L\%}{100} \times \dfrac{U_{NL}}{\sqrt{3}\,I_{NL}} \times \dfrac{S_b}{U_{av2}^2} = \dfrac{4}{100} \times \dfrac{6}{\sqrt{3} \times 0.3} \times \dfrac{100}{6.3^2} = 1.164$

电缆 　　　　$X_{5*} = X_0 L_2 \times \dfrac{S_b}{U_{av2}^2} = 0.08 \times 0.8 \times \dfrac{100}{6.3^2} = 0.161$

最后，将结果填入图 2 - 22 等值电路图中，完成了等值电路图。

（四）简化等值电路

为了计算短路电流，必须按短路点分别进行等值电路的化简，求得电源至短路点的短路回路总阻抗标幺值 $X_{\Sigma*}$。化简等值电路时，可按电工基础课程所学过的化简规则和公式进行。

【例 2 - 11】　试计算图 2 - 22 所示的短路等值电路的总电抗。

解　$k1^{(3)}$ 点短路时

$$X_{1\Sigma*} = X_{6*} = X_{1*} + X_{2*} + X_{3*} = 0.4 + 0.146 + 0.75 = 1.296$$

$k2^{(3)}$ 点短路时

$$X_{2\Sigma*} = X_{7*} = X_{1*} + X_{2*} + X_{3*} + X_{4*} + X_{5*}$$

$$= 0.4 + 0.146 + 0.75 + 1.164 + 0.161$$

$$= 2.621$$

简化过程如图 2 - 23 所示。

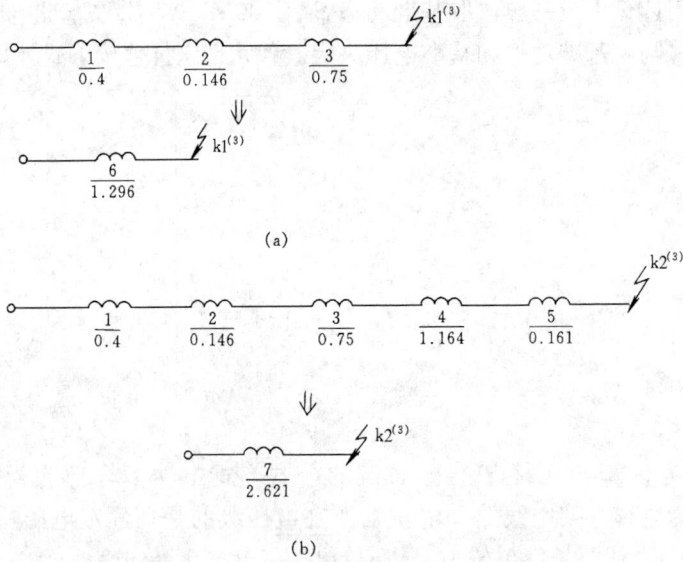

图 2-23　短路等值电路的总电抗计算过程示意图

(a) k1$^{(3)}$点短路电路的总电抗；（b) k2$^{(3)}$点短路电路的总电抗

五、供用电网络三相短路计算

（一）无限大容量电源

所谓无限大容量电源是指内阻抗为零的电源。当电源内阻抗为零时，不管供出的电流如何变动，电源内部均不产生压降，电源母线上的输出电压维持不变。实际上电源的容量不可能无限大。这里所说的无限大容量是一个相对的容量，由于工矿企业等用户的变电站容量一般不会很大，电压等级也不太高，用标幺值表示的线路与变压器的电抗数值就比较大，在同一基准值下，系统的等值内阻抗就很小。当在用户变电站中发生短路时，短路电流在电源内电抗的电压降就很小，系统内的母线电压变化也很小。因此，在实用计算中，当电源的阻抗不大于短路回路总阻抗的 5%～10%时，可将该电源系统看作是无限大容量电源系统。供用电网络中的三相短路计算，一般都把电源系统看作是无限大容量电源系统。

（二）短路时的瞬变过程

以图 2-24 所示电路为例，图中电源为无限大容量系统，内阻抗为零，电源母线电压为相应电压等级的平均额定电压 U_{av}，在短路过程中保持不变。假定 k$^{(3)}$点发生三相短路，R_Σ 和 X_Σ 为电源至短路点间各元件的总电阻和总电抗，R_L 和 X_L 为负荷的电阻和电抗。

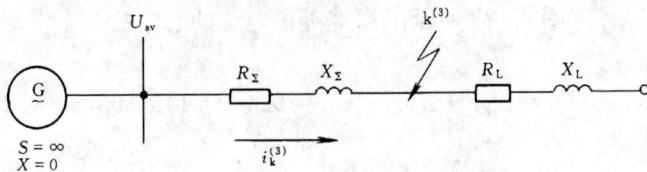

图 2-24　无限大容量系统供电电路三相短路

1. 短路电流的解析式

设正常运行时系统三相母线电压为

$$u_U = U_m \sin(\omega t + \alpha)$$
$$u_V = U_m \sin(\omega t + \alpha - 120°)$$
$$u_W = U_m \sin(\omega t + \alpha + 120°)$$

(2-54)

当上述电路在空载运行下发生三相短路时，相当于电阻电感的串联电路突然与正弦电压接通，电工基础中已分析这一瞬态过程。由于三相对称，则可取一相来分析，下面以 U 相为例。设短路发生在 $t=0$ 时，

$$i_k^{(3)} = i_p + i_a$$
$$= \frac{U_m}{\sqrt{R_\Sigma^2 + X_\Sigma^2}} \sin(\omega t + \alpha - \varphi) + \frac{U_m}{\sqrt{R_\Sigma^2 + X_\Sigma^2}} \sin(\alpha - \varphi) e^{-\frac{t}{\tau_a}}$$

(2-55)

式中　i_p——短路电流的周期分量，kA；

　　　i_a——短路电流的非周期分量，kA；

　　　U_m——相电压幅值，kV；

　　　α——相电压的初相角；

　　　φ——R_Σ 和 X_Σ 的阻抗角；

　　　τ_a——非周期分量的时间常数，$\tau_a = \frac{L_\Sigma}{R_\Sigma}$，s。

如果短路发生的时刻恰好 $\alpha = 0$，并忽略电阻（$\varphi = 90°$），则

$$i_k^{(3)} = \frac{\sqrt{2} U_{av}}{\sqrt{3} X_\Sigma} \sin(\omega t - 90°) + \frac{\sqrt{2} U_{av}}{\sqrt{3} X_\Sigma} \times e^{-\frac{t}{\tau_a}}$$

(2-56)

根据式（2-56）作出短路电流的曲线，如图 2-25 所示。由图 2-25 可以看出，当短路发生在 $t=0$ 时，u_U 恰好过零，如图中曲线 1；周期分量电流 $i_p^{(3)}$（曲线 3）和非周期电流分量 $i_a^{(3)}$（曲线 4）二者叠加就得到总的短路电流 $i_k^{(3)}$（曲线 2）。

2. 周期分量

式（2-55）或式（2-56）中的第一项为短路电流的周期分量，它是一个振幅不变的正弦电流，其数值由电源电压与短路电路的总阻抗所决定，故又叫强制分量。

瞬变过程结束，短路电流在稳定状态下的周期分量，称为稳态短路电流，其有效值用 I_∞ 表示。当由无限大容量电源系统供电

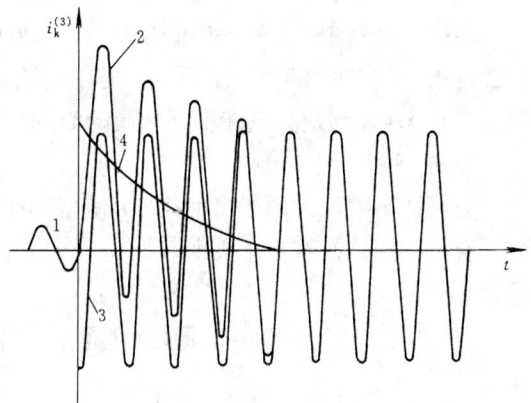

图 2-25　无限大容量系统供电电路三相短路电流曲线图
1—电压 u_U；2—短路电流 $i_k^{(3)}$；3—短路电流
周期分量 $i_p^{(3)}$；4—短路电流非周期分量 $i_a^{(3)}$

的电路发生三相短路时，由于母线电压不变，故 $I_p''^{(3)} = I_{pt}^{(3)} = I_\infty^{(3)}$。在忽略电阻后，其有效值的有名值为

$$I_p''^{(3)} = I_\infty^{(3)} = I_{pt}^{(3)} = \frac{U_{av}}{\sqrt{3} X_\Sigma} \qquad (kA)$$

(2-57)

式中　$I_p''^{(3)}$——短路次暂态电流有效值，是 $t=0$ 时周期分量的起始有效值。

用标幺值计算时，取基准 S_b、$U_b = U_{av}$ 后

$$I_{p*}^{(3)}=\frac{I_p^{(3)}}{I_b}=\frac{U_{av}}{\sqrt{3}X_\Sigma I_b}=\frac{X_b}{X_\Sigma}=\frac{1}{X_{\Sigma*}} \tag{2-58}$$

供用电网络短路计算中，在得出电源到短路点的总电抗后，由式（2-58）就可求出短路电流周期分量有效值的标幺值，最后可求出有名值

$$I_p^{(3)}=I_{p*}^{(3)}I_b=I_{p*}^{(3)}\times\frac{S_b}{\sqrt{3}U_b} \tag{2-59}$$

周期分量 i_p 随时间按正弦规律变化，它滞后电压 φ 角，高压电路短路的阻抗角 φ 一般为 $70°\sim80°$，$X_\Sigma\gg R_\Sigma$，故略去 R_Σ，认为 $\varphi=90°$。

3. 非周期分量

短路电流非周期分量是由于短路电路存在电感，用以维持短路初瞬间的电流不能突变而由电感上引起的自感电动势所产生的一个反向电流，式（2-55）和式（2-56）中的第二项为非周期分量 i_a，$\alpha=0$，$\varphi=90°$ 时有

$$i_a^{(3)}=\frac{\sqrt{2}U_{av}}{\sqrt{3}X_\Sigma}e^{-\frac{t}{\tau_a}}$$

可见，非周期分量的最大值为 $\frac{\sqrt{2}U_{av}}{\sqrt{3}X_\Sigma}$，之后按指数规律衰减，衰减的快慢取决于短路电路的时间常数 τ_a，$\tau_a=L_\Sigma/R_\Sigma=X_\Sigma/(wR_\Sigma)$，即由短路电路的总电感和总电阻决定。经 $1\tau_a$ 的时间，短路电流的非周期分量衰减到初值的 0.386；经 $2\tau_a$ 时，$i_a^{(3)}$ 衰减到初值的 0.135；$t=3\tau_a$ 时，$i_a^{(3)}$ 只有初值的 0.05；经过 $4\tau_a$ 即可认为基本衰减完毕。

在高压电路中，τ_a 的平均值为 0.05s，则在 0.2s 后就进入稳定短路状态。若用户变压器容量较小（在 1000kVA 及以下），则在变压器以后短路时，X_Σ 相对较小，R_Σ 相对较大，τ_a 约为 0.01s，非周期分量在不到两周的时间内就基本衰减完毕。

4. 短路冲击电流

短路冲击电流为短路全电流中的最大瞬时值。由图 2-25 所示短路全电流 $i_k^{(3)}$ 的曲线 2 可以看出，短路后经半个周期（即 0.01s），$i_k^{(3)}$ 达到最大值，此时的电流即为短路冲击电流，记为 i_{imp}，则有

$$\begin{aligned}i_{imp}^{(3)}&=\sqrt{2}I_p^{(3)}+\sqrt{2}I_p^{(3)}e^{-\frac{0.01}{\tau_a}}\\&=\sqrt{2}I_p^{(3)}(1+e^{-\frac{0.01}{\tau_a}})\\&=\sqrt{2}I_p^{(3)}(1+e^{-\frac{0.01R_\Sigma}{L_\Sigma}})\\&=k_{imp}\sqrt{2}I_p^{(3)}\end{aligned} \tag{2-60}$$

式中　k_{imp}——短路电流冲击系数，$k_{imp}=1+e^{-\frac{0.01R_\Sigma}{L_\Sigma}}$，表示短路冲击电流 i_{imp} 为周期分量幅值的倍数，它由 τ_a 决定，如电路中 $R_\Sigma=0$，电路中仅有电抗，$k_{imp}=2$，非周期分量不衰减；如电路中 $X_\Sigma=0$，电路中仅有电阻，$k_{imp}=1$，电路中短路时不会产生非周期分量。实际电路中，$1<k_{imp}<2$。

在由无限大容量电源供电的高压电路中发生三相短路时，一般可取 $k_{imp}=1.8$，则短路冲击电流为

$$i_{imp}^{(3)}=1.8\times\sqrt{2}I_p^{(3)}=2.55I_p^{(3)} \tag{2-61}$$

在 1000kVA 及以下容量的电力变压器二次侧及低压电路中发生三相短路时，一般可取 k_{imp} =1.3，则有

$$i_{imp}^{(3)} = 1.3 \times \sqrt{2} I_p^{(3)} = 1.84 I_p^{(3)} \tag{2-62}$$

需要指出，在三相电路中各相的相位差为 $120°$，所以发生三相短路时，各相的短路电流周期分量和非周期分量的初始值不同。因此，只有一相可能出现短路冲击电流值 i_{imp}，其他两相均较此值为小。

5. 短路全电流的有效值

在短路瞬态过程中，任何时刻 t 秒的短路全电流的有效值，是指以时刻 t 秒为中心的一个周期内短路全电流的均方根值，即

$$I_{kt}^{(3)} = \sqrt{I_p^{(3)2} + i_{at}^{(3)2}} \tag{2-63}$$

短路全电流的最大有效值出现在 $t = 0.01s$ 时，也就是冲击电流 i_{imp} 时对应的有效值，故称冲击电流有效值，用 I_{imp} 来表示

$$I_{imp}^{(3)} = \sqrt{I_p^{(3)2} + i_{at=0.01}^{(3)2}} \tag{2-64}$$

因为　　$i_{at=0.01} = (k_{imp}-1)\sqrt{2} I_p^{(3)}$

所以　　　　　　　$$I_{imp}^{(3)} = I_p^{(3)} \sqrt{1 + 2 \ (k_{imp}-1)^2} \tag{2-65}$$

在高压系统中，$k_{imp} = 1.8$，$I_{imp}^{(3)} = 1.51 I_p^{(3)}$；在低压系统中，$k_{imp} = 1.3$，$I_{imp}^{(3)} = 1.09 I_p^{(3)}$

当 $t = \infty$ 时，非周期分量早已衰减完毕，短路全电流就是短路电流周期分量，称之为稳态短路电流，习惯上把这一短路电流周期分量有效值写作 $I_k^{(3)}$。

6. 母线剩余电压

在继电保护计算中，有时需要计算出短路点前某一母线的剩余电压（又称残余电压）。三相短路时短路点的电压为零，网络中距短路点电抗为 X 的某点剩余电压，在数值上等于短路电流通过该电抗时的电压降。从短路点算起，电抗为 X 的任意点稳态时的剩余电压为

$$U_{rem*} = I_{\infty*}^{(3)} X_*$$

其有名值为

$$U_{rem} = U_{rem*} U_b = I_{\infty*}^{(3)} X_* U_{av} \quad (kV) \tag{2-66}$$

7. 短路功率

所谓三相短路功率（或称短路容量），是一个假定值，定义为

$$S_k^{(3)} = \sqrt{3} U_{av} I_p^{(3)} \quad (MVA) \tag{2-67}$$

式中　$I_p^{(3)}$——短路电流的周期分量有效值，kA；

　　　U_{av}——电流 $I_p^{(3)}$ 所在电压级的平均额定电压，kV。

用标幺值计算时，

$$S_k^{(3)} = S_{k*}^{(3)} S_b = I_{p*}^{(3)} S_b = \frac{1}{X_{\Sigma*}} \times S_b = \frac{S_b}{X_{\Sigma*}} \quad (MVA) \tag{2-68}$$

当企业变电站的容量较大，并且与系统间的连接线路不长，在计算短路电流时若仍不计系统内电抗，结果误差较大，这时需要计及电源系统的内电抗，为此要向电力系统的有关部门收集折算到供电母线上的电源系统内电抗数值。系统中有关部门所给的数据是该变电站供电母线短路功率的数值。根据所给的短路功率，按式（2-50）或式（2-53）可分别求出系统内电抗的有名值和标幺值。

(a)

(b)

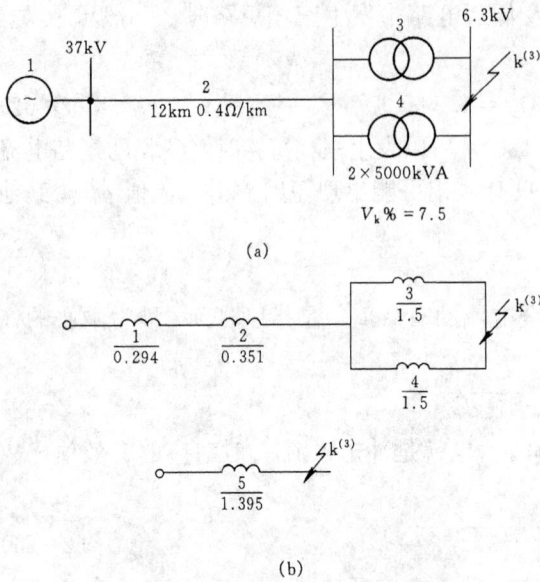

图 2-26　[例 2-12] 短路电路图

(a) 计算电路图；(b) 等值电路图

$$X_{3*}=X_{4*}=\frac{U_k\%}{100}\times\frac{S_b}{S_N}=\frac{7.5}{100}\times\frac{100}{5}=1.5$$

电源到短路点的总电抗为

$$X_{\Sigma*}=X_{5*}=X_{1*}+X_{2*}+\frac{X_{3*}}{2}=0.294+0.351+\frac{1.5}{2}=1.395$$

三相短路电流周期分量有效值为

$$I_{k*}^{(3)}=\frac{1}{X_{\Sigma*}}=\frac{1}{1.395}=0.717$$

$$I_k^{(3)}=I_{k*}^{(3)}\times\frac{S_b}{\sqrt{3}U_{av}}=0.717\times\frac{100}{\sqrt{3}\times6.3}=6.57\ (kA)$$

其他三相短路电流

$$I''^{(3)}=I_\infty^{(3)}=I_k^{(3)}=6.57\ (kA)$$

取 $k_{imp}=1.8$，冲击电流为

$$i_{imp}^{(3)}=2.55I_k^{(3)}=2.55\times6.57=16.75\ (kA)$$

$$I_{imp}^{(3)}=1.51I_k^{(3)}=1.51\times6.57=9.97\ (kA)$$

短路点的短路功率

$$S_k^{(3)}=\frac{S_b}{X_{\Sigma*}}=\frac{100}{1.395}=71.7\ (MVA)$$

本降压变电站 35kV 母线的剩余电压为

$$U_{rem}=I_\infty^{(3)}X_*U_{av}=0.717\times\frac{1.5}{2}\times37=19.9\ (kV)$$

流经 35kV 架空线路的短路电流为

$$I_\infty^{(3)}=0.717\times\frac{100}{\sqrt{3}\times37}=1.12\ (kA)$$

（三）短路电流计算实例

【例 2-12】　某工厂降压变电站由系统变电站 35kV 母线供电，其计算电路图如图 2-26（a）所示，已知系统 35kV 母线的短路功率为 340MVA。试求 $k^{(3)}$ 点短路时的稳态短路电流、冲击电流和本降压变电站高压母线的剩余电压，以及流经 35kV 线路的短路电流和短路功率。

解　选 $S_b=100MVA$，$U_b=U_{av}$，并作等值电路图，如图 2-26（b）所示，各元件电抗标幺值为

$$X_{1*}=\frac{S_b}{S_k^{(3)}}=\frac{100}{340}=0.294$$

$$X_{2*}=X_0L\times\frac{S_b}{U_{av}^2}$$

$$=0.4\times12\times\frac{100}{37^2}=0.351$$

流经 35kV 架空线路的短路功率为

$$S^{(3)} = \sqrt{3} I_\infty^{(3)} U_{av} = \sqrt{3} \times 0.717 \times \frac{100}{\sqrt{3} \times 37} \times 37 = 71.7 \text{ (MVA)}$$

可见，短路电流经过变压器后数值要变化，短路功率不变。

【例 2-13】 设供电系统图如图 2-27（a）所示，数据都标注在图上，试求 $k1^{(3)}$ 和 $k2^{(3)}$ 处的三相短路电流。

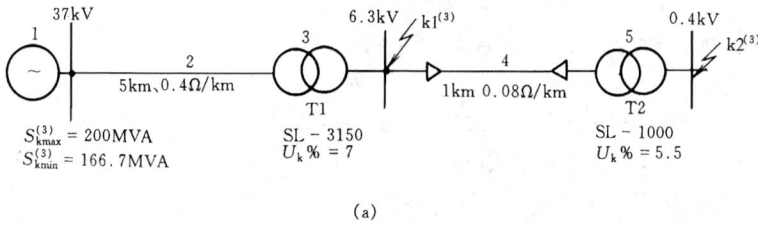

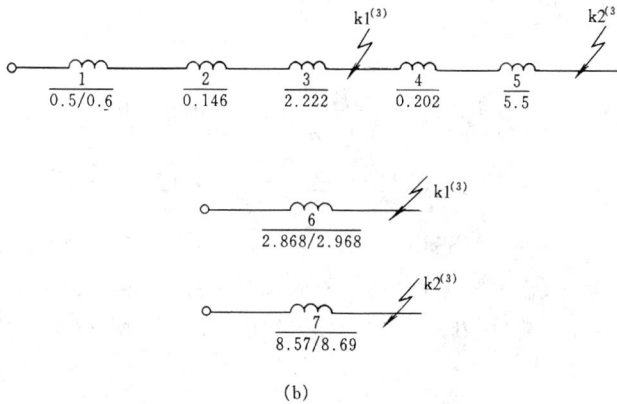

图 2-27 ［例 2-13］的供电系统图

（a）计算电路图；（b）等值电路图

解 选取 $S_b = 100\text{MVA}$，$U_b = U_{av}$

（1）计算系统各元件电抗的标幺值，画出等值电路图，如图 2-27（b）所示，图上按顺序标出各阻抗标幺值

$$X_{1*\max} = \frac{S_b}{S_{k\max}^{(3)}} = \frac{100}{200} = 0.5$$

$$X_{1*\min} = \frac{S_b}{S_{k\min}^{(3)}} = \frac{100}{166.7} = 0.6$$

$$X_{2*} = X_{01} L_1 \times \frac{S_b}{U_{av1}^2} = 0.4 \times 5 \times \frac{100}{37^2} = 0.146$$

$$X_{3*} = \frac{U_{k1}\%}{100} \times \frac{S_b}{S_{NT1}} = \frac{7}{100} \times \frac{100}{3.15} = 2.222$$

$$X_{4*} = X_{02} L_2 \frac{S_b}{U_{av2}^2} = 0.08 \times 1 \times \frac{100}{6.3^2} = 0.202$$

$$X_{5*} = \frac{U_{k2}\%}{100} \cdot \frac{S_b}{S_{NT2}} = \frac{5.5}{100} \times \frac{100}{1} = 5.5$$

（2）求电源至短路点的总电抗：

1）k1$^{(3)}$点最大运行方式下的总电抗

$$X_{\Sigma 1*\max}=X_{6*\max}=X_{1*\max}+X_{2*}+X_{3*}$$
$$=0.5+0.146+2.222=2.868$$

2）k1$^{(3)}$点最小运行方式下的总电抗

$$X_{\Sigma 1*\min}=X_{6*\min}=X_{1*\min}+X_{2*}+X_{3*}$$
$$=0.6+0.146+2.222=2.968$$

3）k2$^{(3)}$点最大运行方式下的总电抗

$$X_{\Sigma 2*\max}=X_{\Sigma 1*\max}+X_{4*}+X_{5*}$$
$$=2.868+0.202+5.5=8.57=X_{7*\max}$$

4）k2$^{(3)}$点最小运行方式下的总电抗

$$X_{\Sigma 2*\min}=X_{7*\min}=X_{\Sigma 1*\min}+X_{4*}+X_{5*}$$
$$=2.968+0.202+5.5=8.67$$

（3）k1$^{(3)}$点短路电流。

最大运行方式

$$I^{(3)}_{k1*\max}=\frac{1}{X_{\Sigma 1*\max}}=\frac{1}{2.868}=0.349$$

$$I^{(3)}_{k1\cdot\max}=0.349\times\frac{100}{\sqrt{3}\times 6.3}=3.198\ (kA)$$

$$i^{(3)}_{imp}=2.55I^{(3)}_k=2.55\times 3.198=8.156\ (kA)$$

$$I^{(3)}_{imp}=1.51I^{(3)}_k=1.51\times 3.198=4.829\ (kA)$$

$$S^{(3)}_k=I^{(3)}_{k*}S_b=0.349\times 100=34.9\ (MVA)$$

最小运行方式

$$I^{(3)}_{k1*\min}=\frac{1}{X_{\Sigma 1*\min}}=\frac{1}{2.968}=0.337$$

$$I^{(3)}_{k1\min}=0.337\times\frac{100}{\sqrt{3}\times 6.3}=3.088\ (kA)$$

（4）k2$^{(3)}$点短路电流（下角标 max 省略）：

最大运行方式

$$I^{(3)}_{k2*}=\frac{1}{X_{\Sigma 2*\max}}=\frac{1}{8.57}=0.117$$

$$I^{(3)}_{k2}=0.117\times\frac{100}{\sqrt{3}\times 0.4^2}=16.89\ (kA)$$

$$i^{(3)}_{imp}=1.3\times\sqrt{2}\times 16.89=1.84\times 16.89=31.05\ (kA)$$

$$I^{(3)}_{imp}=1.09\times 16.89=18.41\ (kA)$$

$$S^{(3)}_{k2}=I^{(3)}_{k2*}S_b=0.117\times 100=11.7\ (MVA)$$

最小运行方式下（下角标 min 省略）

$$I^{(3)}_{k2*}=\frac{1}{X_{\Sigma 2*\min}}=\frac{1}{8.67}=0.115$$

$$I^{(3)}_{k2}=0.115\times\frac{100}{\sqrt{3}\times 0.4}=16.65\ (kA)$$

在工程说明书中，往往只列短路计算结果表，见表 2-2，表中所列为最大运行方式下的短路电流，最小运行方式下的短路电流是为了以后求最小运行方式下两相短路电流时用。

表 2-2   例 2-13 的短路计算结果

短路计算点	三相短路电流（kA）					三相短路容量（MVA）
	$I_k^{(3)}$	$I''^{(3)}$	$I_\infty^{(3)}$	$i_{imp}^{(3)}$	$I_{imp}^{(3)}$	$S_k^{(3)}$
k1 点	3.198	3.198	3.198	8.156	4.829	34.9
k2 点	16.89	16.89	16.89	31.05	18.41	11.7

六、低压电网中短路电流的计算

（一）计算特点

一般用户内部的低压用电网络为中性点直接接地的、电压为 380/220V 的三相系统。大、中型用户内部的低压用电网络则除了 380/220V 系统外，有的还有 660/380V，有的为 1140V，其中性点可能不接地运行。这些低压用电网络的三相短路电流的计算方法相同，高压供用电网络短路计算的基本假设同样适用于低压用电网络，但低压用电网络的短路计算还有以下特点：

（1）计算时可以把配电变压器一次侧，即电源当作无限大容量电源系统。

（2）低压电路电阻值较大，电抗值较小，各元件的电阻都要计入。当 $X > R/3$ 时才计算 X 的影响，因 $X = R/3$ 时，用 R 代替 Z，误差为 5.4%，在工程允许范围内。

（3）低压电路阻抗多以毫欧（$m\Omega$）计，用有名值计算比较方便。这时，电压单位用 V，功率用 kVA，电流用 kA。

（4）非周期分量衰减很快，一般可以不考虑，仅在配电变压器低压侧母线附近短路时，才考虑非周期分量。冲击系数 k_{imp} 值在 1~1.3 范围。k_{imp} 可通过求出 X_Σ/R_Σ 比值后在图 2-28 中的曲线查出，也可按下式直接计算

$$k_{imp} = 1 + e^{\frac{-0.01R_\Sigma}{X_\Sigma}} = 1 + e^{\frac{-\pi R_\Sigma}{X_\Sigma}} \tag{2-69}$$

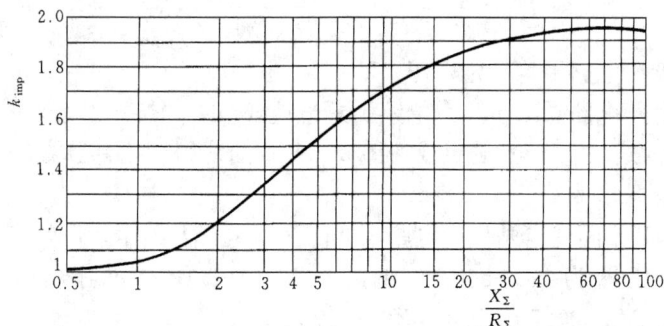

图 2-28 冲击系数 k_{imp} 与比值 $\dfrac{X_\Sigma}{R_\Sigma}$ 的关系曲线

（二）短路电路各元件的阻抗

1. 电源的阻抗

配电变压器高压侧系统短路容量为已知时，可求出系统的内电抗，否则按电源系统内电抗为零考虑。电源系统的内电阻一般均认为等于零。

2. 变压器的阻抗

变压器的阻抗按下式计算

$$
\left.
\begin{array}{ll}
\text{电阻} & R_{\mathrm{T}} = \dfrac{\Delta P_{\mathrm{k}} U_{2\mathrm{N}}^2}{S_{\mathrm{NT}}^2} \\[3mm]
\text{阻抗} & Z_{\mathrm{T}} = \dfrac{U_{\mathrm{k}}\%}{100} \times \dfrac{U_{2\mathrm{N}}^2}{S_{\mathrm{NT}}} \\[3mm]
\text{电抗} & X_{\mathrm{T}} = \sqrt{Z_{\mathrm{T}}^2 - R_{\mathrm{T}}^2}
\end{array}
\right\}
\tag{2-70}
$$

式中　ΔP_{k}——变压器额定负载下的短路损耗，kW；

$U_{2\mathrm{N}}$——变压器二次侧的额定电压，V；

S_{NT}——变压器的额定容量，kV·A；

$U_{\mathrm{k}}\%$——变压器的短路电压百分数。

3. 架空线路和电缆线路的阻抗

在高压电路计算中，架空线路和电缆线路的长度是以公里计，电阻和电抗以欧姆（Ω）计。在低压电路短路计算中，它们的长度都以米（m）计，阻抗都以毫欧（mΩ）计。具体数据可查附表 3～附表 5 的有关数据。

另外，低压电路短路计算中，母线、开关电器、电流互感器的阻抗不予考虑，忽略不计。

（三）作等值电路

在低压短路电流计算时，由于电阻相对较大，同时各元件的阻抗角又不相同，因此用复数计算比较复杂。在实际计算中，一般先分别求出电路的总电阻 R_Σ 和总电抗 X_Σ，然后按 $Z_\Sigma = \sqrt{R_\Sigma^2 + X_\Sigma^2}$ 求得 Z_Σ。求 R_Σ 时，将等值电路中各元件电抗短路；求 X_Σ 时，将等值电路中各元件电阻短路。

（四）三相短路电流计算

在 1200V 以下低压电路中，三相短路电流周期分量的有效值可计算为

$$
I_{\mathrm{k}}^{(3)} = \frac{U_{\mathrm{av}}}{\sqrt{3}\, Z_\Sigma} = \frac{U_{\mathrm{av}}}{\sqrt{3}\,\sqrt{R_\Sigma^2 + X_\Sigma^2}} \quad (\mathrm{kA})
\tag{2-71}
$$

式中　U_{av}——低压电路平均额定电压，V；

Z_Σ、R_Σ、X_Σ——短路电路总阻抗、总电阻、总电抗，mΩ。

冲击系数 k_{imp} 由式（2-68）确定或按图 2-28 查曲线得到，计算方法与高压系统中完全一样。

【例 2-14】　某车间变电站供电电路，如图 2-29（a）所示。已知变压器高压侧短路容量为 80MVA，变压器为 SL7-500/10 型，变比 10/0.4kV，短路电压 4%，短路损耗 6.9kW。电缆为 VLV2-3×50+1×16 型，长 20m，试求：

（1）变压器低压侧出线配电盘母线 k1$^{(3)}$ 点的三相短路电流；

（2）负载侧电缆头 k2$^{(3)}$ 处的三相短路电流。

解　（1）计算短路电路中各元件阻抗。先作短路电路的 R 网络和 X 网络，然后计算短路电路各元件的阻抗，如图 2-29（b）、（c）所示。

1）高压供电系统的内电抗（内电阻为零）为

$$
X_1 = \frac{U_{2\mathrm{N}}^2}{S_{\mathrm{k}}} = \frac{400^2}{80 \times 10^3} = 2 \quad (\mathrm{m}\Omega)
$$

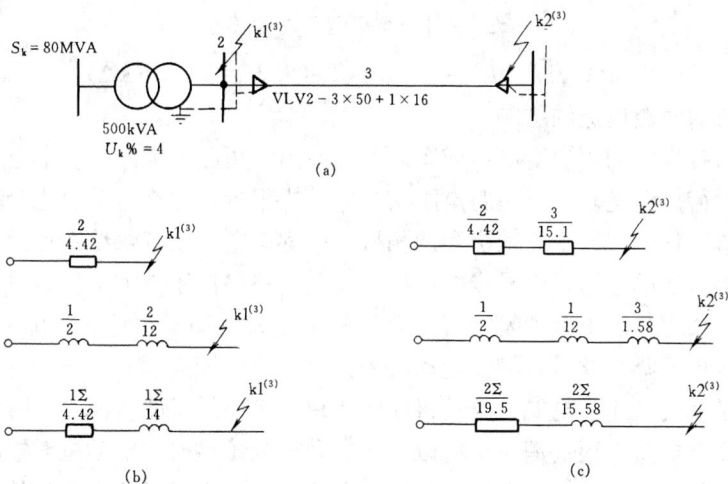

图 2 - 29　［例 2 - 14］某车间变电站供电电路图

(a) 计算电路图；(b) k1$^{(3)}$ 点短路的等值电路；(c) k2$^{(3)}$ 点短路的等值电路

2) 变压器的阻抗为

$$R_2 = \frac{\Delta P_k U_{2N}^2}{S_N^2} = \frac{6.9 \times 400^2}{500^2} = 4.42 \ (\text{m}\Omega)$$

$$Z_2 = \frac{U_k\%}{100} \times \frac{U_{2N}^2}{S_N} = \frac{4}{100} \times \frac{400^2}{500} = 12.8 \ (\text{m}\Omega)$$

$$X_2 = \sqrt{Z_2^2 - R_2^2} = \sqrt{12.8^2 - 4.42^2} = 12 \ (\text{m}\Omega)$$

3) 电缆的阻抗由附表 8 查得

$$R_0 = 0.754\text{m}\Omega/\text{m}, \ X_0 = 0.079\text{m}\Omega/\text{m}, \ 则$$

$$R_3 = RL = 0.754 \times 20 = 15.1 \ (\text{m}\Omega)$$

$$X_3 = 0.079 \times 20 = 1.58 \ (\text{m}\Omega)$$

(2) 求 k1$^{(3)}$ 点三相短路电流为

$$R_{1\Sigma} = R_2 = 4.42 \ (\text{m}\Omega)$$

$$X_{1\Sigma} = X_1 + X_2 = 2 + 12 = 14 \ (\text{m}\Omega)$$

$$Z_{1\Sigma} = \sqrt{R_{1\Sigma}^2 + X_{1\Sigma}^2} = \sqrt{4.42^2 + 14^2} = 14.7 \ (\text{m}\Omega)$$

$$I_{k1}^{(3)} = \frac{U_{av}}{\sqrt{3}Z_{1\Sigma}} = \frac{400}{\sqrt{3} \times 14.7} = 15.7 \ (\text{kA})$$

$$k_{imp} = 1 + e^{-\frac{\pi R_\Sigma}{X_\Sigma}} = 1 + e^{-\frac{3.14 \times 4.42}{14}} = 1.37$$

$$i_{imp}^{(3)} = k_{imp}\sqrt{2}I_{k1}^{(3)} = 1.37 \times 1.414 \times 15.7 = 30.4 \ (\text{kA})$$

(3) 求 k2$^{(3)}$ 点三相短路电流为

$$R_{2\Sigma} = R_2 + R_3 = 4.42 + 15.1 = 19.5 \ (\text{m}\Omega)$$

$$X_{2\Sigma} = X_1 + X_2 + X_3 = 2 + 12 + 1.58 = 15.58 \ (\text{m}\Omega)$$

$$Z_{2\Sigma} = \sqrt{R_{2\Sigma}^2 + X_{2\Sigma}^2} = \sqrt{19.5^2 + 15.58^2} = 24.97 \ (\text{m}\Omega)$$

$$I_{k2}^{(3)} = \frac{400}{\sqrt{3} \times 24.97} = 9.25 \ (\text{kA})$$

$$k_{\text{imp}}=1+\text{e}^{-\frac{3.14\times19.5}{15.58}}=1.02$$

$$i_{\text{imp}}^{(3)}=\sqrt{2}\,k_{\text{imp}}I_{\text{k2}}^{(3)}=1.02\times\sqrt{2}\times9.25=13.3\ (\text{kA})$$

七、电动机对短路电流的影响

当计算由系统供电的用户变电站或车间变电站内的短路电流时，供电电源可作为无限大容量电源系统看待。但是，如果短路点距用户电动机很近，那么电动机也会向短路点供给短路电流。在正常工作时，同步电动机和调相机一般都向电力系统供给感性无功功率，它们的电动势高于电动机的端电压，而异步电动机的反电动势略低于外加电压，异步电动机从电网中吸收感性无功功率。当电网中发生短路而且短路点离电动机很近时，电网电压普遍下降，电动机的端电压也下降，此时，异步电动机的反电动势可能高于端电压。这时，异步电动机转动部分的能量就会转化为电能，电动机就要向短路点提供短路电流。此时电动机迅速被制动，它所供的短路电流也很快消失。所以，在电动机端短路时，电动机对短路点次暂态短路电流和冲击电流的影响最大，其他时间的短路电流，可以不必考虑电动机的影响。

在考虑异步电动机影响时的短路电流计算中，电动机次暂态电动势的标幺值 $E''_{\text{M}*}$ 取平均值 0.9，电动机次暂态电抗的标幺值 $X''_{\text{M}*}$ 取 0.2，则电动机供给的次暂态短路电流 I''_{M} 为

$$I''_{\text{M}}=\frac{E''_{\text{M}*}}{X''_{\text{M}*}}\times I_{\text{MN}}=\frac{0.9}{0.2}I_{\text{MN}}=4.5I_{\text{MN}} \tag{2-72}$$

式中　I_{MN}——电动机的额定电流，kA。

短路点的次暂态短路电流 I'' 为

$$I''=I''_{\text{S}}+I''_{\text{M}} \tag{2-73}$$

式中　I''_{S}——电源系统所供次暂态短路电流，kA。

异步电动机送出的冲击电流为

$$i_{\text{impM}}^{(3)}=\sqrt{2}\times\frac{E''_{\text{M}*}}{X''_{\text{M}*}}\times k_{\text{impM}}I_{\text{MN}}$$

$$=4.5\sqrt{2}\,k_{\text{impM}}I_{\text{MN}} \tag{2-74}$$

式中　k_{impM}——短路电流冲击系数，对高压电动机取 1.4～1.6，当电动机额定功率达到
1000kW 及以上时可取 1.7；对低压电动机取 1。

当计及电动机的反馈冲击电流，系统短路冲击电流为

$$i_{\text{imp}\Sigma}^{(3)}=i_{\text{imp}}^{(3)}+i_{\text{impM}}^{(3)} \tag{2-75}$$

在实际的工程计算中，如果在短路点附近所接的容量在 100kW 以上的异步电动机或总容量在 100kW 以上的电动机群，当 $i_{\text{impM}}^{(3)}$ 值为短路冲击电流 $i_{\text{imp}}^{(3)}$ 的 5% 以上时需考虑其影响。

八、不对称短路的概念

在供用电网络所发生的各种短路事故中，除三相短路是对称的以外，其余的短路都是不对称短路。当发生不对称短路时，虽然电源系统的三相电动势是对称的，但由于短路电路的阻抗不对称，所以各相短路电流和短路点对地的各相电压都不对称。不对称短路的电流计算要用对称分量法，将短路电流分解成正序、负序和零序分量。同一元件对各序电流的阻抗一般来说是不同的，例如，变压器的绕组对正序电流和对负序电流的阻抗是相同的，而对零序电流的阻抗就与对正序电流（或负序电流）的阻抗不同；发电机的定子绕组当分别流过各序电流时，呈现的阻抗也都不同。因此，电力系统中各个电气设备元件都有各自的正序电抗、负序电抗和零序电抗。

当发生不对称短路时，不对称短路电流包含了各序分量电流。各序分量电流在同一元件的各序电抗上的电压降，分别称为正序电压降、负序电压降和零序电压降。同一元件上的各序电压降的相量和，才是不对称短路电流在该元件上的电压降。短路处的不对称电压，正是不对称短路电流流过各元件时，各序电流在所有元件的各序电抗上的各序电压降的相量和。因此，在计算不对称短路电流或计算某处的不对称电压时，要分别作出各序阻抗的等值电路，即各序网络图。简化各序网络求得各序的总电抗后，再按有关公式计算出不对称短路电流。

1. 两相短路电流的计算

求两相短路电流时，可按下式计算

$$I_k^{(2)} = \frac{\sqrt{3}}{2} I_k^{(3)} = 0.866 I_k^{(3)} \tag{2-76}$$

式（2-76）说明，供用电网络中的两相短路电流，可在求出三相短路电流后按式（2-76）求出，即同一地点的两相短路电流为三相短路电流的0.866倍。

【例2-15】　求［例2-13］中 $k1^{(2)}$ 和 $k2^{(2)}$ 处的最小运行方式下的两相短路电流。

解　［例2-12］中已经求出

$$I_{k1min}^{(3)} = 3.088 \text{（kA）}$$

$$I_{k2min}^{(3)} = 16.65 \text{（kA）}$$

根据式（2-76）有

$$I_{k1min}^{(2)} = 0.866 I_{k1min}^{(3)} = 2.674 \text{（kA）}$$

$$I_{k2min}^{(2)} = 0.866 I_{k2min}^{(3)} = 14.42 \text{（kA）}$$

两相短路电流主要用于相间短路保护的灵敏度的校验。

2. 单相短路电流的计算

单相短路电流可计算为

$$I_k^{(1)} = \frac{3U_{ph}}{X_{1\Sigma} + X_{2\Sigma} + X_{0\Sigma}}$$

式中　　　　U_{ph}——电源相电压，kV；

$X_{1\Sigma}$、$X_{2\Sigma}$、$X_{0\Sigma}$——总的正序电抗、负序电抗、零序电抗，Ω。

单相短路电流主要用于单相短路保护的整定及单相短路热稳定度的校验。

在供用电网络中发生短路时，两相短路和单相短路电流均较三相短路电流小，所以，供用电网络中电气设备和导体的选择校验中，应采用三相短路电流。

小　　　结

本单元主要介绍供用电网络的基本计算。供用电网络的计算，必须借助于供用电网络的等值电路，作等值电路时，首先要将供用电网络的主要元件用相应参数表示。

供配电线路的参数

$$R_0 = \frac{\rho}{s} = \frac{10^3}{\gamma s}, \quad R = R_0 L$$

$$X_0 = 0.1445 \lg \frac{D_{av}}{r} + 0.0157$$

$$X = X_0 L$$

R_0、X_0也可直接查附表得到。

线路的等值电路一般用简化等值电路，即用集中参数R、X表示的电阻与电抗串联。

变压器参数

$$R_T = \frac{\Delta P_k U_N^2}{S_N^2} \times 10^3$$

$$Z_T = \frac{10 U_k \% U_N^2}{S_N}$$

$$X_T = \sqrt{Z_T^2 - R_T^2}$$

变压器的等值电路一般用Γ型等值电路，10kV及以下的变压器可用简化等值电路。

线路功率损耗

$$\Delta \dot{S} = \Delta P + j\Delta Q = \left(\frac{P^2 + Q^2}{U^2} R + j\frac{P^2 + Q^2}{U^2} X \right) \times 10^{-3} \quad (\text{kVA})$$

变压器的功率损耗

$$\Delta \dot{S}_T = \Delta P_T + j\Delta Q_T = \left(\frac{P_T^2 + Q_T^2}{U_N^2} R_T \times 10^{-3} + \Delta P_0 \right) + j\left(\frac{P_T^2 + Q_T^2}{U_N^2} X_T \times 10^{-3} + \Delta Q_0 \right)$$

首末端功率的平衡关系

$$\dot{S}_1 = \dot{S}_2 + \Delta \dot{S}_2 \text{ 和 } \dot{S}_2 = \dot{S}_1 - \Delta \dot{S}_1$$

首末端电压的平衡关系

$$\dot{U}_1 = (U_2 + \Delta U_2) + j\delta U_2 ; \quad U_1 \approx U_2 + \Delta U_2$$
$$\dot{U}_2 = (U_1 - \Delta U_1) - j\delta U_1 , \quad U_2 = U_1 - \Delta U_1$$

开式配电网络最大电压损耗计算步骤：

（1）作等值电路，计算出各元件的参数并标注在等值电路中。

（2）从负荷端开始，向电源侧逐段计算出功率分布。

（3）使用环节首末端电压平衡关系式，从电源向负荷方向逐段计算出电压分布和电压损耗。

两端供电网的供载功率计算可用网络拆开法

$$\begin{cases} P_A = \dfrac{\Sigma PX}{X_{AB}} \\ Q_A = \dfrac{\Sigma QR}{R_{AB}} \end{cases}$$

短路是电力系统中常见的一种十分严重的故障形式，基本类型有三相短路、两相短路、单相短路、两相接地短路。

短路电流实用计算中采用标幺制，用标幺值计算时，一般选取基准功率$S_b = 100\text{MVA}$，基准电压$U_b = U_{av}$，各元件电抗值计算

$$\begin{cases} \text{电源} \quad X_{s*} = \dfrac{S_b}{S_k} \\[3mm] \text{电缆和架空线} \quad X_{l*} = X_0 L \times \dfrac{S_b}{U_{av}^2} \\[3mm] \text{变压器} \quad X_{T*} = \dfrac{U_k \%}{100} \times \dfrac{S_b}{S_N} \\[3mm] \text{电抗器} \quad X_{L*} = \dfrac{X_L \%}{100} \times \dfrac{U_{LN}}{\sqrt{3} I_{LN}} \times \dfrac{S_b}{U_{av}^2} \end{cases}$$

简化等值电路，求出总的电抗标幺值 $X_{\Sigma*}$

$$I_{p*}^{(3)} = \frac{1}{X_{\Sigma*}}$$

$$I_k^{(3)} = I_p''^{(3)} = I_\infty^{(3)} = I_{p*}^{(3)} \times \frac{S_b}{\sqrt{3}U_{av}}$$

冲击电流为

$$i_{imp}^{(3)} = \sqrt{2}k_{imp}I_p^{(3)}$$

母线残余电压

$$U_{rem} = I_{\infty*}^{(3)} X_* U_{av}$$

短路功率

$$S_k^{(3)} = \sqrt{3}U_{av}I_p^{(3)} = \frac{S_b}{X_{\Sigma*}}$$

两相短路电流 $I^{(2)}$

$$I_k^{(2)} = 0.866 I_k^{(3)}$$

习　　题

2-1　一回 10kV 架空线路，长 10km，采用 LJ-95 型导线，三相导线按等边三角形排列，$D=1$m。试求该线路的参数，并作出其等值电路图。

2-2　设 $D_{av}=1$m，试用查表法求导线截面积 S 从 16mm² 到 150mm² 序列的 R_0 和 X_0 的值，并把它们的 $R_0=f(s)$ 和 $X_0=f(s)$ 函数关系画在一个坐标图上，观察截面积 S 变化时，哪个参数的变化大些？

2-3　一回 10kV 架空线路，长 14km，采用 LJ-70 导线，等距水平架设，线距 $D=1$m，试求该线路的参数，并作出其等值电路图。

2-4　试求三相双绕组变压器 SL7-3150/35 的参数，并画等值电路。额定变比为 35/10.5kV（参数归算至高压侧）。

2-5　两台三相双绕组变压器 SL7-1250/35 并联运行，变比为 35/6.3kV，试求其并联运行的参数，并画等值电路。

2-6　试解释电压降落、电压损耗、电压偏移、电压降落纵分量和电压降落横分量的意义。

2-7　为什么说"电力网环节的电压损耗近似等于电压降落的纵分量"？

2-8　有一额定电压为 10kV 的开式供电网，其接线如图 2-30 所示。干线采用 LJ-120 导线，线间几何均距为 1m，变电站 b 的低压母线为 0.38kV。试计算供电点 A 和变电站 a 的低压母线上的电压。

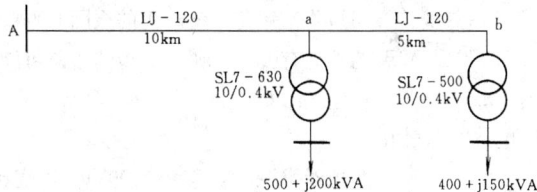

图 2-30　习题 2-8 某一开式供电网络接线图

2-9　有一额定电压为 380V 的低压配电网，干线 Ac 用 LJ-70 型导线架设；支线 ad、be 用 LJ-50 型导线架设；线间几何均距为 0.6m，各段线路的长度、负荷功率和功率因数均标注在图 2-31 中。试求电网的最大电压损耗。

2-10　一条额定电压为 220V 的单相低压架空配电线路，相、零线均用 LJ-50 型导线架设，线间距离为 0.6m，供电给 4 个用户，各负荷点的距离、负荷功率和功率因数已标注在图 2-32 中。试计算线路最大电压损耗的百分数，如电源侧的线电压为 395V，各负荷点电压偏移百分数为多少？

2-11　有一额定电压为 10kV 的两端供电网，电源电压 $\dot{U}_A = \dot{U}_B = 10$kV，导线型号、负荷和功率因数

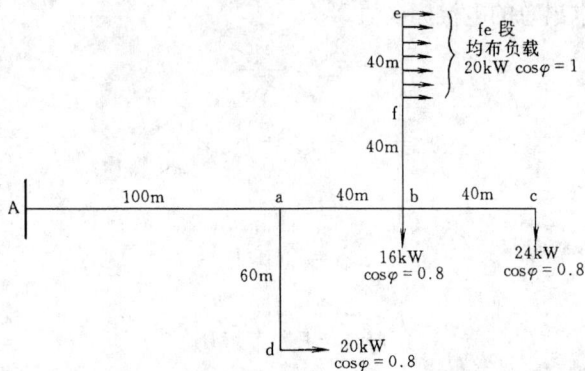

图 2-31　习题 2-9 低压配电网络的接线图

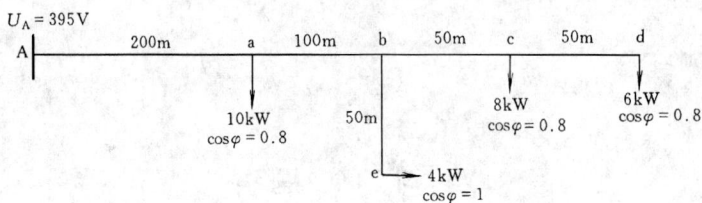

图 2-32　习题 2-10 一条配电线路接线图

以及各负荷点距离均标注在图 2-33 中，导线排列的几何均距为 1m。试求电网的功率分布和最大电压损失。

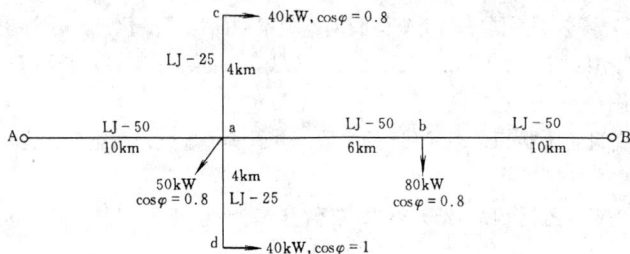

图 2-33　习题 2-11 某一两端供电网络的接线图

2-12　什么叫短路？短路故障产生的原因有哪些？短路的危害有哪些？

2-13　短路的类型有哪些？哪种类型的短路可能性最大？哪种类型的短路危害最严重？

2-14　某一输电线路 $U_N = 35kV$、长 30km、$X_0 = 0.4\Omega/km$，取 $S_b = 100MVA$，$U_b = 37kV$。试求该线路电抗的标幺值。

2-15　某一变压器参数为：$S_N = 1000kVA$，变比为 10/0.4kV，$U_k\% = 4.5$，当取 $S_b = 100MVA$，$U_b = 10.5kV$ 时，试求变压器的电抗基准标幺值。

2-16　NKL-6-600-6 型电抗器，$U_N = 6kV$，$I_N = 600A$，$X_L\% = 6$，取 $S_b = 100MVA$，$U_b = 6.3kV$，试求电抗的基准标幺值。

2-17　什么是无限大容量供电系统？在无限大容量系统中发生短路时，短路电流将如何变化？

2-18　短路电流周期分量和非周期分量各是如何产生的？

2-19　什么是短路冲击电流 i_{imp} 和 I_{imp}？什么是短路次暂态电流 I'' 和短路稳态电流 I_∞？

2-20　有一地区变电站通过一条长 4km 的 6kV 电缆线路供电给某厂一个装有两台并列运行的 SL7-800 型主变压器的变电站。地区变电站出口断路器的断流容量为 300MVA，试用标幺制法计算该厂变电站 6kV

高压母线侧和 380V 低压侧的短路电流 $I_k^{(3)}$、$I''^{(3)}$、$I_\infty^{(3)}$、$i_{imp}^{(3)}$、$I_{imp}^{(3)}$ 及短路容量 $S_k^{(3)}$，并列出短路计算表。

2-21　供电系统如图 2-34 所示，试求图中 k1 和 k2 点发生三相短路时的短路参数 $[I_k^{(3)}$、$I_\infty^{(3)}$、$i_{imp}^{(3)}$、$S_k^{(3)}]$ 以及在最小运行方式下 k2 点短路的两相短路电流 $I_k^{(2)}$。

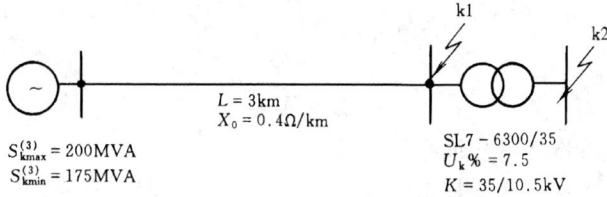

图 2-34　习题 2-21 供电系统接线图

2-22　某单位拟新装一台 135kVA 变压器，变比为 10/0.4kV，$U_k\% = 5.5$，经 5km 架空线路（$X_0 = 0.4\Omega/km$）由系统变电站供电。系统变电站 2 台 20MVA 主变压器并联运行，额定电压 110/10.5kV，$U_k\% = 10.5$，高压母线的短路功率 1800MVA。试求新安装变压器低压侧出口发生三相短路的短路电流和高压侧母线的剩余电压。

供用电网络的电压调整

知识要点

1. 电压偏移对用户设备的影响。
2. 综合负荷的电压静态特性。
3. 无功功率补偿的原理及其方法。
4. 并联电容器的结构和型号含义。
5. 电压调整的目的，电压中枢点的概念及电压中枢点的调压方式。
6. 改变无功功率分布调压的原理及特点。
7. 确定并联无功功率补偿容量的计算方法。
8. 改变变压器变比调压的原理。
9. 选择双绕组降压变压器的分接头电压的方法。
10. 选择普通变压器分接头调压的适用条件。
11. 35kV 及以下配电变压器无载分接开关的结构及其工作原理。
12. 有载分接开关的结构及其工作原理。

　　电压是电能质量主要指标之一，电压偏移超过允许范围时，对用电设备的运行具有很大影响。随着负荷的变化，特别是某些大容量冲击负荷（如电弧炉、轧钢机等）的急剧变化，造成电力网电压严重波动，影响正常生产和人民生活。现代用电设备中日趋增多的电子设备，对电压的稳定提出了更高的要求。因此，保证电压质量，即保证用电设备的端电压偏移在允许的范围之内，是供用电网络运行的主要任务之一。

　　供用电网络的电压调整，主要从降低线路电压损耗和调整变压器分接头两方面入手。设置无功功率补偿装置，可以达到降低电压损耗的目的。本单元主要介绍供用电网络的无功功率补偿原理和方法；供用电网络的电压调整措施：改变无功功率分布调压和改变变压器分接头调压。

课题一　供用电网络的无功功率补偿

内容要求

1. 了解电压偏移对用户设备的影响。
2. 熟悉综合负荷的电压静态特性。
3. 掌握无功功率补偿的原理及其方法。
4. 熟悉并联电容器的结构和型号含义。

一、电压偏移对用户设备的影响

用电设备最理想的工作电压是它的额定电压，运行中允许有一定的电压偏移，当受端电压偏移超过允许范围时，用电设备的运行条件就要恶化。允许的电压偏移是根据用电设备对电压偏移的敏感性及承受能力而定的。

电气照明中的白炽灯对电压偏移很敏感，当电压比额定电压降低5%时，其光通量减少18%，发光效率下降约10%；当电压降低10%时，其光通量减少约35%，发光效率下降20%。如果电压比额定电压高5%时，白炽灯寿命将减少一半；电压升高10%时，白炽灯寿命将减少2/3。

电视机对电压质量要求很高。电压低于额定电压时，屏幕上的影像不稳定；电压高于额定电压时，电子显像管的寿命将大为缩短。可见，现代电子设备对电压偏移也是很敏感的。

当作用于电动机的受端电压改变时，电动机的转矩、功率和绕组的寿命也都将发生变化。异步电动机的最大转矩与它的端电压的平方成正比，当端电压降为额定电压的90%时，转矩将降低到额定转矩的81%。如果端电压降低过多时，电动机将不能起动或停止运转。另一方面，如果满载的异步电动机的端电压长期比额定电压低10%，绕组电流增大，促使电动机温度升高，绝缘损坏的速度约为额定电压时的两倍；反之，如果端电压升高，铁芯又可能过热，也会影响电动机的寿命和运行。

综合供电和用电两方面的情况，目前我国规定在正常运行情况下用户受端的允许电压偏移标准如下：

35kV 及以上的电压供电的负荷	±5%
10kV 及以下电压供电的负荷	±7%
低压照明与动力混合使用	+5%　−7%
单独低压照明负荷	+5%　−10%

二、综合负荷的电压静态特性

电力系统的负荷，主要是电动机、照明设备、电热器具以及日趋增多的各种家用电器。当系统频率一定时，综合负荷功率（包括有功功率和无功功率）随电压而变化的关系，称为负荷的电压静态特性：$U=f(P、Q)$。

同步电动机的有功功率与电压无关；异步电动机的有功功率基本上与电压无关；白炽灯只消耗有功功率，其有功功率与电压的关系为 $P=KU^{1.6}$（K 为常数）；电热、电炉、整流负荷等负荷，其有功功率与电压的平方成正比，即 $P=\dfrac{U^2}{R}$，再考虑各类负荷所占的比重，图3-1（a）为综合有功负荷的电压静态特性。

异步电动机在外加电压接近额定电压时，铁芯磁路设计得刚达饱和。若电压高于额定电压，励磁无功功率按高次方比例增加；若电压低于额定电压，励磁无功功率将按平方

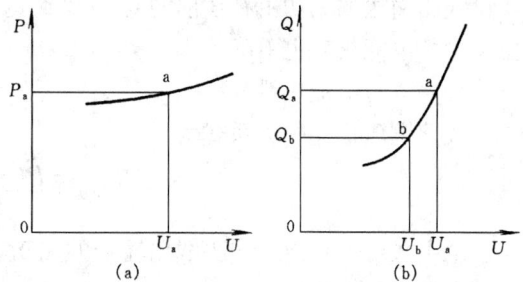

图3-1　综合负荷电压静态特性曲线
(a) 有功负荷；(b) 无功负荷

比例减小；若电压低于额定电压很多时，漏磁无功损耗显著增加，无功功率反而增大。白炽灯不消耗无功功率；电热、电炉等负荷无功功率与电压平方成正比，即 $Q=U^2/X$。由于异步电动机占无功负荷的主要部分，综合无功负荷电压静态特性如图3-1（b）所示。

由图3-1看出，电压变化对无功负荷的影响远大于有功负荷的影响。所以，影响系统

电压的主要因素是无功负荷。若系统无功电源不足，供给用户的无功功率由 Q_a 下降为 Q_b 时，有关母线电压将由 U_a 降至 U_b。所以，要维持供用电系统有较高的电压水平，在有功平衡的基础上，系统必须有足够的无功电源容量，并应有一定的备用。

三、无功功率补偿及其方法

电力系统中除了负荷需要无功功率外，线路的电感电抗和变压器的电感电抗也都要消耗无功功率。发电机是主要的无功电源，一般发电机在额定功率因数 $0.8\sim0.9$ 之间运行，如果发电机距用户很远，用发电机供给无功功率是不经济的，因为无功功率通过电网输送时，可导致线路损耗增大。线路的电容也产生部分无功功率。以上两项无功电源不足时，需要加装无功补偿设备，如同步调相机、电力电容器和无功静止补偿装置等。

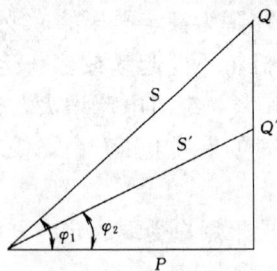

(一) 无功功率补偿的基本原理

假定电力负荷的视在功率为 S，有功功率 P 不变，由于加装了一部分无功补偿设备 Q_c，使无功消耗由原来的 Q 减少到 Q'，此时，功率因数由补偿前的 $\cos\varphi_1$ 提高到 $\cos\varphi_2$，如图 3-2 所示。

加装了无功补偿设备后，电力网功率因数提高了，具有以下几个方面的意义：

图 3-2　无功补偿原理的示意图

(1) 减少系统元件的容量，提高电网的输送能力。

电气设备的视在功率在补偿后为

$$S' = \sqrt{P^2 + Q'^2} = \sqrt{P^2 + (Q - Q_c)^2} \tag{3-1}$$

由上式可知，加装无功补偿 Q_c 后，减少了电网无功输送量，在输送同样的有功功率情况下，设备安装容量可以减少，节约大量有色金属，也节约了投资。

(2) 降低功率损耗和电能损耗。

当负荷电流流过线路时，其功率损耗为

$$\Delta P = \frac{P^2 + Q^2}{U^2} R \times 10^{-3} \quad (\text{kW}) \tag{3-2}$$

线路输送的无功由补偿前的 Q 减少到 Q' 时，线路的功率损耗下降，每年在线路上和变压器中的电能损耗也下降。

(3) 改善电能质量。

线路电压损耗的关系式为

$$\Delta U = \frac{PR + QX}{U} \quad (\text{V}) \tag{3-3}$$

从上式可以看出，减少线路输送的无功功率，则电压损耗 ΔU 有所下降，因此改善了电力网和用户的电压质量。

(二) 无功功率补偿的方法

为了使电网安全经济运行和确保用户的电能质量，首先要从减少大量无功功率的流动着手，按照《供电营业规则》规定：无功功率应就地平衡，用户应在提高用电自然功率因数的基础上，设计和安装无功补偿设备，并做到随其负荷和电压变动及时投入和切除，防止无功电力倒送。具体方法是：

(1) 提高用户的功率因数。对大宗用户，实行按功率因数调整电费的办法，电费按

$\cos\varphi=0.85$ 考虑，$\cos\varphi$ 低于或高于 0.85 时，增收或减收一定比例的电费，鼓励用户安装并联电容器或采用其他措施，以提高用电负荷本身的功率因数。

（2）配电线路及变电站分散安装电力电容器。尽可能做到配电线路基本上不送无功负荷，$\cos\varphi$ 达到 0.95～0.99，在低谷负荷时甚至达到 1，就地解决用户电动机、配电变压器和配电线路上消耗的无功功率。我国一些地区也有在配电线路构架上和农村 6～10kV 变电站中安装并联电容器组的经验。

（3）对大容量轧钢设备等冲击性的动态无功负荷，装设无功静止补偿装置或采用可控硅开关自动快速投切电容器组。

（三）配电网无功功率补偿的配置原则

1. 无功功率负荷的构成与分析

无功补偿设备的配置，实际包括两个方面的内容：一是确定补偿地点和补偿方式；二是对无功补偿总容量进行布点分配。因此，除了要研究网络本身的结构特点和无功电源分布之外，还需要对网络的无功电力构成作出基本分析，弄清无功潮流分布，才能进行合理布局。

通过对典型城乡配电网络无功损耗构成情况分析，各电压等级的无功损耗占总无功损耗的比重为：0.4kV 级损耗占 50%，10kV 级占 20%，35kV 级占 10%，110kV 级占 20%。

2. 无功补偿设备的合理配置原则

从城乡电力网无功功率损耗的基本状况可以看出，各级供用电网络和设备都要消耗一定数量的无功功率，尤以配电网所占比重最大。为了最大限度地减少无功功率的传输损耗，提高输配电设备的效率，无功补偿设备的配置应按照"就地补偿，分级分区平衡"的原则进行规划，合理布局，而且要满足以下几点要求：

（1）总体平衡与局部平衡相结合。要做到城乡电力网的无功功率平衡，首先要满足整个县级电网的无功功率平衡，其次要同时满足各个分站、分线的无功功率平衡。如果无功电源的布局选择不合理，局部地区的无功功率就不能就地平衡，会造成一些变电站或者一些线路的无功功率偏多，电压偏高，过剩的无功功率就要向外输出；也可能会造成一些变电站或一些线路的无功功率不足，电压下降，必然要向上级电网吸取无功功率。这样仍然会造成不同分区之间无功功率的远距离输送和交换，使电网的功率损耗和电能损耗增加。所以，在规划时就要在总体平衡的基础上，研究各个局部的补偿方案，获得最优化的组合，才能达到最佳的补偿效果。

（2）电业部门补偿和用户补偿相结合。统计资料表明，用户消耗的无功功率约占 50%；在工业网络中，用户消耗的无功功率约占 60%；其余的无功功率消耗在供用电网络中。因此，为了无功功率在网络中的输送，要尽可能地实现无功就地补偿、就地平衡，所以应当根据总的无功功率需求，同时发挥供电部门和用户的积极性，共同进行补偿，才能搞好无功功率的建设和管理。

（3）分散补偿与集中补偿相结合，以分散为主。无功补偿既要达到总体平衡，又要满足局部平衡；既要开展供电部门的补偿，又要进行用户的补偿。这就必然要采取分散补偿与集中补偿相结合的方式。集中补偿是指在变电站集中装设容量较大的补偿设备进行补偿；分散补偿是指在配电网络中的分散区（如配电线路、配电变压器和用户的用电设备等）分散进行的无功补偿。

变电站的集中补偿，主要是补偿主变压器本身的无功损耗，以及减少变电站以上供电线路传输的无功功率，从而降低供电网络的无功损耗，但它不能降低配电网络的无功损耗，因为用户需要的无功功率仍需要通过变电站以下的配电线路向负荷输送,所以,为了有效地降低线损,必须进行分散补偿。又由于配电网的线损占全网总损失的 70% 左右,因此,应当以分散补偿为主。

(4) 降损与调压相结合,以降损为主。利用并联电容器进行无功补偿,其主要目的是为了达到无功功率就地平衡,减少网络中的无功损耗,以降低线损。与此同时,也可以利用电容器组的分组投切,对电压进行适当调整。

电力电容器作为补偿设备,具有安装方便、建设周期短、造价低、自身损耗小及运行维护方便等优点;缺点是对调压的灵活性差,需另外配备自动投切装置,只能做到阶梯调压,而且电容器的寿命受投切次数和系统谐波影响很大,容易损坏。电力电容器作为无功补偿装置的形式有串联补偿和并联补偿两种。在各种补偿形式中,并联电容器当为首选。特别是在感性负荷多、功率因数低的地区,安装并联电容补偿无功功率效益十分显著。由于并联电容补偿既减轻了线路和配电设备的负荷,又使线损大大下降,节电效益明显。在变电站安装并联电容器补偿,适时、分级投切又可使电压质量得到改善。因此,无论是用户还是供电部门,都普遍采用并联电容器补偿无功功率。目前,在全国电力系统中,90% 以上的无功补偿装置为并联电容器。

(四) 并联电容器

1. 并联电容器的结构

电力电容器由芯子、套管和箱壳组成。箱壳用薄钢板密封焊接,箱壳盖上装有引出端子瓷套管,箱体两侧焊有供搬运或安装时的耳扣或吊攀,并留有供接地用的端子或螺栓。这样一个独立的组装体称为电容器单元,其结构如图 3-3 所示。

电容器芯子由若干个电容器元件、连接片和绝缘件叠压组成。电容器元件通常用铝箔作为极板,也有用沉积在固体介质上的金属或双面金属带纸作为极板的,电容器的工作介质过去用浸渍的电容器纸,近年来都采用纸和聚丙烯薄膜混合再浸注液体电介质,一般为绕卷扁平式,展开后就是一个平板电容器。为适应各种电压等级和容量,芯子中的元件可接成串联或并联,并可根据需要组成单相或三相,如图 3-4 所示。

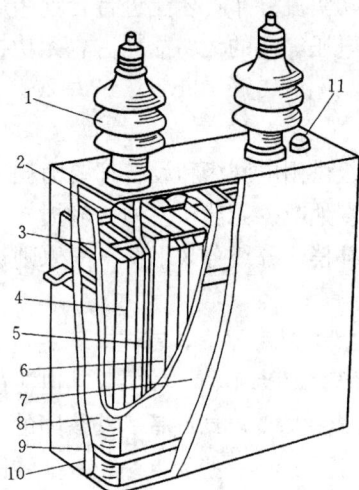

图 3-3 并联电容器的构造
1—出线套管;2—出线连接片;
3—连接片;4—元件;5—出线
连接片固定板;6—组间绝缘;
7—包封件;8—夹板;9—紧箍;
10—外壳;11—封口盖

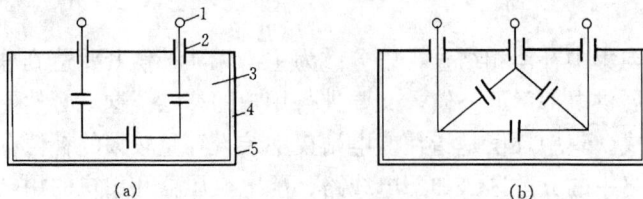

图 3-4 并联电容器的结构示意图
(a) 单台单相;(b) 三相
1—端子;2—套管;3—芯子;4—壳内绝缘;5—外壳

国产电容器纸是用未漂白的木浆制成，表面平整光洁，具有较高的热稳定性，它的厚度一般在 $10\sim15\mu m$ 左右；聚丙烯薄膜是用聚丙烯树脂经拉伸定向而制成的薄膜，具有吸水小、化学稳定性好、延展性强、比重小等优点，国产聚丙烯膜有 $15\mu m$ 和 $20\mu m$ 两种规格。目前国内电力电容器的主要浸渍剂是电容器油，通称矿物油，是经石油润滑油分馏、净化、过滤、除气精炼而成，具有资源丰富、无毒、价格便宜等优点，缺点是介电系数值较低。其他浸渍剂有蓖麻油和硅油等。

为防止元件在运行中击穿短路故障引起内部过热造成油箱膨胀甚至爆炸，可在内部每一元件或元件组串接内熔丝，以便将故障元件从芯子切出。根据用户要求，箱内还可能装有内放电电阻，用于电容器从电网断开后，端子上的电压自行放电降落。

2. 电容器的型号含义

单台电容器型号表示如下：

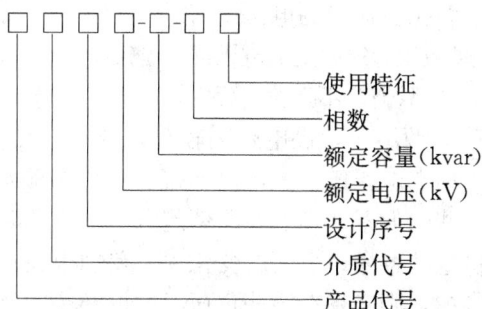

产品代号 B 表示并联电容器，C 表示串联补偿用电容器，旧型号中的 Y 表示移相电容器等。介质代号无字母时表示矿物油，W 表示烷基苯浸纸，G 表示苯甲基硅油，F 表示二芳基乙烷，B 表示异丙基联苯，WF 表示烷基苯浸纸和薄膜复合，GF 表示苯甲基硅油和薄膜复合，BF 表示异丙基联苯和薄膜复合。使用特征 W 表示户外式，户内式不用字母表示。

例如：$BWF11/\sqrt{3}\text{-}100\text{-}1W$，表示并联电容器，烷基苯浸渍复合介质，额定电压为 $11/\sqrt{3}kV$，额定容量为 100kvar，单相，户外型。

电容器铭牌上标有符号"━☐━"时表示有内熔丝，标有符号"━☐━"表示内装有内部放电电阻。

课题二　供用电网络的电压调整

内容要求

1. 了解电压中枢点的概念及电压中枢点的调压方式。
2. 掌握改变无功功率分布调压的原理及特点。
3. 掌握确定并联无功功率补偿容量的计算方法。
4. 掌握选择双绕组降压变压器的分接头电压的方法，并说明选择普通变压器分接头调压的适用条件。
5. 了解 35kV 及以下无载调压及有载调压机构的结构及其工作原理。

供用电网络电压调整的目的是使用户的电压偏移保持在规定的范围内。

由于电力系统结构复杂，负荷点数目众多又很分散，如果对每个用电设备的电压都进行监视和调整，不仅没有可能，而且也没有必要。电力系统电压的管理是通过监视和调整电压中枢点的电压来实现。所谓电压中枢点是指某些可反映系统电压水平的主要发电厂、枢纽变电站的高压母线和有大量地方负荷的发电厂和变电站的 6～10kV 电压母线。如能控制好这些电压中枢点的电压偏移，也就控制了系统大部分负荷的电压偏移。于是，电力系统的电压调整问题也就转化为保证各电压中枢点的电压偏移不超出给定范围的问题。

电压中枢点的调压方式，要根据电力网的性质来确定，通常的调压方式有三种类型。

(1) 逆调压。如中枢点至各负荷点的供电线路较长，各负荷的变化规律大致相同，且变动较大（即最大负荷与最小负荷的差别较大），则在最大负荷时提高中枢点的电压保持比线路额定电压高 5%，以抵偿线路上因最大负荷增大的电压损耗。在最小负荷时，则要将中枢点电压下降至额定电压，以防止负荷点的电压过高。

(2) 恒调压。如负荷变动较小，线路上的电压损耗也较小，这种情况只要将中枢点电压保持在较线路额定电压高 2%～5% 的数值，不必随负荷变化而调整，仍可保证负荷点的电压质量。

(3) 顺调压。适于负荷变动不大，供电距离较近，或用户处允许电压偏移较大的变电站，即在最大负荷时允许中枢点电压低一些，但不得低于线路额定电压的 102.5%；在最小负荷时允许中枢点电压高一些，但不得高于线路额定电压的 107.5%。

如果由同一个中枢点供电的各用户负荷的变化规律差别很大，仅靠控制中枢点电压不能保证所有负荷都在允许范围内，则必须在某些负荷点增设必要的调压设备。

以上所讨论的是系统正常运行时的调压方式。当系统发生事故时，因电压损耗比正常时大，故电力网各点电压比正常时低，但因事故不是经常发生的，且事故持续时间一般不太长，故对电压的要求允许降低一些，通常事故时的电压偏移允许较正常时再增大 5%。

前面已指出，拥有较充足的无功功率电源是保证电力系统有较好的运行电压水平的必要条件，但是要使所有用户的电压质量都符合要求，还必须采用各种调压手段。电力系统常用的调压措施有以下几种。

(1) 调节励磁电流以改变发电机端电压。

(2) 采用改变变压器分接头进行调压。

(3) 通过改变电力网无功功率分布进行调压。

(4) 通过改变输电线路参数进行调压。

下面仅讨论供用电网络中常用的几种调压措施。

一、改变无功功率分布调压

（一）改变无功功率分布调压的原理及特点

在无功功率不足的系统中，首要问题是增加无功功率电源，应用最多的是采用并联电容补偿。利用电容器组的分组投切，也可对电压进行适当调整，这在讨论无功补偿时已提到了。

1. 改变无功功率分布调压的原理

线路和变压器上的电压损耗是造成电压偏移的主要原因之一，如能设法减少电力网中的电压损耗，就可以在一定范围内解决调压问题。根据第二单元知识，线路的电压损耗可近似为电压降落的纵分量，即

$$\Delta U = \frac{PR + QX}{U}$$

显然当线路参数已定时，决定电压损耗的因素有两个：有功功率 P 和无功功率 Q。但实际上不可能通过改变有功功率的分布来进行调压，因为电力网的任务就是向用户输送有功功率。而无功功率既可由发电机供给，也可由装设在枢纽变电站或者负荷点附近的无功功率补偿设备供给。所以，并联电容补偿在减少了因输送无功功率而引起的有功功率损耗和电能损耗的同时，也是一种有效的调压措施。

需要指出的是：并非所有的场合都能使用这种调压措施。对于大截面架空线及有变压器的网络中，利用改变无功功率分布调压将取得显著的效果；而在小截面架空线和所有的电缆线路中，因 $R \geqslant X$，电压损耗主要由有功功率引起，改变无功 Q 值对降低 ΔU 并无多大影响，因此不宜采用这种调压措施。

2. 改变无功功率分布调压的特点

（1）无功电源不受能源产地的限制，设置灵活。

（2）无功补偿设备可设置在负荷点附近，就地平衡无功，同时可以减少远距离输送无功功率引起的有功功率损耗和电能损耗。

（3）无功补偿的单位容量投资比有功电源的单位容量投资便宜（约为 1/10），且不影响系统的经济运行。

（二）并联无功补偿容量的选择

1. 配电线路无功负荷的最优补偿

在配电线路上装设并联电容器，具有投资省、见效快、投运时间长和降损效果显著的优点，而且安装简便，维护工作量小，事故率低，特别适应于农村配电线路长、负荷点多的供电状况。对于负荷均匀分布（或近似均匀分布）的线路，如城乡的公用配电线路、照明配电线或电力排灌配电线路等，最优补偿计算方法如下。

（1）最佳装设位置。不同电容器组最佳装设位置计算式为

$$L_i = \frac{2n}{2n+1} \times L \quad (\text{km}) \tag{3-4}$$

式中　L——配电线路的总长度，km；

n——装设电容器的分组数；

L_i——第 i 组电容器最佳装设位置（距变电站的距离），km。

（2）最优补偿容量。第 i 组电容器最佳装设位置下的单组最优无功补偿容量 Q_{ci} 为

$$Q_{ci} = \frac{2}{2n+1} Q \quad (\text{kvar}) \tag{3-5}$$

式中　Q——配电线路的平均无功负荷，kvar。

线路最优无功补偿总容量 Q_c 为

$$Q_c = n Q_{ci} = \frac{2n}{2n+1} Q \quad (\text{kvar}) \tag{3-6}$$

例如安装一组电容器时，其最佳装设位置在线路长度的 2/3 处，其相应的最优补偿容量为 2Q/3。此时，该配电线路的无功损耗达到最小值。并联的电容器组一般由自动装置来控制它的投切，以免电压升得过高。

大多数配电线路是非均匀分布的，这种线路的无功补偿较复杂，一般用归一化变换方法进行计算，以确定最佳补偿容量和最佳装设位置。

2. 电力用户无功负荷的最优补偿

电力用户无功负荷的最优补偿，一是要确定用户的最优补偿容量；二是要确定补偿装置的最优分布方式。

（1）按提高母线功率因数选择补偿容量。按提高母线功率因数选择并联无功补偿容量计算式为

$$Q_c = P_{max}(\tan\varphi_1 - \tan\varphi_2) = Q_{max}\left(1 - \frac{\tan\varphi_2}{\tan\varphi_1}\right) \tag{3-7}$$

式中 Q_c——并联无功补偿容量，kvar；

P_{max}——高峰用电时段内的最大有功负荷，kW；

Q_{max}——高峰用电时段内的最大无功负荷，kvar；

$\tan\varphi_1$——补偿前功率因数角的正切值；

$\tan\varphi_2$——补偿后功率因数角的正切值。

如果由于计量装置条件的限制，尚不能按高峰时的功率因数考核，还按月平均功率因数进行考核，但在规划设计中补偿容量的计算，应按高峰用电的要求确定。

用户补偿容量的计算，还可用查表法。即根据补偿前、后的功率因数值（$\cos\varphi_1$、$\cos\varphi_2$），从表中查得每千瓦有功功率所需的无功功率，然后乘以实际有功功率（或计算有功负荷），可得到总的补偿容量。

【例 3-1】 某厂拟建一降压变电站，装设一台主变压器。已知变电站低压侧有功计算负荷为 650kW，无功计算负荷为 800kvar，为了使变压器低压侧补偿后的功率因数提高到 0.92，试计算应安装并联电容器的容量。

解 补偿前的功率因数为

$$\cos\varphi_1 = \frac{650}{\sqrt{650^2 + 800^2}} = 0.63$$

低压侧需装设的并联电容器容量为

$$Q_c = 650 \times (\tan\varphi_1 - \tan\varphi_2)$$
$$= 650 \times [\tan(\arccos 0.63) - \tan(\arccos 0.92)]$$
$$= 525 \ (kvar)$$

取 $Q_c = 530 \ (kvar)$

（2）按母线运行电压的要求选择并联无功补偿容量。如图 3-5 所示，变电站低压侧的负荷为 $P_2 + jQ_2$（kVA），线路与变压器的总阻抗为

$$Z_\Sigma = R_\Sigma + jX_{\Sigma(\Omega)}$$

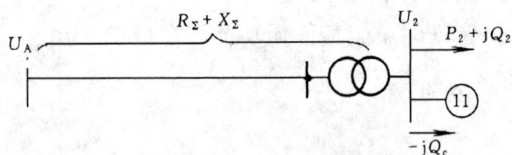

图 3-5 并联电容补偿

未装并联补偿装置前，电力网首端电压为（略去电压降落的横分量）

$$U_A = U'_2 + \frac{P_2 R_\Sigma + Q_2 X_\Sigma}{U'_2} \tag{3-8}$$

式中 U'_2——归算到高压侧的变电站低压侧母线电压，kV。

变电站低压母线装设容量为 Q_c 的并联电容补偿装置后，电力网首端电压为

$$U_A = U'_{2c} + \frac{P_2 R_\Sigma + (Q_2 - Q_c)X_\Sigma}{U'_{2c}} \tag{3-9}$$

式中　U'_{2c}——装设并联电容补偿装置后，变电站低压侧母线电压归算到高压侧的值，kV。

如果补偿前后 U_A 不变，则比较式（3-8）和式（3-9）得

$$U'_2 + \frac{P_2 R_\Sigma + Q_2 X_\Sigma}{U'_2} = U'_{2c} + \frac{P_2 R_\Sigma + (Q_2 - Q_c) X_\Sigma}{U'_{2c}}$$

整理后得

$$\frac{Q_c X_\Sigma}{U'_{2c}} = (U'_{2c} - U'_2) + \left(\frac{P_2 R_\Sigma + Q_2 X_\Sigma}{U'_{2c}} - \frac{P_2 R_\Sigma + Q_2 X_\Sigma}{U'_2}\right) \tag{3-10}$$

式（3-10）中等号右边的第二项的数值一般很小，可以略去不计，则有

$$Q_c = \frac{U'_{2c}}{X_\Sigma} (U'_{2c} - U'_2) \tag{3-11}$$

若补偿后的低压侧母线电压用未经折算到高压侧的电压 U_{2c} 表示，则有

$$Q_c = \frac{U_{2c}}{X_\Sigma}\left(U_{2c} - \frac{U'_2}{k}\right)k^2 \tag{3-12}$$

式中　k——降压变压器变比。

由式（3-12）可以看出，补偿容量 Q_c 的大小，不仅取决于调压的要求，而且与变压器变比选择也有关。通常在大负荷时降压变电站电压偏低，小负荷时降压变电站电压偏高，并联电容器只能发出感性无功功率以提高电压，在电压过高时却不能吸收感性无功功率以降低电压，为了充分利用并联电容器补偿容量，在最大负荷时电容器应全部投入，在最小负荷时应全部退出。所以，按最小负荷时没有补偿情况来选择变压器的分接头

$$U_{\text{tmin}} = U'_{2\text{cmin}} \frac{U_{2N}}{U_{2\text{cmin}}} \tag{3-13}$$

式中　U_{tmin}——变压器的分接头电压，kV；

$U_{2\text{cmin}}$——最小负荷时并联电容器全部切除后低压侧要求的电压，kV；

$U'_{2\text{cmin}}$——$U_{2\text{cmin}}$ 折算到高压侧的电压，kV；

U_{2N}——变压器二次侧的额定电压，kV。

根据分接头电压确定对应的变压器变比 k，最后根据最大负荷时对电压偏移的要求，可以确定并联电容器的补偿容量

$$Q_c = \frac{U_{2\text{cmax}}}{X_\Sigma}\left(U_{2\text{cmax}} - \frac{U'_{2\text{max}}}{k}\right)k^2 \tag{3-14}$$

式中　$U_{2\text{cmax}}$——最大负荷时低压侧要求的电压，kV；

$U'_{2\text{max}}$——未装无功补偿时低压侧电压 $U_{2\text{max}}$ 归算到高压侧的电压，kV。

【例3-2】　某简单系统如图3-6所示。降压变电站低压侧母线要求恒调压，保持 10.5kV。已知 $U_A = 115$kV，阻抗 $R_\Sigma + jX_\Sigma = 20 + j108\Omega$ 为归算至高压侧的值，试确定采用并联电容器补偿时的无功补偿容量。

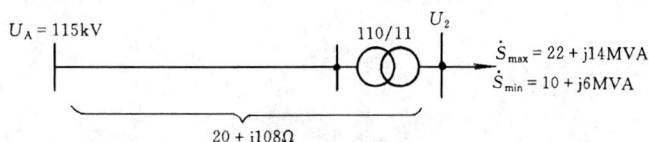

图 3-6　［例3-2］简单系统接线图

解 由于已知首端电压、末端功率，故先假定全网为额定电压，从末端向首端计算功率损耗

$$\Delta \dot{S}_{max} = \frac{22^2 + 14^2}{110^2} \times (20+j108) = 1.12+j6.07 \quad (MVA)$$

$$\Delta \dot{S}_{min} = \frac{10^2 + 6^2}{110^2} \times (20+j108) = 0.23+j1.21 \quad (MVA)$$

对应的首端功率为

$$\dot{S}_{Amax} = (22+j14) + (1.12+j6.07) = 23.12+j20.07 \quad (MVA)$$

$$\dot{S}_{Amin} = (10+j6) + (0.23+j1.21) = 10.23+j7.21 \quad (MVA)$$

未进行补偿，最大负荷时变电站低压母线折算到高压侧的电压值

$$U'_{2max} = U_A - \frac{P_{Amax}R_\Sigma + Q_{Amax}X_\Sigma}{U_A}$$

$$= 115 - \frac{23.12 \times 20 + 20.07 \times 108}{115}$$

$$= 92.13 \quad (kV)$$

未进行补偿，最小负荷时变电站低压母线折算到高压侧的值为

$$U'_{2min} = U_A - \frac{P_{Amin}R_\Sigma + Q_{Amin}X_\Sigma}{U_A}$$

$$= 115 - \frac{10.23 \times 20 + 7.21 \times 108}{115}$$

$$= 106.45 \quad (kV)$$

在最小负荷时将电容器全部切除，选择分接头电压值

$$U_{tmin} = U'_{2cmin} \times \frac{U_{2N}}{U_{2cmin}}$$

$$= 106.45 \times \frac{11}{10.5}$$

$$= 111.52 \quad (kV)$$

选用+2.5%抽头，分接头电压为 112.75kV。按最大负荷时的调压要求确定 Q_c

$$Q_c = \frac{U_{2cmax}}{X_\Sigma} \left(U_{2cmax} - \frac{U'_{2cmax}}{k} \right) k^2$$

$$= \frac{10.5}{108} \times \left(10.5 - \frac{92.13}{112.75/11} \right) \times \left(\frac{112.75}{11} \right)^2$$

$$= 15.44 \quad (Mvar)$$

验算电压偏移，在最大负荷时补偿设备全部投入

$$U'_{2cmax}=115-\frac{23.12\times20+（20.07-15.44）\times108}{115}=106.63（kV）$$

最大负荷时低压母线实际电压为

$$U_{2cmax}=106.63\times\frac{11}{112.75}=10.40（kV）$$

最小负荷时，补偿设备全部退出，则

$$U_{2cmin}=106.45\times\frac{11}{112.75}=10.39（kV）$$

根据调压要求，最大负荷时电压偏移

$$\frac{10.40-10.50}{10.50}\times100\%=-0.95\%$$

最小负荷时电压偏移

$$\frac{10.39-10.50}{10.50}\times100\%=-1.05\%$$

可见，选择的电容器容量能满足恒调压要求。

（3）电力用户无功补偿的最优方式。无功补偿方式采用分散补偿与集中补偿相结合，以分散为主的原则，使无功补偿既达到总体平衡，又满足局部平衡；既开展供电部门补偿，又要鼓励用户补偿，进行综合考虑以后，确定最优补偿方案。

二、改变变压器变比调压

变压器一次侧接入电压后，只要改变变压器的变比，就可以改变二次侧的电压。我国制造的普通电力变压器的高压绕组上，除了主接头（即对应于额定电压 U_N 的接头）外，还具有附加分接头。电力变压器容量在 6300kVA 及以下时，一般有 2 个附加分接头，即 +5% 和 -5%；容量在 8000kVA 及以上时，一般有 4 个分接头，即 +2.5%、+5%、-2.5%、-5%，如图 3-7 所示。

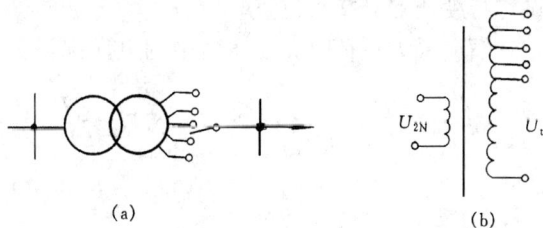

图 3-7　变压器的分接头
(a) 简化接线；(b) 原理接线

（一）配电变压器调压的原理

变压器的实际变比近似等于高压绕组分接头电压 U_t 与低压绕组额定电压 U_{2N} 之比，即

$$k=\frac{U_t}{U_{2N}} \tag{3-15}$$

变压器低压绕组的匝数是一定的，因此，改变高压绕组的分接头，就是改变高压绕组的匝数，即可改变变压器的变比，从而使变压器二次侧电压得到改变。

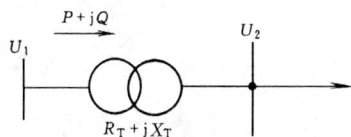

图 3-8　降压变压器接线

如图 3-8 为一降压变压器，高压侧实际电压为 U_1，归算至高压侧的变压器阻抗为 R_T+jX_T，通过变压器的功率为 $P+jQ$，低压侧要求得到的电压为 U_2，则有归算到高压侧的变压器电压损耗为

$$\Delta U = \frac{PR_T + QX_T}{U_1}$$

$$U_2 = (U_1 - \Delta U)/k \tag{3-16}$$

将 $k = U_t/U_{2N}$ 代入，得到高压侧分接头电压

$$U_t = \frac{U_1 - \Delta U}{U_2} \times U_{2N} \tag{3-17}$$

参照上式，最大负荷时应选择的变压器分接头电压为

$$U_{tmax} = \frac{U_{1max} - \Delta U_{max}}{U_{2max}} \times U_{2N} \tag{3-18}$$

最小负荷时应选择的变压器分接头电压为

$$U_{tmin} = \frac{U_{1min} - \Delta U_{min}}{U_{2min}} U_{2N} \tag{3-19}$$

对于普通的配电变压器，其分接头只能在停电的情况下改变，在正常的运行中，无论负荷如何变化，只能使用一个固定的分接头，显然，应选的分接头电压为

$$U_t = \frac{U_{tmax} + U_{tmin}}{2} \tag{3-20}$$

根据式（3-20）计算出分接头电压后，选择一个最接近的配电变压器的标准分接头电压。选出了标准分接头后，应根据变压器低压侧调压方式要求的电压进行校验，如果不满足要求，应考虑与其他调压措施配合进行调压。

【例 3-3】　某降压变电站的变压器归算至高压侧的阻抗为 3.2+j45（Ω），电压为 110±2×2.5%/11kV，最大负荷 $\dot{S}_{max} = 30 + j15$ MVA 时，高压侧母线电压 $U_{1max} = 112.5$ kV；最小负荷 $\dot{S}_{min} = 12 + j8$ MVA 时，$U_{1min} = 115$ kV。低压侧母线电压允许变动范围为 10~11kV。试选择变压器分接头位置。

解　最大负荷时，变压器中的电压损耗为

$$\Delta U_{max} = \frac{P_{max}R_T + Q_{max}X_T}{U_{1max}}$$

$$= \frac{30 \times 3.2 + 15 \times 45}{112.5}$$

$$= 6.85 \text{ (kV)}$$

最小负荷时，变压器中的电压损耗为

$$\Delta U_{min} = \frac{P_{min}R_T + Q_{min}X_T}{U_{1min}}$$

$$= \frac{12 \times 3.2 + 8 \times 45}{115}$$

$$= 3.46 \text{ (kV)}$$

按要求最大负荷时二次侧电压不得低于 10kV，则分接头电压为

$$U_{tmax} = \frac{U_{1max} - \Delta U_{max}}{U_{2max}} \times U_{2N}$$

$$= \frac{112.5 - 6.85}{10} \times 11$$

$$= 116.22 \text{ (kV)}$$

按要求最小负荷时二次侧电压不得高于 11kV，则分接头电压为

$$U_{tmin} = \frac{U_{1min} - \Delta U_{min}}{U_{2min}} \times U_{2N}$$

$$= \frac{115 - 3.46}{11} \times 11$$

$$= 111.54 \text{ (kV)}$$

应选的分接头电压为

$$U_t = \frac{U_{tmax} + U_{tmin}}{2}$$

$$= \frac{116.22 + 111.54}{2}$$

$$= 113.88 \text{ (kV)}$$

选取最接近的分接头电压 112.75kV，即分接头位置在+2.5%挡。

校验：最大负荷时二次侧母线实际电压为

$$U_{2max} = (112.5 - 6.85) \times \frac{11}{112.75} = 10.31 \text{ (kV)} > 10 \text{ (kV)}$$

最小负荷时二次侧母线实际电压为

$$U_{2min} = (115 - 3.46) \times \frac{11}{112.75} = 10.88 \text{ (kV)} < 11 \text{ (kV)}$$

均未超出允许变动范围，因此所选分接头位置是合适的。

（二）配电变压器的分接开关

改变变压器的变比调压，是在选择好变压器分接头后，通过对变压器分接开关的切换操作来实现的。目前在工程中使用的调压分接开关有两种：一种是无载分接开关，这种分接开关只能在变压器停电时进行切换，普通变压器中的分接开关属于这种。二是有载分接开关，这种分接开关可以在变压器运行时带负荷进行切换，故这种分接开关称为有载调压分接开关，有载调压变压器都装有这种分接开关。

1. 无载分接开关

轮式无载分接开关的外形和接线原理如图 3-9 所示。开关可分为单相式和三相式，

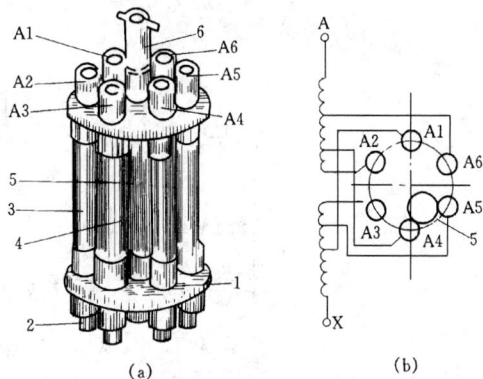

图 3-9　轮式无载分接开关

（a）外形图；（b）接线原理图

1—绝缘底座；2—分接头；3—空心圆形载流柱；
4—曲柄轴；5—动触环；6—操纵杆

图 3-9 (b) 中所示为单相分接开关的接线图。

其工作原理是：分接开关上的五个分接位置一般以罗马数字Ⅰ、Ⅱ、Ⅲ、Ⅳ、Ⅴ表示，它们分别对应于 105%、102.5%、100%、97.5%、95% 的额定电压。A1～A6 为分接开关的静触头，是与一次绕组抽头相连接的空心圆形载流柱。分接开关的动触环 5 是通过绝缘操纵杆 6，牵动曲柄轴 4 来变换位置，每变换一次位置，一次绕组的匝数便改变一次。当动触环 5 短接 A2、A3 时，为Ⅰ位，相当于 105% 额定电压。当其短接 A3、A4；A4、A5；A5、A6；A6、A1 时，分别相应Ⅱ、Ⅲ、Ⅳ、Ⅴ位置。分接开关固定在绝缘底座 1 上。

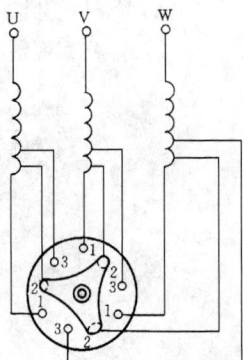

这种分接开关一般用在 35kV 及以上的大容量变压器中，用于绕组中部单相调压，每相配一个开关，各相分别操作。

6～10kV 配电变压器在其三相高压绕组末端的额定匝数和它的 ±5% 处引出三个接头，其分接开关接线如图 3-10 所示，当电源电压为额定值时，触头位置如图 3-10 中所示"2"点，投入运行的高压绕组匝数为额定值；当电源电压常高于额定值，可把分接头位置旋至"1"，使高压侧匝数增多，降低变压器二次电压；当电源电压常低于额定电压，则可让分接开关位于"3"，以升高二次电压。

图 3-10　6～10kV 分接
开关接线

这种三相共用的分接开关，一般直接固定在变压器箱盖上，是一种手动操动机构。电流在 60A 及以下时，定触头为触钉形式；电流在 60A 以上时，定触头改为夹片式。

2. 有载分接开关

如果要保证负荷连续供电和随时调压，并且扩大调压幅度，则应采用有载调压变压器。这种变压器中的有载分接开关可以在变压器带负荷状态下，手动或电动进行切换，以改变一次绕组的匝数，进行分级调压，其调压范围可达额定电压的 ±15%。下面介绍有载分接开关的工作原理。

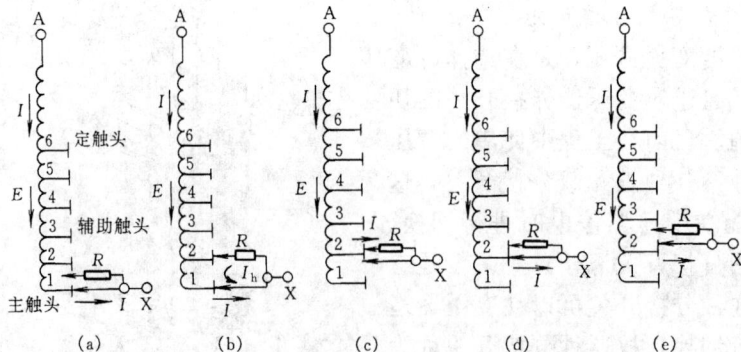

图 3-11　带限流电阻有载分接开关工作过程说明图
(a) 状态一；(b) 状态二；(c) 状态三；(d) 状态四；(e) 状态五

(1) 带有限流电阻的有载分接开关。如图 3-11 给出了带有限流电阻分接开关的工作过程，当低压侧电压降低时，需要提高低压侧电压，这就需要减小一次绕组的匝数，对照图

3-11，将分接开关从分接头 1 换接至分接头 2 的过程：

1）图 3-11（a），有载分接开关的主触头，与一次绕组的分接头 1 相接，负载电流由分接头 1 输出。

2）图 3-11（b），首先将串有电阻 R 的辅助触头与分接头 2 接通，主触头仍在分接头 1 上，负载电流仍经分接头 1 以主触头流出。此时，主触头和辅助触头形成触桥，将分接头 1、2 短接起来，构成一个闭合回路。在该回路中，因为分接头 1、2 之间的线匝有感应电动势，故回路中将出现环流 I_h，但是有电阻 R 的限流作用，环流 I_h 不会很大。

3）其后，如图 3-11（c）所示，主触头开始脱离分接头 1，但并没有与分接头 2 接通，故在这段时间内，负载电流经分接头 2、辅助触头和电阻 R 输出。电阻 R 只在此时短暂时段通过负载电流，可按短时通过负载电流来设计。

4）随后，如图 3-11（d）所示，主触头和辅助触头同时与分接头 2 接通。

5）最后，如图 3-11（e）所示，辅助触头与分接头 2 脱离，则负载电流全部由分接头 1 输出。至此，换接过程结束。

整个换接的工作顺序是通过专用电动机操纵一套机械传动装置，使之协调动作来完成的，切换操作的时间只有十几秒。

（2）带电抗线圈的有载分接开关。如图 3-12 所示。调压绕组带有分接头切换装置。切换装置有两个可动触头 Ka、Kb，两个接触器 KMa、KMb 被放在单独的油箱里，当变压器需要从一个分接头（例如分接头 7）切换至另一个分接头（例如分接头 6）时，首先断开接触器 KMa，将可动触头 Ka 切换到另一个分接头上，然后再将 KMa 接通。另一个触头也采用相同的切换程序。切换装置中的电抗器 L 是为了在切换过程中两个可动触头在不同的分接头上时，限制分接头间的短路电流（即环流）。正常运行时，变压器的负载电流是经电抗器的绕组 a 点及 b 点流向 O 点，因电流所产生的磁动势互相抵消，所以，电抗器的电抗很小。

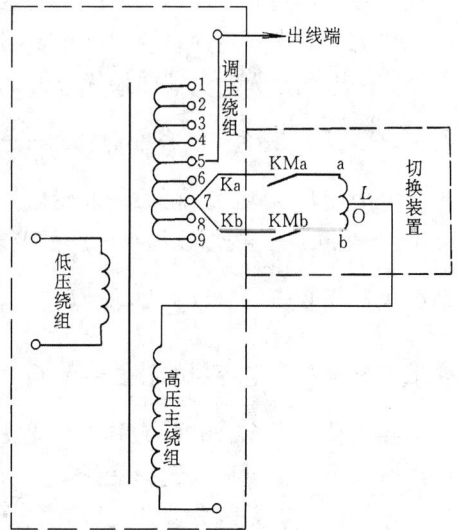

图 3-12 带电抗线圈的有载分接开关工作原理

供用电网中，电压调整的主要措施是改变电力网无功功率分布调压和改变变压器分接头调压。对于无功功率不足的系统，首要问题是增加无功功率电源，采用并联电容器为宜。在无功功率不足的系统中，即使采用有载调压器也不能从根本上改善电压质量的问题。对于无功功率较充裕的系统，各变电站的调压问题可通过选择变压器的分接头来解决。当最大负荷和最小负荷情况下，电压变化幅度不很大又不要求逆调压时，适当调整普通变压器的分接头，一般都可满足要求。当电压变化幅度比较大、随时调压或要求逆调压时，采用有载调压变压器就显得灵活而有效。

小　　结

用电设备最理想的工作电压是它的额定电压,运行中允许有一定的电压偏移,当受端电压偏移超过允许范围时,用电设备的运行条件会恶化,这时要对电压进行调整。

根据综合负荷的电压静态特性,分析出电压变化对无功负荷的影响远大于对有功负荷的影响,因此,要维持供用电系统有较高的电压水平,在有功平衡的基础上,系统必须有足够的无功电源容量,并应有一定的备用。

无功电源除发电机外,还有输电线路的电容;同步调相机、电力电容器和无功静止补偿装置。无功功率补偿的具体方法是:①提高用户的功率因数;②配电线路和变电站分散安装电力电容器;③对大容量冲击负荷,装设无功静止补偿装置或采用可控硅开关自动快速投切电容器组。

配电网无功功率补偿的配置,一是确定补偿地点和补偿方式;二是对无功补偿总容量进行布点分配。其配置的原则是:①总体平衡与局部平衡相结合;②电业部门补偿和用户补偿相结合;③分散补偿与集中补偿相结合;④降损与调压相结合。

电力系统的电压管理是通过监视和调整电压中枢点的电压来实现的。通常的调压方式有逆调压、恒调压、顺调压三种。

供用电网络调压的目的是使用户的电压偏移保持在规定的范围内。常用的调压措施有改变电力网无功功率分布调压和改变变压器变比调压。

在无功功率不足的系统中,首要问题是增加无功功率电源,应用最多的是采用并联电容补偿。配电线路无功负荷的最优补偿,负荷均匀分布或近似均匀分布的线路,最佳装设位置 $L_i = \dfrac{2n}{2n+1}L$;最优补偿容量 $Q_{ci} = \dfrac{2}{2n+1}Q$,最佳补偿总容量 $Q_c = \dfrac{2n}{2n+1}Q$。

电力用户无功负荷的最优补偿,按提高母线功率因数选择补偿容量,$Q_c = P_{\max} \times (\tan\varphi_1 - \tan\varphi_2)$;按母线运行电压的要求选择并联无功补偿容量,先按最小负荷时没有补偿情况来选择变压器分接头 $U_{t\min} = U'_{2c\min}\dfrac{U_{2N}}{U_{2c\min}}$,再按最大负荷时补偿全部投入后对电压偏移的要求,确定并联电容器的补偿容量 $Q_c = \dfrac{U_{2c\max}}{X_\Sigma}\left(U_{2c\max} - \dfrac{U'_{2\max}}{k}\right)k^2$。

在无功功率充裕的系统中,改变变压器变比调压是有效措施。当最大负荷和最小负荷下电压幅度不大,可适当选择变压器分接头。调压是通过对变压器分接开关的切换操作来实现。分接开关有无载分接开关和有载分接开关两种。无载分接开关只能在变压器停电的情况下才能进行切换;有载分接开关可以在带负荷状态下,手动或电动进行切换。有载分接开关有带限流电阻的和带电抗线圈的有载分接开关两种。

习　　题

3-1　电压偏移过大,对照明的白炽灯有什么影响? 对异步电动机运行有什么影响?

3-2　负荷电压静态特性曲线的意义是什么?

3-3　试述供用电网络中无功功率补偿的原理。

3-4 供用电网络中无功功率补偿的方法有哪些?

3-5 试述配电网无功功率补偿的配置原则。

3-6 什么叫电压中枢点? 电压中枢点的调压方式有哪几种?

3-7 并联电容器的基本结构如何?

3-8 试述改变无功功率分布调压的基本原理及其特点。

3-9 某配电线路长度为21km,平均无功负荷为350kvar(负荷近似均匀分布),试确定该10kV配电线路无功负荷的最优补偿(线路上安装一组电容器组)。

3-10 有一变电站低压侧母线的额定电压为10kV,已知负荷的最大有功功率为6500kW,功率因数为0.79,若要求将母线功率因数提高到0.9,试计算安装并联电容器的容量。

3-11 简单系统接线如图3-6所示,降压变电站低压侧母线要求恒调压,保持10.5kV,已知$U_A=$118kV,阻抗$R_\Sigma+jX_\Sigma=26.4+j129.6\Omega$为归算至高压侧的值,试确定采用并联电容器补偿时的无功补偿容量。(已知$\dot{S}_{max}=20+j15MVA$,$\dot{S}_{min}=10+j7.5MVA$,变比110/11kV。)

3-12 某降压变电站有一台容量为10MVA的变压器,电压为$110\pm2\times2.5\%/11kV$。已知最大负荷时,高压侧实际电压为113kV,变压器阻抗中电压损耗为额定电压的4.63%;最小负荷时,高压侧实际电压为115kV,阻抗中电压损耗为额定电压的2.81%。变电站低压母线采用顺调压,试选择变压器分接头电压。

3-13 试述无载分接开关的结构和工作原理。

3-14 试述带限流电阻的有载分接开关换接的工作过程。

3-15 试述带电抗线圈的有载分接开关调压的工作原理。

电弧及触头的基本知识

知识要点

1. 电弧产生的原因。
2. 电弧中的物理过程。
3. 交流和直流电弧的特性和熄灭的方法。
4. 开关电器中常用的灭弧方法。
5. 对电气触头的要求。
6. 电气触头的分类和基本结构。

开关电器是用来接通或断开电路的电气设备。对于任何运行中的电路，在开关电器触头接通或断开时，触头间都会产生电弧。电弧是一种气体放电，也就是气体导电现象。所以，开关电器的触头虽然已经分开，但由于触头间电弧的存在，电路仍未断开，电流仍然存在。另外，电弧的温度极高，电弧中心的温度可达 5000～10000K 以上，会烧毁触头及触头附近的其他设备。如果电弧持续燃烧，将会烧毁设备甚至会发生爆炸，危及电力系统的安全运行，造成生命财产的极大损失。所以在切断电路时，必须尽快地使电弧熄灭。

电器触头在电路中是开关电器的执行元件，它的工作可靠与否，直接影响到电器的质量，是造成设备事故的重要原因之一。本单元以电弧的熄灭和电器触头为重点，主要讲述电弧产生的原因、电弧中的物理过程、影响电弧熄灭的因素、灭弧的方法以及电气触头的结构原理。

课题一　开关电器的电弧

内容要求

1. 了解电弧产生的原因及电弧中的物理过程。
2. 了解影响电弧熄灭的因素。
3. 了解直流和交流电弧熄灭的特点及灭弧的方法。

电弧是一种气体导电现象，开关电器触头间的气体或其他介质，由绝缘状态转变成能够导电的电弧，其间必然有大量的带电粒子存在。这些带电粒子主要是由触头间的介质发生游离和触头电极表面电子发射产生的。

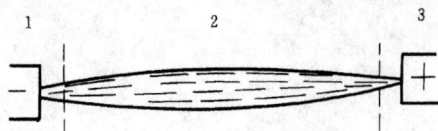

图 4-1　电弧示意图

1—阴极区；2—弧柱；3—阳极区

在电极间燃烧的电弧，如图 4-1 所示。靠近负极的极小的区域称为阴极区；靠近正极的则称为阳极区；阴极区和阳极区之间为弧柱。弧柱的尺寸随电弧的长短而改变。电弧发强光，温度极高。而阴极区和阳极区由于受到电极传导散热等原因的影响，温度较低，但在个别点上温度特别高，特别明亮，称为阴极斑与阳极斑。

一、电弧的形成

（一）电弧中自由电子的来源

一般情况下，阴极表面发射的电子对电弧的形成起决定性作用。图4-2所示为电极表面与弧柱电子运动的情况。

1. 热电子发射

开关电器的触头开始分离时，由于动静触头间的接触压力不断下降，接触面积不断减少，使接触电阻迅速增大，触头分离到最后，只剩下几点接触，电流流过时使这些点剧烈发

图4-2 阴极表面与弧柱电子运动示意图

热，温度很快升高而发射电子。这种由于电极的高温而使金属内的自由电子从金属表面逸出的现象称为热电子发射。

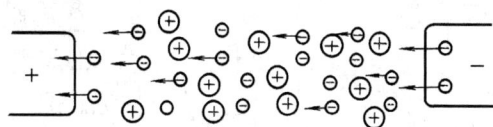

2. 强电场发射

触头开始分离时，由于触头间的距离很小，即使触头间的电压很低，只有几百伏甚至几十伏，但是电场强度却很大。如触头间隙距离为 10^{-5} cm 时，电场强度可达 $10^5 \sim 10^6$ V/cm。在强电场的作用下把金属中的自由电子从阴极表面拉出，这种现象我们称为强电场发射。

（二）电弧的产生

触头间的自由电子，在电场力的作用下，向阳极加速运动，能量逐渐增加，并在运动中不断与其他中性粒子（如分子、原子）发生碰撞。如果高速运动的自由电子积累了足够的动能时，就能从中性粒子中打出电子，形成自由电子和正离子，我们把这种现象称为碰撞游离或电场游离，如图4-3所示。新形成的自由电子也以很高的速度向阳极运动，又将发生碰撞游离。这样连续发生碰撞，使触头间带电粒子大量增加。当弧隙中带电粒子积累到一定的数量时，介质的导电性质发生改变，由绝缘体变成为导体。在外加电压的作

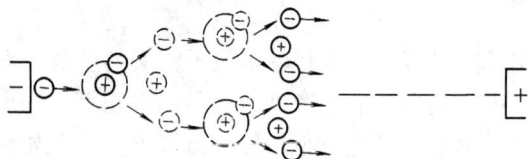

图4-3 碰撞游离过程

用下，电流通过触头间隙，发出巨大的声响和强烈的白光，就形成了电弧。

二、电弧中的物理过程

电弧产生以后，在电弧中的物理过程主要有热游离、产生等离子体和去游离等三种过程。

1. 热游离

电弧燃烧时，弧柱的温度很高，弧柱中的自由电子主要靠热游离产生，是热游离维持了电弧的燃烧。热游离是电弧中的中性粒子在高温作用下热运动加剧、相互碰撞而发生的游离现象。这样，在电弧产生前，自由电子主要靠强电场发射、热电子发射和碰撞游离产生，碰撞游离同时还产生正离子。在碰撞游离达到一定的程度形成电弧后，产生导电粒子、维持电弧燃烧的是热游离。此时电弧电压很低。

2. 产生等离子体流

当电流大于一定的数值时，一般在电弧产生后 $1 \sim 2$ s，就会产生等离子体流。凡是由正

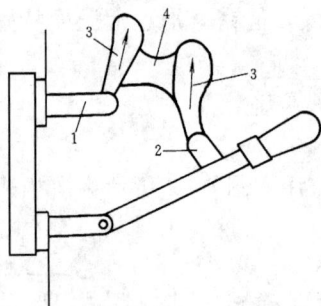

图 4-4　刀开关触头上的电弧
1—静触头；2—动触头；3—等
离子体流；4—弧柱

负带电粒子所构成的物质聚集状态，只要正负电荷数目足够多且大致相等就称为等离子体。它是物质在气态、液态、固态以外的第四态。等离子体流是由于电弧受其自身的电磁力压缩而产生的。当电弧移动，碰到绝缘板或金属板，例如电弧进入有灭弧栅的灭弧室时受到压缩时，也会产生等离子体流；电弧的阴极斑和阳极斑，由于其温度达到电极材料的沸点，会向弧内喷射电子、电极材料的正离子和中性粒子，形成一股等离子体和金属蒸气的混合流，一般也统称为等离子体流。图 4-4 为快速摄影机拍摄的刀开关触头上的电弧形状示意图。该图说明刀开关开断电流时在正负极上都产生了等离子体流。等离子体流是指能量特别集中、特别明亮的部分。等离子体流对电弧的燃烧和熄灭有很大的影响。

等离子体流的运动方向垂直于电极表面，其中粒子的运动速度可达 $10^3 \sim 10^4$ m/s，这速度随着与电极间距离的增大而减小。等离子体流遇到固体障碍物时，将被反射而改变运动方向。它集中了很大的能量，温度高于弧柱中的其他部分。电弧的燃烧和熄灭在很大程度上与等离子体流的运动方向有关，若两极产生的等离子体流是相向运动，则能量聚集在弧隙中，有助于电弧燃烧；相反，如果等离子体流的运动方向是离开弧隙，就会将能量从弧隙中带出，不利于电弧的燃烧。在图 4-4 中，若使触头开断后的距离不变，加大动触头臂的长度，开断时，动、静触头近似相向运动，不易灭弧。反之，减小动触头臂的长度，则动触头开断时转动的角度较大，动静触头的等离子体流的合成方向是将能量从弧隙中带出，有利于灭弧。

3. 电弧中的去游离

在电弧中介质产生游离的同时，还有一个相反的过程，也就是带电粒子消失的过程，我们称为去游离。如果游离的作用大于去游离的作用，则电弧电流增大；如果两者相等，则电弧电流保持不变；如果去游离作用大于游离作用，则电弧电流减小，使电弧熄灭。因此要熄灭电弧，就必须加强去游离，使去游离作用大于游离作用。

去游离过程包括复合和扩散两种形式。复合是指正负离子互相接触时，交换多余的电荷，成为中性粒子的过程。复合的快慢与电场强度与电弧的温度和截面积有关。带电粒子复合时要以光的形式释放能量，这正是电弧发出强光的原因。扩散是指弧柱中的自由电子及正离子，由于热运动而从弧柱内逸出，进入周围介质的一种现象，

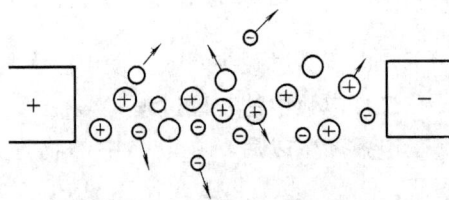

图 4-5　扩散现象

如图 4-5 所示。弧隙中发生扩散的主要原因，是由于电弧与周围介质的温差相差很大，以及电弧内和周围介质中离子的浓度相差很大。扩散出去的带电粒子在周围介质中进行复合，使得弧柱内的带电粒子减少而有助于电弧的熄灭。

电弧中去游离的强弱，在很大程度上取决于电弧介质的特性：如介质的导热系数、介质电强度、热游离温度和热容量等。六氟化硫断路器以 SF_6 气体作为灭弧介质，具有很高的介质电强度和优良的灭弧性能，使断路器的断路容量增大，而几何尺寸减小。电弧在气体介质

中燃烧时，气体介质的压力对电弧去游离的影响也很大。气体的压力越大，则复合作用越强。增加气体介质的压力，会使电弧易于熄灭。另外，触头的材料对去游离也有一定的影响。当采用熔点高、导热系数和热容量大的耐高温金属时，就可以减少电弧中的金属蒸汽。

三、电弧的特性及熄灭

电弧的能量集中，温度很高，亮度很强。10kV 少油断路器断开 20kA 的电流时，电弧功率高达 10000kW 以上。维持电弧稳定燃烧的电压很低。在大气中 1cm 长直流电弧的弧柱电压只有 15～30V，在变压器油中也不过 100～200V。电弧是一束游离的气体，质量极轻，容易变形。在气体和液体流的作用下，或在电动力的作用下，电弧能迅速移动、伸长或弯曲。

（一）电弧电压沿电弧长度的分布

当电弧电流不变，电弧稳定燃烧时，电弧电压沿电弧长度的分布，如图 4-6 所示。电弧两端电压 U_{ar} 由三部分组成，阴极压降 U_1、弧柱压降 U_2 和阳极压降 U_3。

阴极压降就是电弧电流在阴极区的电压降，大约 10～20V。阳极压降一般小于阴极压降，而且在很大程度上取决于电弧电流的大小，当电流很大时，阳极压降接近于零。弧柱压降是电弧电流在弧柱全长上的压降。

长度为几毫米的电弧，通常称为短电弧。弧柱压降很小，电弧电压主要由阴极压降和阳极压降组成。长度为几厘米以上的电弧，通常称为长弧，电弧电压主要由弧柱电压组成。当电弧稳定燃烧时，可以认为电弧电压与电弧长度成正比。

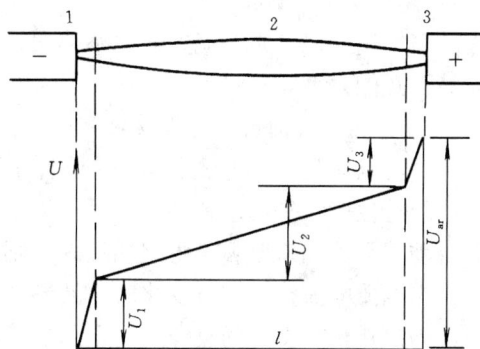

图 4-6 电弧电压沿电弧长度的分布
1—阴极区；2—弧柱；3—阳极区

（二）电弧的伏安特性及熄灭

当其他条件不变时，电弧电压与电弧电流的关系曲线，称为电弧的伏安特性。

1. 直流电弧的伏安特性及熄灭

直流电弧弧柱压降随电流增加而减少，当其他条件不变，电弧稳定燃烧时，直流电弧的伏安特性曲线如图 4-7 所示。曲线上每一点，都表示该长度的电弧稳定燃烧时，电弧电流与电弧电压的固定关系，也就是电弧电流加大时，电弧电压将下降。这是因为电弧电流增大时，热游离加剧，导电粒子增多，电弧导电能力加强，电弧电阻下降的结果。曲线与纵轴相交处的电压值称为发弧电压，加在电极两端的电压低于此值，就不会击穿而产生电弧。电弧的长度、弧隙中不同介质以及压力等因素都对静态伏安特性有影响，能使曲线上移或下移。当电弧长度增大时弧柱压降加大，电弧电压升高，使伏安特性曲线上移。

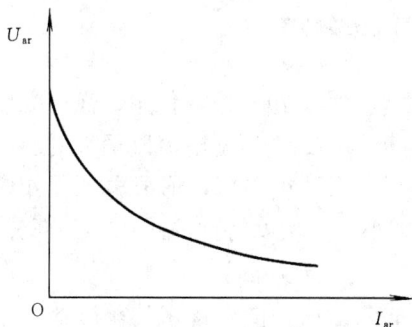

图 4-7 直流电弧静态伏安特性曲线

在稳定燃烧的直流电弧中，电极间游离的带电粒子数是保持不变的，电弧电流为一常数。要使电弧熄灭，必须使电弧电压大于电源电压与电路的负载电压降之差。其物理意义是：当电源电压不足以维持稳态电弧电压及电路的负载电阻压降时，将引起电弧电流的减少，于是电弧开始不稳定燃烧，电弧电流将继续减小直到零，电弧自行熄灭。在直流电路中，负载电流越大，触头断开时产生的电弧越不容易熄灭。

在直流电路中，由于电感的存在，在断开时会由于电流的迅速减小，在电路中会产生自感电势。在触头两端及电感上均可能产生危险的过电压，不仅危及线路中电器的绝缘，而且造成触头间重新被击穿，电弧重燃，我们一般称为操作过电压。此过电压的大小决定于电感的大小和电流的变化率，即

$$e = -L \frac{\mathrm{d}i}{\mathrm{d}t}$$

电流的变化率 $\frac{\mathrm{d}i}{\mathrm{d}t}$ 与电弧所在介质的特性和开关电器所采用的灭弧装置形式有关。电弧的去游离作用越强，则电流的变化率越大，操作过电压数值就越高。因此，直流电路中开关电器的灭弧能力不宜过强。

2. 交流电弧的伏安特性及熄灭

交流电弧与直流电弧不同。在交流电弧中，电流的瞬时值不断地随时间变化，因此交流电弧的特性应该是动态特性，并且交流电流每半个周期经过一次零值。电流过零时，交流电弧自动熄灭。如果电弧是稳定燃烧的，则电弧电流过零熄灭后，在下半周又会重新燃烧。

当电弧电流按正弦波变化时，波形如图 4-8（a）中曲线 i 所示。电弧在稳定燃烧情况下，如果弧长不变，而且介质对电弧的冷却作用不太强烈，则电弧电压的波形如图 4-8（a）中曲线 u 所示。而伏安特性如图 4-8（b）所示，图中曲线上的箭头表示电流变化的方向。

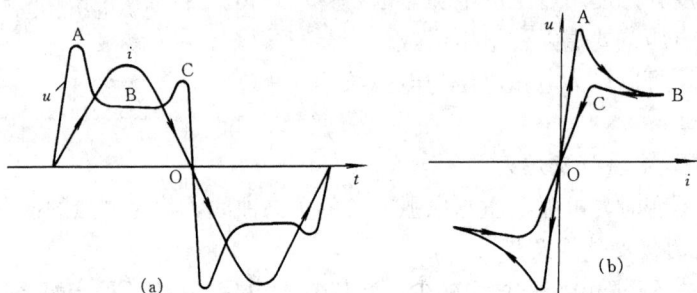

图 4-8　交流电弧的电压、电流波形图及伏安特性
（a）波形图；（b）伏安特性

从图中可以看出：在电弧电流过零期间，弧柱输入功率为零；由于散热作用，弧柱温度下降，弧柱电阻增大，因为电流较小而未能形成电弧，电极两端的电压随电流以很大的斜率上升，如图中 OA 部分；当电流达到对应于 A 点的数值后，弧隙被击穿，形成电弧，相应于 A 点的电压为发弧电压；此后，电压随电流的增大而减小，如伏安特性曲线中 AB 部分；当电弧电流达到最大值后又减小时，电弧电压随电流的减小而上升，因为热惯性作用，沿曲线 BC 上升，BC 段低于 AB 段；当电流达到对应于 C 点的数值后，由于输入功率减小，不能继续维持电弧燃烧，电弧熄灭，C 点的电压称为熄弧电压；电弧熄灭后，加在弧隙上的电压随电流的减小而迅速减小。显然，由于热惯性的影响，熄弧电压低于发弧电压。

对于交流电弧，当电流过零期间，弧柱的某一部分，可能首先冷却到热游离的温度下，此时热游离停止，去游离作用特别强烈，因此这一部分气体就形成一绝缘的薄层，有了一定

的介质电强度。介质电强度以破坏性放电电压来衡量，破坏性放电电压 U_{di} 可以用峰值、有效值或平均值表示，单位用 V 或 kV。当电流过零后，弧隙中的自由电子立刻反方向运动，而正离子由于质量大还基本未动，于是在阴极附近就只有正离子，正离子在阴极附近形成一个绝缘的薄层，其破坏性放电电压的数值为 $150\sim250V$，这种现象称为近阴极效应，也可以称为起始电强度。以后，随着触头的不断分开，弧隙加长，弧隙的破坏性放电电压要不断地增大。此外，破坏性放电电压还与介质的种类和灭弧装置的构造有关。

当电流过零，电弧自然熄灭后，电源电压加在弧隙两端，称为恢复电压 U_r。电弧电流未过零前，触头间的电压为电弧电压。由于电弧电阻很小，所以电弧电压很低，这样电源电压大部分降落在线路阻抗上。在电流过零的过程中，触头间的电压从电流过零时的数值上升到电源电压的过程，就是恢复电压的增长过程。因此，比较电流过零后，弧隙的介质电强度 U_{di} 和恢复电压 U_r 的大小就可以判断电弧是否重燃或已熄

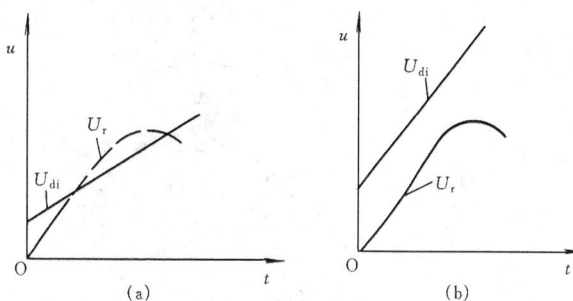

图 4-9　交流电弧过零值后的重燃和熄灭

(a) 重燃；(b) 熄灭

灭。只要电流过零后，弧隙介质电强度 U_{di} 始终高于恢复电压 U_r，弧隙就不会再次被击穿，否则电弧将重燃。图 4-9 所示为交流电弧过零后的恢复电压与介质电强度的恢复情况。

四、开关电器中的灭弧方法

1. 迅速拉长电弧

迅速拉长电弧，可以使弧隙的电场强度骤降，导致带电质点的复合迅速增强，有助于加速电弧的熄灭。这是开关电器普遍采用的最基本的灭弧方法，具体方法是：

（1）加快触头的分离速度，如采用强力断路弹簧。

（2）采用多断口灭弧。在断路器中，一个静触头与一个动触头组合就称为一个断口。高压断路器每相有一个、两个或多个断口，如图 4-10 所示，每个断口有一个灭弧室。当断口数目增加，相当于将一个电弧分成多个串联电弧，用多个灭弧室同时灭弧。一般在 110kV 及以上断路器中采用多断口灭弧。

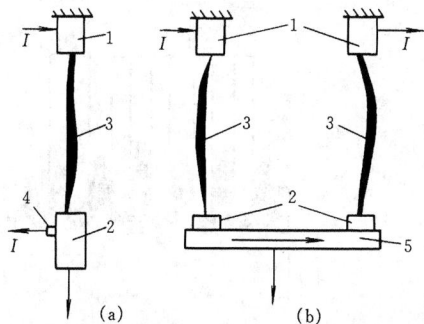

图 4-10　一相内有几个断口

（a）一个断口；（b）两个断口

1—静触头；2—动触头；3—电弧；4、5—导体

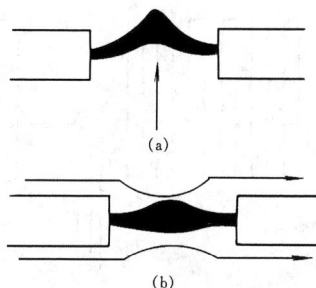

图 4-11　气体吹弧

（a）横吹；（b）纵吹

2. 吹弧

利用外力(如气流、油流或电磁力)吹动电弧,使电弧加速冷却,同时拉长电弧,降低电弧中的电场强度,使带电质点的复合和扩散增强,从而加速电弧的熄灭。吹弧的气体介质有压缩空气、SF_6气体,也可以用绝缘油或固体有机介质在电弧高温下产生的气体。按吹弧的方式来分,有横吹和纵吹两种,如图4-11所示。按外力的性质来分,有气吹、油吹、磁吹等方式,如图4-12和图4-13所示。

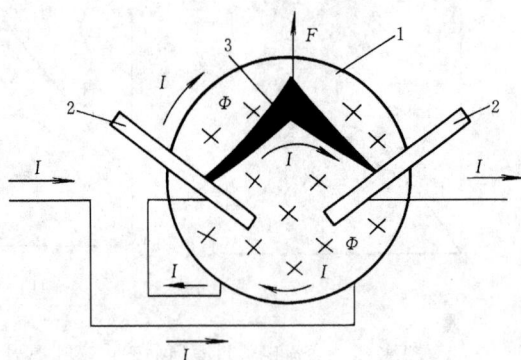

图4-12 磁力吹弧
1—磁吹线圈;2—灭弧触头;3—电弧

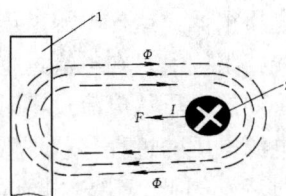

图4-13 铁磁吸弧
1—钢片;2—电弧

3. 将长弧分成短弧

这种方法常用于低压开关中,如图4-14所示。在触头间产生的电弧进入与电弧垂直放置的金属栅片内,将一个长电弧分成为若干个短电弧。在交流电路中,利用近阴极效应,使所有电弧阴极的介质电强度的总和永远大于触头间的外加电压,电弧就不再重燃。在直流电路中,利用所有短弧上的阴极和阳极电压降的总和,大于触头上的外加电压,使电弧迅速熄灭。

4. 利用固体介质的狭缝灭弧

电弧在与固体介质接触时,由于电弧的高温作用,固体介质分解产生气体。狭缝中的气体因受热膨胀而压力增大,附着于固体介质表面的带电质点强烈的复合与固体介质对电弧的冷却,使电弧迅速熄灭。如图4-15所示为绝缘灭弧栅灭弧的方法。有些熔断器在熔管中填充石英砂,就是应用了这个原理。

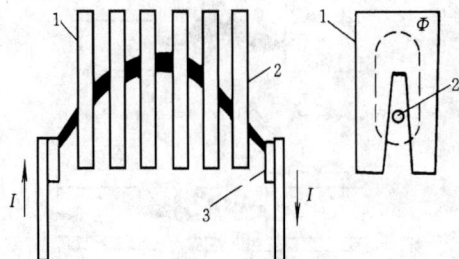

图4-14 金属灭弧栅灭弧
1—金属栅片;2—电弧;3—触头

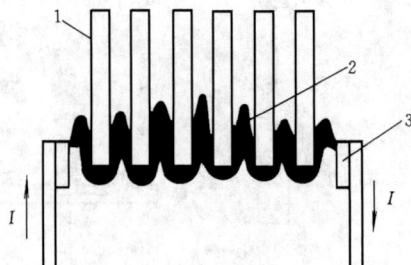

图4-15 绝缘灭弧栅灭弧
1—绝缘栅片;2—电弧;3—触头

课题二　电　气　触　头

内容要求

　　1. 了解对电气触头的基本要求。
　　2. 了解电气触头的分类和基本结构。

　　电气触头是指两个或几个导体之间相互接触的部分。如母线或导体的接触连接处以及开关电器中的动、静触头，都是电气触头。电气触头的设计、制造和工作状况不良，都可能造成严重的事故。

　　触头的质量在很大程度上取决于触头的接触电阻值，因为触头在正常工作和通过短路电流时的发热都与其接触电阻有关。实际上，触头间的接触面并不是全部接触，而仅仅是几点接触。触头的表面加工状况、表面氧化程度、接触压力及接触情况都会影响接触电阻的数值。

　　开关电器触头间的接触压力，一般是利用触头本身的弹性或附加弹簧产生的。利用触头本身的弹性不能保证一定的压力，因而也不能保证规定的接触电阻值，当多次接通或断开后，弹性触头可能变形，造成接触不良，一般采用在触头上附加弹簧的方法，使接触压力增加，这样接触电阻较小而且稳定。

　　用金属材料制成的触头在空气中容易氧化。对接触电阻有很大的影响。金属表面的氧化物一般都是不良导体，氧化程度越严重，氧化层越厚，接触电阻越大。氧化程度与温度有关，当温度在 $60\sim70℃$ 以上时，氧化最为强烈。因此，在可断触头的结构上，使触头接通或断开时造成较大的摩擦，而将触头表面的氧化层自动净化以减小接触电阻。

一、对电气触头的要求

（1）结构可靠。

（2）有良好的导电性能和接触性能。

（3）通过规定的电流时，发热温度不超过规定值。

（4）开断规定容量的电流时有足够的抗熔焊和抗电弧烧伤性能。

（5）通过短路电流时，具有足够的动稳定和热稳定。

二、触头的分类及其结构

（一）按接触面的形式划分

1. 平面触头

这种触头在受到很大的压力时，接触点数和实际接触面仍然较小。自动净化能力弱，压强小，接触电阻较大。只限于低压开关中使用，如闸刀开关和插入式熔断器等。

2. 线触头

在高低压开关中普遍采用线触头。线触头是指两个触头间的接触面为线接触的触头，如柱面与平面接触或两圆柱面接触。线接触的接触压力较大，在接通和断开时自动净化能力较强。

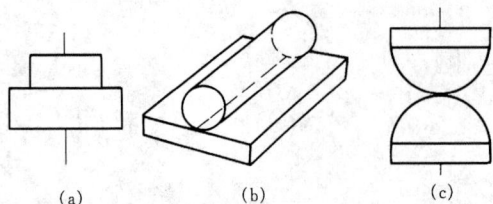

图 4-16 按接触面划分的三种接触形式的触头

(a) 面接触；(b) 线接触；(c) 点接触

触形式的触头。

(二) 按结构形式划分

1. 可断触头

可断触头广泛应用于高低压开关中，主要有以下几种形式：

(1) 刀形触头。其广泛应用于高压隔离开关和低压闸刀开关中。

(2) 指形触头。其结构如图 4-17 所示。它由装在载流导体两侧的接触指 1、楔形触头 3 和夹紧弹簧 4 组成。其特点是动稳定性较好，接通和断开过程中有自净作用；触头系统与灭弧室配合较难；工作表面易受电弧烧损。主要在断路器中作主触头，如 SN4 型少油断路器。隔离开关中应用也较多。

3. 点触头

点触头是指两个触头接触面为点接触，如球面和平面接触，或者两个球面的接触。它的优点是接触点更加固定，接触压力更大，接触电阻稳定。只是接触面积小，不易散热。这种触头一般应用在工作电流和短路电流较小的情况，如用于继电器和开关电器的辅助触点。

如图 4-16 所示为按接触面划分的三种接触

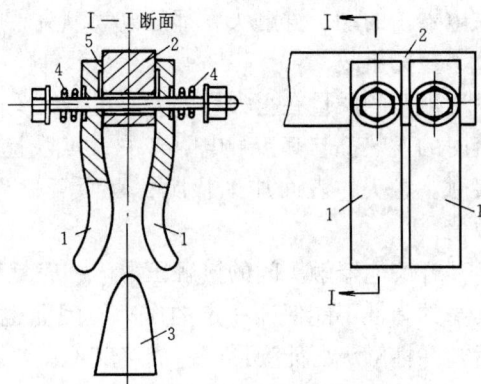

图 4-17 指形触头

1—接触指；2—载流导体；3—楔形触头；
4—弹簧；5—接触指上端的凸部

(3) 插座式触头。其结构如图 4-18 所示。它的静触头 1 是由多片梯形触指组成的插座，动触头是圆形铜导电杆 4。由于触指的数量较多，每片触指的接触压力并不很大，接触面的工作非常可靠。在接通和断开过程中，导电杆与触指摩擦，自净作用强，接触电阻比较稳定。动触头的运动方向与动、静触头间的压力方向垂直，接通时触头的弹跳很小。触指片间以及触指与导电杆之间的电流是同一方向，电动力使触指压紧导电杆，短路时的接触很稳定。但是，插座式触头的结构比较复杂，允许通过的电流也受到限制，断开时间也较长。

插座式触头应用于 SN4 和 SN10 等少油断路器中，作为主触头或灭弧触头。为了增加触头抗电弧灼伤的能力，一般在外套的端部加装铜钨合金保护环 3，在动触头的端部镶嵌铜钨合金制成的耐弧触头。

另外，真空断路器及 SF_6 断路器的触头也是可断触头，见第七单元内容。

2. 固定触头

固定触头是指连接导体之间不能相对移动的触头，如母线之间，母线与电器的引出端头的连接等。常见的固定连接如图 4-19、图 4-20 所示。

固定触头的接触表面都应有适当的防腐措施，以防止外界的侵蚀，保证可靠性和耐久性。防腐的方法一般是在触头连接后，在外面涂以绝缘漆、瓷釉或中性凡士林油等。

(a)

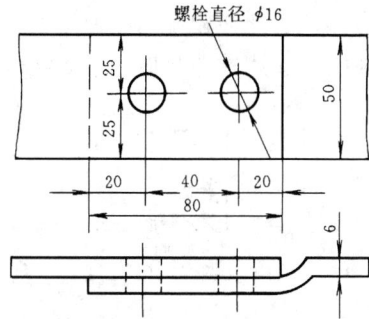

(b)

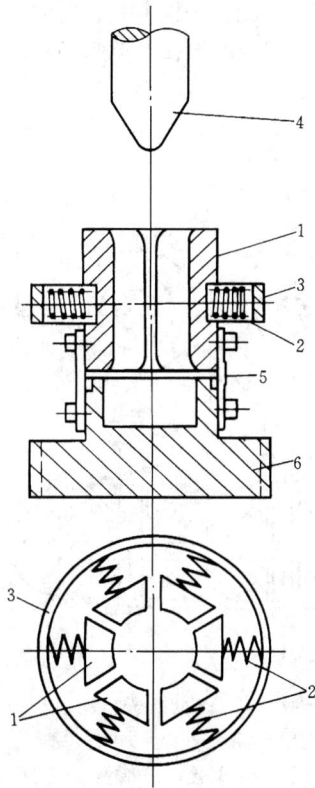

(c)

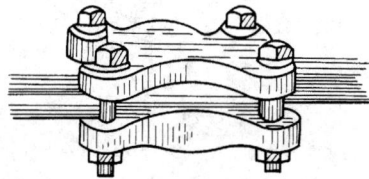

(d)

图 4-18 插座式触头

1—静触头片；2—弹簧；3—环；
4—动触头；5—挠性连接条；6—触头底座

图 4-19 母线的连接

(a)、(b) 搭接；(c) 用连接片和夹持螺栓的
对接；(d) 用连接片和夹持螺栓的搭接

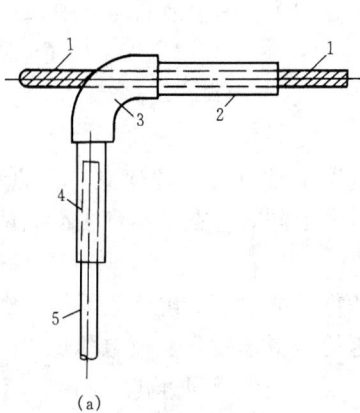

(a)

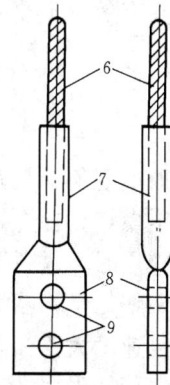

(b)

图 4-20 绞线分支与电器连接的压接接头

(a) 绞线分支的压接接头；(b) 与电器连接的压接接头

1、5、6—绞线；2、4、7—圆管；3—夹具的外壳；8—端板；9—螺孔

3. 滑动触头

滑动触头是指在工作中被连接的导体总是保持接触，能由一个接触面沿着另一个接触面滑动的触头，如电机中的滑环与碳刷、滑线电阻等。

图 4-21 所示为豆形触头，它的静触指分上下两层，均匀分布在上下触头的圆周上，每一触指配有小弹簧作缓冲，以防止动触杆卡涩和减小摩擦，动触杆由其中心孔通过。由于其接触点多，因此在较小的压力下，具有良好的导电能力，且结构紧凑。豆形触头不能制做成可断触头，通用性差，应用于 SW3 和 SW6 型少油断路器中。

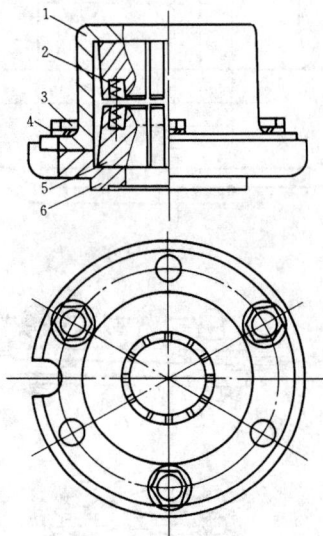

图 4-21　豆形触头

1—上触头座；2—弹簧；3—螺栓；

4—弹簧垫圈；5—触指；6—下触头座

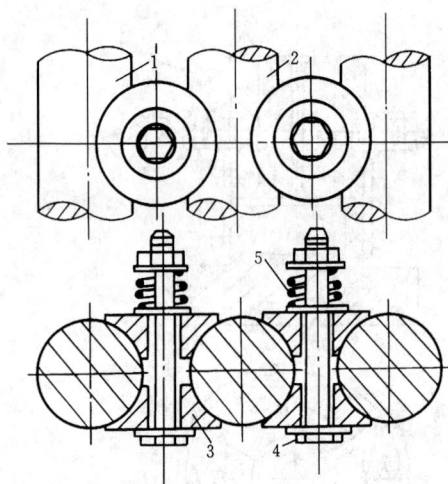

图 4-22　滚动触头

1—固定导电杆；2—可动导电杆；

3—滚轮；4—螺栓；5—弹簧

图 4-22 为滚动式滑动触头，它由圆形导电杆 2、成对的滚轮 3、固定导电杆 1 及弹簧 5 组成。弹簧的作用是保持滚轮和可动导电杆以及滚轮和固定导电杆的接触压力。在接通和断开过程中滚轮绕着自身轴转动，并沿导电杆滚动。这种触头，由于接触面的摩擦力很小，自净作用不如插座式触头有效，主要应用于 SN10 系列少油断路器中。

小　　结

电弧是一种气体放电现象，是开关电器中常见的物理现象。它的形成主要靠碰撞游离，而靠热游离维持其稳定燃烧。在燃烧的电弧中同时存在游离和去游离两种物理过程。当去游离的作用大于游离的作用时，电弧即熄灭。

交流电弧的稳定燃烧，是不断熄灭和重燃的过程。电流过零时电弧自动熄灭，如果此时弧隙介质电强度的恢复速度大于弧隙电压的恢复速度，交流电弧熄灭。

开关电器中都是采用加强去游离的作用而使电弧迅速熄灭的。

电气触头是指两个或几个导体之间相互接触的部分，电气触头的质量，在很大程度上取决于触头的接触电阻。触头的表面加工状况、表面氧化程度、接触压力及接触情况都会影响接触电阻的数值。

习　题

4-1　电弧有什么危害?

4-2　什么是碰撞游离、热游离、去游离? 它们在电弧的形成和熄灭的过程中起到什么作用?

4-3　交流电弧燃烧时有什么特点?

4-4　开关电器中一般采用了哪些灭弧方法?

4-5　在直流和交流电弧中，将长电弧分成短电弧灭弧是利用了什么原理?

4-6　电气触头主要有哪几种接触形式? 各有什么特点?

4-7　如果电气触头发生振动是什么原因造成的? 有什么危害?

低 压 开 关 电 器

知识要点

1. 低压电器的分类及正常工作条件。
2. 低压电器的技术性能参数。
3. 闸刀开关的用途和典型结构。
4. 接触器的用途和性能。
5. 电磁接触器的基本结构和工作原理。
6. 接触器控制电路。
7. CJ20 型接触器和真空接触器。
8. 起动器的用途及热继电器的工作原理。
9. 起动器的常用控制电路。
10. 低压断路器的用途。
11. 低压断路器的结构和工作原理。
12. 低压断路器的保护特性及技术参数。
13. 低压断路器的典型结构。
14. 限流型低压断路器。

电能的生产与传输均采用高电压，而对电力的使用，却大多数是低压供电。无论是在工农业生产、交通运输、商业及居民的日常生活等各方面都是如此。据统计，发电厂发出的电能约有 80％以上是通过低压配电系统消耗的。随着我国经济的发展，自动化程度的不断提高，低压电器的使用范围会不断扩大，品种与产量也将日益增加。本单元主要介绍低压系统中常用低压电器的工作条件、技术特性、典型结构、用途及工作原理等。

课题一 低压电器概述

内容要求

1. 掌握低压电器的分类及正常工作条件。
2. 掌握低压电器的主要技术性能参数。

一、低压电器的分类

低压电器广泛应用于发电、输电、配电等场所与电气传动和自动控制设备中。它对电能的生产、输送、分配与应用起着转换、控制、保护与调节等作用。低压电器通常是指工作在交流 50Hz 或 60Hz，电压为 1200V 以下，或直流 1500V 以下的电路中的电器设备。

低压电器产品可分为配电电器和控制电器两大类。配电电器主要用于电力系统，其中包括低压断路器、熔断器、闸刀开关、隔离器、隔离开关及熔断器组合电器等。控制电器主要用于电力拖动和自动控制系统，其中包括低压接触器、起动器、控制器及主令电器等。

我国在大型煤矿及井下，大多采用 660V 系统，也有部分 1140V 供电系统。其他大型用电企业如冶金、化工、石油等也有 660V 和 1140V 系统。同一电压等级的某一种配电电器和控制电器，随着环境和使用条件的差别，派生出专业电器，构成防爆、船舶、化工、热带、高原及牵引电器等。另外，由于使用条件、安装地点、工作时间长短和所控制的用电设备的特性不同，低压电器的特性和技术参数也不同。

二、低压电器的正常工作条件

低压电器是根据国家标准规定的正常工作条件设计制造的，如果要求电器在非正常条件下工作，必须向制造厂特殊订货或降低对电器性能的要求。电器的正常工作条件包括周围空气温度、海拔和大气条件三项。

一般要求电器周围最高空气温度不超过 40℃，最低温度不低于 −5℃；电器安装处的海拔不超过 2000m，当海拔高时，由于空气密度小，空气压力下降，其绝缘和散热能力要下降；大气相对湿度在气温为 40℃时不超过 50%，在气温高、湿度大的环境中，可能在电器表面产生凝露，降低绝缘。

三、低压电器的技术参数

（1）额定电压，一般指线电压，是指电器能够长期工作的电压。

（2）额定电流，一般是根据额定工作电压、额定频率、工作制等条件确定。

（3）额定频率，国家规定的交流额定频率为 50Hz。

（4）接通和分断能力，是指在规定的接通或分断条件下，能可靠接通或分断的电流值。

（5）短时耐受电流及持续时间，是指在规定的使用和性能条件下，在指定的时间内能够承受的电流值，而设备在电动力和热效应的作用下没有损坏。

（6）额定短路接通能力，是指在规定电压条件下能够接通的短路电流值，用最大预期短路电流峰值表示。

（7）额定短路分断能力，是指在规定电压条件下能够分断的短路电流值。

（8）额定限制短路电流，是指本身不能分断短路电流的电器，在与之配合的短路保护电器如熔断器的动作时间内，能够承受某一短路电流的作用，此短路电流称为额定限制短路电流。

四、低压电器的其他性能参数

1. 低压电器的工作制

低压电器的工作制有如下种类。

（1）8h 工作制。低压电器通过稳定电流，设备温度升到某一稳定温度后不再升高，即达到热平衡，通电时间不得超过 8h。

（2）不间断工作制。低压电器通过稳定电流，能达到热平衡，通电时间超过 8h。

（3）短时工作制。低压电器工作与空载时间交替，且工作时间少于空载时间的工作制，其通电时间不足以使电器达到热平衡，而空载时间足以使电器温度恢复到周围介质温度。

（4）断续周期工作制。也称反复短时工作制，即低压电器工作与空载时间都很短，且有一定比值，由于工作时间短，因此达不到热平衡。

2. 低压电器的使用类别

根据低压电器所在电路的负荷性质，区分电器的使用类别，一般交流（AC）和直流（DC）电器的使用类别和典型用途见表5-1。

表 5-1   部分低压电器的使用类别

电流种类	使用类别代号	典 型 用 途 举 例
AC	AC-1	无感或微感负载、电阻炉
	AC-2	绕线式电动机的起动、分断
	AC-3	鼠笼式异步电动机的起动、运转中分断
	AC-4	鼠笼式异步电动机的起动、反接制动与反向、点动
	AC-5a	控制放电灯的分断
	AC-5b	控制白炽灯的分断
	AC-6a	变压器的通断
	AC-6b	电容器组的通断
	AC-7a	家用电器中的微感负荷和类似用途
	AC-7b	家用电动机负荷
	AC-8a	密封制冷压缩机中的电动机控制（过负荷继电器手动复位式）
	AC-8b	密封制冷压缩机中的电动机控制（过负荷继电器自动复位式）
	AC-22	通断电阻和电感混合负荷
	AC-23	通断电动机或其他高电感负荷
DC	DC-1	无感或微感负载、如电阻炉
	DC-3	并励电动机的起动、反接制动、点动
	DC-5	串励电动机的起动、反接制动、点动
	DC-6	白炽灯的通断
	DC-22	通断电阻和电感混合负荷，如并励电动机
	DC-23	通断高电感性负荷，如串励电动机

3. 低压电器的外壳防护等级

在运行中除了环境污染电器的绝缘外，还要防止大块的固体、粉尘和水滴等进入电器，所以电器一般都有防护外壳。我国用 IP×× 表示，IP 后的第一个数字表示防止固体异物进入壳内或触及壳内带电及运动部分，固体异物包括手和导体，第二个数字表示防止液体进入壳内的程度，见表5-2。例如 IP00 表示不能防止人体触及壳内带电或可动部件，不能防止固体异物进入设备，也不能防止液体进入设备内。

4. 低压电器的安装类别

国家标准将低压配电系统从电源进线到用电末端，划分为四个安装类别。相应于每一安装类别的位置装设的电器，都有相应的额定冲击耐压值，因此安装类别又称为过电压类别。这四个安装类别分别为Ⅳ为电源水平级、Ⅲ为配电及控制水平级、Ⅱ为负荷水平级、Ⅰ为信号水平级，如图5-1所示。

表 5-2   低压电器外壳防护等级

防护等级	防固体进入的防护等级	防水进入的防护等级
	简称（及定义）	简称（及定义）
0	无防护	无防护
1	防护大于50mm的固体	防滴（垂直水滴不能进入）
2	防护大于12mm的固体	15°防滴（防与铅垂线成15°的滴水）
3	防护大于2.5mm的固体	防淋水（防与铅垂线成60°的淋水）

防护等级	防固体进入的防护等级	防水进入的防护等级
	简称（及定义）	简称（及定义）
4	防护大于1mm的固体	防溅（任何方向溅水）
5	防尘（防止灰尘进入影响正常运行）	防喷水（任何方向）
6	防密（完全防止灰尘进入）	防海浪或强力喷水
7	—	防浸入影响（规定水压和时间）
8	—	防潜水影响（规定水压，长期）

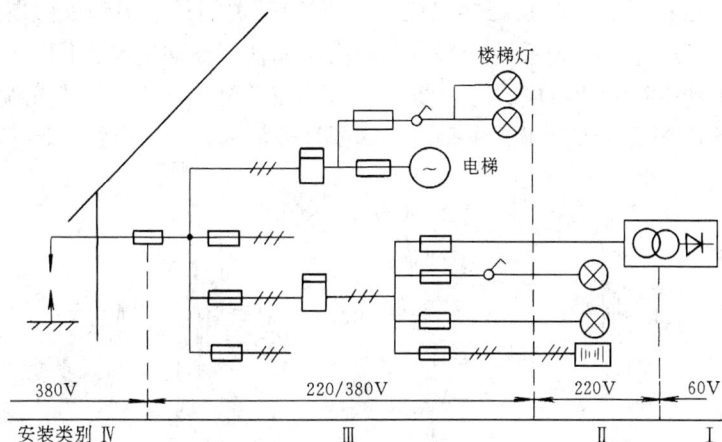

图5-1　低压电器的安装类别举例

　　同一电压级分四个安装类别，不同电器安装类别也不同，其他电器的安装类别见表5-3。

表5-3　　　　　　　　　　　低压电器的安装类别

低压电器名称	安装类别			
熔断器	Ⅳ	Ⅲ	Ⅱ	—
闸刀开关、隔离器、隔离开关及熔断器组合电器	Ⅳ	Ⅲ	Ⅱ	—
断路器	Ⅳ	Ⅲ	Ⅱ	—
接触器	—	Ⅲ	Ⅱ	—
电动机起动器	—	Ⅲ	Ⅱ	—
控制电路电器和开关元件	—	Ⅲ	Ⅱ	Ⅰ

　　低压电器除以上参数外，还包括抗污染等级和防触电级等。

课题二　闸　刀　开　关

内容要求

　　1. 掌握闸刀开关的用途及结构原理。

　　2. 了解闸刀开关的类型。

闸刀开关、隔离器及熔断器组合电器是配电电器中的一大类电器。开关的作用是在正常及过负荷情况下接通、承载和分断电流，并能承受规定数值的短路电流的作用，它不具有分断短路电流的能力。

隔离器是一种机械开关，但它的分断和接通电流能力比一般开关的小。它的主要作用是在断开时具有隔离电源的功能，造成隔离电源可靠的断开点。

闸刀开关是最简单的一种低压开关，额定电流在 1500A 以下，主要应用在不经常操作的交直流低压电路中。

闸刀开关可以按外壳防护等级、安装类别和抗污染等级分类。在结构上有单极、双极、三极和单投式、双投式等。图 5-2 为 HD13 型闸刀开关的外形图和灭弧罩的外形图，其中 HD 表示单投式刀开关，13 表示设计序号和中央正面杠杆操动机构。HD13 型闸刀开关的灭弧罩由相互绝缘的平行钢片组成，在切断电流时，在动触头（刀片）与静触头间产生电弧，在电磁力作用下，电弧进入金属灭弧栅，被钢栅片分割成若干短电弧而迅速熄灭。

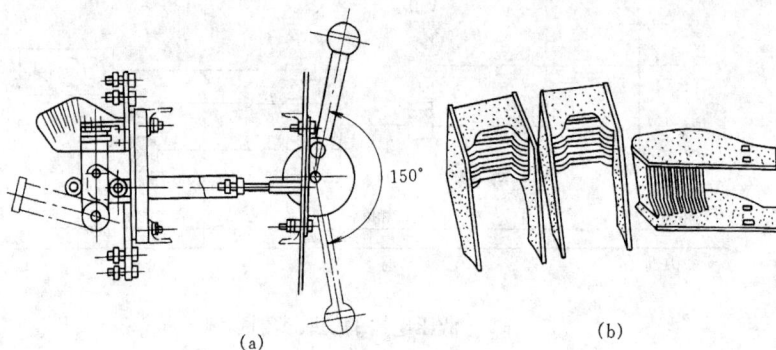

图 5-2　HD13 型闸刀开关
(a) 外形结构；(b) 灭弧罩外形

闸刀开关的操作有手动和电动。当由人力操作时，如果在操动机构中装有储能弹簧，使操作速度和力与操作者的动作无关的，称为无关人力操作。如果操作手柄与刀片直接相连，或通过杠杆与刀片相连，则操作速度和力决定于操作者的动作，我们称为有关人力操作。

为了能在短路或过负荷时能断开电源，闸刀开关或隔离器一般与熔断器配合使用，它们与熔断器组合成为组合电器。如图 5-3 所示为 HR 系列刀熔开关的结构示意图，其中 HR 表示熔断器式开关，它是利用 RT0 型熔断器两端的触刀作闸刀刃，与操动机构组合而成。交流大于 400A 及直流 100～600A 的刀熔组合电器，都装有灭弧罩。

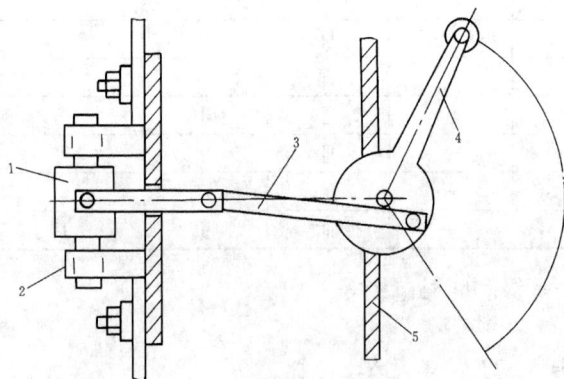

图 5-3　HR 型刀熔开关的结构示意图
1—RT0 型熔断器；2—触头；3—连杆；4—操作手柄；
5—低压配电屏板面

这一类电器的主要技术参数为：额定工作电压、额定绝缘电压、额定脉冲电压、额定工作制、使用类别和额定工作电压下的额定工作电流、短时耐受电流和持续时间、短路接通能力等。

课题三 接 触 器

内容要求

1. 掌握接触器的基本结构及工作原理。
2. 掌握接触器的用途。
3. 掌握接触器的典型控制回路。
4. 了解 CJ20 型接触器和真空接触器的性能和结构。

一、接触器的一般知识

接触器是一种使用很广泛的控制电器，主要用于频繁的接通与断开正常工作的交直流电路，如电动机及其他电力负荷，也用于大容量的控制电路。接触器能远距离操纵，是工矿企业电力拖动和自动化控制系统中不可缺少的执行元件。

接触器按操动方式可分为电磁接触器、电气接触器、电磁气动接触器。按灭弧介质可分为空气式、油浸式和真空接触器。20 世纪 70 年代以来，又出现半导体接触器。接触器能分断过负荷电流，但不能开断短路电流，因此在它的电源侧要串接短路保护电器。在短路保护电器分断时间内通过接触器的短路电流，有可能使接触器损坏。根据允许损坏的程度，分为两种保护形式："a" 型和 "c" 型。"a" 型允许接触器损坏，但外壳不能损坏；"c" 型只允许接触器的触头轻度烧损或熔焊，更换后可继续使用。

交流接触器的使用类别为 AC-1、AC-2、AC-3 和 AC-4；直流接触器的使用类别为 DC-1、DC-3 和 DC-5。

接触器的额定工作制有 8 小时工作制、不间断工作制、断续周期工作制和短时工作制。接触器的操作循环数从 1～3000 级，由于接触器可能极度频繁操作，所以对接触器的机械寿命要求很高：最低要求 1000 次，最高要求 1 千万次。如产品未规定机械寿命的数值，则认为应能以其相应的最高操作频率操作 8000h。对电寿命也有一定的要求。

接触器的主要技术参数有：额定工作电压，使用类别和额定工作电压下的额定工作电流；额定频率或直流；吸持线圈的电流性质、额定频率及额定控制电源电压；额定接通与分断能力或使用类别；断续工作制的级别；外壳防护等级等。

二、电磁接触器的基本结构与工作原理

电磁接触器的基本结构与工作原理如图 5-4 所示。当电磁铁线圈 8 通电时，产生电磁力吸引衔铁 4，使动触头 3 动作，然后动静触头 2、3 闭合。当电磁铁线圈断电后，铁芯失磁，衔铁在自身重量或返回弹簧的作用下，向下跌落，使触头分离。

接触器的灭弧装置一般是在陶土结构的灭弧室中拉长电弧，陶土结构的灭弧室热量易于散出，耐热性好，可用于较高的操作频率，另外还有利用栅片灭弧和真空灭弧。

接触器除了主触头外，还有辅助触点 10。辅助触点通过联动机构与主触头联系，两者同时动作。它们分属于不同的电路，主触头在主电路中，辅助触点接在控制回路或其他辅助

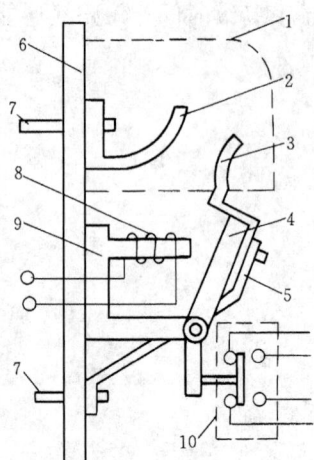

图 5-4 电磁接触器的基
本结构与工作原理

1—灭弧罩；2—静触头；3—动触头；
4—衔铁；5—连接导线；6—底座；
7—接线端子；8—电磁铁线圈；
9—铁芯；10—辅助触点

电路中。一个接触器通常有几对辅助触点。图 5-4 中左侧的辅助触点在主触头断开时是接通的，当主触头处于接通状态时它又是断开的，我们称为动断触点或动断触点。右侧的辅助触点的动作与左侧正好相反，我们称为动合触点或动合触点。注意："动合"和"动断"的"动"都是指接触器由未励磁状态到励磁后状态的动作结果。

三、接触器的应用

如图 5-5 所示为接触器控制电动机的原理图。图中包括两个回路：一个是主电路，另一个是控制回路。电磁铁线圈 2、控制按钮和辅助触点 5 连接后经熔断器接于电源，组成控制回路。由于接触器线圈具有很大的阻抗，因此通过控制回路的电流较小，一般在 1A 以下。

要使电动机起动，只需按下起动按钮 S2（开关 Q1 平时是接通的），由电源 L1 相、线圈 2、停止按钮 S1、起动按钮 S2，到电源 L3 相的控制电路接通。线圈 2 有电流通过，衔铁 3 克服弹簧 4 的阻力被吸向铁芯。这时，主触头 1 接通主电路，电动机起动。同时和 S2 并联的辅助触点 5 也接通，这样当操作者的手离开 S2、S2 在本身弹簧的作用下断开，线圈 2 仍然有电流流过，从而保证了主触头 1 和辅助触点 5 继续接通。辅助触点 5 的上述作用称为"自保持"或"自锁"。要使电动机停止时，按下停止按钮 S1 使控制电路断开，衔铁在弹簧作用下返回，接触器的主触头和辅助触点都打开，电动机停止运转。

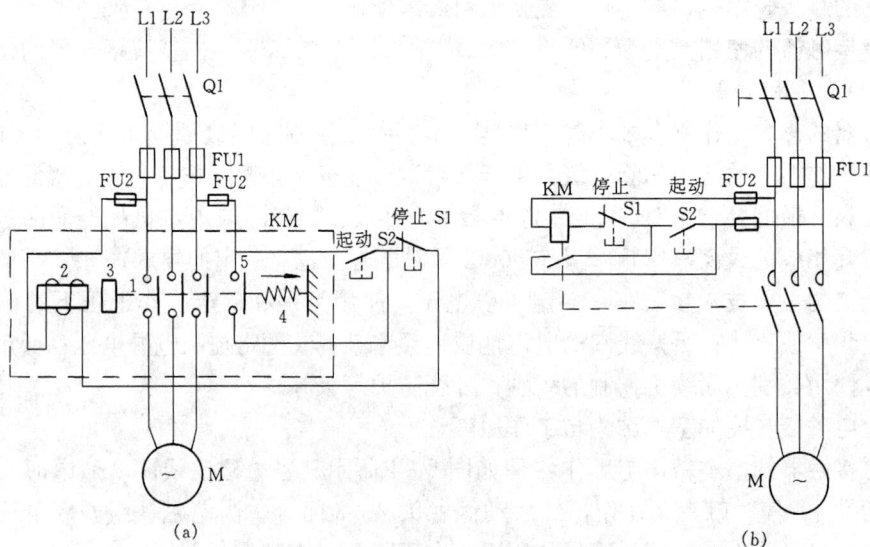

图 5-5 接触器控制电动机的原理图
(a) 原理示意图；(b) 原理接线图
1—主触头；2—铁芯线圈；3—衔铁；4—弹簧；5—辅助触点

电动机正常运转时，若电源电压消失，控制电路的电压也会消失，于是衔铁也返回，使主触头断开。这称为电动机的欠电压保护，因为电压降到约为控制电源额定电压的 75% 时，接触器就要释放。

在图 5-5 中，控制电路的电压是主电路的线电压。控制电压也可以接主电路的相电压或与主电路无关的其他交流、直流电压，但控制电压必须与线圈 2 要求的电流种类、频率及额定电压一致。

按钮 S1 和 S2 可以与接触器组合在一起。因为接触器的主触头是电动机主电路的一部分，因此接触器总是装设在电动机附近。如果 S1 和 S2 组合成接触器的一部分，就形成了电动机的就地控制。按钮 S1 和 S2 也可以远离接触器装设在控制室或控制台，形成远距离控制。

四、CJ20 系列交流接触器

CJ20 系列为全国统一设计的交流接触器，其中 C 表示接触器，J 表示交流，20 为设计序号，主要适用于交流 50Hz，电压 1140V 及以下，电流 800A 及以下的电力线路中，供远距离接通和断开电路，也适用于频繁起动和控制交流电动机。如图 5-6 所示为 CJ20-250 型交流接触器的结构图，250 为额定电流。

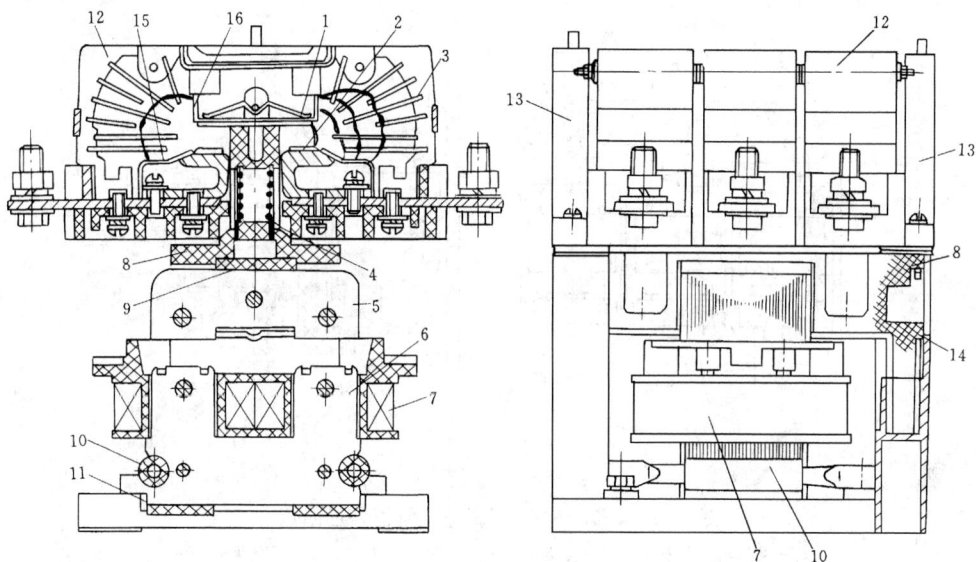

图 5-6　CJ20-250 型交流接触器结构图

1—主动触头；2—主静触头；3—灭弧栅片；4—压缩弹簧；5—衔铁；6—铁芯；

7—线圈；8—绝缘支架；9、11—缓冲元件；10—缓冲硅橡胶管；12—灭弧室；

13—辅助触点；14—反作用弹簧；15、16—弧角

CJ20 系列交流接触器采用双断点直动式，主动触头 1 为船形结构，具有较高的机械强度和较大的热容量；导磁体上装有缓冲件 9、10 和 11；灭弧室 12 为陶土制成，灭弧栅片 3 采用放射布置方式，以减少电弧运动的阻力；辅助触点 13 为封闭结构，放置在主触头两侧，有 4～6 个辅助触点。

CJ20 系列交流接触器使用类别为 AC-4，操作频率每小时 600～1200 次，机械寿命 300 万～1000 万次。

五、真空接触器

在有爆炸和火灾危险的场所，如煤矿井下或化工厂，电气触头开断时产生的电弧会引起爆炸，另外在使用环境恶劣的场所，空气中的水分、化学气体和粉尘等又会破坏触头的接触面，增大接触电阻，这就要使用能够适应这种工作环境的最理想的真空接触器。真空接触器是将动静触头密封在真空灭弧室内，以真空作为灭弧介质，在开断电流时电弧无外露、无喷弧区、触头的接触情况和熄弧性能不受外界环境影响，特别适用于煤矿、石油、化工、冶金和水泥等行业使用，真空灭弧室的结构原理参见第七单元的相关内容。

国外于 20 世纪 60 年代开始生产低压真空接触器，我国 80 年代开始设计真空接触器，现已形成 CKJ、CKJ5、CKJ6 等系列产品，其中 K 表示真空。

如图 5-7 所示为 CKJ5-400 型真空接触器的外形结构，主要由真空灭弧室 5、绝缘框架、金属底座 13、电磁系统、传动机构、辅助触点 12 和整流装置等组成。直流电磁操动机构由铁芯、吸合线圈 9、磁轭 10、衔铁 8 和绝缘拐臂 1 组成。合闸时，吸合线圈 9 通电，衔铁 8 吸合，同时通过拐臂 1 在接触弹簧 3 和真空灭弧室 5 负压共同作用下动静触头闭合；分闸时，吸合线圈 9 断电，分闸弹簧 11 使衔铁释放，转动拐臂 1，拉开动静触头。

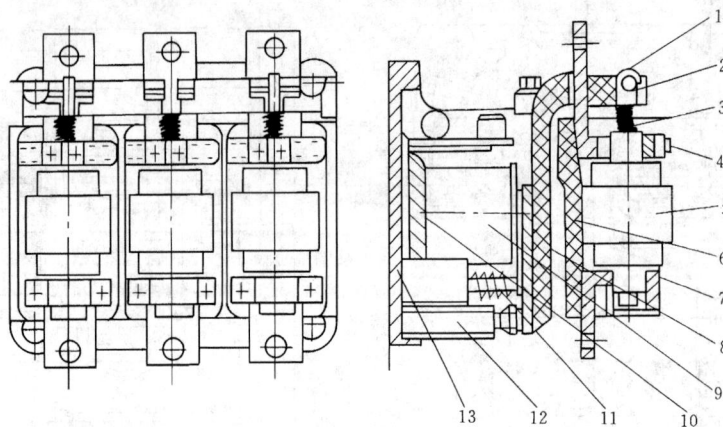

图 5-7　CKJ5-400 型真空接触器外形结构图

1—拐臂；2—拉杆；3—接触弹簧；4—动导电夹块；5—真空灭弧室；
6—绝缘支座；7—静导电夹块；8—衔铁；9—吸合线圈；10—磁轭；
11—分闸弹簧；12—辅助触点；13—底座

课题四　起　动　器

内容要求

1. 掌握起动器的用途；
2. 掌握热继电器的特性和原理结构；
3. 掌握起动器的典型控制回路。

一、起动器的一般知识

起动器是供控制电动机起动、停止或反转用的，是具有过负荷保护性能的开关电器。起动器有全电压起动器和减压起动器两类，全电压起动也称为直接起动。电磁起动器是常用的直接起动器，它由接触器和过负荷保护元件等组成，除了能在正常情况下控制电动机的起、停和反转外，还能起到电动机的过负荷保护作用。当电动机过负荷时能自动切断电路，但是它与接触器一样不能断开短路电流，必须和熔断器等短路保护电器配合使用。

起动器的过负荷保护能力是通过过负荷继电器实现的。过负荷继电器分为电磁式过负荷继电器、热过负荷继电器和半导体过负荷继电器。电磁式继电器是利用过负荷电流的电磁力断开继电器的触点，该触点串接于接触器的控制回路内。继电器触点将控制回路断开，再由接触器主触头断开过负荷电路。电磁式过负荷继电器有瞬时和延时动作两种类型。热继电器是利用过负荷电流使焊在一起的两种线膨胀系数不同的金属片，即双金属片发热和弯曲，断开热继电器的触点，使接触器的控制回路断开，然后由接触器断开过负荷的主电路。目前绝大部分异步电动机都采用热继电器作为过负荷继电器。热继电器式过负荷继电器在电路过负荷时必定有发热过程，因此都是延时动作。电磁式过负荷继电器的延时基本上与过负荷前过负荷电流的大小无关，而热继电器的延时则与过负荷前过负荷电流的大小有关。有的热继电器还能反应于断相。

交流起动器的使用类别为 AC-3、AC-4、AC-11、AC-14、AC-15。其工作制和接触器相同，但断续工作制没有 1800 和 3000 两个级别。其安装类别和抗污染等级也和接触器相同。

二、热继电器

热继电器是一种过电流继电器，具有反时限保护特性，广泛应用于电动机及其他电气设备的过负荷保护。

我国目前生产的热继电器有 JR0、JR5、JR9、JR10、JR14、JR15、JR16 和 JR20 等系列，其中 J 表示继电器，R 表示热，数字表示设计序号。

图 5-8 为 JR16 型热继电器的结构原理示意图，它的结构为三相式结构，分为带断相保护装置和不带断相保护装置两种型式。

JR16 型热继电器的热元件 11 和双金属片 10 串接于三相主电路中，流过负荷电流，双金属片被热元件加热稍微向左弯曲。当主电路过负荷时，过负荷电流使热元件 11 发热加剧，双金属片 10 向左弯曲程度加大，推动导板 12 向左运动，使温度补偿双金属片 13 绕轴 14 顺时针转动，温度补偿双金属片 13 上的推杆 5 向右推动片簧 1，到一定位置后，弓形弹簧片 3 的作用力方向改变，使片簧 2 向左运动，则触点 4 断开，使接触器自

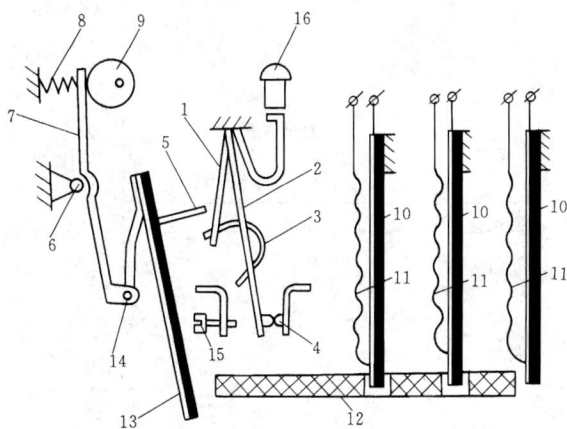

图 5-8 JR16 型热继电器的结构原理示意图

1、2—片簧；3—弓形弹簧片；4—动断触点；5—推杆；6—轴；7—杠杆；8—压簧；9—电流调节凸轮；10—双金属片；11—热元件；12—导板；13—温度补偿双金属片；14—轴；15—复位调节螺钉；16—手动复位按钮

保持线圈失电，接触器主触头断开。

片簧 1、2 及弓簧片 3 组成一个跳跃机构，其工作原理如图 5-9 所示。当热继电器动作前，片簧 2 所受到水平分力 F_1 是向右的，因此动断触点闭合，此时跳跃机构及受力情况如图 5-9（a）所示；图 5-9（b）是推杆 5 向右推动片簧 1 过程中的一个位置，此时片簧 2 所受力 F 没有水平分力。当推杆 5 继续向右推动片簧 2，这时片簧 2 所受力 F 有一个向左的水平分力 F_1，使片簧 2 迅速跳向左边，触点 4 迅速断开。

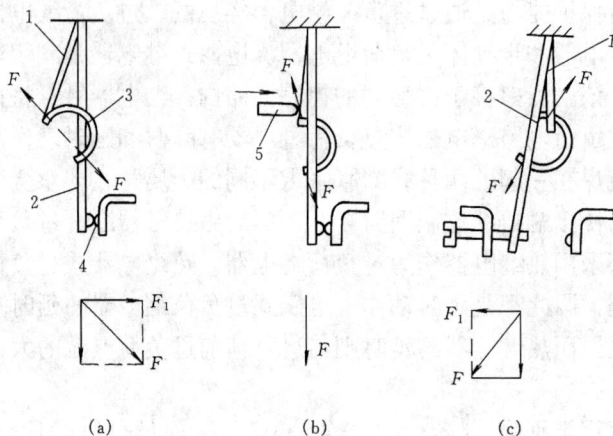

图 5-9 跳跃机构工作原理图

（a）动作前位置；（b）动作过程中；（c）动作后位置

1、2—片簧；3—弓簧片；4—触点；5—推杆

JR16 型热继电器还有电流调节凸轮，可以使整定电流在热元件额定电流的 66%～100% 范围内调节；复位按钮，能在热继电器动作且双金属片冷却后使各运动部分恢复到原始位置；温度补偿双金属片可以在规定范围内，一般是 -30℃～40℃ 之间补偿环境温度对热继电器的影响。

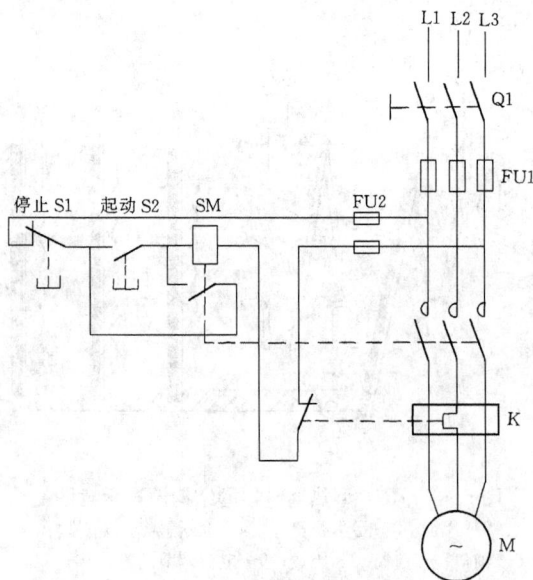

图 5-10 电磁起动器控制电动机的原理接线图

三、起动器的应用

1. 用起动器控制电动机

图 5-10 为电磁起动器控制电动机的原理图。在起动器 SM 三相触头的负荷侧有热继电器 K 的发热元件——双金属片，发热元件与主电路串联。起动器的负荷端接电动机，电源端经短路保护电器—熔断器 FU1、闸刀开关 Q1 接入交流电源。热继电器的辅助触点 K 串接在控制电路中，起动按钮 S2 与辅助的动合触点 SM 并联。

起动电动机时，按下起动按钮 S2，使起动器的控制回路接通，于是电磁线圈中有电流流过，产生的电磁力克服弹簧的阻力，使衔铁吸合，主触头 SM 接通主电路，电动机起动，辅助的动合触点 SM 同时闭合，使起动器自保持，电动机正常运转。

电动机起动时，很大的起动电流通过热继电器，使双金属片发热。但是起动时间很短，产生的热量不会使双金属片产生足够的位移，动断触点 K 不会打开。

要使电动机停止时，按下停止按钮 S1，控制回路断开，衔铁返回，主触头和辅助触头也断开，电动机断电，停止运转。

电动机过负荷时，只要过负荷电流和过负荷时间达到规定数值，电磁式过负荷继电器或热式过负荷继电器动作，串联在控制回路中的动断触点打开，控制回路断开，电动机停转，起动器起到了过负荷保护的作用。与接触器相同，电磁接触器也有欠电压保护的作用，当控制电源电压降到其额定电压的 75％时，电磁铁释放，起动器断开，电动机停转。

2. 用可逆起动器控制电动机

当生产机械需要电动机有时正转、有时反转时，就用可逆起动器控制电动机。可逆起动器由两只三相接触器和过负荷继电器组成，其电路如图 5-11 所示。图中可逆起动器带有热继电器，其双金属片与电动机的主电路串联，动断触点与起动器控制回路串联。组成起动器的两只接触器（正转接触器 KF 和反转接触器 KR）的主触头 KF 和 KR 都与电动机主回路串联，但 KF 和 KR 是把电源以不同相序接入电动机的。当 KF 主触头接通时，电动机正转。如果 KF 断开，KR 接通，那么接入电动机的电源相序改变，电动机将反转。KF 和 KR 不能同时接通，否则会发生两相短路。

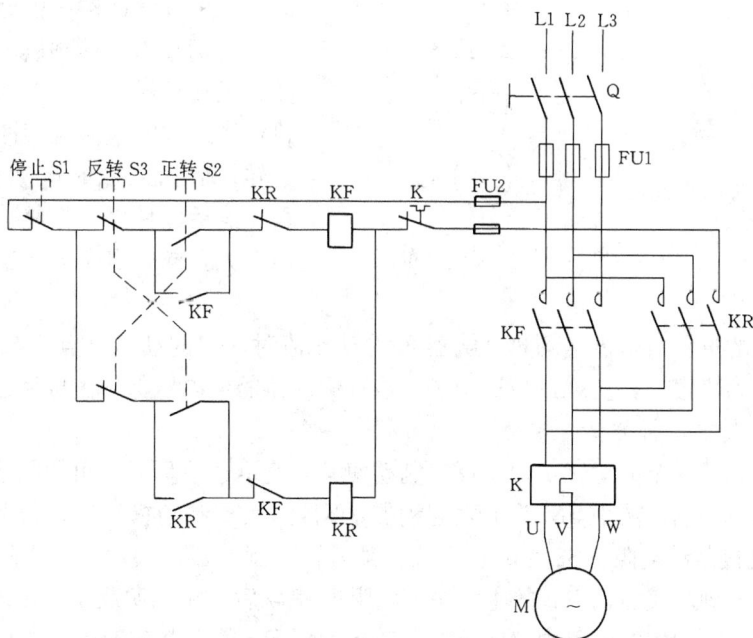

图 5-11 可逆起动器控制电动机正反转的电路图

可逆起动器控制电路的特点是使用了有动断触点和动合触点的按钮，两种触点在机械上联动，按下时，动断触点先断开，动合触点再接通。正转起动按钮 S2 的动断触点与反转接触器线圈 KR 的电路串联，反转起动按钮 S3 的动断触点与正转接触器线圈 KF 的电路串联。正转接触器的动断触点 KF 与反转接触器线圈 KR 串联，反转接触器的动断触点 KR 与正转接触器线圈 KF 串联。

电动机正转起动时，按下 S2，KF 的线圈有电流通过，衔铁吸合，主触头 KF 接通，电动机正向起动，辅助的动合触点 KF 自保持。在按下正转起动按钮 S2 时，S2 的动断触点将 KR 的线圈回路切断；KF 动作后，KF 的动断触点也把 KR 的线圈回路切断，起到互相连锁的作用。

使电动机停止时，按下停止按钮 S1，控制回路断开，KF 主触头分断，电动机停转。

电动机反转起动时，按下反转起动按钮 S3，反转接触器 KR 的线圈有电流通过，衔铁吸合，主触头接通，电动机反转起动，辅助动合触点 KR 自保持。反转起动按钮的动断触点 S3 和反转接触器的动断触点 KR 都切断 KF 线圈回路，起到连锁作用。

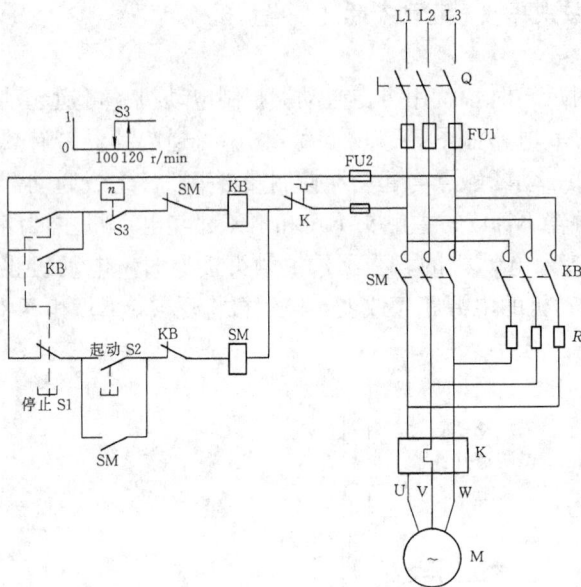

当需要将正向旋转的电动机改为反向旋转时，先按停止按钮 S1，使正转接触器断开电动机电源，电动机停转后，再按反转起动按钮 S3，使电动机反向起动运转。也可以直接按反转起动按钮 S3，这时串联在接触器 KF 线圈回路中的 S3 动断触点断开，使接触器 KF 线圈断电，它的主触头和辅助触点分别动作，电动机脱离电源。KF 断电后，串联在 KR 线圈回路中的动断触点 KF 闭合，接通了反转接触器 KR 的线圈回路，反转接触器 KR 动作，使接入电动机定子线圈的电源相序改变，实现反向旋转。但如果此时电动机是带负荷运行，这后一种操作将使电动机轴上的扭矩太大，同时定子电流也很大，容易使电动机损坏。

图 5-12 单向运转电动机反接制动电路

当电动机的过负荷电流达到热继电器 K 的动作值时，它的动断触点 K 断开起动器的控制回路，使电动机停转，实现过负荷保护。这种起动器的欠电压保护由接触器实现。

3. 单向运转电动机的反接制动

当工作机械只需单向运转，而用反接制动使其转速迅速下降时，可用图 5-12 所示的电动机反接制动电路图。图中 SM 为电磁起动器，KB 为反接制动接触器，与 KB 主触头串联的电阻 R 为反接制动电阻，S3 为离心开关，又名转速制动器。起动器 SM 的主触头接入电动机的主电路，制动接触器 KB 的主触头与电阻 R 串联后，将电源反相序接入电动机。

在起动器 SM 的控制电路中串入反接制动接触器 KB 的动断辅助触点。只有电动机处于非制动状态，制动接触器 KB 没有动作时，电动机才能起动。在制动接触器 KB 的线圈电路中串入离心开关 S3 的动合触点和起动器 SM 的动断触点。当电动机转速达到一定数值后，通常为 120r/min，其动合触点 S3 才接通，准备好制动电路；当制动时转速降到 100r/min 后，S3 的动合触点又打开，防止电动机制动后又反向运转。起动器的动断触点 SM 与制动接触器 KB 线圈回路串联，也是形成闭锁；当起动器控制电路中停止按钮 S1 的动断触点因机械故障，如熔焊或弹簧卡住等不能断开，而动合触点接通时，起动器线圈有电流，动断触点 SM 断开制动接触器线圈电路，防止两个线圈 SM 与 KB 同时通过电流，使它们的主触头不会经电阻 R 发生两相短路。

当要求工作机械退出运转时，按下停止按钮 S1，其动断触点断开起动器的控制电路。起动器的主触头 SM 断开电动机电源，同时 SM 动断触点接通。停止按钮的动合触点 S1 已接通，电动机的转速还高于 100r/min 时，离心开关 S3 的动合触点是接通的，于是制动接触器线圈 KB 励磁，辅助的动合触点 KB 自保持，主触头经电阻将电源反相序接入电动机。电动机进入反接制动状态，转速迅速下降，当转速低于 100r/min 时，离心开关 S3 的动合触点断开，KB 电流线圈断电，主触头断开电动机电源，反接制动结束，并防止了反向运转。电阻 R 的作用是降低反接制动时的电压，限制反接制动的电流。

课题五　低压断路器

内容要求

　　1. 掌握低压断路器的用途。
　　2. 了解低压断路器的分类。
　　3. 掌握低压断路器的结构原理和保护特性。
　　4. 了解低压断路器的技术参数。
　　5. 了解低压断路器的典型结构。
　　6. 了解限流型低压断路器的作用和类型。

一、低压断路器的一般知识

低压断路器是低压开关中性能最完善的开关，它不仅可以对电路进行正常的分合操作，而且可以对电路起保护作用，当电路有过负荷、短路或电压严重降低时，能自动断开电路。

低压断路器的使用类别与其他低压电器不同，分为非选择型（A 类）和选择型（B 类）两类。对于非选择型，只要通过的电流达到或超过动作值，低压断路器就断开电路，即对它没有明确的选择性动作要求。对于选择型，即使是通过的电流已超过它的动作值，也要延时动作，要等到串联在其负荷侧的另一短路保护电器不动作后，它再动作，即有明确的选择性动作要求。低压断路器除以上分类外，按用途可以分为配电用和电动机用；按结构形式可分为万能式与塑料外壳式；按极数可分为单极、双极、三极和四极；按操作方式分为人力操作和储能操作；按安装方式分为固定式、插入式和抽屉式等。

低压断路器主要是作为短路保护电器，不适于进行频繁操作。

二、低压断路器的工作原理

图 5-13 为低压断路器的工作原理图示意图。图中所示低压断路器作为电动机的短路保护电器，断路器的三个主触头 1 接在电动机的主回路中。主触头的动触头由钩杆 2 和搭钩 3 维持在合闸状态，钩杆 2 由搭钩 3 扣住，搭钩 3 可绕轴 4 转动。如果搭钩 3 被杠杆 5 顶开，动触头将随着钩杆被分闸弹簧 6 拉开，主电路被断开。

三、低压断路器的结构

低压断路器的结构比较复杂，主要由触头系统、灭弧装置、脱扣器和操动机构等组成。

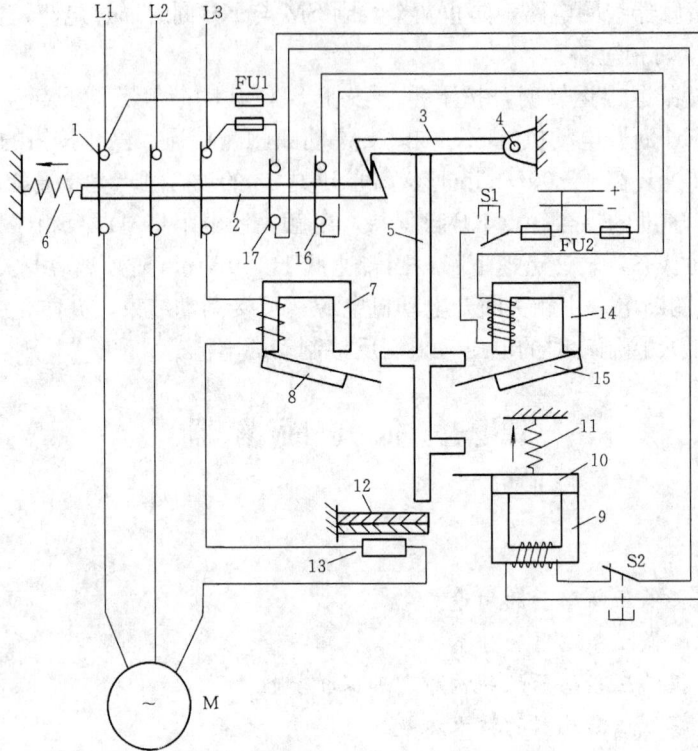

图 5-13　低压断路器的结构原理图

1—主触头；2—钩杆；3—搭钩；4—转轴；5—杠杆；6—分闸弹簧；

7、9、14—铁芯线圈；8、10、15—衡铁；11—弹簧；12—热继电器；

13—加热元件；16、17—辅助触点

操动机构中又有脱扣机构、复位机构和锁扣机构。

1. 触头系统

低压断路器有主触头和灭弧触头，电流大的断路器还有副触头，这三种触头并联接在主电路中。正常工作时，主触头承载工作电流；在开断电路时由灭弧触头熄灭电弧，保护主触头。当接通电路时，灭弧触头先接通，主触头后接通，断开电路顺序正好相反。副触头的动作在主触头和灭弧触头之间，也是起保护主触头的作用。

低压断路器除以上触头外，还有控制触点和辅助触点，它们与主触头同时动作。

2. 灭弧装置

万能式断路器的灭弧装置大多为栅片式，灭弧罩采用三聚氰胺耐弧塑料压制，特点是耐弧能力强，为防止相间飞弧，两壁装有绝缘隔板。灭弧室上方装设三聚氰胺玻璃布板制成的灭弧栅片，以缩小飞弧距离。

塑料外壳式断路器的灭弧室与万能式基本相同，但灭弧室壁大多采用钢纸板，因为钢纸板不仅耐高温，而且在电弧作用下能产生气体吹弧。另外，用其顶端的多孔绝缘封板或钢丝网来吸收电弧能量，以缩小飞弧距离。

3. 自由脱扣机构

自由脱扣是指断路器在合闸状态或合闸过程中，脱扣器都能作用于脱扣机构使断路器断开。自由脱扣机构的原理如图 5-14 所示。

图 5-14（a）是断路器处于断开位置，即准备合闸的情况。铰链 9 稍低于铰链 7 和 8 的中心线，即死点以下位置。合闸时，由于铰链 9 只能向上移动，不能向下移动，因此只要逆时针推动操作手柄 1，就可以使主触头 2、3 接通。图 5-14（b）是断路器处于合闸状态的情况。断开操作时，铁芯 5 上的顶杆在电磁力作用下向上运动，使铰链 9 的位置移动到铰链 7 和 8 的中心线以上，两片连杆向上曲折，在分闸弹簧作用下，断路器断开，如图 5-14（c）所示。若要使断路器重新合闸，必须顺时针拉动手柄到图 5-14（a）的位置。

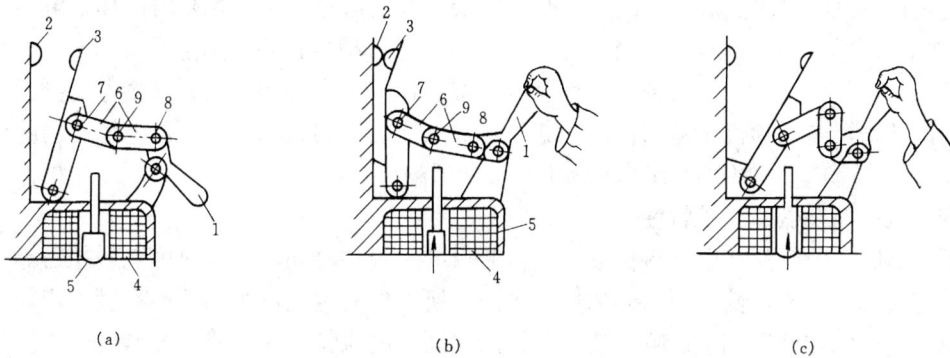

图 5-14 自由脱扣机构的原理图
（a）预备合闸；（b）合闸；（c）自动分闸
1—操作手柄；2—静触头；3—动触头；4—分闸线圈；5—铁芯顶杆；6—连杆；7、8、9—铰链

如果在合闸操作前电路中存在短路故障，推动手柄 1 使断路器合闸，当触头 2、3 接通就会使电流通过分闸线圈 4，铁芯顶杆 5 就会向上推动铰链 9，使断路器断开。这时不论手柄 1 合闸的力是否消除，断路器都能自由脱扣。

4. 低压断路器的脱扣器

脱扣器是用来接收操作命令或电路非正常情况的信号，以机械动作或触发电路的方法，使脱扣机构动作的部件。装设在低压断路器中的脱扣器有图 5-13 所示的电磁式过电流脱扣器、欠电压脱扣器、分励脱扣器和热脱扣器。另外还可以装设半导体（电子式）脱扣器和带微处理器的脱扣器。一台断路器根据需要可装设不同形式和不同数量的脱扣器。

（1）过电流脱扣器。流过脱扣器的电流超过整定值时，作用于脱扣机构，将主电路断开。过电流脱扣器又分为瞬时动作和延时动作的；动作电流值有可调节和不可调节的两种；对于延时动作的过电流脱扣器，又分为定时限过电流脱扣器和反时限过电流脱扣器：定时限过电流脱扣器的动作时间可以整定，反时限过电流脱扣器的动作时间取决于电流的大小。

在图 5-13 中，由铁芯线圈 7 和衔铁 8 组成电磁式过电流脱扣器，其线圈与主电路串联。正常工作电流通过时所产生的电磁力不足以吸合衔铁。当负荷侧短路时，衔铁 8 将被吸合，撞击杠杆 5 将搭钩 3 顶开，主电路分断。

（2）欠电压脱扣器。欠电压脱扣器在电压降到额定电压的 35%～70% 范围内时动作于脱扣机构，起到欠电压保护作用。在图 5-13 中，由铁芯线圈 9、衔铁 10 和弹簧 11 组成欠电压脱扣器。图中所示欠电压脱扣器的电源电压为主电路的线电压，当电源电压低于 85% 的额定电压时，电磁吸力小于弹簧 11 的拉力，撞击杠杆 5 将搭钩 3 顶开，主电路分断。欠电压脱扣器的线圈经动合辅助触点 17 接于电源电压，当断路器断开时，辅助触点 17 是打开的，线圈不会励磁。图中按钮 S2 供远距离跳闸用。

（3）分励脱扣器。供远距离控制使断路器分闸。在图 5-13 中，分励脱扣器由铁芯线圈 14 和衔铁 15 组成。当需要断路器分闸时，按下按钮 S1，脱扣器线圈通过断路器的动合控制触点 16 接通，衔铁 15 吸合，撞击杠杆 5 将搭钩 3 顶开，主电路分断。当断路器装设欠电压脱扣器时，也可以在它的线圈回路中接入分闸按钮 S2，其作用与分励脱扣器相同。

（4）热脱扣器。热脱扣器相当于一只热继电器，作为过负荷保护用。它具有反时限的时间—电流特性，其动作延时与过负荷电流的大小有关，也与过负荷前的负荷电流大小有关。由于过负荷电流流过热脱扣器的工作时间较长，在电器中也称为长延时动作继电器。在图 5-13 中，双金属片热继电器 12 就是热脱扣器。当过负荷电流流过加热元件 13 时会严重发热，使双金属片弯曲，当弯曲到一定程度时，推动杠杆 5 将搭钩 3 顶开，主电路分断。配电线路用的断路器与电动机短路保护用的断路器对热继电器的要求不同。配电线路用的热继电器动作电流大，电动机用的热继电器动作电流较小。

四、低压断路器的保护特性

低压断路器的时间—电流特性就是它所装设的热脱扣器和电磁式过电流脱扣器等综合的特性。它又称为保护特性。断路器的用途不同，所装设的过电流脱扣器的类型不同，如热脱扣器或电子式脱扣器等都会影响低压断路器的时间—电流特性。断路器的时间—电流特性用参数表或曲线表示。某型低压断路器的时间—电流特性，见表 5-4 和图 5-15。

表 5-4   **某型低压电器的时间—电流特性**

试验电流/电流整定值		脱扣时间	状态
约定不脱扣电流	1.05	2h	从冷态开始
约定脱扣电流	1.2	1h	从热态开始
1.50		<3min	从热态开始
2.00		<2min	从热态开始
6.00		可返回时间>5s	从冷态开始

在时间—电流特性上，电流的起始值称为整定值。整定值根据负荷电流确定。图 5-15 为断路器的整定电流值等于 $1I_N$，实际上该断路器的整定值可在（0.64～1）I_N 范围内调整。

由表 5-4 的特性说明：当流过断路器的电流为 1.05 倍整定电流（约定不脱扣电流）时，在 2h 内断路器不脱扣；当电流为 1.2 倍整定电流（约定脱扣电流）时，在 1h 内断路器脱扣；当断路器在冷态接通电流，其值为整定电流的 6 倍时，若在 5s 内电流又减小到整定值，则脱扣器返回，断路器不会断开；当电流大于 6 倍整定电流及以上时，脱扣器使断路器瞬时断开。热态是指通过约定不脱扣电流到约定时间后的状态。

图 5-15 为有长延时动作和瞬时动作的脱扣器的时间—电流特性曲线。曲线的横坐标为电流，以额定电流的倍数表示；曲线纵坐标为脱扣时间。曲线 AB 段为反时限特性，又称为长延时特性。流过断路器的电流等于整定电流 I_{set} 时，断路器不脱扣；当电流达到 1.05 倍整定电流时，在 2h 内不脱扣，当达到 1.2 倍整定电流时 1h 内脱扣；随着电流的增大，脱扣时间也减少。曲线的 CD 段为瞬时动作特性，当电流增大到一定数值，图中是 $I>12I_N$，断路器瞬时脱扣。BC 线段表示可返回时间。图 5-15 的特性为两段特性，也就是热脱扣器和电磁式过电流脱扣器的特性。电子式脱扣器则有三段特性，除长延时动作和瞬时动作特性外，还有短延时动作特性。电磁式过电流脱扣器有一段或两段特性。

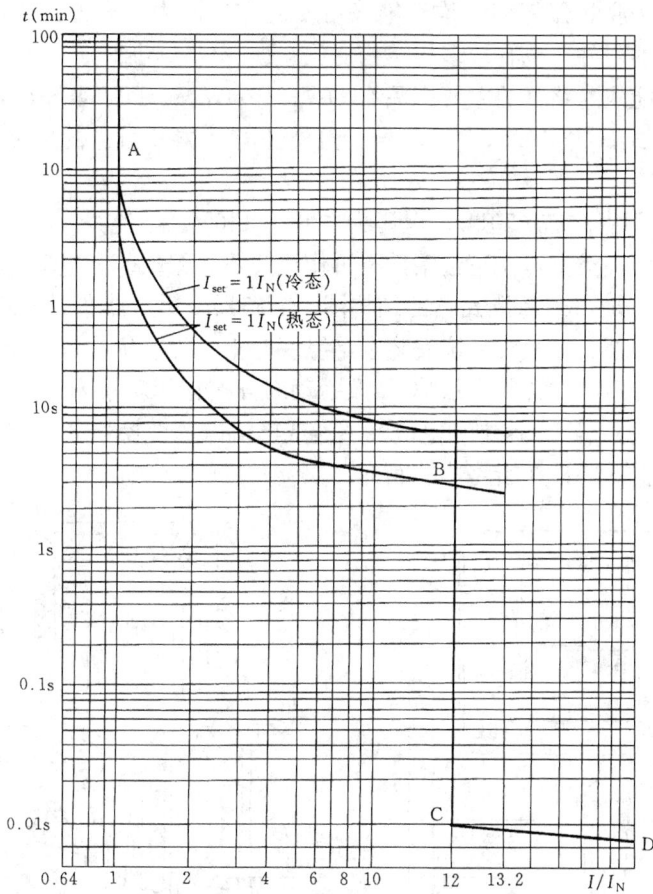

图 5-15 某型低压断路器的时间—电流特性曲线

五、低压断路器的主要参数

低压断路器的主要参数有额定工作电压、使用类别、安装类别、额定电流、额定频率（或直流）、额定短路分断能力、额定极限短路分断能力、额定短时耐受电流和相应的延时、外壳防护等级、额定短路接通能力、额定绝缘电压、过电流脱扣器的整定值，还有合闸装置的额定电压和频率、分励脱扣器和欠电压脱扣器的额定电压和额定频率等。

对于低压断路器，额定电流有两个值，一个是断路器的额定电流 I_N，这就是它的额定持续工作电流，也就是过电流脱扣器的额定电流；另一个是断路器壳架等级的额定电流 I_{Nm}，这是该断路器中所能装设的最大过电流脱扣器的额定电流。I_{Nm} 在型号中表示出来，如 DZ20-400 中的 400，就是该外壳中能装设的最大过电流脱扣器的额定电流，而实际装设的脱扣器的额定电流可能要比 400A 小。

低压断路器是低压电路中主要的短路保护电器，它的短路分断能力和短路接通能力是衡量其性能的重要参数。

额定极限短路分断能力 I_{oc} 是在工频恢复电压等于 $1.05U_N$ 时能够断开的最大电流。

六、低压断路器的典型结构

1. *万能式断路器*

万能式低压断路器一般都有一个框架结构的底座，因此曾被称为框架式断路器，所有的组件，如触头系统和脱扣器等部件均经绝缘后安装在底座中。这种断路器具有可维修的特点。它可装设较多的附件，也有较多的结构变化。

我国生产的万能式断路器的主要产品有 DW12、DW15、DW16 等，其中 D 表示低压断路器，W 表示万能式，数字表示设计序号。另外还有从国外引进的产品如 ME、AE、AH 和 3WE 等系列。

DW15 断路器适用于交流 50Hz，电压为 380～1140V，电流为 100～4000A 的电路。有配电用和电动机用两种类型，在正常条件下可作线路不频繁操作和电动机的不频繁起动用。

图 5-16 为 DW15-630 型断路器的结构图。断路器采用立体布置形式，分为触头系统、操动机构和脱扣器等部分。触头系统安装在绝缘底座上；操动机构可安装在断路器框架的正面或右侧面，有"分"与"合"指示牌 12 及手动断开按钮 13；机构左上方装有分励脱扣器 14，背部有欠电压脱扣器 6，速饱和电流互感器或电流电压变换器 8 套装在下母线上，热继电器或电子式脱扣器 9 装设在断路器的底部。

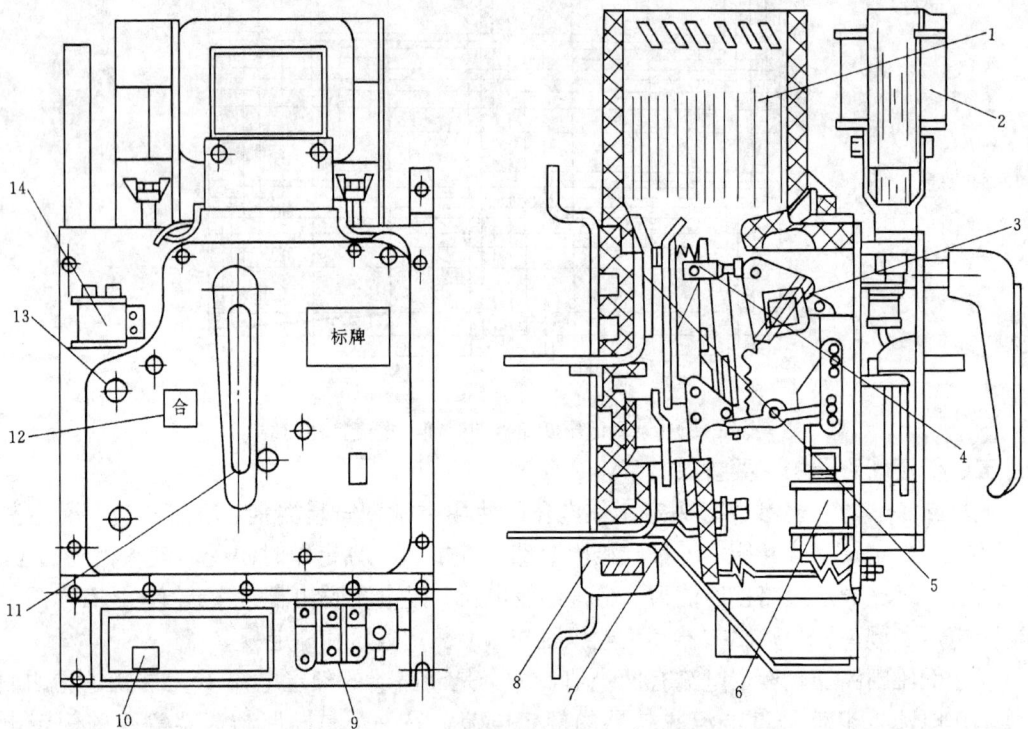

图 5-16　DW15-630 型断路器的结构图

1—灭弧罩；2—电磁铁；3—主轴；4—动触头；5—静触头；6—欠电压脱扣器；7—快速电磁铁；
8—速饱和电流互感器或电流电压变换器；9—热继电器或电子式脱扣器；10—阻容延时装置；
11—操动机构；12—"分""合"指示牌；13—手动断开按钮；14—分励脱扣器

断路器的操动机构采用弹簧储能闭合，使触头闭合速度与操作速度无关，并且具有自由脱扣性能。操动机构有储能再扣、闭合、断开三种位置。

DW15 系列断路器的技术参数见附表 9、附表 10。

2. 塑料外壳式断路器

塑料外壳式低压断路器的所有元件组装在绝缘的塑料外壳内，减小了外界对断路器的影响。断路器的接线端子从断路器的背面引出。在断路器的正面不可能触及带电部分，使用起来很安全。额定电流比万能式断路器小，因此使用十分广泛。各类工矿企业、公共建筑及生活住宅的电力和照明线路中都有应用。塑料外壳式低压断路器的型号为 DZ。

图 5-17 所示为 DZ20 型塑料外壳式断路器的结构图。它的额定绝缘电压为 500V，用于交流 380V 或直流 220V 及以下，额定电流最高达 1250A，一般作为配电用。额定电流 200A 及以下和 400Y 型的断路器也可作为电动机保护用。它的封闭式塑料外壳由绝缘座和绝缘盖组成，中部为绝缘手柄，下部有双金属片式热继电器和电磁式脱扣器。

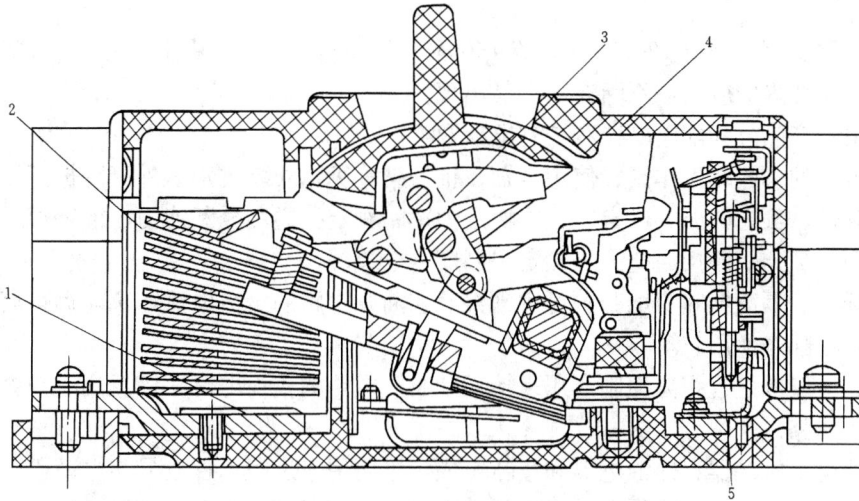

图 5-17 DZ20 型塑料外壳式断路器的结构图
1—触头；2—灭弧罩；3—自由脱扣机构；4—外壳；5—脱扣器

DZ20 低压断路器的操作手柄有三个位置。合闸位置、自由脱扣位置和分闸再扣位置。断路器自动分闸后，必须将手柄扳至分闸再扣位置才能将断路器合闸。

DZ20 系列断路器的技术参数见附表 11～附表 13。

七、限流型低压断路器

限流断路器是在短路电流还未达到最大非对称短路电流以前就完成电流分断过程的电器。其分断短路电流的波形如图 5-18 所示。$t=0$ 时发生短路，预期通过断路器的电流波形为虚线，而实际上由于断路器的限流作用，短路电流的波形为实线。

限流断路器的原理是当发生短路后，尽早地产生电弧设法提高电弧电压，增大电弧电阻以使电弧尽快熄灭，达到限流的目的。限流断路器有四种类型：

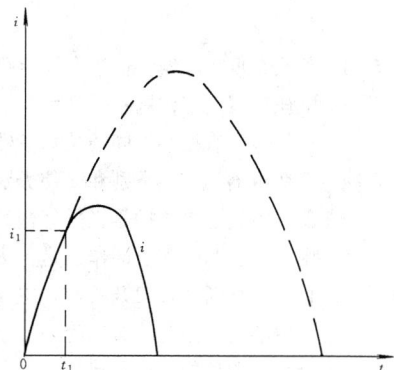

图 5-18 限流断路器分断短路电流的波形图

（1）由限流熔断器和一般型断路器组合而成的限流断路器。

（2）由自复熔断器和一般型断路器组合而成的限流断路器。

（3）由金属限流线与一般型断路器组合而成的限流断路器。限流线是一种铁基合金，其电阻温度系数很大,当短路电流通过时,电阻增大很快,因此可限制短路电流的数值,断开电路的任务由断路器完成。

(4) 电动斥力式限流断路器。它是利用短路电流通过触头回路时产生的巨大电动斥力,使断路器在未达到峰值之前就断开电路。

我国生产的限流断路器有 DZX10、DZX19 及 DWX15 等产品。

小　　　结

低压电器是用于交流 1200V 和直流 1500V 以下的电器设备,品种繁多,性能不断改善,随着新材料新技术的应用,不断有新产品出现。

低压电器产品分为配电电器和控制电器两类。

低压电器的参数有工作制、使用类别、抗污染等级、安装类别、外壳防护等级、防触电级、工作条件、额定电压、额定电流、额定频率、额定接通和分断能力、额定短时耐受电流及持续时间、额定短路接通能力、额定限制短路电流等。

闸刀开关、隔离器和刀熔开关可用来接通和断开电路的负荷电流,不能远距离控制,必须与保护电器配合使用。

接触器一般都是远距离控制,用来接通和断开电路的负荷电流,广泛用于频繁起动和控制的电动机回路。

起动器是由接触器、热继电器和按钮组成,主要用来远距离控制异步电动机的起动、停止和正反方向运转,并可兼作电动机的低电压和过负荷保护,但不能断开短路电流,必须和短路保护电器配合使用。

低压断路器是低压开关中性能最完善的电器,能手动也能远距离操作,并且有过电流、欠电压保护,因此多用于低压大功率电路。

习　　　题

5-1　什么是低压电器? 低压电器有哪些种类?

5-2　低压电器的工作制有哪几种?

5-3　低压电器有哪些共同的技术参数?

5-4　低压电器的使用类别和安装类别说明什么问题?

5-5　低压电器外壳防护等级是怎样划分的?

5-6　闸刀开关和隔离器的作用是什么?

5-7　什么是熔断器式刀开关? 其主要用途是什么?

5-8　接触器的作用是什么? 起动器和接触器有什么不同?

5-9　低压断路器的作用是什么? 它有哪些脱扣器? 各有什么作用?

5-10　什么是自由脱扣? 为什么要有自由脱扣机构?

5-11　什么是热继电器? 它有什么作用?

5-12　限流式低压断路器为什么能限制短路电流? 它有哪些种类?

5-13　起动器的工作原理是什么?

5-14　试画出可逆电磁起动器的接线并说明其工作原理。

熔　断　器

知识要点

1. 熔断器的作用和工作原理。
2. 熔断器的分类和熔体材料。
3. 熔断器的保护特性。
4. 常用的各类低压熔断器性能和结构。
5. 高压熔断器的典型结构和工作原理。

熔断器是最简单的保护电器，俗称保险，是人为设置在电路中的一个最薄弱的导电环节。它串联在电路中，当电路发生短路或过负荷时，熔体熔断将电路断开，使其他电气设备得到保护。熔断器主要由低熔点的金属熔体、支持熔体的载流部分及外壳等构成，熔断器还可以和刀开关电器在一个壳体内组合成负荷开关或熔断器式刀开关，它结构简单，体积小，价格便宜，在低压电路中得到广泛的应用。在3～60kV系统中，除了作保护小功率电路和电压互感器以外，还与负荷开关、重合器及断路器等其他开关电器配合使用，用来保护电力线路、变压器以及电容器组。本单元主要介绍各种熔断器的工作特性、工作原理及结构。

课题一　概　　述

内容要求

1. 了解熔断器的作用及工作原理。
2. 了解熔断器的类型。
3. 掌握熔体的保护特性及选择比。
4. 了解熔断器的技术参数。

一、熔断器的工作原理

当电路中的电流超过规定值一定时间后，熔断器的熔体将发热熔化，断开电路。熔断器的构成元件有熔体、熔断体和底座，另外还有熔管、载熔体和熔断指示器等。熔体是预定熔化的部分，熔体固定在熔断体内，熔体周围充以石英砂或其他灭弧材料，用以熄灭熔体熔断时所形成的电弧。熔体熔化后，整个熔断体一起更换，因此熔断体是预定要更换的元件。熔断体通过接触部分固定在底座上，底座与外部电路相连接。有的熔断器的熔体固定在熔管内，熔管是一段绝缘管，管内无填充物质，熔体熔断后可以更换。载熔件是熔断器中用于装卸的可动元件。熔断指示器能够显示熔断器内的熔体是否熔断。

熔断器有两种不同的工作情况，即正常工作情况、过负荷和短路情况。

在正常情况下，当熔断器中通过等于或小于额定值的工作电流时，熔体和其他部分，如载熔体和熔管等都将发热,但发热温度不会超过各载流部分的长期允许发热温度。

当电路中的电流增大到某一数值,并在某一约定时间内熔体不会熔断。这个在约定时间内熔体不会熔断的最大电流值,称为约定不熔断电流。如果电流继续增大到某一数值,即过负荷时,那么在约定时间内熔体就会熔断。这个在约定时间内使熔体熔断的电流值我们称为约定熔断电流。如果电路中的过负荷非常严重,流过熔体的电流大于约定熔断电流,则熔断时间将会小于约定时间,过负荷电流越大,熔断时间就越短,当足以使熔体熔断的过负荷电流流过熔断体时,将在熔体的一小段或几小段上发生熔化或汽化,随即电路断开并产生电弧,电弧在灭弧介质中迅速熄灭。

当电路中发生故障,短路电流流过熔断体时,熔体将会沿某一段或全长爆炸性熔化或汽化,产生电弧,并在灭弧介质中熄灭。与低压断路器有限流和不限流断路器一样,熔断器也有限流和不限流的区别:限流式熔断器的熔体埋在石英砂中,管体通常是强度较高的瓷管或玻璃钢管,限流式熔断器能在短路电流未达到最大值之前将电弧熄灭,限制短路电流的数值,减小发生灾难性事故的可能。

一般限流熔断器的熔断体中都充有石英砂,石英砂的吸热能力很强。电弧在石英砂中燃烧时,熔体的液滴及金属蒸气喷射到石英砂缝隙中,石英砂吸附弧柱内的等离子体,使其迅速扩散。电弧在石英砂中的去游离作用非常强烈,其限流作用十分明显。

二、熔断器的分类与熔体材料

1. 熔断器的分类

熔断器可按电压分为高压熔断器和低压熔断器;按工作过程分为限流型和非限流型。限流型低压熔断器按结构形式又分为专职人员使用的熔断器和非熟练人员使用的熔断器,还有半导体保护用的熔断器;按使用范围又分为一般用途和电动机保护用熔断器,即"G"类和"M"类熔断器。

专职人员是指具有电工知识和足够操作经验的熟练人员以及在他们监督下更换熔断体的操作人员。这种熔断器在结构上不必保证产品是非互换性的,也不要求对偶然触及带电部分实行防护。非熟练人员使用的熔断器主要强调安全性。

熔断体按分断范围有"g"和"a"熔断体。"g"熔断体是指在电压和功率因数等规定条件下,从约定熔化电流到其额定开断能力之间的所有电流都能开断的一种限流熔断器,所以又称为全范围开断能力熔断体。"a"熔断体为部分范围开断能力熔断体。

2. 熔体材料

熔断器理想的保护作用是:当被保护电路过负荷时能延时开断,就可以充分利用被保护设备的过负荷能力,减少了电路开断的概率;而当电路发生短路时又应能尽快断开电路,减少被保护设备受到短路电流的损害。这种要求要靠合适的熔体材料、适当的熔体形状以及合适的熔断体才能达到。

在限流熔断体中,使用得最多的材料是银。银的导电性好,不易氧化,且银的氧化物导电性也好,因此它的性能稳定,断流能力强,物理性能超过铝和铜等材料。我国生产的RT10和RT11两种系列的熔断器中的熔体都是用银,快速熔断器中的熔体材料也是银。

铜的电特性和银相似,且导通能力强,但铜的氧化物电阻率高,使用期限不如银材料,采取镀银等措施后,铜在低压熔断器中被广泛应用。另外还可以用铝和锌等材料作熔断体。我们平时使用的"保险丝"是由铅、锡及其合金制成。它们的熔点分别为 327、250℃和

220℃，对过负荷保护十分有利。但它们的电阻率大，所以熔体截面大、熔化时间长、开断能力低，不利于短路保护。

在熔断器中银和铜熔体的熔点高，分别为960℃和1083℃。当小而持久的过负荷时，银或铜发热到900℃左右还未熔化，如此长期高温，可能使熔断器本身以及与其相连的设备或导体的绝缘由于过热而损坏。

长期以来，在熔断器中一直是利用"冶金效应"来降低金属的熔点。这就是在银和铜等高熔点的金属熔体表面焊上铅或锡等低熔点金属小球，使其成为高熔点金属的熔剂。当温度达到铅或锡的熔点时，难熔金属与熔化了的铅或锡形成电阻大、熔点低的合金、结果熔体首先在小球处熔断，然后全部熔化。

熔体的形状有丝状、片状或复杂网板多片并联等。片状熔体都有狭窄的颈部1～3处，"冶金效应"的熔剂就焊在颈处。

三、熔断器的保护特性

1. 熔断器的保护特性

通过熔体的电流达到一定数值时，熔体熔断。熔断器的断路时间决定于熔体的熔化时间和熄弧时间。通过熔体的电流越大，熔体熔化的速度越快，开断时间越短。熔断器的断路时间，也称为熔断时间，它与通过熔断器使熔体熔断的电流之间的关系称为熔断器的保护特性曲线或时间—电流特性曲线，如图6-1所示。保护特性曲线由制造厂试验作出。当熔断器通过的电流小于最小熔断电流时，熔体不会熔断。保护特性曲线对不同额定电流的熔体分别作出，图6-1所示为额定电流不同的两个熔体1和2的保护特性曲线。熔体1的额定电流小于熔体2的额定电流，熔体1的截面也小于熔体2。同一电流通过不同额定电流的熔体时，额定电流小的熔体先熔断，如图中通过短路电流I_{f1}时，$t_1 < t_2$，熔体1先熔断。

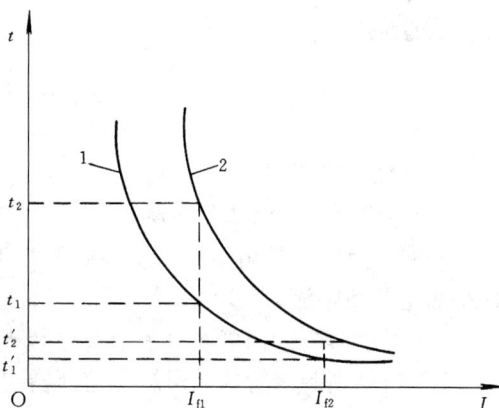

图6-1 熔断器的保护特性曲线

2. 熔断体的过电流选择比

若在配电干线与支线中都以熔断器作为保护电器，当支线发生过负荷或短路时，有过电流通过两级熔断器时，则下一级熔断器FU1应熔断，上一级熔断器FU2不应熔断，这就是动作的选择性，如图6-2所示，如果上一级熔断器熔断，即为非选择性熔断。当发生非选择性熔断时，必将扩大停电范围，造成不应有的损失。

为了保证上下几级熔断器的选择性，我国规定"g"熔断体的过电流选择比有两种：1.6：1和2：1。

在图6-2中，若配置选择比为1.6：1的熔断体，设支线中FU1的熔断体额定电流100A，则干线中FU2的熔断体额定电流必须为160A及以上，才能保证动作的选择性。当

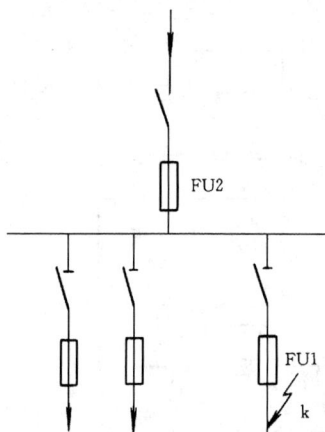

图6-2 配电电路中熔断器的配置

上下两级熔断体的额定电流比超过选择比时，则选择性更有保证。过电流选择比的数值越小对电路来说动作更协调，而对熔断器的制造要求更高。

四、熔断器的技术参数

熔断器的技术参数应区分为熔断器底座（支持件）即熔断器的技术参数和熔断体的技术参数。原因是同一规格的熔断器底座可以装设不同规格的熔断体，相应的保护特性不同，所以两者不能混淆。

熔断器的技术参数有额定电压、额定电流、电流种类、额定频率和外壳防护等级等。熔断体的技术参数有额定电压、额定电流、分断范围、使用类别、额定开断能力、电流种类和额定频率等。

一种规格的熔断器底座可以装设几种规格的熔断体，但要求熔断体的额定电流不得大于熔断器的额定电流，因此其额定电流的表示形式为：熔断器底座的额定电流/熔断体的额定电流。

课题二　低压熔断器

内容要求

了解常用的各种低压熔断器的工作特性和结构原理。

一、低压限流熔断器

（一）专职人员使用的熔断器

专职人员使用的熔断器有刀形触头熔断器、螺栓连接熔断器和圆筒形帽熔断器，它们的最小额定开断电流为 50kA。

1. RT 有填料封闭管式刀形触头熔断器

RT 有填料封闭管式刀形触头熔断器主要用在工业用电的配电设备中，用作线路过负荷和短路保护用，型号中 R 表示熔断器，T 表示有填料，一般为石英砂。RT 型熔断器由熔断体和底座组成，熔断体为 gG 型，就是全范围开断的一般用途熔断体，选择比为 1.6：1，其外形如图 6-3 所示。熔断体两端的刀形触头上的缺口是用来固定螺栓的，熔断体上装有熔断指示器，在熔体熔断后弹出作为分断指示。

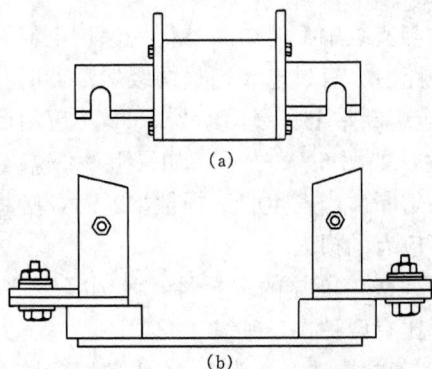

图 6-3　刀形触头熔断器外形图
（a）熔断体；（b）底座

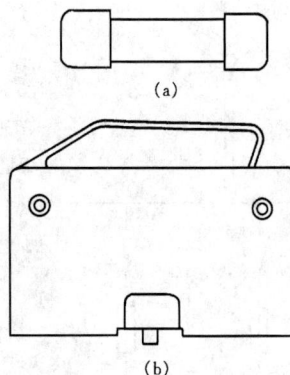

图 6-4　RT14 型熔断器的外形图
（a）熔断体；（b）32A 和 63A 的底座

2. RT14 型有填料封闭管式圆筒形帽熔断器

RT14 型有填料封闭管式圆筒形帽熔断器也是用于配电设备中作为线路过负荷和短路保护用，其外形如图 6-4 所示。这种熔断器还可以带撞击器，撞击器在熔断器动作后能给出信号，使其他电器动作或提供连锁。所以这种带撞击器的熔断器与熔断器式隔离器配套使用时，还可以作电动机断相保护用。RT14 型熔断器的熔断体也是 gG 型，选择比为 2：1。

有填料封闭管式熔断器的老产品用得最多的是 RT0 系列熔断器，新产品有 RT12、RT14 和 RT15，其技术参数见附表 14。

（二）非熟练人员使用的熔断器

未经电工训练的人员使用的熔断器，应能防止直接触及带电部分，尽可能具有非互换性，即熔断体不能由于疏忽而被另一大于预定额定电流的熔断体所代替。在正常条件使用时，其防护等级至少为 IP2× 级。

非熟练人员使用的熔断器其结构可分为螺旋式、圆管式和插入式。它们的最小额定开断能力是：当电压低于 240V，其最小开断电流为 6kA；当电压在 240V 和 500V 之间时，其最小开断电流为 20kA。

螺旋式熔断器是有填料封闭管式熔断器的一种，一般用于配电线路中作过负荷和短路保护。由于它有较大的热惯性和较小的体积，因此常用于机床控制线路以保护电动机。

螺旋式熔断器采用"gG"型熔断体，过电流选择比为 1.6：1。

我国生产的螺旋式熔断器有老式的 RL1，新产品 RL5、RL6 和 RL7 等系列，其中 L 表示螺旋式，它们的技术参数见附表 15。

如图 6-5 所示为 RL1 型螺旋式熔断器的外形图，载熔体 1 可以拆卸，熔断体 5 装在载熔体 1 内部，熔断体上的熔断指示器 4 可以通过载熔体 1 端面的玻璃窗口观察到，当熔断器分断时，指示器便弹出。瓷保护环 2 可以防止运行时和更换熔断体时人手触及带电部分。底座 3 支持载熔体，其两侧有接线端子供接入电路用。熔断器熔断后只要旋开载熔体，取出已熔断的熔断体，装上新熔断体，再旋入底座内即可。

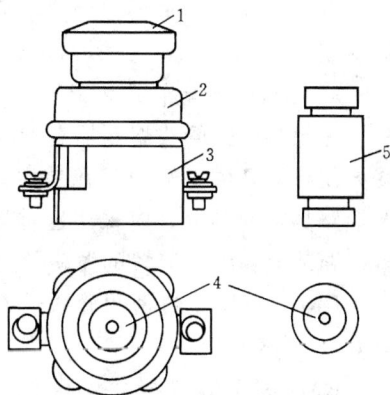

图 6-5　RL1 型熔断器外形图
1—载熔体；2—瓷保护环；3—底座；
4—熔断指示器；5—熔断体

二、其他低压熔断器

在低压熔断器中，除了一般限流熔断器以外，还有半导体器件保护用熔断器、半封闭插入式熔断器、无填料密闭管式熔断器、微型熔断器和自复熔断器。

1. 半导体器件保护用熔断器

半导体器件保护用熔断器也称为快速熔断器。一般情况下，半导体元件的过负荷能力非常低，它们在过负荷条件下只能在极短的时间，几毫秒到几十毫秒内承载过电流，如时间过长就将会导致半导体器件迅速被烧毁。但是一般熔断器的熔断时间是以秒计算的，所以不能对半导体器件提供保护。

快速熔断器的结构与有填料密闭管式熔断器的基本一致，但熔体的材料和形状不同，为了在过负

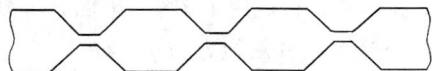

图 6-6　V 形片状熔体

荷时易于熔断，它是以银片冲制的有 V 形冲槽的变截面熔体，从而达到快速熔断的目的，如图 6-6 所示。

我国快速熔断器的产品有：RS0 系列，用于保护大容量硅整流元件；RS3 系列，用于保护晶闸管；RLS2 系列，用于保护半导体硅整流元件和晶闸管，其中 S 表示快速，以上产品的技术参数见附表 16。

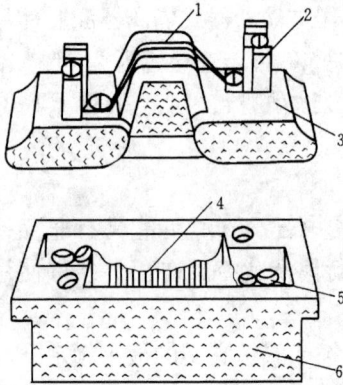

2. 半封闭插入式熔断器

半封闭插入式熔断器的特点是结构简单、尺寸小，更换方便，价格低廉，应用非常广泛，城镇居民大都使用此产品。

半封闭插入式熔断器只有一种产品，就是 RC1A 系列，其中 C 表示瓷插，1A 表示设计序号。产品结构如图 6-7 所示，在底座 6 固定着两个静触头 5，当中的空腔与瓷盖 3 的突起部分共同形成一个灭弧室，其中还垫有供保护瓷件用的石棉带 4，瓷盖上安装两个动触头 2，熔体 1 沿瓷盖中部的突起部分跨接在两个动触头上。熔体熔断后，只要从底座中拔出瓷盖，就能方便安全的更换熔体，其技术参数见附表 17。

图 6-7 RC1A 型半封闭插入式熔断器
1—熔体；2—动触头；
3—瓷盖；4—石棉带；
5—静触头；6—底座

3. 无填料密闭管式熔断器

无填料密闭管式熔断器有 RM7 和 RM10 两个系列产品，这是一种可拆卸的熔断器，检修方便，恢复供电较快。凡是频繁发生过负荷及短路故障的场合，应采用这种熔断器作为低压线路或成套配电装置的短路及过负荷保护。

RM10 型无填料密闭管式熔断器的结构如图 6-8 所示。

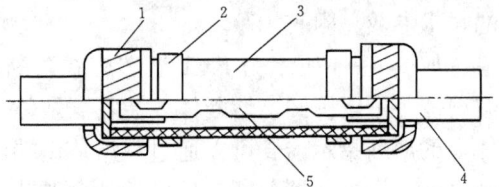

RM7 和 RM10 型无填料密闭管式熔断器的技术参数见附表 18。

图 6-8 RM10 型无填料密闭管式熔断器的结构
1—铜管帽；2—管夹；3—纤维熔管；
4—触刀；5—变截面 V 形锌熔体

4. 自复式熔断器

自复式熔断器是一种限流元件，它本身不能分断电路，而是与低压断路器配合使用，以提高其分断能力。当故障消除后，它又能迅速复原，重新投入运行。因此这种限流元件被称为自复式熔断器或永久熔断器。

自复式熔断器采用金属钠作为熔体。钠在常温下是良导体，但短路电流通过时，温度急剧上升，金属钠迅速汽化，电阻会变得很大，限制了短路电流。再由与其串联的较小开断能力的断路器断开被限制数值的短路电流，然后钠蒸气冷却恢复到原来的状态，这就是自复式熔断器能自动恢复和反复使用的原理。应指出的是，尽管自复式熔断器可多次重复使用，但其技术特性将逐渐劣化，一般只能重复工作数次。

自复式熔断器的产品有 RZ1 系列熔断器，其中 Z 表示自复。它适用于 380V 电路，与断路器配合使用，额定电流有 100、200、400A 和 600A 四个等级，分断能力为 100kA。

课题三 高 压 熔 断 器

内容要求

了解高压熔断器的典型结构、工作原理和特性。

在高压电网中，高压熔断器可作为配电变压器和配电线路的过负荷与短路保护，也可作为电压互感器的短路保护。

按照使用环境，高压熔断器分为户内式和户外式；按照灭弧方式可分为喷射型和限流型。

一、户内高压熔断器

户内高压熔断器全部是限流型，其型号为RN。下面介绍 RN5 和 RN6 两种熔断器。RN5 和 RN6 的额定电压为 6kV 和 10kV，RN5 用于变压器和线路的保护，RN6 用于保护电压互感器。两种熔断器的外形尺寸不同，熔断体的额定电流也不同，RN5 熔断器的额定电流为 20～200A，RN6 熔断器的额定电流为 0.5A。图 6-9（a）为 RN5 和 RN6 型熔断器的外形图，熔断体 1 卡在静触头座 2 内，静触头座 2 和接线座 5 固定在支持绝缘子 3 上，绝缘子固定在底座 4 上。

RN5 型熔断器的熔断体的结构如图 6-9（b）和（c）所示。熔断体的瓷质熔管 6 两端有黄铜端盖 7，额定电流小于 7.5A 的熔管内有绕在陶瓷芯 9 上的熔体 10，熔体 10 是由几根并联的镀银铜丝组成，中间焊有小锡球 11，如图 6-9（b）所示。额定电流大于 7.5A 的熔体由两种不同直径的铜丝做成螺旋形，连接处焊有小锡球，如图 6-9（c）所示。在熔断体内还有细钢丝 13 作为指示器熔体，它与熔体 10 并联，一端连接熔断指示器 14。熔管中填入石英砂 12，两端焊上顶盖 8，使熔断体密封。

当过负荷电流流过时，熔体在小锡球处熔断，产生电弧，电弧使熔体 10 沿全长熔断，随后指示器熔体 13 熔断，熔断指示器 14 被弹簧弹出，如图 6-9（b）中的 14′。电弧在电流某一次过零后熄灭。当短路电流通过时，熔体在几毫秒内沿全长熔化和汽化并产生电弧，电弧在电流未达到最大非对称短路电流前就在石英砂的强烈灭弧作用下熄灭。

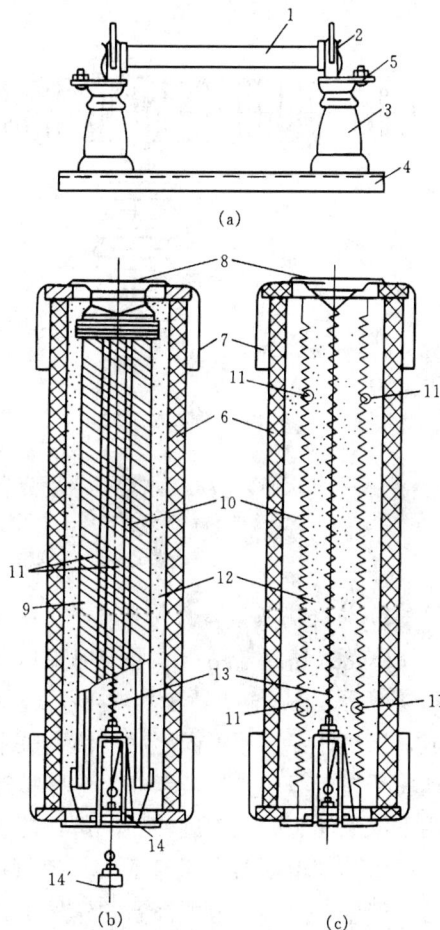

图 6-9　RN5 和 RN6 型熔断器

（a）RN5 和 RN6 型熔断器的外形图；
（b）、（c）RN5 型熔断器熔断体的结构
1—熔断体；2—静触头座；3—支持绝缘子；4—底座；5—接线座；6—瓷质熔管；7—黄铜端盖；8—顶盖；9—陶瓷芯；10—熔体；11—小锡球；12—石英砂；13—细钢丝；14—熔断指示器；14′—被弹簧弹出的熔断指示器

RN6 的熔体是一根有三种不同截面的康铜丝，绕在陶瓷芯上。熔断体无指示器，熔断体熔断后，可根据电压互感器二次侧的仪表指示判断熔断器动作与否。

限流熔断器在限制短路电流时会产生过电压，因此要求限流熔断器的工作电压必须和额定电压相符合，不得用于低于其额定电压的系统，以免产生过电压使其他设备的绝缘损坏。

二、户外高压熔断器

1. 户外高压限流熔断器

RW9 - 35、RW10 - 35 和 RXW9 - 35（X 表示限流）都是户外限流型高压熔断器。RW9 - 35 型熔断器的外形构造如图 6 - 10 所示。

以上三种熔断器中，额定电流为 0.5A 的供保护电压互感器用，其余的供线路和变压器保护用。

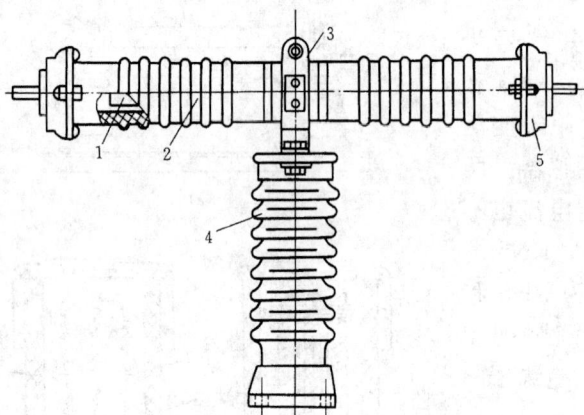

图 6 - 10　RW9 - 35 型户外限流熔断器的外形图
1—熔断体；2—瓷套；3—紧固件；
4—支持绝缘子；5—接线帽

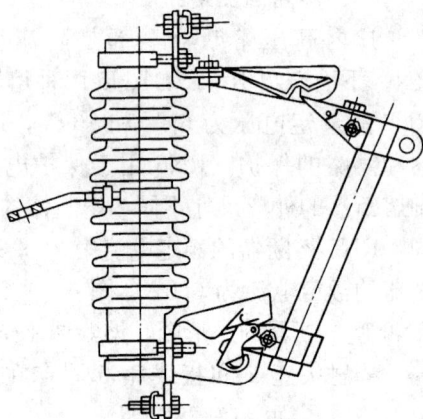

图 6 - 11　RW7 - 10 型跌落式熔断器的外形结构图

2. 户外高压跌落式熔断器

跌落式熔断器用于小型配电变压器的保护，其典型结构包括支持绝缘子、接触导电系统和熔管等。图 6 - 11 所示为 RW7 - 10 型跌落式熔断器的外形结构。在熔管的两端都有活动关节，当熔体穿过熔管固定后，活动关节即被熔体的张力所固定，不能转动。熔管合闸后，活动关节在上静触头处被卡住，电路接通。当熔体熔断后，活动关节释放，熔管在自身重力作用下绕下触头处的轴旋转而下落，并挂在下触头处，因此将其称为跌落式熔断器。

跌落式熔断器为喷射型，其熔管内有红钢纸和环氧玻璃布复合成的衬管。当熔体熔断后，产生电弧，在电弧高温的作用下，衬管产生大量的气体，使管内压力升高，气体从管内的一端（小电流时）或两端（大电流时）喷出。当电流某次过零后，弧隙的破坏性放电电压高于恢复电压时，电弧将不会重燃。

喷射型熔断器主要依靠电弧时衬管气化后的高压气体吹弧，属于自能式熄弧。当通过熔体的电流较小时，产生的气体压力也很小，电弧可能不会熄灭，因此喷射型熔断器的开断能力有一下限。当电流过大时，产生的气体压力过高又会使熔管产生爆炸等机械性破坏，导致其他设备的损坏，故开断能力又有一上限。所以，喷射型熔断器只能可靠开断其上限与下限开断能力之间的电流。RW7 - 10 型跌落式熔断器的额定电压 10kV，额定电流为 50A 的上下限开断能力分别为 4.3kA 和 0.58kA；额定电流为 100A 和 200A 的，上下限开断能力分别为 5.77kA 和 1.73kA。

<h1 style="text-align:center">小　　　结</h1>

熔断器是一种保护用电器，它主要用来作为电力线路和电气设备的过负荷与短路保护，使它们避免大电流的损害。

熔断器主要由熔断体、载熔体和底座等组成。限流熔断器内充有石英砂晶体，能够限制短路电流。

高压熔断器主要有限流型和喷射型，户内式都是限流型。低压熔断器种类繁多，按结构形式有半封闭插入式和封闭管式；按使用对象有专职人员、非熟练人员和半导体器件保护用；按分断范围有"g"和"a"熔断体；按使用范围有"G"和"M"类等。

熔断器的保护特性是通过流过熔体的电流与熔化时间的关系曲线体现的，它和热继电器的保护特性一样，是反时限的。选用熔断器时，必须注意其过电流选择比。

熔断器的技术参数包括熔断器底座的参数和熔断体的技术参数。

<h1 style="text-align:center">习　　　题</h1>

6-1　熔断器的作用是什么？它的工作原理如何？

6-2　熔断器主要由哪几部分组成？各有什么功能？

6-3　什么是"冶金效应"？有什么作用？

6-4　什么是选择性熔断和非选择性熔断？上下级熔断器间的选择比如何确定？

6-5　快速熔断器与一般用途的熔断器有何不同？

6-6　熔体上焊锡球和采用变截面熔体的作用是什么？

6-7　充石英砂的熔断器为什么能限制短路电流？

6-8　跌落式熔断器的开断能力为什么有上限和下限？

6-9　熔断器的技术参数有哪些？

6-10　什么是全范围分段和部分范围分段熔断器？

6-11　熔断器的额定电流和熔体的额定电流有什么不同？

6-12　简述熔断器的熔断过程。

高 压 开 关 电 器

知识要点

1. 高压断路器的一般知识。
2. 真空断路器的灭弧原理、灭弧室结构和真空断路器的特点。
3. SF_6 气体的特性、SF_6 断路器的灭弧原理和特点。
4. 少油式断路器的灭弧原理、灭弧室结构和特点。
5. 断路器操动机构的作用和类型、电磁式和弹簧式操动机构的工作原理和动作过程。
6. 隔离开关的用途。
7. 隔离开关的结构和操动机构。
8. 负荷开关的用途与特性。
9. 负荷开关的结构原理。
10. 重合器与分段器的一般知识。
11. 重合器与分段器的结构。

高压开关是用于开断与关合额定电压为 3000V 及以上电路的电器设备。通常按其功能分为高压断路器、负荷开关、隔离开关和接地开关等。高压断路器的灭弧能力强，能熄灭短路电流产生的电弧，开断短路电流；负荷开关和高压断路器同样具有灭弧装置，但只能熄灭负荷电流产生的电弧，灭弧能力不强；隔离开关则主要用于检修时隔离电源；接地开关与隔离开关类似，但快速接地开关有一定的关合能力。本单元主要讲述高压开关电器的基本结构、工作原理及技术特性。另外，为了配合城市和农村电网的改造，还介绍了重合器和分段器等智能化配电自动化开关设备的功能。

课题一 高 压 断 路 器

内容要求

1. 了解高压断路器的用途、类型、基本要求和型号。
2. 掌握高压断路器的技术参数。
3. 掌握真空断路器、SF_6 断路器、少油断路器的灭弧室结构、灭弧原理及特点。
4. 了解高压断路器操动机构的作用、种类及典型机构的动作过程。

一、高压断路器的一般知识

高压断路器是电路中的重要控制及保护设备。在正常运行时，用来接通或断开电路中的负荷电流；在故障时，用来断开电路中的短路电流，切除故障电路，按照重合闸的要求还能关合短路电流。

1. 对高压断路器的基本要求

高压断路器在合闸状态时应为良好的导体，分闸状态时应具有良好的绝缘性，在断开规定的短路电流时，应具有足够的开断能力和尽可能短的开断时间，在开断瞬时性故障后，能进行自动重合闸。在接通规定的短路电流时，短时间内触头不能产生熔焊。

在制造厂给定的技术条件下，能长期可靠地工作，有一定的机械寿命和电气寿命。此外，高压断路器还应具有结构简单，安装检修方便，体积小、重量轻等特点。

2. 高压断路器的类型

高压断路器有不同的类型，按照安装地点可分为户内式、户外式。按使用的灭弧介质划分有真空断路器、SF_6 断路器、油断路器、压缩空气断路器、产气断路器和磁吹断路器等。按操动机构可分为手动式、电磁式、液压式、弹簧式和液压弹簧式等类型。

真空断路器是在高度真空中灭弧，它的优点是可以频繁操作，维护工作量少和体积小等。目前在供配电系统中使用的数量逐渐增多。SF_6 断路器采用具有优良灭弧能力的 SF_6 气体作为灭弧介质，具有开断能力强、速度快、体积小等优点。在高压和超高压系统中应用广泛，尤其是 SF_6 全封闭组合电器（GIS）是今后高压和超高压系统的发展方向。油断路器是以绝缘油作为灭弧介质，又可分为多油断路器和少油断路器。多油断路器由于用油量大和体积笨重等缺点，只有 10kV 系统中还有少量的应用，而少油断路器用油量少，体积小，目前在我国的 220kV 及以下系统中占有一定的地位。压缩空气断路器以压缩空气作为灭弧介质，具有灭弧能力强、动作迅速等优点，但其结构复杂，工艺要求高，有色金属消耗量大，已停止生产。此外还有磁吹断路器和产气短路器，它们具有防火防爆、使用方便等优点。

3. 高压断路器的基本结构

高压断路器的类型虽然很多，结构也不尽相同，但其基本结构都是由以下几部分所组成：通断元件、中间传动机构、操动机构、绝缘支撑元件和基座，如图 7-1 所示。

通断元件是断路器的核心部分，主电路的接通或断开由它来完成。主电路的通断，由操动机构接到操作命令，使主电路接通或断开。通断元件包括有触头、导电部分、灭弧介质和灭弧室等。一般安放在绝缘支撑元件上，使带电部分与地绝缘，而绝缘支撑元件则安装在基座上。

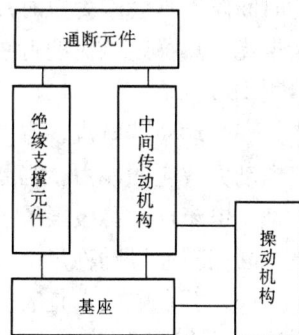

图 7-1　高压断路器的基本组成

4. 高压断路器的型号

高压断路器类型较多，目前我国高压断路器的型号根据国家技术标准规定，一般由文字符号和数字按以下方式组成：

□ □ □—□ □/□ —□

第一部分代表产品名称，用下列字母表示：Z—真空断路器；L—SF_6 断路器；S—少油断路器；D—多油断路器；Q—产气断路器；C—磁砍断路器；K—压缩空气断路器。

第二部分代表安装场所，用下列字母表示：N—户内；W—户外。

第三部分代表设计序列号，用数字 1、2、3…表示。

第四部分代表额定电压，单位是 kV。

第五部分代表补充工作特性，用字母表示：G—改进型；F—分相操作。

第六部分代表额定电流，单位是 A。

第七部分代表额定开断电流，kA。

例如 ZN28‑10/1600‑25 型断路器的含义为：真空断路器、户内式、设计序号为 28、额定电压 10kV、额定电流 1600A、额定开断电流 25kA。

5. 高压断路器的技术参数

通常用以下技术参数表示高压断路器的基本工作性能。

（1）额定电压，是表征断路器绝缘强度的参数。它是断路器长期工作的标准电压。我国标准规定，高压断路器的额定电压有以下各级：3、6、10、20、35、63、110、220、330、500kV。

为了适应电力系统工作的要求，断路器又规定了与各级额定电压相应的最高工作电压，其数值分别为：3.5、6.9、11.5、23、40.5、69（72.5）、126、252、363、550kV。

（2）额定电流，是表征断路器通过长期电流能力的参数，即在规定的环境温度下，断路器长期允许通过的最大工作电流。我国标准规定，高压断路器的额定电流有以下各级：200、400、630（1000）、1250、1600（1500）、2000、3150、4000、5000、8000、10000、12500、16000、20000A。

（3）额定开断电流，是表征断路器开断能力的参数。它是指在额定电压下，断路器能可靠开断的最大短路电流，其数值用断路器触头分离瞬间短路电流周期分量有效值表示。

（4）热稳定电流和热稳定电流的持续时间。热稳定电流是表征断路器通过短时电流能力的参数，它反映断路器承受短路电流热效应的能力，也称为额定短时耐受电流。热稳定电流是指断路器处于合闸状态下，在一定持续时间内，所允许通过电流的最大周期分量有效值，此时断路器不会因为短时发热而损坏。国家标准规定：断路器的额定热稳定电流等于额定开断电流。热稳定电流的持续时间为 2s，需要大于 2s 时推荐 3s，经用户和制造厂协商，也可选用 1s 或 4s。

（5）动稳定电流，也是表征断路器通过短时电流能力的参数，它反映断路器承受短路电流电动力效应的能力。当断路器在合闸状态下或关合瞬时，允许通过的电流最大峰值，称为动稳定电流，又称极限通过电流或额定峰值耐受电流，动稳定电流为 2.5 倍的额定热稳定电流。断路器通过动稳定电流时，不会因为电动力的作用而受到损坏。

（6）关合电流，是表征断路器关合能力的参数。当断路器接通故障电路时，会产生短路电流电动力减弱合闸的作用力，合闸速度下降使触头在尚未接触前发生击穿而产生电弧，可能造成触头熔焊。关合电流在数值上与动稳定电流相等。

（7）合闸时间与分闸时间，是表征断路器操作性能的参数。合闸时间是指从发出合闸命令（操动机构合闸线圈励磁）到断路器所有极触头都接触瞬间的时间间隔。分闸时间包括固有分闸时间和熄弧时间两部分：固有分闸时间是指从发出分闸命令（操动机构分闸线圈励磁）到触头分离瞬间的时间间隔；熄弧时间是指从触头分离到各相电弧熄灭为止的时间间隔。

（8）操作循环，也是表征断路器操作性能的参数，它是指断路器从一个位置转换到另一个位置，并返回到初始位置的连续操作。我国规定的操作循环有两种：一种是自动重合闸循环，即分—θ—合分—t—合分；另一种为非自动重合闸循环，即分—t—合分—t—合分（或合分—t—合分）。其中 θ 为无电流间隔时间，即断路器断开故障，从电弧熄灭到电路重新自动接通的时间间隔，取值为 0.3s 或 0.5s。t 为运行人员"强送电"时间，一般为 180s。"分"表示分闸动作。"合分"表示合闸后立即分闸，也称为金属短接时间。

二、真空断路器

真空断路器是触头在真空中开断电流并灭弧的断路器。在世界范围内，无油化开关已占 80%，其中真空产品占 60%，SF_6 产品占 20%。目前国外 10kV 真空断路器开断电流已达 100kA，单断口电压已达到 110kV。1994 年我国无油开关产量占 45%。其中真空产品占 30%，SF_6 产品占 15%。到 1996 年，无油断路器产量已占一半以上，达到 56.2%。在 10kV 电压等级，据 1998 年统计，真空断路器产量已占 79.62%。

1. 真空灭弧的特性

真空断路器是以在真空中熄弧为特点，但不是在任何真空度下都可以，而是在某一真空度范围内才具有良好的灭弧和绝缘性能。当气体压力在 0.01Pa 以上时，气体间隙的绝缘强度还不高，此时有许多气体原子通过电弧，会产生大量的带电粒子，当压力低于 0.01Pa 时，气体原子不再足以形成电弧，但是当压力低于 10^{-8}Pa 时，电子很容易从电极中逸出，真空的绝缘能力又会下降。因此真空开关中的真空度应保持在 $10^{-2} \sim 10^{-8}$Pa 范围内。由于真空中存在的带电粒子很少，虽然电极开距只有几毫米，也能使电弧熄灭。在大多数情况下，电极开距约为 10mm 左右，此时电弧中的带电粒子主要是触头逸出的金属粒子。

2. 真空灭弧室的结构

大多数真空灭弧室的原理结构，如图 7-2 所示。动触头 4 和静触头 6 等都封闭在抽为真空的外壳 3 内，外壳由玻璃或陶瓷做成并承担两金属端盖之间的绝缘，由于绝缘材料和金属材料的膨胀系数相差很大，为了消除焊接应力，在玻璃或陶瓷和金属端盖之间插入由铁镍铬合金制作的可伐环。触头周围是金属屏蔽罩 5，其作用是防止金属蒸汽抵达和凝结在壳体

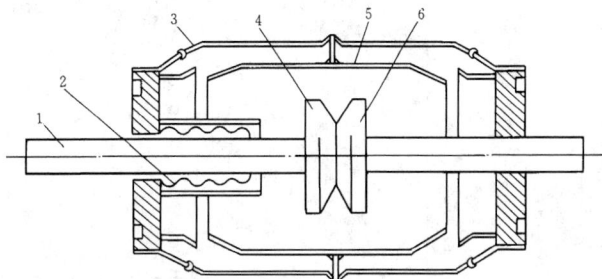

图 7-2 真空灭弧室的结构原理图

1—动触杆；2—波纹管；3—外壳；
4—动触头；5—屏蔽罩；6—静触头

的主绝缘上，屏蔽罩的材料可以是不锈钢、镍、镍钴铁合金和铜。波纹管 2 的一端与外壳端面焊接，在动触头运动时利用波纹管 2 的弹性保持灭弧室的真空，波纹管是最容易损坏的元件，它的疲劳寿命就决定了真空灭弧室的机械寿命，波纹管的制造材料有不锈钢、磷青铜和黄铜等，其中不锈钢由于不易氧化，不易因受热失去弹性和耐腐蚀等优点而最常采用。真空灭弧室的触头材料主要有铜铋材料（Cu/Bi）和铜铬材料（Cu/Cr）。

3. 真空断路器的特点

（1）真空灭弧室电气寿命长，适用于频繁操作。对于开断较大电流的供配电系统的机械寿命达 5000～20000 次。对于电气机车和在一日内投切数十次的冶金企业频繁操作的次数可达 10000～50000 次。

（2）真空灭弧室不存在检修的问题，灭弧室损坏，更换即可。但是，更换过程中由于触头行程短，必须严格按照规定的尺寸要求仔细调整，否则将严重影响其开断性能。

（3）触头开距短。如 10kV 级真空断路器的触头开距一般在 10mm 左右，而同电压级的

少油断路器的触头开距达 120mm 左右。由于触头开距短，因此断路器体积小，质量轻。

（4）熄弧时间短，动作快，一般开断时间小于 0.1s。由于真空断路器熄弧能力强，而在电流过零前截断电流（简称截流），会引起截流过电压，特别是当电动机堵转和起动时开断，会引起相当高的过电压。目前限制过电压的方法有两种。一种是加装过电压吸收装置，如阻容吸收器和氧化锌变阻器吸收装置，另一种是采用低过电压触头材料，如钴银硒（Co - Ag - Se）材料。

（5）真空灭弧室没有火灾或爆炸的危险。

4. ZN12 - 10 型真空断路器

ZN12 - 10 型真空断路器为额定电压 10kV，交流 50Hz 的户内高压开关设备，是引进国外先进技术的国产化产品，如图 7 - 3 所示。额定电流从 1250～3150A，额定开断电流分别有 31.5kA、40kA 和 50kA，分闸时间不大于 0.06s，触头开距 11mm，机械寿命和额定电流开断次数为 10000 次（50kA 产品为 6000 次）。

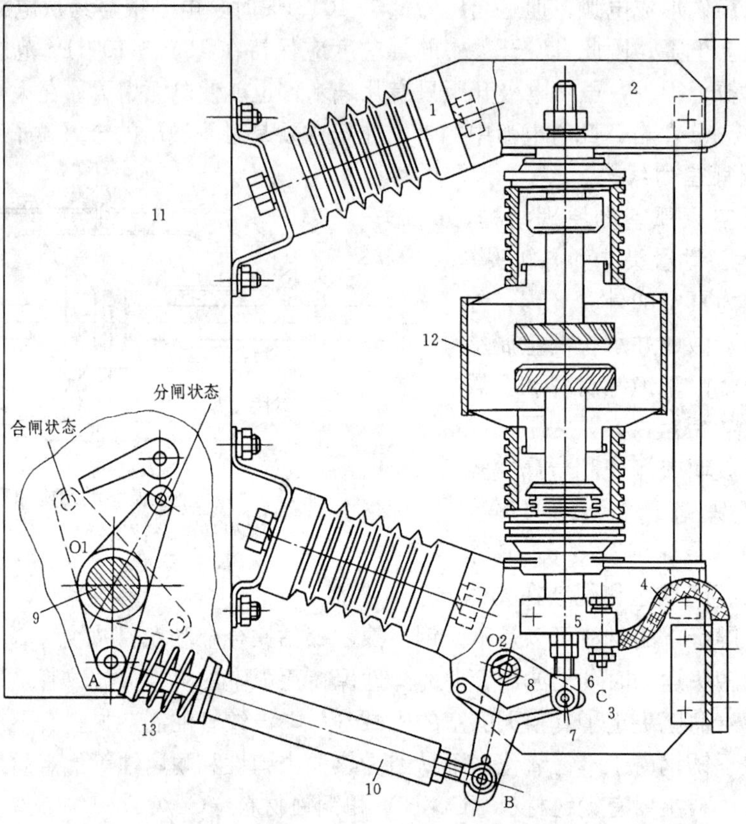

图 7 - 3 ZN12 - 10 型断路器结构图

1—绝缘子；2—上出线端；3—下出线端；4—软连接；5—导电夹；

6—万向杆端轴承；7—轴销；8—转向杠杆；9—主轴；10—绝缘拉

杆；11—机构箱；12—真空灭弧室；13—触头压力弹簧

该断路器主要由外屏蔽罩式陶瓷外壳真空灭弧室、弹簧操动机构和绝缘支撑件组成。在用钢板焊接成的机构箱上固定有 6 只环氧树脂绝缘子，每相 2 只绝缘子呈 V 型布置。绝缘子上固定着铸铝合金材料制成的上下接线座 2 和 3，用来安装真空灭弧室 12。下出线部分装有软连接 4，其一端与灭弧室动导电杆上的导电夹 5 相连。在动导电杆下端装有万向杆端轴承 6，通过轴销 7 与下出线座上的转向杠杆 8 相连。开关传动主轴 9 上的拐臂末端连有绝缘拉杆 10，从而驱动导电杆进行分合闸操作。该断路器配用的专用弹簧操动机构与断路器本体在结构上连为一体。

5. ZN28-10 型真空断路器

ZN28-10 型真空断路器是我国自行研制的新一代断路器，采用小型中间封接式纵磁场真空灭弧室，配用新型 CD17 电磁操动机构，如图 7-4 所示。该断路器总体结构为落地式，每个真空灭弧室由一只落地绝缘子和一只悬挂绝缘子固定，真空灭弧室 10 旁有棒形绝缘子支撑。这些绝缘子以及拉杆绝缘子均由机械绝缘性能良好的 SMC（玻璃纤维增强不饱和聚酯树脂片状模塑料）制造。真空灭弧室上下铝合金支架 8 和 14 既有散热作用，又是输出接线座。额定电流越大，该支架的表面积越大。在灭弧室上支架的上端面，安装有黄铜制作的导向板 6，使动导电杆在分合闸过程中对中良好。触头压力弹簧 2 装设在绝缘拉杆的尾部。操动机构、传动主轴和绝缘拉杆转轴等部位均设置滚珠轴承，以提高传动效率。

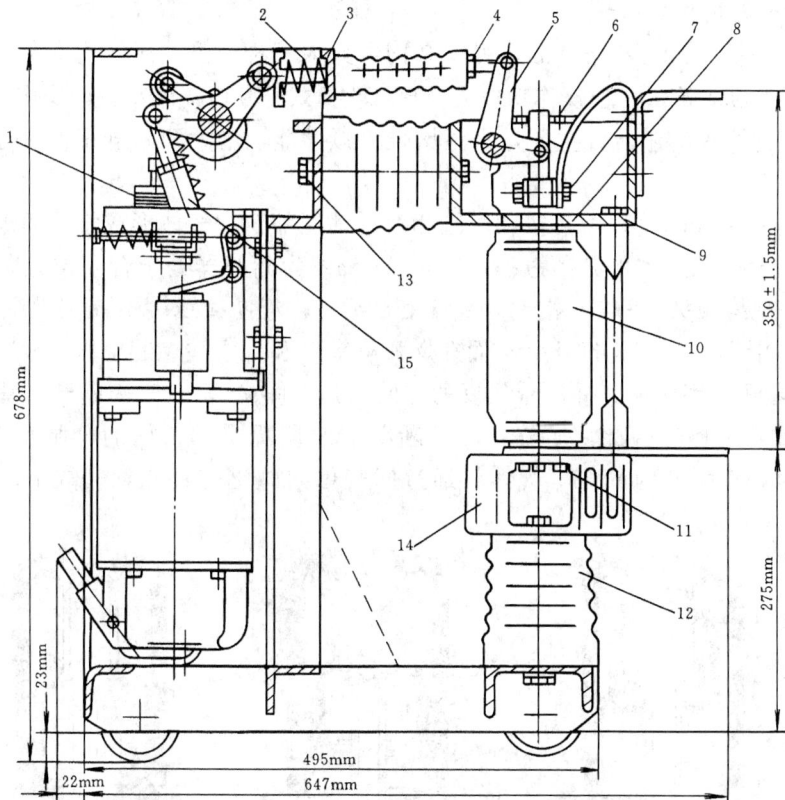

图 7-4　ZN28-10 型断路器结构

1—开距调整垫片；2—触头压力弹簧；3—弹簧座；4—接触行程调整螺栓；5—拐臂；
6—导向板；7—导电夹紧固螺栓；8—上支架；9—螺钉；10—真空灭弧室；11—螺栓；
12—绝缘子；13—绝缘子固定螺栓；14—下支架；15—输出杆

ZN28-10 型真空断路器额定电压 10kV，额定电流从 1250A 到 3150A，额定开断电流分别有 20、25、31.5kA 和 40kA，分闸时间不大于 0.06s，触头开距 11mm，机械寿命和额定电流开断次数为 10000 次。

三、SF_6 断路器

六氟化硫（SF_6）断路器是利用 SF_6 气体作为灭弧介质的断路器。从 20 世纪 60 年代起成功地用作高压开关的绝缘和灭弧介质。在 35～63kV 系统中使用范围很大，还用于变压器、互感器、充气电缆、电容器、避雷器、接触器和熔断器等设备中。

1. SF_6 气体的特性

SF_6 气体在常温下是一种无色、无嗅、无毒、不可燃的惰性气体，分子量为空气的 5.1 倍，具有良好的绝缘性能和灭弧性能。在 SF_6 的分子结构中，6 个氟原子对称地均匀分布在最外层，容易吸附周围的自由电子，因此 SF_6 称为电负性气体。开断电流时，在电弧作用下，SF_6 分解成氟原子和低氟化物，能迅速地吸附电子，形成活动性不强的负离子。在电弧过零瞬间，迅速地去游离，再结合成 SF_6 分子，从而弧隙破坏性放电电压恢复极快。因此，SF_6 断路器在开断过程中气体损耗甚微，可以在封闭系统中反复使用。

2. SF_6 断路器的灭弧原理

3～63kV 系统中 SF_6 断路器的灭弧室结构可分为三种类型：压气式、自能吹弧式和混合式。压气式开断电流大，但操作功也大；自能吹弧式开断电流较小，但操作功也小；混合式是两种或三种原理的组合，主要是为了增强灭弧性能，增大开断电流，同时又能减少操作功。

压气式是利用开断过程中活塞和气缸相对运动压缩 SF_6 气体形成气吹而熄弧。图 7-5 所示为一种压气式断路器的开断过程。图 7-5（a）为断路器处于合闸位置时，电流从接线端子 1，经过静触头 2 和 5、滑动触头 3 和触管 4，流向接线端子 6。图 7-5（b）为在开断过程中，滑动触头首先打开，从而在燃弧触头 7 和 8 之间燃起电弧。SF_6 气体在活塞 9 和气缸 10 之间受到压缩，并沿着相反的方向吹弧。图 7-5（c）为断开位置。由于吹弧的能量来自操动机构。因此，压气式 SF_6 断路器对所配操动机构的分闸功率要求较大。在合闸操作时，灭弧室内的 SF_6 气体将通过回气单向阀迅速补充到气缸中，为下一次分闸做好准备。

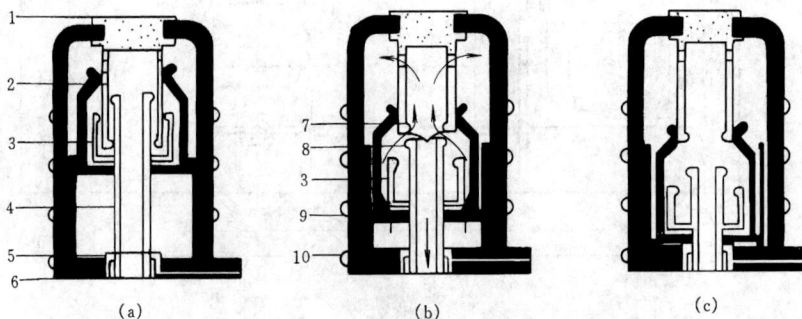

图 7-5 压气式断路器的开断过程

（a）合闸位置；（b）开断过程；（c）断开位置

1、6—接线端子；2、5—静触头；3—滑动触头；4—触管；

7、8—燃弧触头；9—活塞；10—气缸

自能吹弧式断路器是利用电弧自己的能量熄灭电弧的。开断能力受到电流大小的影响，但由于不需要操动机构提供压缩功，因此操动机构比较轻巧。自能吹弧式有旋弧式和热膨胀式两种。图 7-6 为旋弧式的原理图，它是利用被开断电流流过驱弧线圈 4 产生磁场，驱动电弧沿跑弧筒电极 3 高速旋转，电弧不断接触新鲜的 SF_6 气体，受到冷却而迅速熄灭。

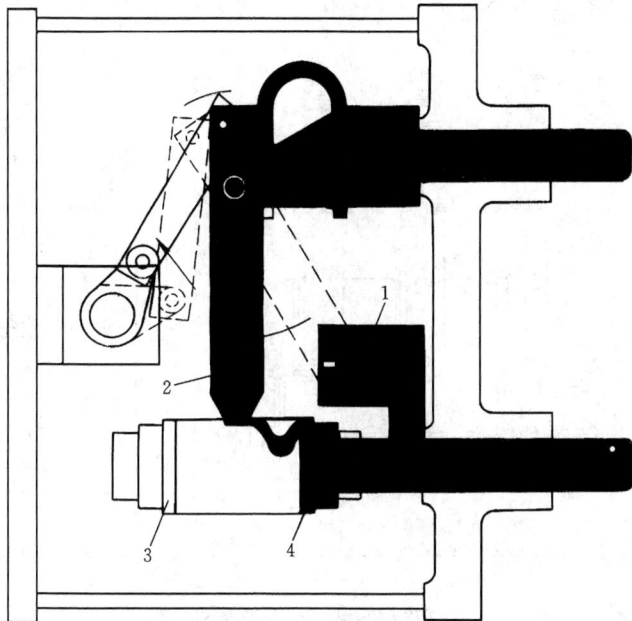

(a)

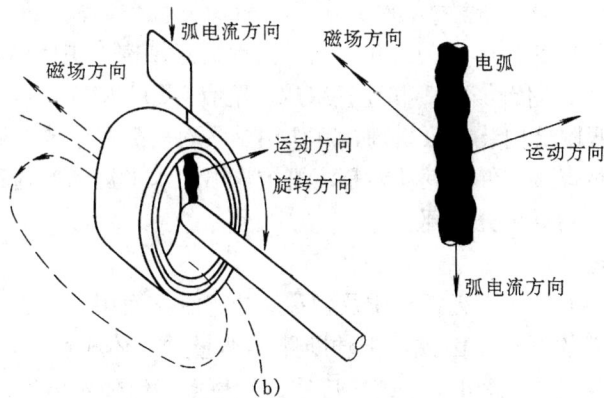

(b)

图 7-6　旋弧灭弧室

（a）导电系统结构；（b）线圈磁场方向与电弧运动方向

1—静触头；2—动触杆；3—跑弧筒电极；4—驱弧线圈

3. SF_6 断路器的特点

（1）检修周期长，维护工作量小，使用安全可靠，材料不会被氧化和腐蚀，无火灾和爆炸危险。

（2）设备的体积小，质量轻，有利于紧凑布置。

（3）为防止漏气和潮气进入，对加工工艺和材料的要求较高。

4. LW8-35 型 SF$_6$ 断路器

LW8-35 型 SF$_6$ 断路器为国内联合设计的户外式 SF$_6$ 断路器，其外形如图 7-7 所示，额定电压 35kV，额定电流 1600～2000A，额定开断电流有 25kA 和 31.5kA 两种，额定充气压力 0.45MPa（20℃时），短路电流开断次数为 15 次（25kA）或 10 次（31.5kA），分闸时间不大于 0.06s，机械寿命 6000～10000 次。

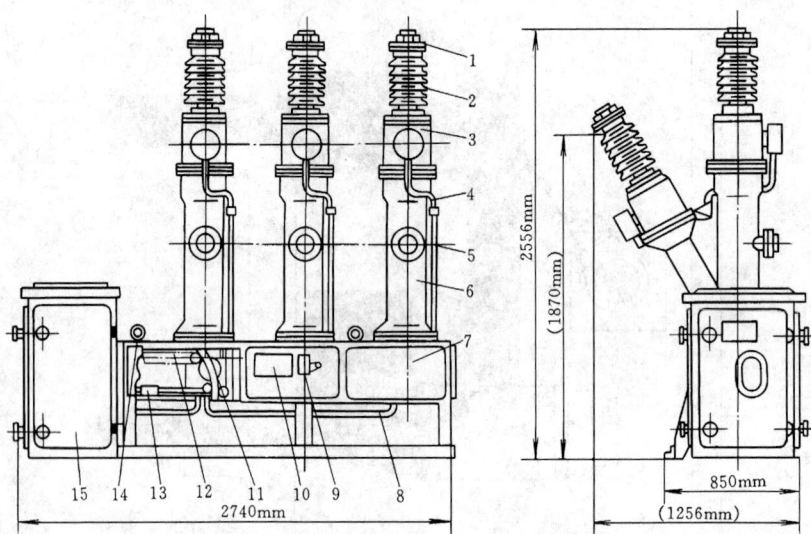

图 7-7　LW8-35 型 SF$_6$ 断路器外形结构图

1—出线帽；2—瓷套；3—电流互感器；4—互感器连线护套；5—吸附器；
6—外壳；7—底架；8—气体管道；9—分合指示；10—铭牌；11—传动箱；
12—分闸弹簧；13—螺套；14—起吊环；15—弹簧操动机构

LW8-35 型 SF$_6$ 断路器本体为三相分立的落地罐式结构。主体由瓷套 2、电流互感器 3、灭弧室单元、吸附器 5、传动箱 11 和连杆组成，配有 CT14 型弹簧操动机构。该断路器采用压气式灭弧原理。吸附器内装有吸附剂，其作用是吸附灭弧后生成的微量低氟化物和金属氟化物。传动箱为钢板焊接构件，其功能是将机构输出的水平运动，通过拐臂转换成提升杆的垂直运动，从而带动动触头分合闸。

四、少油断路器

少油断路器中的油仅作为灭弧介质及触头间的绝缘，而用空气、陶瓷或有机绝缘材料作为相与相或相与地间的绝缘。因此，少油断路器油量少，体积小，防爆性能好，耗用钢材少，价格便宜。在我国 3～220kV 系统中应用数量最多。但随着电网改造，无油化步伐的加快，10kV 油断路器的产量据 1998 年统计只有 12% 左右。

1. 在油中开断电流的情况

少油断路器在油中开断电流时，触头间将产生电弧。电弧的高温使油迅速蒸发和分解，于是电弧便在油蒸气和油分解后产生的氢气、甲烷、乙烯和乙炔形成的气泡中燃烧。在上述气体中，氢气约占 70%～80%，而且氢气的导热性能好，有很强的扩散作用。开断电弧时，如果使电弧在绝缘材料制成的灭弧室中燃烧，利用灭弧室内升高的压力（可达几十兆帕），使电弧迅速拉长，同时氢气和其他气体对电弧产生强烈的冷却和去游离作用，电弧将很快熄灭。

2.油吹灭弧室原理

目前少油断路器的灭弧方法属于自能式熄弧,其灭弧室有纵吹灭弧室、横吹灭弧室、环吹灭弧室和机械油吹灭弧室等几种基本形式。油断路器的灭弧室是多种灭弧原理的组合运用。

图7-8所示为纵吹灭弧室,灭弧室2固定在静触头1的下面,由耐电弧高温的灭弧隔板和高强度的绝缘筒3构成,在灭弧隔板之间形成多层油囊4。分闸时,动触头5向下运动产生电弧,使油囊内的油迅速分解,产生高压力的气泡,迫使灭弧室内的油和气体通过灭弧隔板中间的圆孔向上纵吹电弧,使电弧冷却和熄灭。其特点是冷却效果好,产生气体压力高,结构简单,但开断大电流有困难,灭弧时间长,不利于重合闸。

图7-9所示为横吹灭弧室,合闸时,动触头1自上向下与静触头6接触,此时,动触杆恰好将横吹弧道口5堵死。分闸时,首先在横吹弧道与静触头之间形成高压力的气泡,当横吹弧道被打开后,压力迅速释放,横向吹弧,使电弧快速熄灭。其特点是开断能力强,灭弧时间短,适合开断大电流,但开断小电流时由于电弧能量小,吹弧效果差,燃弧时间长。

3.少油断路器的特点

(1) 检修周期短,维护工作量比真空断路器和SF_6断路器大。

(2) 防爆性能比多油断路器好,而且体积小,质量轻。

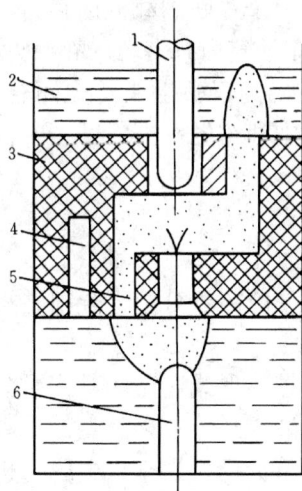

图7-8　纵吹灭弧室原理图
1—静触头;2—灭弧室;3—绝缘筒;4—油囊;5—动触头

(3) 静触头一般在上部,分闸时动触头向下运动而高温气体向上运动(逆流原理),这样电弧不断与冷油接触且带电粒子很快被排出弧道,去游离速度快,燃弧时间短。

4.SN10-10型少油断路器

SN10-10系列少油断路器是国内联合设计的户内式断路器,包括Ⅰ、Ⅱ、Ⅲ三种型式。Ⅰ型额定电流为630A和1000A,额定开断电流16kA。Ⅱ型额定电流为1000A,额定开断电流31.5kA。Ⅲ型额定电流为1250、2000A和3000A,额定开断电流40kA。短路电流开断次数不超过3次,额定电流开断次数不超过200次。该断路器配用CT8型弹簧式或CD10型电磁式操动机构,在10kV系统中是数量最多一种断路器。

SN10-10Ⅰ、Ⅱ和SN10-10Ⅲ/1250型断路器的外形结构基本相似,如图7-10所示。断路器由框架、传动系统和箱体三部分组成。框架2用于支撑油箱1和传动部分,它由角钢和钢板焊接而成。在框架2上装有分闸限位器(图中未画出)、合闸缓冲器11、分闸弹簧10、传动主轴6和轴承、支持绝缘子3等。传动主轴上焊有几个拐臂,一个通过绝缘传动拉杆4与油箱基座上的外拐臂相连,一个与分闸弹簧相连,另

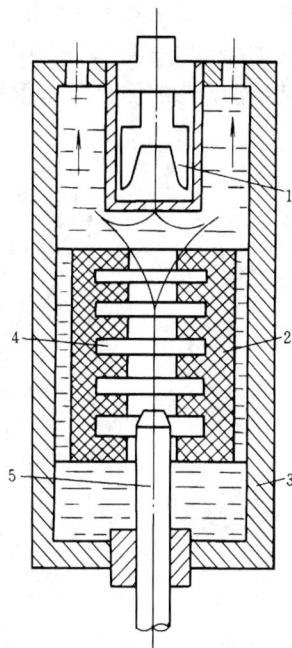

图7-9　横吹灭弧室原理图
1—动触头;2—油;3—灭弧室;4—空气垫;5—吹弧道;6—静触头

外一个通过垂直拉杆与操动机构相连（图中未画出）。断路器每一相本体用两只支持绝缘子固定。传动部分由主轴 6、轴承以及上述的垂直拉杆和绝缘传动拉杆 4 等组成，用于将操动机构的动力传给油箱中的动触头。箱体中部是灭弧装置，采用纵横吹和机械油吹联合作用的灭弧室。

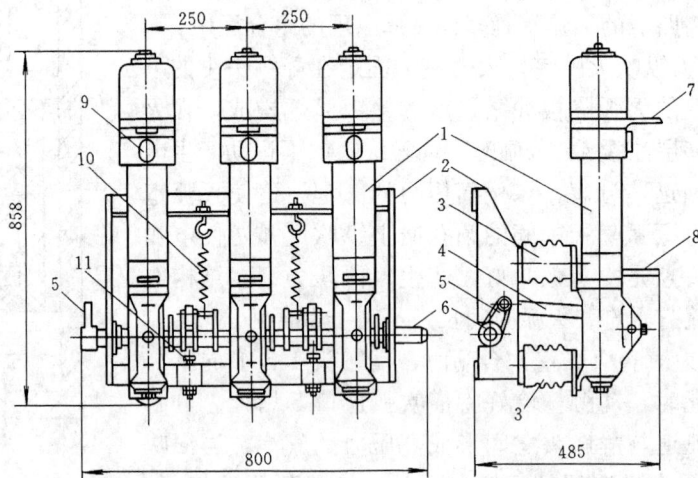

图 7-10　SN10-10Ⅰ、Ⅱ和 SN10-10Ⅲ/1250 型断路器外形图

1—油箱；2—框架；3—绝缘子；4—传动拉杆；5—拐臂；6—传动主轴；
7—上出线座；8—下出线座；9—油标；10—分闸弹簧；11—合闸缓冲器

SN10-10Ⅲ/2000 和 SN10-10Ⅲ/3000 型断路器的外形如图 7-11 所示，副油箱由上下出线座 1 和 4、半透明绝缘筒及基座组成。副油箱 3 的作用是在通过负荷电流时，增加一个并联的载流回路，不需要它来提高灭弧能力。因此副油箱内只有动、静触头，没有灭弧室。合闸时，主油箱 4 的灭弧触头首先闭合，副油箱触头后接通。分闸时，副油箱触头先断开，主油箱灭弧触头后断开。

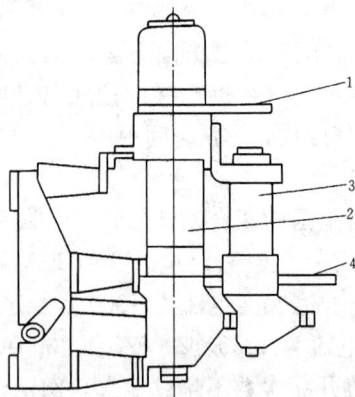

图 7-11　SN10-10Ⅲ/2000 和
SN10-10Ⅲ/3000 型断路器外形图

1—上出线座；2—主油箱；
3—副油箱；4—下出线座

五、断路器的操动机构

1. 操动机构的用途和类型

断路器的操动机构是用来使断路器分闸、合闸并将断路器保持在合闸位置的装置。

根据断路器合闸时所用能量的形式，操动机构可分为手动式、电磁式、弹簧式和液压式等几种类型。手动式操动机构是靠人力合闸，弹簧分闸，具有自由脱扣机构。一般只适用于开断不超过 6.3kA 的电流。液压式操动机构工作压力高，操作平稳无噪声，适用于 110kV 以上的高压和超高压断路器。

2. 电磁式操动机构

电磁式操动机构是利用电磁铁驱动断路器合闸，在合闸的同时，使分闸弹簧拉伸储能。分闸时利用电磁式脱扣器通过传动系统使之释放能量，由分闸弹簧使断路器分闸。

电磁式操动机构现有 CD、CD2、CD3、CD10、CD11、CD14、CD17 等产品，各配用于

不同的断路器。其中 C 表示操动机构，D 表示电磁式，数字表示设计序号，它既代表设计的先后，也表示不同厂家的产品。合闸电磁铁线圈的额定电压为 110V 或 220V。由于断路器合闸时要克服分闸弹簧做功，因此电磁式操动机构要有大功率的电源。断路器分闸时的能量已由分闸弹簧储存，故分闸脱扣线圈要求的功率很小。

CD10 型电磁式操动机构配用 SN10 - 10 型少油断路器，其外形结构如图 7 - 12 所示，它由自由脱扣系统、电磁系统和缓冲系统等几部分组成。

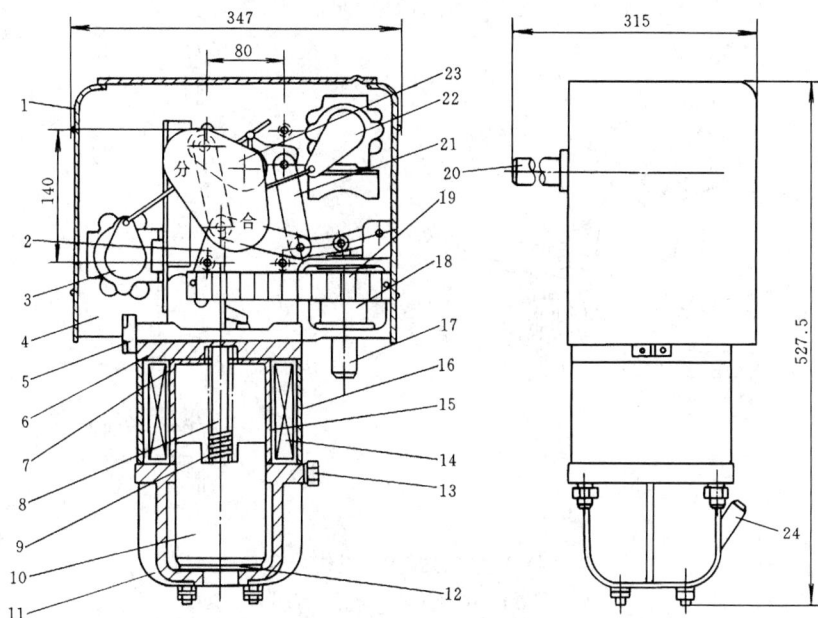

图 7 - 12 CD10 型电磁操动机构外形结构

1—外罩；2—擎子；3—信号用辅助开关；4—铸铁支架；5—合闸接线端子；6—方形缓冲板；7—黄铜隔磁板；8—合闸铁芯顶杆；9—压缩弹簧；10—合闸铁芯；11—缓冲法兰；12—橡胶衬垫；13—接地螺钉；14—合闸线圈；15—黄铜圆筒；16—磁轭；17—分闸铁芯；18—分闸线圈；19—控制回路接线端子；20—主轴；21—五连杆；22—辅助开关；23—分合闸指示牌；24—合闸摇臂

自由脱扣系统位于机构的上部，它由铸铁支架 4、五连杆 21、擎子 2 组成。在铸铁支架 4 右下方装有分闸铁芯 17，右上方装有 F4 - 2Ⅱ/W 型辅助开关 22，左下方装有 F4 - 8 型辅助开关 3 及合闸接线端子 5，中间装有控制回路用接线端子 19，以上部分用外罩 1 盖住，由外罩中间的圆窗可以观察到主轴上的分合闸指示牌 23 所示的"分""合"字样。分闸铁芯露出，供调整时手动分闸之用。

电磁系统位于机构的中部，包括合闸线圈 14、合闸铁芯 10、磁轭 16、方形缓冲板 6。为了防止合闸铁芯吸合时出现黏附现象，在方形缓冲板下面装有黄铜隔磁板 7，同时为了保证合闸铁芯吸合后迅速落下，沿合闸铁芯顶杆 8 轴向装有压缩弹簧 9。为防止合闸铁芯上下运动而磨损合闸线圈，在两者之间装有黄铜圆筒 15。

缓冲系统位于操动机构下部，它由缓冲法兰（铸铁盖）11 及橡胶衬垫 12 组成，在盖的上部有接地螺钉 13，下部装有手动合闸摇臂 24 用的轴承。

CD10 型操动机构的分、合闸动作过程，如图 7 - 13 所示。

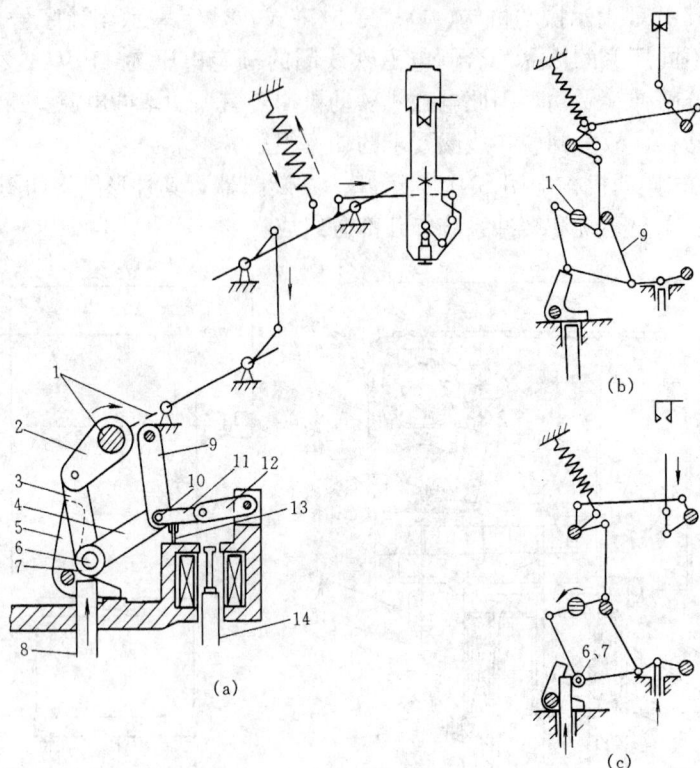

图 7-13 CD10 型电磁式操动机构分合闸动作过程

(a) 分闸位置；(b) 合闸位置；(c) 自由脱扣过程

1—固定转轴；2—拐臂；3、4、9、11、12—连杆；5—擎子；6、10—可
动转轴；7—滚子；8—合闸顶杆；13—螺栓；14—分闸顶杆

操动机构合闸前位置如图 7-13（a）所示，螺栓 13 顶住连杆 11，使连杆 11、12 基本成一直线，即"死点"位置，可动转轴 10 不能移动，此时连杆 4、3 及拐臂 2 组成四连杆。当合闸线圈通电，合闸铁芯向上运动，其合闸顶杆 8 顶着滚子 7 上行，此时各部件的运动方向如图 7-13（a）中箭头所示，断路器合闸。当合闸铁芯向上运动到终点位置时，擎子 5 在弹簧（图中未画出）的作用下恢复到图 7-13（a）所示的原始位置。这时可动转轴 6 高于擎子 5 的端面，转轴 1 顺时针转动，与转轴相连的 F4-2Ⅱ/W 型辅助开关切断合闸线圈电源，合闸铁芯向下跌落，滚子 7 下行，可动转轴 6 落在擎子 5 的端面上，使断路器保持在合闸位置。合闸铁芯一直下落到橡胶衬垫上，合闸动作完成，如图 7-13（b）所示。断路器合闸后，分闸弹簧拉伸储能。

当断路器分闸时，分闸铁芯 14 以一定的速度向上冲击，分闸顶杆撞击连杆 12，使连杆 11、12 向上运动，脱离"死点"位置，转轴 10 向右移动，在分闸弹簧作用下，转轴 6 沿擎子 5 端面滑脱，转轴 1 逆时针转动，断路器分闸。同时转轴带动 F4-2Ⅱ/W 型辅助开关切断分闸线圈电源，分闸铁芯 14 落下，连杆 11、12 恢复原状，如图 7-13（a）所示。

操动机构具有自由脱扣性能。在合闸过程中，合闸铁芯顶杆 8 顶着滚子 7 向上运动，此时若分闸线圈励磁，则分闸顶杆将使"死点"位置无法保持，合闸顶杆虽然向上运动，而滚子 7 却从其端面掉下，从而实现自由脱扣功能，如图 7-13（c）所示。

3. 弹簧式操动机构

弹簧式操动机构是利用已储能的合闸弹簧使断路器合闸。使合闸弹簧储能的动力是电动机，人力也可以使合闸弹簧储能。断路器合闸的同时也使分闸弹簧储能，以使断路器能在脱扣器作用下分闸。

弹簧式操动机构有CT2、CT7、CT8、CT9、CT10、CT11、CT12、CT17等产品，其中T表示弹簧式。

CT8型弹簧式操动机构可配用SN10-10及ZN14-10型断路器。图7-14为CT8型弹簧式操动机构的结构示意图，它可以用电动机带动偏心轮1储能，也可以由手摇动储能手柄2储能。断路器分闸后，合闸弹簧未储能时，各部件的位置如图7-14（a）所示。

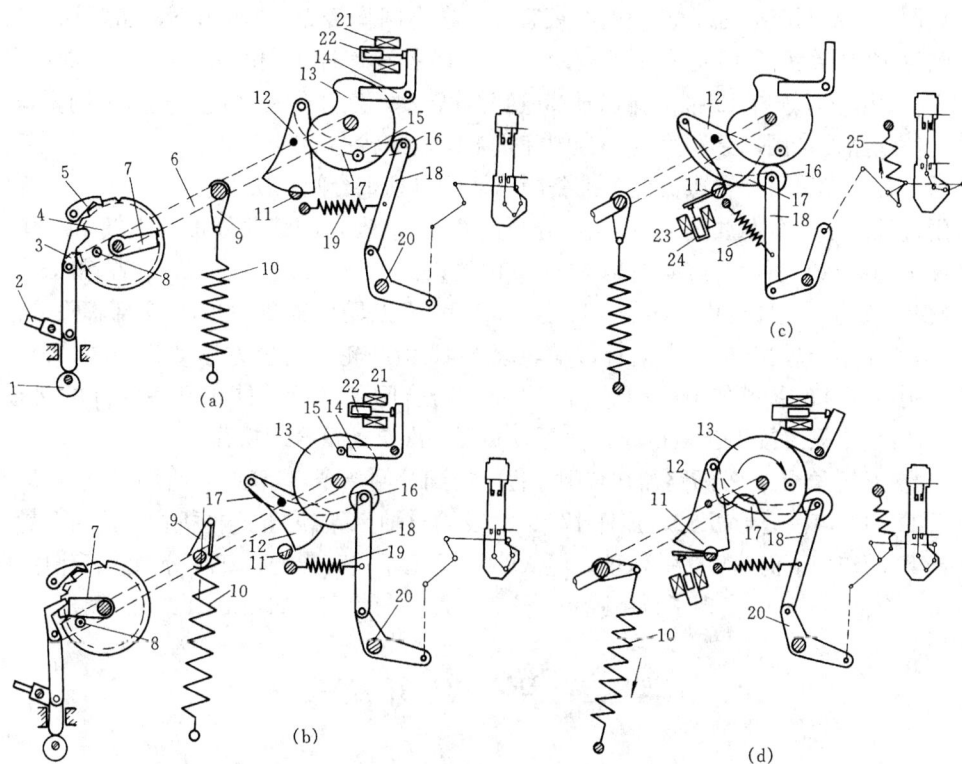

图7-14 CT8型弹簧操动机构的结构示意图

（a）断路器已分闸，储能弹簧未储能；（b）已储能，未合闸；（c）已合闸，未储能；（d）自由脱扣

1—偏心轮；2—手柄；3—驱动棘爪、靠板；4—棘轮；5—保持棘爪；6—储能轴；7—驱动板；

8—销；9—挂簧拐臂；10—合闸弹簧；11—半轴；12—扇形板；13—凸轮；14—定位件；

15、16—滚轮；17、18—连杆；19—复位弹簧；20—输出轴；21—合闸线圈；22—合闸铁芯；

23—跳闸线圈；24—分闸铁芯；25—分闸弹簧

储能过程如下：偏心轮1或手柄2使驱动棘爪3上下摆动，推动棘轮4顺时针转动。由于棘轮4与储能轴6是真空的，故开始时只是空转。驱动板7固定在储能轴6上，当棘轮上的销8随棘轮转到与驱动板7靠住后，储能轴6也随之顺时针转动。固定储能合闸弹簧10的一端挂簧拐臂9也随储能轴顺时针转动，拉伸合闸弹簧10储能。固定在储能轴6上的凸轮13随轴6转动，当挂簧拐臂9转过轴6的中垂线后，如图7-14（b）所示，凸轮上的滚轮15就紧靠在定位件14上。凸轮13和储能轴6被固定住，合闸弹簧保持在储能状态，储能动作到此结束，在挂簧拐臂 9 过中垂线时，推动一个行程开关（图中未画出），其触点断开储能电机的电源，同时驱动板 7 推动驱动棘爪 3 上的靠板，将棘爪 3 抬起，保证驱动棘爪 3 与棘轮 4 可靠脱离。这样，即是电动机继续转动，也不会将驱动棘爪和棘轮损坏。

在储能过程中，滚轮 16 被复位弹簧 19 拉着压在凸轮 13 上。储能结束时，滚轮 16 正好在凸轮 13 的凹部。此时半轴 11 和扇形板 12 也在各自的复位弹簧（图中未画出）牵引下恢复到彼此扣住的状态，连杆 17 的左端被固定。于是连杆 17、18 和连杆 18 与输出轴 20 间的拐臂组成四连杆机构。整个操动机构的各部件就处于图 7-14（b）所示的已储能但还未合闸的状态。

合闸过程如下：合闸线圈 21 励磁，合闸铁芯 22 被吸入，其顶杆推动定位件 14 顺时针转动，如图 7-14（b）所示，凸轮的约束解除，在合闸弹簧 10 的作用下，储能轴 6 顺时针转动，凸轮 13 压着滚子 16 向左下方运动。滚子 16 推动连杆 17 和 18，连杆 17 推动扇形板 12 与半轴 11 扣紧；连杆 18 推动输出轴 20 逆时针转动，通过传动系统，克服分闸弹簧 25 等的阻力。使断路器合闸。合闸完成，合闸弹簧未储能的状态如图 7-14（c）所示。断路器已经合闸后，合闸弹簧可以再次储能，准备断路器能自动重合闸一次。

分闸过程如下：分闸线圈 23 通电，分闸铁芯 24 被吸入，其顶杆推动半轴 11 顺时针转动，如图 7-14（c）所示，解除对扇形板 12 的约束。于是扇形板 12、连杆 17 和 18 及输出轴 20 的拐臂成为五连杆机构。滚子 16、连杆 17 和 18 及输出轴 20 的约束全部解除。在分闸弹簧 25 的作用下，输出轴 20 顺时针转动，滚子 16 沿凸轮向右上方运动。若这时合闸弹簧未储能，则各部件的状态如图 7-14（a）所示。若合闸弹簧已储能，则各部件的状态如图 7-14（b）所示，只要接到合闸指令，便可以实现一次自动重合闸操作。

自由脱扣过程如下：若断路器在合闸过程中接到分闸指令，半轴 11 将顺时针转动，解除对扇形板 12 的约束。扇形板 12、连杆 17 和 18 及输出轴 20 成为五连杆机构。这时凸轮 13 在合闸弹簧 10 的作用下仍然顺时针转动，但从动杆 18 已不受其影响，却在分闸弹簧作用下向右上方运动，断路器分闸，实现了自由脱扣。这时各部件的状态，如图 7-14（d）所示。

课题二　隔　离　开　关

内容要求

1. 了解隔离开关的用途、结构原理；
2. 了解隔离开关操动机构的类型。

一、隔离开关的一般知识

隔离开关的主要用途是保证电气装置检修工作的安全。用隔离开关将需要检修的部分，与其他带电部分可靠的断开隔离，检修工作人员就可以安全的检修电气设备而不会影响其他部分的工作。

隔离开关的触头全部敞露在空气中，可以明显地看到断开部位。隔离开关的动触头和静触头断开后，两者之间应保持一定的安全距离，以避免在电路中产生过电压时断开点之间发生闪络，保证检修人员的安全。

隔离开关没有灭弧装置，如果用隔离开关接通或断开负荷电流及短路电流，就会在隔离开关的触头间形成电弧，危及设备和人员的安全，造成重大事故。一般隔离开关只能在电路已经断开的情况下进行分合闸操作或者接通及断开符合规定的小电流的电路。除了隔离电源以外，用隔离开关可以进行的操作有：

（1）倒闸操作。在双母线接线中，利用隔离开关可以将设备或供电线路从一组母线切换到另一组母线上。

（2）接通或断开小电流电路。使用隔离开关可以进行下列操作：

1）接通或断开电压互感器和避雷器。

2）接通或断开母线的和直接连接在母线上设备的电容电流。

3）接通或断开变压器的接地中性点，但是当中性点接有消弧线圈时，应该在系统无接地故障时操作。

4）接通或断开励磁电流不超过 2A 的空载变压器和电容电流不超过 5A 的空载线路。

5）接通或断开电压 10kV 及以下，电流在 70A 以下的环路均衡电流。

隔离开关应有足够的动稳定和热稳定能力，并应保证在规定的接通和断开次数内，不会发生任何故障。

隔离开关的类型较多，按照安装地点分为户内式和户外式两种；按极数可分为单极式和三极式；按有无接地开关可分为带接地开关和不带接地开关的；按用途可分为一般用、快速分闸用和变压器中性点用；按触头运动方式可分为水平回转式、垂直回转式、伸缩式和插拔式等。

在检修与隔离开关连接的其他电器，需要三相短路接地时，使用带有接地开关的隔离开关非常方便。只要断路器断开后，断开隔离开关的工作隔离开关，接通接地开关，就将三相系统短路接地。检修完毕，断开隔离开关的接地开关，接通工作隔离开关，再接通断路器即可。隔离开关的工作隔离开关与接地开关的这种操作顺序，是由隔离开关的操动机构从结构上保证的。

二、户内隔离开关

户内隔离开关有单极式和三极式两种。一般为闸刀式结构，并多采用线接触触头。三极隔离开关有 GN2、GN6、GN8、GN10、GN16、GN19 等产品，其中 G 表示隔离开关，N 表示户内式，数字为设计序号。

图 7-15 为 GN19-10/400 型三极式隔离开关的外形图，其型号中 10 表示额定电压10kV，400 表示额定电流为 400A。隔离开关的动触头每相由两条铜质闸刀构成，用弹簧紧压在静触头两边形成线接触。这种结构的优点是当电流平均留过两片闸刀所产生的电动力 F，会使接触压力增大。为了提高短路时触头的电动稳定度，在触头上装有磁锁，它是由两闸刀片外侧的钢片组成，其作用原

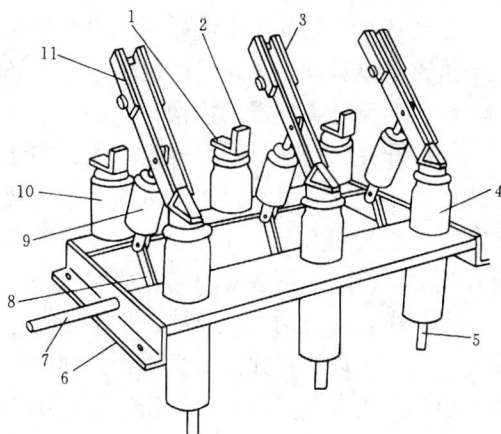

图 7-15 GN19-10/400 型三极隔离开关的外形图

1—上接线座；2—静触头；3—动触头；
4—套管绝缘子；5—下接线座；6—框架；
7—转轴；8—拐臂；9—升降绝缘子；
10—支柱绝缘子；11—钢片

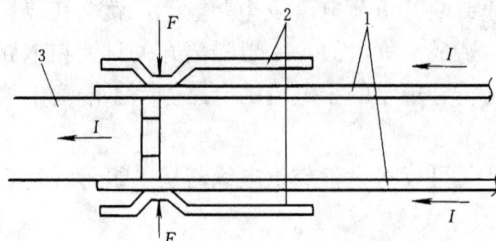

图 7-16　磁锁装置的作用原理图
1—平行闸刀；2—钢片；3—静触头

理如图 7-16 所示。当电流通过闸刀时产生磁场，磁通沿钢片及其空隙形成回路，而磁力线力图缩短本身的长度，使两侧钢片互相靠拢产生压力，因此提高了它的电动稳定度。

三、户外隔离开关

户外隔离开关的工作条件比较恶劣，要能适应风、雨、冰、雪、灰尘、严寒、酷暑等各种条件，故绝缘强度和机械强度都比同一电压级的户内设备高。户外隔离开关有单极、双极和三极等基本结构。其产品系列有 GW2、GW4、GW5、GW6、GW7、GW8、GW9、GW10、GW11、GW12 等，其中 W 表示户外式。

图 7-17 为 GW2-35G/600 型户外隔离开关的一相外形图，额定电压 35kV，额定电流 600A，G 表示改进型。每相有 3 只绝缘子，两端的绝缘子用于支持接线座及动触头等，中间的一个绝缘子在操动机构的作用下可以转动，转动时通过框架 5 使动、静触头接通或断开。动触头 6 的端部为扁平型，合闸时，它以窄面插入静触头 7，然后绕自身的轴转动，使宽面平放，撑开静触头。这样使动、静触头之间获得较大的接触压力，在转动过程中，通过接触面处的摩擦破坏了氧化层。分闸时，动触头先转动，后打开。动触头的转动是靠框架 5 的运动实现的。

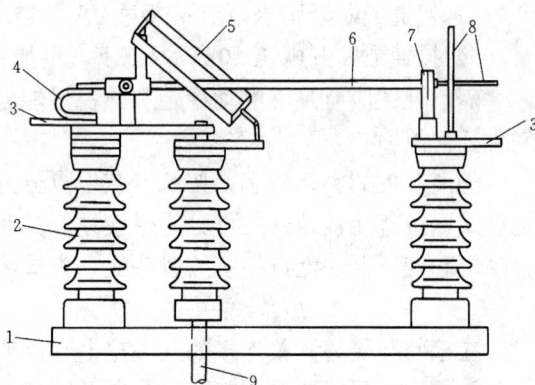

图 7-17　GW2-35G/600 型户外隔离开关
1—支座；2—绝缘子；3—接线座；4—软连接；5—框架；
6—动触头；7—静触头；8—引弧角；9—传动转轴

在动触头 6 断开小电流后，产生电弧，通过引弧角 8 使电弧向上运动，因此在电流某次过零值时电弧自动熄灭，可以避免电弧烧坏动触头和静触头。

四、隔离开关的操动机构

隔离开关的操动机构可分为手动式和动力式两类：手动式的又分为手动杠杆式和手动蜗轮式；动力式的有电动机蜗轮机构和电动液压机构。应用操动机构操作隔离开关，可以使操作方便、省力和安全，并便于在隔离开关和断路器之间实现闭锁，以防止误操作。当使用动力式操动机构时，可以对隔离开关实现远方控制和自动控制。

手动式操动机构结构简单，价格便宜，使用广泛，型号为 CS 系列，其型号中 S 表示手动式。其中手动杠杆式操动机构，是利用手柄通过传动杠杆，带动隔离开关运动，对隔离开关实现分闸或合闸操作，一般用于额定电流 3000A 以下的户内式或户外式隔离开关。手动蜗轮式操动机构，是利用摇把转动蜗杆和蜗轮，通过传动系统使隔离开关分闸或合闸，应用于额定电流大于 3000A 的户内式重型隔离开关。

图 7-18 所示为 GS6-1T 型手动杠杆式操动机构，T 表示全国统一设计。图中手柄 1 上的孔供连接拉杆用，拉杆的另一端连接隔离开关主轴上的拐臂。定位器 6 为一个销子，手柄 1 必须在定位器拔出后才能转动。在定位器处也可以安装电气或机械闭锁装置，以形成隔离

开关和断路器操作次序的连锁，也就是接通电路时，首先操作隔离开关，再操作断路器使电路接通，而断开电路时，操作顺序相反。

图 7-19 为 CS6-1T 型操动机构和 GN19 系列户内式隔离开关的一种连接方式。操动机构的手柄处于向上位置（实线），对应于隔离开关合闸；手柄处于向下位置（虚线），对应于隔离开关分闸。操动隔离开关时，通过连动臂 5，可操作辅助开关 7。辅助开关 7 的动分、动合触点，可以和位置信号电路或有关的控制、连锁电路连接。

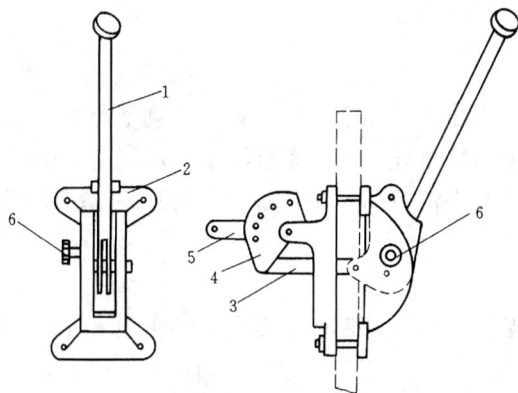

图 7-18　CS6-1T 型手动操动机构
1—手柄；2—底座；3—板片；
4—扇形板；5—杠杆；6—定位器

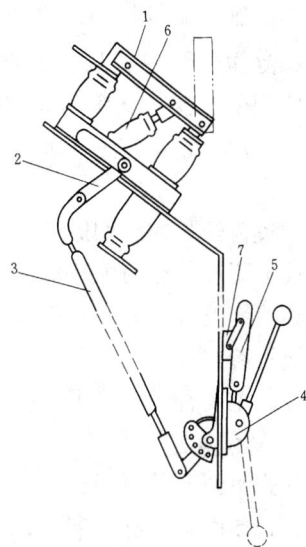

图 7-19　CS6-1T 型操动机构
与 GN19 型隔离开关的连接方式
1—隔离开关；2—拐臂；3—连杆；
4—CS6-1T 型操动机构；5—连动臂；
6—拉杆绝缘子；7—辅助开关

课题三　负　荷　开　关

内容要求

　　1. 了解负荷开关的用途与特性。
　　2. 了解负荷开关的结构原理。

　　负荷开关是一种结构比较简单，具有一定开断能力和关合能力的高压开关设备，其性能介于隔离开关和断路器之间。负荷开关大量用于负荷开关柜、环网供电单元及预装式变电站（箱式变电站）。在我国，随着城市电网的建设和改造，高压直接深入负荷中心，形成高压受电→变压器降压→低压配电的格局。负荷开关因为与熔断器配合保护变压器特性优良而广泛应用。现在系统中断路器与负荷开关的应用比例达到 2.5∶1。

一、负荷开关的用途与特性

　　负荷开关具有简单的灭弧装置，主要用于关合及开断负荷电流，并能通过规定的短路电流，但不能断开短路电流。在大多数情况下，负荷开关与熔断器配合使用，由熔断器进行短路保护。

负荷开关与熔断器配合构成的单元结构简单，价格低廉，当变压器内部故障时，限流熔断器可在 10ms 内切除故障，而断路器一般需要 60ms，因此保护变压器比断路器更有效。但为了防止熔断器单相熔断时设备非全相运行，必须由负荷开关配合动作，在熔断器撞击器的作用下脱扣，完成三相电路的开断。

按照灭弧介质及作用原理负荷开关可分为压气式、产气式、真空式和 SF$_6$ 式。按用途负荷开关分为一般型和频繁型两种，产气式和压气式为一般型，真空式和 SF$_6$ 式为频繁型。一般型分合操作次数为 50 次，频繁型为 150 次。机械寿命一般型为 2000 次，频繁型为 3000、5000 次和 10000 次。频繁型适用于频繁操作和大电流，而一般型用在变压器中小容量范围。

二、负荷开关的结构原理

现代负荷开关有两个特点：一个是具有三工位，即三个工作位置，也就是合闸位置、分闸位置和接地位置；另一个是灭弧系统与载流系统分开，灭弧系统不承受短路电流作用，而载流系统不参与灭弧。负荷开关的种类较多，其中油负荷开关和磁吹负荷开关已被淘汰，目前负荷开关主要种类有以下 4 种。

1. 产气式负荷开关

产气式负荷开关属于自能灭弧方式。开断时，灭弧材料在电弧高温的作用下气化并形成局部压力，使电弧受到强烈冷却和吹动，使电弧熄灭。分解出的气体有 H$_2$、O$_2$、CO 及其化合物，其中 H$_2$ 和 CO 具有强烈的灭弧性能。在小电流时，电弧能量不足以产生灭弧气体，这时主要靠气壁冷却效应或电动力驱使电弧运动，拉长电弧使之熄灭。

图 7-20 所示为一种产气式灭弧室。在这种灭弧室中，仅隔离开关和弧刀运动，而灭弧室本身不动。首先在主轴 1 和绝缘拉杆 2 的驱动下，打开隔离开关 3，即打开主触头，此时电流转移到保持触头 4 和随动弧刀 5 构成的随动系统。当主触头达到规定的开距后，保持触头处的随动弧刀脱扣，通过在此储能的弹簧就可以快速加速到分闸位置，接着在保持触头和随动弧刀尖端产生的电弧在灭弧室 8 中熄灭。

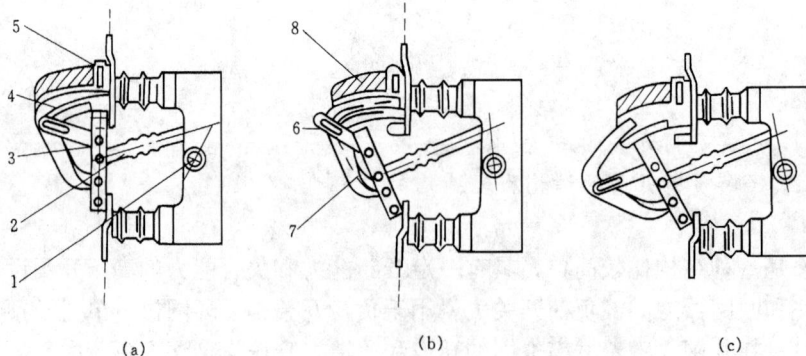

图 7-20　产气式负荷开关的灭弧过程

(a) 合闸状态；(b) 主触头断开；(c) 分闸位置

1—开关主轴；2—绝缘拉杆；3—隔离开关；4—保持触头；

5—随动弧刀；6—随动销；7—弹簧；8—灭弧室

2. 压气式负荷开关

压气式负荷开关是利用活塞和气缸在开断过程中相对运动压缩空气而熄弧。增大活塞和气缸容积，加大压气量，就可以提高开断能力，但由此也带来结构复杂和操作功率大等缺点。

图 7-21 为压气式负荷开关的典型结构，它依靠导电杆上下垂直运动而压气灭弧。在这种结构中，载流和灭弧仍然分开。压缩空气要由操动机构提供压缩功。

对压气式负荷开关，为了提高灭弧性能，有时也采用压气和产气混合作用结构。

3. 真空负荷开关

真空灭弧室适用于开断大电流和频繁操作。而真空负荷开关只开断负荷电流和转移电流，转移电流是指熔断器与负荷开关在转移开断职能时的三相对称电流值。当小于该值时，首相电流由熔断器断开，而后两相电流由负荷开关断开。这些电流远小于断路器的开断电流，因此真空灭弧室结构相对断路器要简单，而且管径小。但真空负荷开关只能完成接通和断开功能，如要完成三工位，结构上较复杂。图 7-22 为一种真空负荷开关的原理图，其真空灭弧室固定在隔离刀上，真空断口与隔离断口串联。熄弧由真空灭弧室来完成，主绝缘由隔离断口承担。关合时，隔离刀关合后真空灭弧室快速关合；断开时，真灭弧室先分断后隔离刀再打开，通过换向装置，隔离刀继续运动到接地位置。

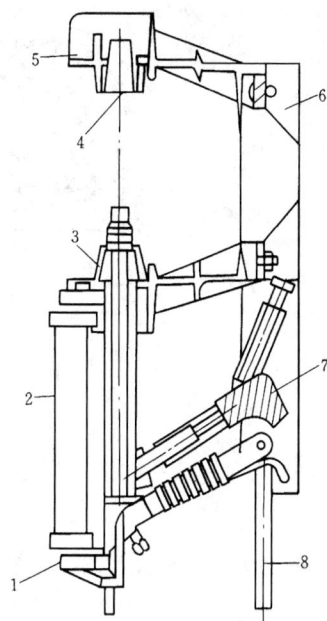

图 7-21 压气式负荷开关
1—熔断器底座；2—熔断器；
3—下绝缘子；4—上静燃弧触头；
5—钟形上绝缘子；6—框架；
7—主转轴；8—接地刀

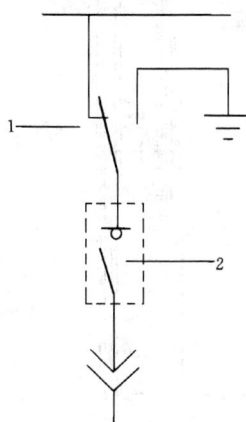

图 7-22 三工位真空负荷开关
1—转换开关；2—真空灭弧室

4. SF₆ 负荷开关

SF₆ 负荷开关在城市与农村电网中已经大量地使用。按灭弧原理分类有灭弧栅式、吸气与去离子栅混合式、永磁旋弧式和压气式，压气式又分为上下直动式和回转式，目前回转压气式使用较多。回转压气式的特点是通过动触头回转压气，完成断开和隔离，有的还完成接地功能，动触头回转形成双断口。

图 7-23 为一种环网供电单元使用的 SF₆ 负荷开关回转动作过程，通过回转达到三工位。

三、FN3-10R 型负荷开关

我国生产的负荷开关有 FW 系列和 FN 系列，其中 F 表示负荷开关，W 表示户外式，N 表示户内式，数字为设计序号。FN3-10R 型负荷开关的额定电压为 10kV，型号中 R 表示带有高压熔断器。

图 7-24 为 FN3-10R 型负荷开关的外形图，其上部为 FN3-10 型负荷开关，在框架 1 上装有 6 个绝缘子，其中上部 3 个是绝缘气缸，开关合闸时，灭弧触头通过气缸的喷口插入气缸内，灭弧触头接通电路后，闸刀 6 才和静触头 4 接触，成为通过电流的主电路，主电路

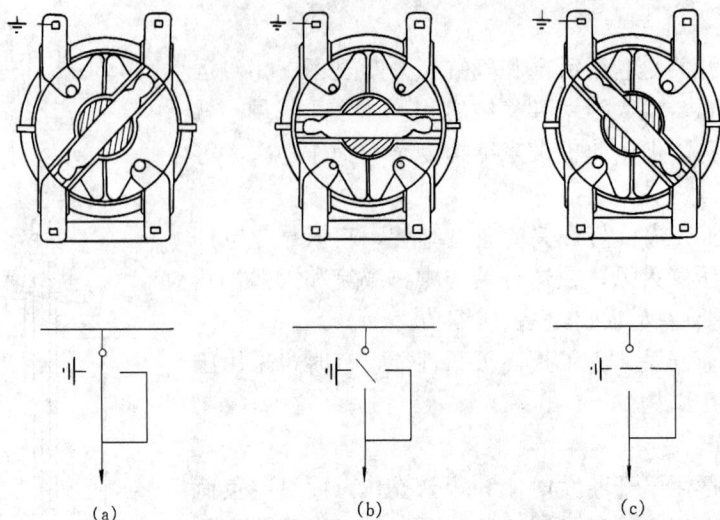

图 7-23 回转压气式 SF₆ 负荷开关动作过程
(a) 合闸位置；(b) 分闸位置；(c) 接地位置

与灭弧电路并联。开关分闸时，主电路先断开，主触头不会产生电弧。

在绝缘气缸 2 内有压气活塞，它与隔离开关（动触头）连动。操动机构使隔离开关 6 开断的同时，活塞也被压气驱动。在灭弧触头离开喷嘴时产生足量的压缩空气，电弧与喷口接触，喷口也会产生一定的气体，这两种气流强烈吹弧，使电弧迅速熄灭。

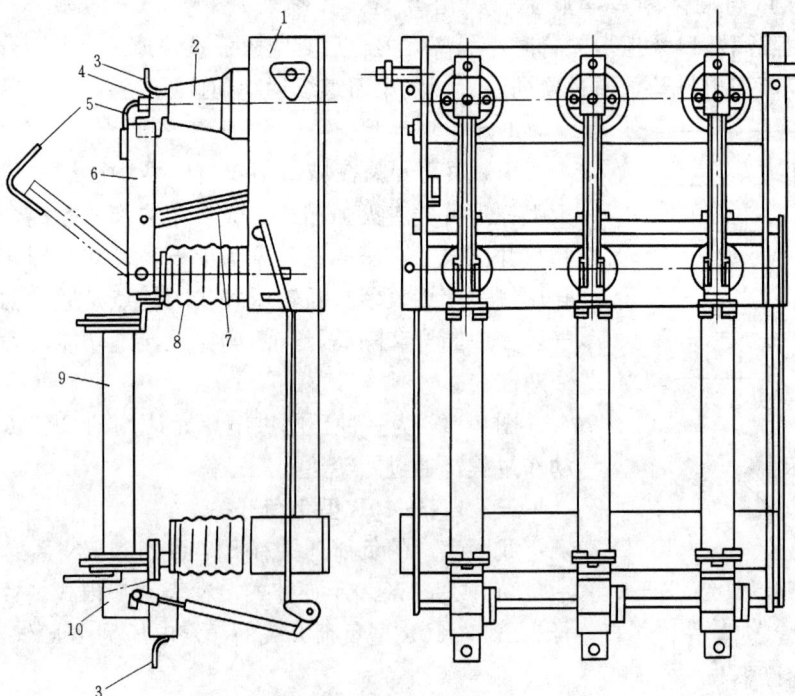

图 7-24 FN3-10R 型负荷开关的外形图
1—框架；2—绝缘气缸；3—接线座；4—静触头；5—灭弧动触头；6—闸刀；
7—绝缘拉杆；8—绝缘子；9—熔断体；10—热脱扣器

FN3-10R型负荷开关所带的熔断器装在下部。高压熔断器可装在负荷开关的电源侧或负荷侧，如果装在电源侧，那么熔断器能对负荷开关本身起到保护作用，但是在更换熔体时要带电作业。高压熔断器如果装在负荷侧时，不能保护负荷开关，但更换熔体时可以在负荷开关断开后无电时进行。

课题四　重合器与分段器

内容要求

1. 了解重合器、分段器的作用和类型。
2. 了解重合器、分段器在配电网中的应用情况。
3. 了解重合器、分段器的结构。

一、重合器与分段器的一般知识

在配电网自动化中，必须要有故障识别与恢复功能，要做到这点，所采用的开关电器就必须实现智能化，重合器和分段器就是具备这种功能的智能化的开关电器。

1. 重合器与分段器的作用

重合器是具有多次重合功能和自具功能的设备。所谓自具功能，是指重合器本身具备故障电流（包括过电流及接地电流）检测和操作程序控制与执行功能，而无需附加继电保护装置和提供操作电源。一般断路器只具有一次重合功能，而重合器具有多次重合功能，它能有效地排除瞬时性故障。

分段器是一种与电源侧上级开关设备相配合，在无电压或无电流的情况下自动分闸的开关设备。它串联于重合器或断路器的负荷侧，当发生永久性故障时，它在预定的"记忆"次数或分合操作后闭锁于分闸状态而将故障线路区段隔离，由重合器或断路器恢复对电网其他部分的供电，使故障停电范围限制到最小。当发生瞬时性故障或故障已被其他设备切除而没有达到分段器预期的记忆次数或分合操作时，分段器将保持在合闸状态，保证线路的正常供电。

2. 重合器与分段器的类型

重合器与分段器可以按照相别、控制方式和使用介质来分类。按相别可分为单相式和三相式；按灭弧介质有真空和SF_6气体，绝缘介质有变压器油、SF_6气体及干燥空气、发泡塑料等；按控制方式可分为液压控制和电子控制两类。

3. 重合器与分段器在配电网中的应用

重合器和分段器一般装设在柱上，简化了传统变电站的接线方式，取消了控制室、高压配电室、继电保护屏、电源柜、高压开关柜等设备，节省了大量建设投资，节省占地面积1/3，大大缩短了工期。

重合器和分段器实现识别故障与恢复功能有多种方案。其中主要有两种，一种是电流型方案，就是利用智能开关的电流—时间特性曲线，根据重合闸动作判断故障区段，并自动隔离永久故障区段，恢复对非故障区的供电。另一种是电压型方案，就是检测开关两侧的电压，根据电压信号来决定开关投入或闭锁。这两种方案都不需要信号通道，适合我国中小城市电网和农村电网的现状。

这里我们介绍重合器与分段器配合用于架空单环网的方案，如图 7-25 所示。

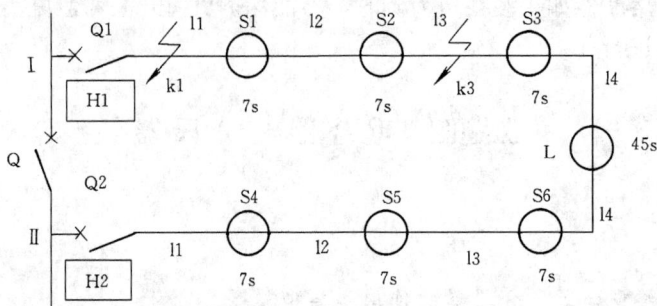

图 7-25　架空单环网方案

Q1、Q2—变电站内重合器，闭合，具备二次重合功能；

Q—变电站内母线联络断路器

柱上自动分段器在每个分段点一套，S 为分段点，正常运行时处于闭合状态；L 为联络作用，正常时为断开状态。H1 和 H2 为故障区段指示器，该装置能自动识别故障，进行故障定位、隔离故障以及进行电源自动转供，并可以指示故障段。全部过程在 1~2min 内即可完成。由于线路逐段送电，减小了合闸涌流。任一段线路永久性故障，所内第一次重合闸即可识别永久性故障并隔离故障、指示故障区段，第二次重合只是恢复送电操作，无需多次重合。它无需信号通道即可实现上述功能，并符合智能电器的要求，开关可实现手动和自动操作。

系统工作原理如下：设变电站第一次重合闸时间为 15s，第二次重合闸时间为 5s，分段器使用短延时，整定为 7s。

当永久性故障发生在 Q1 所带线路 l3 段 f3 点时，Q1 动作跳闸，15s 后 Q1 第一次重合，l1 段恢复供电，7s 后 S1 自动合闸，l2 段恢复供电，再经过 7s 后 S2 自动合闸于 l3 段时，Q1 再次断开，第一次重合失败，此时 S2 检测信号的时间低于整定时间，而 S3 只检测到故障点的残压，因此 S2 和 S3 同时闭锁，将 l3 段两端隔离，又经过 5s，Q1 第二次重合，7s 后 S1 合闸，l2 段恢复供电，以上共用时 41s。在 Q1 第一次断开的同时，联络点 L 只检测到单测信号，于是记时开始，经过 45s，L 自动合闸，将 l4 段的供电转至 Q2。

当永久性故障发生在 Q1 所带线路 l1 段 f1 点时，Q1 动作跳闸，15s 后 Q1 第一次重合，由于故障仍然存在，再次断开，此时 S1 由于检测信号时间低于整定时间，S1 闭锁，将 l1 段隔离。在 Q1 第一次断开时 L 计时，45s 后 L 合闸送电，将 Q2 电源自动转供至 l4 段，经过 7s，S3 闭合恢复 l3 段的供电，再经过 7s，S2 合闸送电至 l2 段，上述过程所需时间最长共需 59s。

二、重合器的结构

目前国内以 ZW1 型断路器为本体的 CHZ-12 型油绝缘真空重合器、以 ZW8 型断路器为本体的 CHZ-12 型干式真空重合器和以 LW3 为本体的 CHL-12 型 SF$_6$ 重合器为主流产品。其中 C 表示重合器，H 表示高压，Z 为真空式，额定电压为 12kV。

图 7-26 为 CHZ-12 型油绝缘真空重合器的本体结构图。它由真空断路器本体、电子控制系统和快速储能弹簧操动机构等三部分组成。开关本体为三相共箱式结构，箱体由导电回

路、绝缘系统、传动系统和密封体等组成。导电回路是由进出线导电杆、动静端支座 9 和 12、导电夹 13 与真空灭弧室 11 连接而成。外绝缘是通过套在进出线导电杆上的高压瓷套实现的。内绝缘为复合材料，主要是通过箱体内变压器油及绝缘隔板等来实现的，同时也解决了凝露的问题。

重合器主回路三相进线侧分别装设电流互感器，用来获取主回路电流信号提供给电子控制器进行检测和判别。电子控制器以单片机为核心，自带控制与保护，自备操作电源，采用长期充电方式，可以实现"三遥"控制功能，便于稳定安全可靠运行。

智能测控系统—电子控制器在一个小箱内安装后用电缆连接，固定在开关本体的下端。电子控制器采用微处理器结构，全户外运行设计，抗电磁干扰能力强，防雷电冲击、耐腐蚀、防尘、防水、适应低温环境与交变湿热条件。

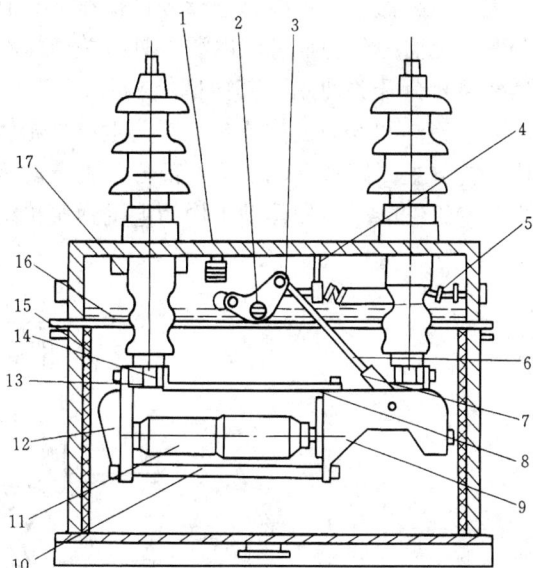

图 7 - 26　CHZ - 12 型油绝缘真空重合器的结构图
1—分闸缓冲装置；2—三相主轴；3、7—拐臂；4—支撑件；5—分闸弹簧；6—绝缘操作杆；8—绝缘板；9—动端支座；10—绝缘杆；11—真空灭弧室；12—静端支座；13—导电夹；14—夹板；15—绝缘纸板；16—变压器油；17—电流互感器

当重合器的负荷侧线路发生故障时，故障电流通过装在断路器本体内主回路上的电流互感器而送入电子控制器，控制器对此电流信号进行处理和判别，如果判定此电流大于预先整定的最小动作电流时，控制电路启动，按预先整定的动作程序，自动的向操动机构发出指令进行分合闸操作。在程序进行的过程中，每次完成重合闸动作后，控制器都要检测故障信号是否仍然存在，如故障已消除，控制器将不再发出分闸命令，直到预先整定的复位时间到来时自动复位，处于预警状态，而断路器本体保持在合闸状态，线路恢复供电；如故障仍然存在，那么控制器将继续按程序动作，直至完成整定的动作次数后闭锁，断路器本体最终保持在分闸状态。

当手动合闸于故障回路时，控制器只发出一次分闸命令而闭锁，这是对断路器本体的特别保护措施，可以避免重合器进行不必要的开断与闭合，同时提醒操作人员，线路故障尚未排除。

三、分段器的结构

分段器和重合器同样是一种有自具功能的开关设备，它与重合器最主要的区别是分段器没有短路开断能力，它只根据"记忆"的过电流脉动次数而动作。这里介绍 VSP5 型柱上自动配电开关，它在线路上可起分段器的作用。它识别故障和恢复供电的方式为电压型，用真空灭弧而用 SF_6 绝缘。额定电压 15.5kV，额定电流 630A，关合电流 31.5kA，电寿命 10000 次。VSP5 型柱上自动配电开关由真空断路器、开关电源变压器和故障检测装置三部分组成。

真空断路器主要对线路进行分合操作，具有手动及电动操作功能。电动操作时，失压自动分闸，无需另外施加分闸电源。具有关合短路电流、合分负荷电流的能力，可单独作为频繁操作型负荷开关使用。其内部结构如图 7-27 所示，它由开断元件、支撑元件、传动元件、基座箱体和操动机构等基本部分组成。箱体采用模压钢板焊接组装而成，形成一个气密结构。内分主回路和操动机构两部分，由金属板隔开，既保证不受气候环境的影响，又能增强内部绝缘性能。所配操动机构为电磁弹簧机构，采用低压合闸电源，具有很高的安全性和灵活性。

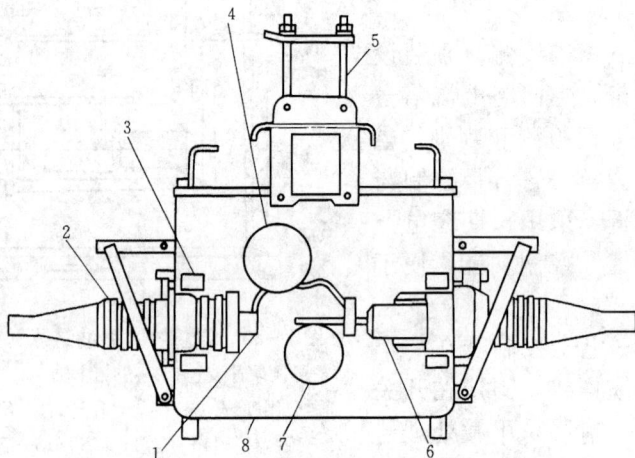

图 7-27　真空断路器内部结构

1—隔离断口；2—圆锥形模主绝缘套管；3—电流互感器；
4—绝缘轴（隔离断口驱动）；5—悬挂；6—真空灭弧室；
7—绝缘轴（真空灭弧室驱动）；8—密封箱体

开关电源变压器主要为断路器提供操作电源，并为故障检测装置及柱上遥控终端单元提供检测信号，连接于断路器的两侧，便于在多电源网络中应用。

故障检测装置是它的大脑，能根据线路的情况对断路器进行智能化操作，故障的定位、隔离和电源自动转供均由其实时自动完成。故障检测装置单独悬挂在柱上，不怕暴雨和强风。内部采用专用微处理器，利用存储器中预置的各种故障判据及调度命令，结合硬件电路实现开关的智能控制。对故障的判定不依赖于流经线路的电流，而采用采集故障电压的特性，这样就可以与配电网的运行方式无关，并且不存在选择性问题，可较好地适用于各种网络。同一台故障检测装置既可作分段用，又可作联络用。

小　结

高压断路器是供配电系统中主要的电气设备之一，它的主要作用是接通和断开正常工作状态的电路以及故障状态的电路，因此它的结构比较复杂，要求它具有承载、绝缘、关合和开断电流及一定的机械强度。断路器的参数就是表达上述各种能力的技术数据。

断路器按照灭弧介质可分为真空断路器、SF_6 断路器和油断路器等。真空断路器由于其良好的性能近年来在 35kV 及以下配电系统中投入较多。SF_6 断路器是利用一定压力的 SF_6 气体作为灭弧介质，在 220kV 及以上系统中得到了广泛的应用。油断路器由于检修周期短，维护工作量大，近年来逐渐被前两种断路器取代，但现在仍然是 10～220kV 系统中的主要设备。

断路器的操动机构有手动式、电磁式、弹簧式和液压式等几种。一般供配电系统中大多采用电磁式和弹簧式的操动机构。

隔离开关是保证高压装置检修工作安全的开关电器，它的作用是使被检修的设备与电路中带电部分之间形成可见的绝缘间隔。它的结构简单，没有专门的灭弧装置，只能接通或断开有电压无负荷的电路。

负荷开关在分闸状态时有明显的断口，可起隔离开关的作用，可以接通或断开负荷电流及接通规定的故障电流，与熔断器配合使用时可保护线路和变压器。当配装自动检测装置时，可作分段器使用。现代的负荷开关都具有三工位。

负荷开关按灭弧介质分类有产气式、压气式、真空式和 SF$_6$ 式等，按操作次数可分为一般型和频繁型。

重合器和分段器是配电网的智能化设备，它们的开断元件分别是断路器和负荷开关，它们的智能化元件分别是电子控制器和自动检测装置。当重合器和分段器与配电网中的其他设备恰当的配合时，能够起到自动隔离故障区段的作用。

习　　题

7-1　什么是高压开关？高压开关有哪些种类？

7-2　断路器的基本结构分为哪几部分？各有什么作用？

7-3　断路器的作用是什么？分为哪几种类型？

7-4　断路器有哪些技术参数？它们的含义是什么？

7-5　真空断路器、SF$_6$ 断路器和油断路器的灭弧原理各有哪些不同？

7-6　简述 SN10-10、ZN28-10、ZN12-10 及 LW8-35 的结构原理。

7-7　操动机构的作用是什么？说明电磁式和弹簧式操动机构的特点。

7-8　什么是自由脱扣机构？它的作用是什么？

7-9　隔离开关的作用是什么？为什么隔离开关不能接通或断开负荷电流？

7-10　用隔离开关可以进行哪些操作？

7-11　隔离开关可分为几类？基本结构如何？

7-12　用隔离开关切断负荷电流时，会产生什么后果？

7-13　接地开关的作用是什么？它与主隔离开关如何实现闭锁？

7-14　负荷开关的作用是什么？负荷开关如何分类？

7-15　现代的负荷开关有什么特点？

7-16　为什么负荷开关经常与熔断器配合使用？切除故障时的动作顺序如何？

7-17　什么是"自具"功能？哪些开关具有"自具"功能？

7-18　重合器与分段器有什么区别？如何配合？

7-19　简述重合器与分段器的分类及结构。

7-20　某线路装设重合器与分段器，重合器整定为 3 次，分段器整定为 2 次，当线路中发生永久性故障时，试说明各元件将如何动作？

电气设备选择

知识要点

1. 短路电流的电动力及发热效应。
2. 高压电器设备选择的原则。
3. 各种高压电器设备选择的方法。
4. 低压电器设备选择的原则、低压电器的配置和配合、短路点的确定。
5. 低压断路器的选择。
6. 低压熔断器的选择。
7. 接触器、热继电器和起动器的选择。
8. 闸刀开关的选择。
9. 低压载流导体的选择。
10. 限制短路电流的目的和方法。

供配电系统中的电气设备和载流导体,在正常运行和发生短路故障时,都必须可靠地工作。为了保证电气装置的可靠性和经济性,必须正确地选择电气设备和载流导体,从事供配电系统工作的人员应该了解常用电气设备和载流导体的选择条件,以便保证它们在允许条件下可靠地工作。本单元主要讲授常用电气设备和载流导体选择及校验的方法。

课题一 高压电气设备选择

内容要求

1. 了解短路电流的电动力及发热效应;
2. 掌握电动力及热效应的实用计算方法;
3. 掌握高压电气设备选择的原则;
4. 了解各种高压电气设备选择的方法。

一、短路电流的电动力及发热效应

当电气设备和载流导体在短时间内通过短路电流时,会同时产生电动力和发热两种效应。使电气设备和载流导体受到很大的电动力的作用,同时使它们的温度骤然升高,有可能使电气设备及其绝缘损坏。

(一) 短路电流的电动力效应

短路电流的电动力效应,是指在短路电流通过三相导体时,由于各相导体都处于相邻相电流所产生的磁场中,且短路电流的数值很大,导体将受到巨大电动力的作用。尤其是冲击短路电流通过时,电动力的数值会很大。如果导体的机械强度不够,导体将会变形或损坏。

因此，要求电气设备和载流导体有足够的机械强度，使其能够承受短路时电动力的作用。一般将电气设备和载流导体能够承受短路电流电动力作用的能力，称为电动力稳定，简称动稳定。

1. 两根平行载流导体间的电动力

当任意截面的两根平行导体中分别通过电流 i_1 和 i_2 时，考虑到导体的尺寸和形状的影响，导体间相互作用力的大小，可以按下式计算

$$F = 2Ki_1i_2 \frac{l}{a} 10^{-7} \tag{8-1}$$

式中 i_1、i_2——两根平行导体中电流的瞬时值，A；

l——平行导体的长度，m；

a——两平行导体轴线间的距离，m；

K——形状系数；

F——电动力，N。

电动力的方向与两导体电流的方向有关，电流同向时，电动力为引力使 a 减小；电流反向时，电动力为斥力使 a 增大。两根平行载流导体间的电动力如图 8-1 所示。电动力实际是沿导体长度均匀分布的，图中 F 是作用于导体中点的合力。

形状系数 K 与导体截面形状、尺寸及相间距离有关。供配电系统中 35kV 及以下母线大都采用矩形截面导体。对于矩形截面的导体，如截面的宽度为 h，厚度为 b，则对于不同的厚度与宽度的比值 $m = \frac{b}{h}$，形状系数 K 随 $\frac{a-b}{b+h}$ 而不同，变化曲线

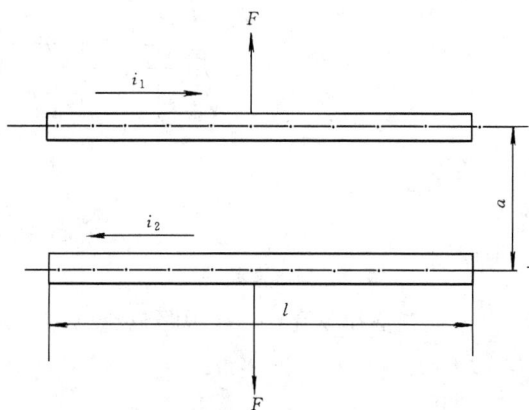

图 8-1　两根平行载流导体间的电动力

如图 8-2 所示。由图中可见，当 $m<1$ 时，$K<1$；当 $\frac{a-b}{b+h}$ 增大，即导体间的净距增大，K 趋近于 1；当导体间的净距足够大，即当 $\frac{a-b}{b+h} \geqslant 2$ 时，$K \approx 1$，这相当于电流集中在导体的轴线上，导体截面的形状对电动力无影响。对于圆形截面的导体，其形状系数 $K=1$。

2. 短路时的电动力

一般在同一地点发生两相或三相短路时，三相短路电流大于两相短路电流，所以在选择电气设备和载流导体时，应采用三相短路电流进行动稳定校验。

三相短路时，如三相导体平行布置在同一平面内，中间相所受到的电动力最大，其关系式为

$$F^{(3)} = 1.73K(i_{\text{imp}}^{(3)})^2 \frac{a}{l} 10^{-7} \tag{8-2}$$

式中 $i_{\text{imp}}^{(3)}$——三相短路时的冲击短路电流，A；

$F^{(3)}$——三相短路的电动力，N。

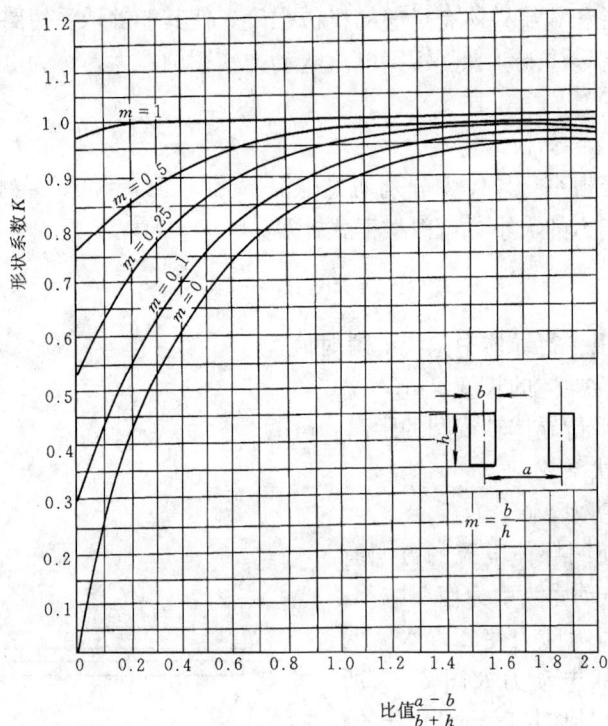

图 8-2 矩形截面导体的形状系数曲线

(二) 短路电流的热效应

电气设备和载流导体在短路电流通过时,虽然继电保护会立即动作,将短路电流切除,流过短路电流的时间很短,但因短路电流超过正常工作电流很多倍,温度仍然上升得很高。电器和导体在从空载到负荷电流流过,再从流过短路电流到短路切除的过程中的温度变化,如图 8-3 所示。在 t_1 时刻以前,设备未投入工作,此时设备的温度与周围环境温度 T_a 相同;从时刻 t_1 到时刻 t_2 设备投入工作,负荷电流 I_L 使其温度上升,稳定在 T_L;t_2 时刻发生短路,短路电流使其温度急剧上升,到 t_3 时刻短路切除时,温度达到最高值

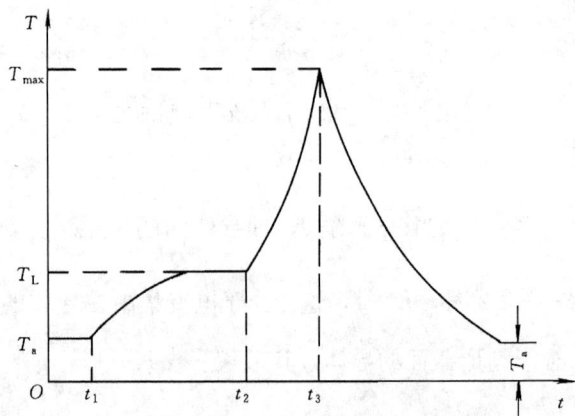

图 8-3 负荷电流及短路电流流过导体时的温度变化情况

T_{max}。t_3 时刻以后,如设备退出工作,则其温度下降到 T_a。

1. 长期负荷电流的发热

负荷电流长时间通过设备和导体,引起的发热称为长期发热。长期发热的特点是能够达到热平衡,当导体中产生的热量与向周围发散的热量相等时,导体的温度稳定在 T_L。若电流增大,发热量大于散热量,导体就会吸热使温度升高;若电流变小,发热量小于散热量,导体温度就要降低。

我国生产的各种电气设备，除熔断器、消弧线圈和避雷器外，基准环境温度为 40℃，长期发热允许温度按 80℃考虑。

裸导体、电线、电缆及电器中的载流部分，根据与其接触的绝缘材料的不同，导体接头连接方式的不同，以及导体本身材料的不同等因素，有不同的长期发热允许温度，见表 8 - 1。

2. 短路电流的发热

短路电流流过导体的时间很短，该段时间为自短路开始到短路切除为止，即等于电路中的保护动作时间与断路器的全分闸时间之和。由于短路电流作用时间很短，发热量很大，导体来不及散发更多的热量，可以认为全部的热量都被导体吸收，达到最大值 T_{max}。T_{max} 应低于电气设备和载流导体的短时最高允许温度，见表 8 - 1。

表 8 - 1　　　　　　　　　　导体的长期允许工作温度和短时最高允许温度

导体种类和材料		导体长期允许工作温度 （℃）	短路时导体最高允许温度 （℃）	热稳定系数 c 值
母线	铝	70	200	87
	铜	70	300	171
交联聚乙烯绝缘电缆	铝芯	90	200	80
	铜芯	90	230	135
聚氯乙烯绝缘导线和电缆	铝芯	65	130	65
	铜芯	65	130	100
橡皮绝缘导线和电缆	铝芯	65	150	74
	铜芯	65	150	112

一般把电气设备和载流导体在短路时，能承受短路电流发热的能力，称为热稳定。对于电气设备，一般只给出有关热稳定的参数，而不给出最高允许温度。

电流 I 流过电气设备或导体的发热量与持续时间 t 和 I^2 的大小有关，由 $I^2 t$ 代表，我们把 $I^2 t$ 称为电流的热效应。由于短路电流有周期分量和非周期分量，而且其数值随时间变化，故短路电流的热效应的表达式为

$$Q_f = \int_0^{t_f} i_{ft}^2 \mathrm{d}t = Q_p + Q_\alpha \qquad (8 - 3)$$

式中　t_f——短路电流持续时间，见图 8 - 3 中的 $t_3 - t_2$，s；

　　　i_{ft}——短路电流的瞬时值，A；

　　　Q_p——短路电流周期分量热效应，$A^2 s$；

　　　Q_α——短路电流非周期分量热效应，$A^2 s$。

在工程中，短路电流热效应的实用计算方法如下。

（1）周期分量热效应的计算

$$Q_p = \frac{(I'')^2 + 10 I_{p\frac{t_f}{2}}^2 + I_{pf}^{2t}}{12} t_f \qquad (8 - 4)$$

式中　I''——次暂态短路电流，A；

　　　$I_{p\frac{t_f}{2}}$——时间为 $\frac{t_f}{2}$ 时的周期分量有效值，A；

　　　I_{pf}^t——短路切除时的周期分量有效值，A；

t_f——短路电流持续时间，s。

在供配电系统中，由于短路点与电源的电气距离很远，大多数情况下，可按无限大容量系统进行计算，故上式可简化为

$$Q_p = (I'')^2 t_f \qquad (8-5)$$

（2）非周期分量热效应的计算。对于用户变电站，非周期分量热效应应按下式计算

$$Q_\alpha = 0.05(I'')^2 \qquad (8-6)$$

若短路电流持续时间 $t_f > 1s$ 时，导体的发热量由周期分量热效应决定。在此情况下，可以不考虑非周期分量热效应的影响。

二、高压电气设备选择的原则

电气设备在工作时，要承受各种电压的作用，包括电源电压的波动与冲击电压的作用，应保证带电部分之间以及带电部分与地之间的绝缘。当负荷电流长期通过设备时，其发热不应超过允许值。绝缘问题是电力系统的基本问题。与绝缘有关的是温度、湿度等环境条件和工作电压、工作电流等电气设备的正常工作条件。当短路电流通过设备时，设备应能够承受可能的最大短路电流的作用，而保证其动、热稳定。因此，选择电气设备的普遍原则是：按正常工作条件选择电气设备，按短路条件校验其动、热稳定。

（一）按正常工作条件选择

1. 高压电器使用的环境条件

高压电器使用的环境条件，有以下几方面：

（1）环境温度，户内为 $-5 \sim +40℃$；户外的下限一般不低于 $-30℃$，高寒地区为 $-40℃$。

（2）海拔高度，一般使用条件为海拔高度不超过 1000m，海拔超过的 1000m 地区称为高原地区。

（3）风速，不大于 35m/s。

（4）户内相对湿度，不大于 90%。

（5）地震烈度，不超过 8 度。

（6）无严重污秽、化学腐蚀及剧烈振动等。

高压电器分为普通型、高原型、防污型、湿热带型等形式。在选择时应根据使用地区的环境条件，选择合适的类型。在选择高压电器的类型时，首先应区分户内型和户外型。在长江以南和沿海地区，如海南省、云南省的西双版纳地区、广东省的雷州半岛等地区，当相对湿度超过一般产品使用标准时，应选用湿热带型高压电器；其他地区可选用普通型高压电器。

在污秽地区，如距海岸 $1 \sim 2km$ 以内的盐雾地区及污染严重企业附近空气中含有二氧化硫、硫化氢、氨、氯等腐蚀性和导电性物质地区使用的电器，应选用能适应相应污秽等级的防污型电器。

对容易引起爆炸的矿山、井下以及有大量易燃、易爆气体或粉尘的工厂等，应选用防爆型电器。

2. 按工作电压选择

电气设备的额定电压应不低于设备安装处电网的额定电压。电气设备除具有额定电压的规定外，还有最高工作电压的规定。一般情况下，当额定电压满足工作条件时，最高工作电

压也能满足要求。

3. 按工作电流选择

电气设备的额定电流应不小于流过设备的计算电流。工作电流使设备发热，温度升高。设备工作时的温度与环境温度有关，当周围环境温度 T_a 和电器的额定环境温度 T_N 不等时，电器的长期允许电流 I_{pT} 可按下式修正

$$I_{pT} = I_N \sqrt{\frac{T_p - T_a}{T_p - T_N}} \qquad (8-7)$$

式中　I_N——电器的额定电流，A；

　　　T_p——电器的长期允许工作温度，℃。

当环境温度低于 40℃时，每降低 1℃可增加额定电流 0.5%，但最大负荷不得超过额定电流的 20%；当环境温度高于 40℃时，每升高 1℃，额定电流减少 1.8%。

(二) 按最大短路电流校验

1. 热稳定校验

对于一般电器，如开关电器等要求短路电流的热效应不大于设备允许发热，即

$$Q_f \leqslant I_t^2 t \qquad (8-8)$$

式中　I_t——t 秒内设备允许通过的热稳定电流的有效值，A；

　　　t——设备允许的热稳定电流作用时间，一般为 1s、2s 或 4s。

对于母线、电缆和绝缘导线通常采用最小热稳定截面进行校验。应满足以下条件

$$A \geqslant \frac{I_\infty^{(3)}}{C} \sqrt{t_f} \qquad (8-9)$$

式中　A——满足热稳定的导体实际截面，mm^2；

　　　C——导体的热稳定系数，$As^{-2}mm^2$，见表 8-1。

校验裸导体的热稳定时，短路电流持续时间一般采用主保护动作时间加断路器全分闸时间。如主保护有死区时，则应采用能对该死区起作用的后备保护动作时间，并采用在该死区短路时的短路电流。

校验电气设备及电缆热稳定时，短路电流持续时间一般采用后备保护动作时间加断路器全分闸时间。

对于断路器的全分闸时间，一般高速断路器为 0.1s、中速断路器为 0.15s、低速断路器为 0.2s。

2. 动稳定校验

通过设备的最大可能的短路电流应不大于设备额定动稳定电流峰值，即

$$i_{imp}^{(3)} \leqslant i_{Ns} \qquad (8-10)$$

式中　i_{Ns}——设备的额定动稳定电流（极限通过电流）峰值，kA。

3. 短路电流的计算条件

供配电系统中，校验短路稳定时，电源容量一般按无限大容量系统考虑，可以使计算简化，而且短路类型按三相短路进行考虑。

计算短路电流时短路计算点的选择原则是，应使所选择的电气设备和载流导体，通过最大可能的短路电流。

三、高压电气设备的选择

1. 高压断路器的选择

（1）选择高压断路器的类型。6～110kV 电压的断路器可选用真空断路器、SF₆ 断路器或少油断路器。

（2）根据安装地点选择户内型或户外型。

（3）断路器的额定电压不小于断路器安装地点的电网额定电压。

（4）断路器的额定电流不小于通过断路器的计算电流。

（5）断路器的额定开断电流不小于通过断路器的次暂态短路电流。

（6）热稳定校验短路电流热效应不大于断路器在规定时间内的允许热效应。

（7）动稳定校验。冲击短路电流不大于断路器的额定动稳定电流峰值。

（8）选择关合电流。断路器的额定关合电流不小于冲击短路电流。

（9）操动机构及有关参数的选择。6～110kV 的真空断路器、SF₆ 断路器及少油断路器一般配用电磁式或弹簧式操动机构，应根据具体情况选择它的操作电源的性质（DC 或 AC）及电压，某些情况下也可以选择液压操动机构。

2. 隔离开关的选择

隔离开关除不选开断电流及关合电流外，其余与断路器的选择和校验相同。

隔离开关一般采用手动操动机构，有时也可以配用电动操动机构。

3. 负荷开关的选择

（1）选择负荷开关的类型。选择负荷开关时除按环境条件外，还要考虑操作的频繁程度和操作方式，负荷开关除可以三相联动外，还可以逐相操作。

（2）负荷开关的额定电压不小于负荷开关安装地点的电网的额定电压。

（3）负荷开关的额定电流不小于通过负荷开关的计算电流。

（4）热稳定校验负荷开关的短路电流热效应不大于负荷开关在规定时间内的允许热效应。

（5）动稳定校验。冲击短路电流不大于负荷开关的额定动稳定电流峰值。

（6）负荷开关的额定关合电流不小于冲击短路电流。

（7）操动机构的选择。负荷开关操动机构是采用手动式、手动储能式还是动力操作，操作电路或电动机的电压、气压或液压的参数等，都要根据使用单位的具体条件来选择。配用手动操动机构的负荷开关，仅限于 10kV 及以下，其关合电流峰值不大于 8kA。

4. 高压熔断器的选择

（1）按环境条件选择。安装地点选择户内型或户外型。

（2）熔断器的额定电压应等于或高于安装处的电网额定电压，但若选择 RN 型户内限流熔断器或户外限流熔断器，其额定电压必须等于电网的额定电压。原因是这种熔断器熔断时将产生过电压，若将其用于低于它的额定电压的电网中，过电压倍数可达 $3.5\sim4U_\mathrm{p}$，有可能使电网中的其他设备损坏。若将其用于高于它的额定电压的电网中，则熔断时产生的过电压将引起电弧重燃，并难以熄灭，会导致熔断器爆炸损坏。当用在等于它的额定电压的电网中，熔断时的过电压倍数仅为 $2\sim2.5U_\mathrm{p}$，比设备线电压稍高一些，其他的设备可以承受，不会造成设备损坏。

RN2、RN6 型和 RW10-35/0.5、RXW10-35/0.5 型等限流熔断器专供电压互感器高压侧的短路保护用，其他 RN 和 RW 型作为小容量变压器、电力线路和配电系统的短路及过负荷保护用。

（3）按额定电流选择。按额定电流选择包括熔管和熔断体的额定电流。

熔管的额定电流应大于或等于熔断体的额定电流，以保证熔断器不致损坏。

选择熔断体时，应保证前后两级熔断器之间的选择性配合。对于保护 35kV 及以下电力变压器的熔断器，其熔断体额定电流可按下式选择

$$I_{NFE} = KI_{Tcom} \tag{8-11}$$

式中　I_{NFE}——熔断体的额定电流，A；

　　　I_{Tcom}——变压器回路计算电流，A；

　　　K——可靠系数，不考虑电动机自起动时，取 $K = 1.1 \sim 1.3$；考虑电动机自起动时，取 $K = 1.5 \sim 2.0$。

对于保护电力电容器的高压熔断器，为防止电路中由于电网电压升高及电容器投入和断开时产生的充、放电涌流而误动作，熔断体的额定电流可按下式选择

$$I_{NFE} = KI_{NC} \tag{8-12}$$

式中　I_{NC}——电力电容器回路的额定电流，A；

　　　K——可靠系数，对于跌落式高压熔断器，取 $K = 1.2 \sim 1.3$；对于限流式高压熔断器，当有一台电力电容器时，取 $K = 1.5 \sim 2.0$；当有一组电力电容器时，取 $K = 1.3 \sim 1.8$。

（4）熔断器开断电流校验。限流熔断器有最大开断电流和最小开断电流，流过熔断器的可能最大短路电流应小于其最大开断电流。当电源在最小运行方式时，短路电流要大于其最小开断电流，熔断器才能起保护作用。

户外跌落式熔断器的断路能力，也以断流容量的上限和下限表示。通过熔断器的最大短路电流应在熔断器开断电流的上限和下限之间。

（5）由熔断器保护的导体和电器的动稳定及热稳定校验。由熔断器保护的导体和电器，可不验算热稳定。校验动稳定时，若熔断器为非限流型，则用最大非对称短路电流校验由其保护的导体和电器；若熔断器为限流型，则用熔断器开断极限短路电流时的最大电流峰值，对由其保护的导体和电器进校验。

5. 电流互感器的选择

（1）按环境条件选择。根据安装地点（户内、户外）、安装使用条件等选择电流互感器的类型。35kV 以下户内配电装置，采用瓷绝缘结构或树脂浇注绝缘结构；35kV 及以上配电装置一般采用油浸瓷箱式绝缘结构的独立式电流互感器。在有条件时，如回路中有变压器套管、穿墙套管时，优先采用套管式电流互感器，以节约投资、减少占地。

（2）电流互感器的额定电压不小于电流互感器安装地点的电网的额定电压。

（3）测量用电流互感器的一次额定电流不小于通过电流互感器的最大工作电流，并尽量接近最大工作电流，使设备在正常最大负荷运行时，电气仪表的指针能在标度尺的 2/3 以上，就会使误差减小，便于读数。继电保护用电流互感器的一次额定电流，按继电保护的要求选择。

（4）选择电流互感器的准确级。电流互感器的准确级不得低于所供测量仪表的准确级，以保证测量的准确度。对于各重要回路的电能表，应为 0.5～1 级，相应的电流互感器的准确度应为 0.5 级。运行监视和控制盘上的电流表、功率表一般采用 1～1.5 级，相应的电流互感器的准确级应为 1 级。当仪表只供估计电气参数时，电流互感器可用 3 级。当用于继电

保护时，应根据继电保护的要求选用"B"或"D"级。

（5）校验电流互感器的二次负荷并选择二次导线的截面。电流互感器在一定的准确级下工作时，规定有相应的二次额定负荷，即在此准确级下允许的二次负荷最大值。当实际二次负荷超过此数值，准确度将下降。为保证电流互感器能在选定的准确级下工作，二次所接的负荷应不大于选定准确级下的二次额定负荷。电流互感器二次侧的导线截面应满足所选准确级对二次负荷数值的要求。二次侧导线采用铜芯控制电缆，考虑到机械强度的要求，导线的截面积不小于 1.5mm^2。

（6）热稳定校验。要求短路电流热效应不大于电流互感器在规定时间内的允许热效应。电流互感器的热稳定能力也可以用热稳定倍数 K_{ts} 表示。热稳定倍数 K_{ts} 等于规定时间内的热稳定电流 I_{t} 与一次额定电流 I_{1N} 之比。

（7）动稳定校验。内部动稳定校验时要求，通过电流互感器的最大可能的短路电流应不大于设备额定动稳定电流峰值。有时也用动稳定倍数 K_{es} 表示，动稳定倍数 K_{es} 等于电流互感器内部额定动稳定电流峰值 i_{Ns} 与一次额定电流 I_{1N} 之比。

短路电流不仅在电流互感器内部产生作用力，根据安装情况，相与相之间也将产生作用力到绝缘瓷瓶帽上。要求该作用力不大于电流互感器绝缘瓷瓶帽端部的允许作用力 F_{p}，相间作用力为

$$F^{(3)} = 0.5 \times 1.73(i_{\text{imp}}^{(3)})^2 \frac{a}{l} 10^{-7} \tag{8-13}$$

式中　a——电流互感器安装处母线的相间距离，m；

　　　l——绝缘瓷瓶帽到最近的支柱绝缘子的距离，m。

系数 0.5 是考虑作用力的分布，认为在距离 l 上的作用力中只有一半由电流互感器承受，另一半由支柱绝缘子承受。

6. 电压互感器的选择

（1）按环境条件选择。根据安装地点（户内、户外）、安装使用条件等选择电压互感器的类型。6～35kV 配电装置一般采用油浸绝缘结构；在高压开关柜或位置狭窄的地方，可采用树脂浇注绝缘结构。35～110kV 配电装置一般采用油浸绝缘结构电磁式电压互感器，当容量和准确度满足要求时，可以采用电容式电压互感器。110kV 及以上线路侧的电压互感器，当线路上装有载波通信设备时，统一选用电容式电压互感器。

（2）电压互感器一次侧的额定电压 U_{1N} 应大于或等于所接电网的额定电压 U_{NS}。电网的额定电压 U_{NS} 的变动范围应满足

$$1.1U_{1N} > U_{NS} > 0.9U_{1N} \tag{8-14}$$

（3）选择电压互感器的变比及结构形式。

1）若负荷需要如图 8-4（a）或（b）所示的接线，则电压互感器的一次额定电压，变比为 $U_{1N}/0.1\text{kV}$，一般 $U_{1N} \leqslant 35\text{～}60\text{kV}$。

2）若负荷需要如图 8-4（c）或（d）所示的接线，对于中性点直接接地的 110kV 及以上系统，图 8-4（c）中每个单相电压互感器的变比是 $\dfrac{U_{1N}}{\sqrt{3}}/\dfrac{0.1}{\sqrt{3}}/0.1\text{kV}$；对于中性点不接地或经消弧线圈接地的 35～60kV 系统，图 8-4（c）中每个单相电压互感器的变比是 $\dfrac{U_{1N}}{\sqrt{3}}/$

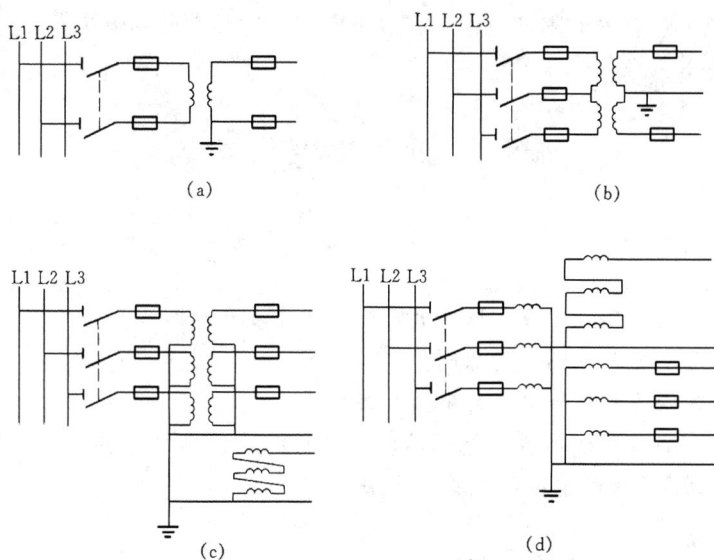

图 8-4 电压互感器接线图

(a) 一只单相的接线；(b) 两只单相接成 V，v 接线；(c) 三只单相
接成 YN，yn，开口 d 接线；(d) 三相电压互感器的接线

$\frac{0.1}{\sqrt{3}}/\frac{0.1}{3}$kV；对于 6～10kV 系统，可以用三相五柱式电压互感器，只需使其一次电压等于

电网额定电压即可，也可以用三个单相电压互感器，每相变比同 35～60kV 系统。

（4）选择电压互感器的准确级。电压互感器准确
级选择的原则参照电流互感器准确级的选择。选定准
确级后，要求在此准确级下的二次额定容量不小于电
压互感器的二次负荷。

7. 并联电容器的选择

（1）确定电容器补偿容量。选择并联电容器以提
高功率因数到预定值时，并联电容器的容量计算参考
第三单元补偿容量的计算。

（2）确定并联电容器的主接线方式。并联电容器
三相总容量确定后，应确定主接线方式：三角形或星
型接线。高压并联电容器装置通常都采用图 8-5（a）
所示的主接线，可避免因某一并联电容器击穿而造成
相间短路。低压并联电容器装置通常采用图 8-5（b）
所示的主接线，低压三相并联电容器已在内部接成三
角形。

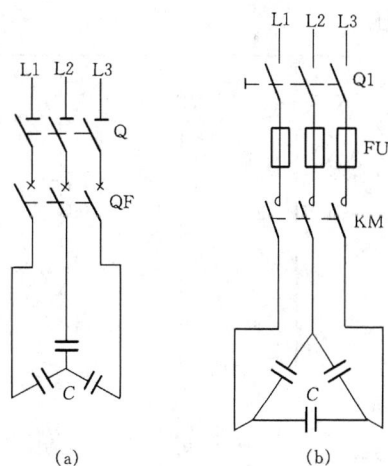

图 8-5 并联电容器装置的主接线方式

(a) 高压并联电容器主接线；

(b) 低压并联电容器主接线

（3）根据电容器的安装地点可选择户内型或户外型。

（4）并联电容器的额定电压应和所加的端电压一致。若所加电压高于并联电容器额定电
压时，电容器损坏；若所加电压低于并联电容器额定电压时，并联电容器达不到应有的额定
无功功率，将得不到充分利用。

（5）选择附加电器。在已确定并联电容器的容量后，最好选用成套补偿装置。否则，在

选电容器后，还要选有关的附加电器，如放电电器、抑制谐波的电抗器 过电流保护设备和过电压保护设备等。

课题二 低压电气设备选择

内容要求

1. 掌握低压电气设备选择的原则。
2. 了解短路点确定的原则。
3. 掌握各种低压电器的配置和配合情况。
4. 掌握低压断路器、低压熔断器、接触器、热继电器、起动器、闸刀开关和低压导线的选择和校验的方法。

一、概述

1. 低压电气设备的选择原则

低压电气设备选择的一般原则与高压电气设备的选择原则相同，既要使所选电器在正常时可靠运行，又要能够承受短路电流的破坏作用。

选择低压电器时应注意所有低压电器都应满足的共同条件：正常工作条件、工作制、使用类别、安装类别、防污等级、外壳防护等级、防触电等级、电流种类与额定频率和额定电压等。

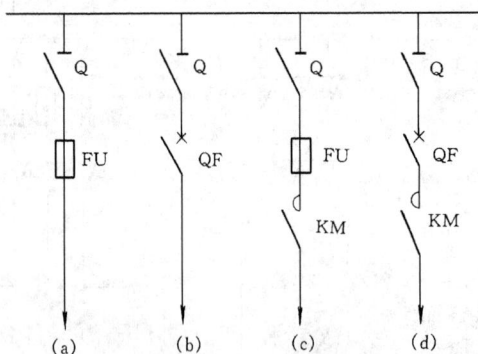

图 8-6 低压电器的配置

(a) 闸刀开关 Q 和熔断器 FU 串联的电路；(b) 闸刀开关 Q 和低压断路器 QF 串联的电路；(c) 闸刀开关 Q、熔断器 FU 和接触器 KM 串联的电路；(d) 闸刀开关 Q、低压断路器 QF 和接触器 KM 串联的电路

2. 短路点的确定

在选择低压电气设备时，要校验设备的通断能力，必须采用流过设备的最大可能的短路电流，因此短路点的确定原则和高压电路相同。不同点是，在低压回路中，几十米长的电缆也能显著影响短路电流的数值，因此在同一变压器供电的回路中，对不同的分支线路，由于电缆的截面、长度等的不同，要分别取短路点计算短路电流。

3. 低压电器的配置

每一用电设备及配电电路都要配置适当的配电电器和控制电器。按照它们的作用一般分为正常操作电器、过载保护电器、短路保护电器和检修时用的隔离电器。隔离用电器传统为闸刀开关，新产品为隔离器，这两种电器当额定电流较小时一般具有接通、断开额定电流的能力，兼有正常操作电器和隔离电器的作用。短路保护电器有低压断路器和熔断器，操作电器为适于频繁操作的接触器或起动器。低压断路器和起动器具有过负荷保护的性能。

在配电线路和电动机回路一般采用如图 8-6 所示的电器。

对于不重要的配电线路、不频繁起动的小容量电动机，常配置如图 8-6 (a) 所示的电器。用闸刀开关 Q 正常操作，熔断器 FU 作为过负荷保护和短路保护电器。

对于配电线路和不频繁起动的电动机一般采用如图 8-6（b）所示电器。低压断路器 QF 起过负荷保护和短路保护作用。对于照明分支干线经常采用一台断路器而不用闸刀开关。

对于频繁起动的电动机，常配置如图 8-6（c）或（d）所示的电器。KM 为接触器或起动器，供频繁操作之用。

4. 低压电器间的配合

当低压电路发生故障或事故时，要求装于同一处的过负荷保护和短路保护之间或上下级短路保护之间应该有选择性地动作，尽可能地把事故限制在最小的范围，使电路中非故障部分仍能继续工作，并将导体、电器设备损伤及火灾的危险限制到最小程度。

当相邻串联的短路保护电器为熔断器时，要求上下级熔断器的额定电流之比不小于过电流选择比即可满足选择性。当相邻串联的短路保护电器为低压断路器，或下级为熔断器，上级为低压断路器，要求同一坐标上的下级电器的时间/电流特性应在上级的特性之下，相隔一定的距离且无交点，如图 8-7 所示。

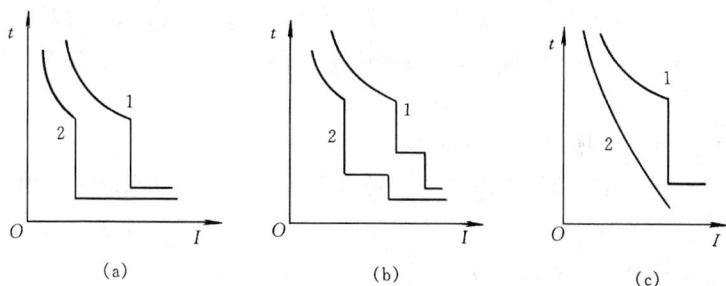

图 8-7　上下级短路保护电器保护特性的配合
（a）断路器的两段式时间/电流特性的配合；（b）断路器的三段式
时间/电流特性的配合；（c）熔断器（下级）和断路器的配合
1—上级电器的特性；2—下级电器的特性

在低压电路中，装于同一处的过负荷保护和短路保护可以是一台低压断路器，既能起过负荷保护作用，又能起短路保护作用。当电动机装有起动器，另配有断路器或熔断器作为短路保护电器，起动器起过负荷保护作用，如图 8-6（c）和（d）所示，这时起动器与短路保护电器的时间/电流特性应有交点，这样才能在全部电流范围内有连续的保护动作特性，并且此合成的动作特性应高于电动机的起动电流曲线，电动机起动时才不会动作，如图 8-8 所示。在运行状态下发生故障时，当故障电流小于图 8-8 中 a 或 b 所对应的电流时，起动器动作断开电路；当故障电流大于交点的对应值时，短路保护电器动作断开电路。如交点对应的数值过大，在短路保护电器动作前，短路电流可能使起动器损

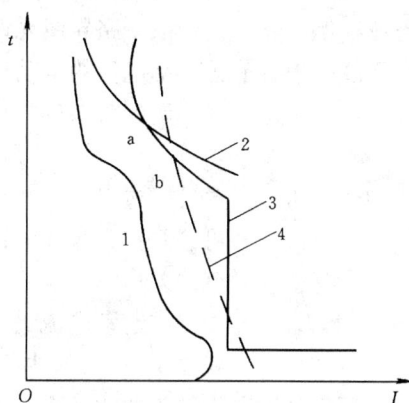

图 8-8　起动器与短路保护电器特性的配合
1—电动机的起动电流；2—起动
器的动作特性；3—断路器的动
作特性；4—熔断器的动作特性

坏。根据负荷的重要程度，交点对应的电流值一般可选择：电动机端子处短路时，起动器与短路保护电器为"c"型配合；起动器出线端短路时为"a"型或"b"型配合。b 型配合是除允许触头有轻度烧伤、熔焊外，还允许起动器的过负荷继电器的特性发生永久性改变。

随着配电变压器容量的增大，有些低压断路器的断路能力可能不够。这时可选择熔断器作为低压断路器的短路后备保护。两者动作特性曲线交点对应的电流应小于断路器的极限断路电流，也就是小于此值的短路电流由断路器断开，大于此值的短路电流由熔断器断开。

二、低压断路器的选择

(一) 配电用低压断路器的选择

1. 按电流选择

断路器脱扣器的额定电流 I_N 不小于线路的计算电流 I_{com}，不大于断路器的壳架等级额定电流 I_{Nm}，即

$$I_{Nm} \geqslant I_N \geqslant I_{com} \tag{8-15}$$

2. 选择欠电压脱扣器

低压断路器欠电压脱扣器额定电压等于线路额定电压。欠电压脱扣器的释放电压和吸合电压，通常由产品自定。一般释放电压为额定电压的 35%～40% 及以下，吸合电压为额定电压的 70% 及以上。

3. 选择分励脱扣器和操作机构的电压

低压断路器分励脱扣器的额定电压等于控制电源电压；电动操动机构的工作电压等于控制电源电压。

4. 过电流脱扣器的动作电流整定

当配电变压器低压侧出口到用电设备之间有多级断路器串联使用时，必须保证在过负荷或短路时有选择性地动作。低压断路器一般都具有反时限动作特性的过电流脱扣器、瞬时动作的过电流脱扣器和固定延时动作的过电流脱扣器。断路器选择时按式（8-15）整定的动作电流不能满足选择性的要求时，需重新选择。

(1) 反时限过电流脱扣器整定值可在所选断路器的整定值范围内确定，大于线路的计算电流，但一般不大于该线路导线允许载流量的 1.1 倍。3 倍长延时动作电流的可返回时间应大于线路中有最大起动电流的电动机的起动时间。

(2) 短延时（固定延时）过电流脱扣器动作电流整定值为

$$I_{set(s)} \geqslant 1.2[I_{st1} + I_{c(n-1)}] \tag{8-16}$$

式中　$I_{set(s)}$——短延时过电流脱扣器电流整定值，A；

　　　1.2——可靠系数，考虑统计计算负荷的误差、电动机起动电流误差、脱扣器动作电流误差；

　　　I_{st1}——回路中起动电流最大的电动机的起动电流，A；

　　　$I_{c(n-1)}$——减去 I_{st1} 以后的线路计算电流，A。

短延时过电流脱扣器的动作时间一般分为 0.2、0.4s 和 0.6s 三种，按前后保护装置保护选择性要求来整定，应使前一级保护的动作时间比后一级保护的动作时间长一个时间级差。

(3) 瞬时过电流脱扣器动作电流整定值为

$$I_{set(o)} \geqslant 1.2[1.7I_{st1} + I_{c(n-1)}] \tag{8-17}$$

式中 $I_{set(o)}$——瞬时过电流脱扣器动作电流整定值，A；

　　1.7——系数，考虑起动电流中的非周期分量。

5. 校验低压断路器的断路能力

（1）对动作时间 0.02s 以上的万能式断路器，其极限分断电路 I_{oc} 应不小于通过它的三相短路电流周期分量有效值 $I_p^{(3)}$，即

$$I_{oc} \geq I_p^{(3)} \tag{8-18}$$

（2）对动作时间 0.02s 及以下的塑壳式断路器，其极限分断电流 I_{oc} 或 i_{oc} 应不小于通过它的三相短路的冲击电流 $I_{imp}^{(3)}$ 或 $i_{imp}^{(3)}$，即

$$I_{oc} \geq I_{imp}^{(3)}$$

或

$$i_{oc} \geq i_{imp}^{(3)} \tag{8-19}$$

6. 校验低压断路器动作的灵敏性和选择性

灵敏性以灵敏系数 K_{sen} 衡量。灵敏系数为被保护线路末端短路的最小短路电流与断路器瞬时或延时过电流脱扣器整定电流之比。对于中性点直接接地系统以单相接地短路电流校验灵敏性；对于中性点非直接接地系统，以两相短路校验灵敏性。要求灵敏系数 K_{sen} 不小于 1.5。

校验动作的灵敏性后，在相邻串联的断路器之间还要校验动作的选择性。

低压断路器可不校验动稳定和热稳定，但其保护的母线应校验动稳定和热稳定，保护的绝缘导线和电缆应校验热稳定。绝缘导线和电缆的短时过负荷系数，对瞬时和短延时脱扣器，可取 4.5；对长延时脱扣器，作短路保护时取 1.1，只作过负荷保护时取 1。

（二）电动机用低压断路器的选择

保护电动机用的低压断路器与保护配电线路用的低压断路器的不同之处在于两者的反时限特性不同。保护电动机的低压断路器的整定方法如下：

（1）长延时电流整定值等于电动机额定电流；

（2）6 倍长延时电流整定值的可返回时间应不小于电动机的实际启动时间；

（3）瞬时动作电流整定值为：保护鼠笼式电动机的低压断路器可取 8～15 倍电动机额定电流，或考虑起动电流中的非周期分量，可定为 $1.7I_{st}$；保护绕线式电动机的低压断路器可取 3～6 倍电动机额定电流。

（三）照明电路用低压断路器的选择

低压断路器长延时动作特性曲线的起点为在约定时间内的约定不脱扣电流，约定不脱扣电流用标幺值表示，它是流过断路器的试验电流与电流整定值的比。约定不脱扣电流的值一般为 1.05，即约定不脱扣电流 $= \dfrac{\text{试验电流}}{\text{整定电流值}} = 1.05$。若电路的计算电流等于试验电流，则在约定时间内（一般为 1h 或 2h）断路器不脱扣。当计算电流确定时，若整定电流值稍大，则计算电流与整定电流的比值要小于约定不脱扣电流（1.05），断路器就不会脱扣。当电路过载时，脱扣时间由长延时动作特性确定。故脱扣器长延时动作电流整定值应略大于 $\dfrac{1}{1.05}$ 计算电流；瞬时动作值等于 3 倍或 6 倍计算电流。

【例 8-1】 已知电动机回路中绝缘电缆长度为 30m，芯线截面 95mm²，允许载流量 220A。电动机参数为：$P_N = 100kW$，$I_N = 182.4A$，$I_{st*} = 6.5$，不频繁轻负荷起动。电缆首

端短路电流 $I_{f1}=19.2kA$，末端短路电流 $I_{f2}=12.3kA$。试选择电缆首端的低压断路器，并进行整定。

解 由于电动机为不频繁的轻负荷起动，可选择电动机用断路器作为起动和过负荷保护用电器。

已知计算电流 $I_{com}=182.4A$，最大短路电流分别为 19.2kA 和 12.3kA。查找产品样本（见附表 8、9、10）选电动机保护用 DZ20Y-200 型三极塑料外壳式断路器，脱扣器额定电流 $I_N=200A$。额定断路电流 $I_{oc}=25kA$，6.0 倍额定电流可返回时间大于 3s，瞬时脱扣器整定电流值为 $8I_N$ 和 $12I_N$，断开时间 20ms。

长延时脱扣器动作电流可按计算电流 182.4A 整定为 200A，小于 1.1 倍导线允许电流 $1.1×220=242A$。6.0 倍额定电流可返回时间大于 3s。

瞬时脱扣器动作电流整定为 $1.7I_{st}=1.7×6.5×182.4=2020A$，取为 $12I_N=12×200=2400A$。

低压断路器断路能力校验。25kA>19.2kA，满足要求。

以线路末端两相短路电流校验灵敏性，则灵敏系数为

$$K_{sen}=\frac{0.866×12.3}{24}=4.44>1.5$$

满足要求。

【例 8-2】 有一条采用 BLX-500-1×50mm² 铝芯橡皮绝缘线明敷的 380V 三相三线制配电线路，计算电流为 145A，瞬时最大负荷电流为 260A；线路首端的短路电流 $I_{f1}=5.5kA$，末端短路电流 $I_{f2}=2.7kA$。当地环境温度为 30℃。试选择此线路首端装设的 DW15 型低压断路器及其过电流脱扣器参数，并进行校验。

解 已知 $I_{com}=145A$，查附表 10 初步选择 DW15-200 型低压断路器，其额定电流 $I_N=200A$。

过电流脱扣器选择电子式。其瞬时脱扣器整定值范围为 600～2000A，其整定值为 $1.2×1.7×260=530.4A$，取为 $I_{set(o)}=600A$。长延时脱扣器选择热脱扣器，整定值范围 80～200A，计算电流按 $I_{com}=145A$ 选择，整定为 160A。

校验低压断路器的断路能力。由附表 10 查得 DW15-200 的 $I_{oc}=20kA$，大于配电线路首端故障电流 $I_{f1}=5.5kA$，满足断路要求。

校验低压断路器的保护的灵敏性。以线路末端两相短路电流考虑，则灵敏系数 $K_{sen}=\frac{0.866×2.7}{0.6}=3.987>1.5$，故满足灵敏性要求。

校验低压断路器保护与导线的配合。导线 BLX-500-1×50mm² 明敷时的允许载流量，在 30℃时为 163A，设绝缘导线的短时过负荷倍数为 4.5，则绝缘导线的允许短时过负荷电流为 $4.5×163=733.5A$，瞬时脱扣器整定值为 $I_{set(o)}=600A$，可见满足配合要求。

三、低压熔断器的选择

1. 概述

选择低压熔断器时应注意的问题是：

（1）根据使用对象是专职人员使用，还是非熟练人员使用来选择熔断器的结构形式。

（2）注意非限流型和限流型的区别，常见的插入式（RC 型）为非限流型，熔断体的额

定电流不大于熔断器的额定电流。

（3）选择熔断体的额定电流后，还要选择熔断体的尺码。每一型号熔断器熔断体都分为几个尺码，每一尺码包括了额定电流不同的几个熔断体，它们的尺寸相同，都可装在与该尺码对应的熔断器支持件内。不同尺码的熔断体可以有相同的额定电流。额定电流相同但尺码不同的熔断体，因尺寸不同，不能互相代替。如 RT14 系列有填料封闭管式圆筒形熔断器的熔断体有三个尺码：$10×38$、$14×51$、$22×58$。尺码 $10×38$ 有额定电流分别为 2、4、6、10、16、20A 的熔断体；尺码 $14×51$ 有 2、4、6、10、16、20、32A 的熔断体；尺码 $22×58$ 有 10、16、20、25、32、40、50、63A 的熔断体。又如刀形触头熔断器按标准规定熔断体的尺码分为 00、0、1、2、3、4 共六挡。

（4）注意熔断体分断电流的范围和使用类别，若选用不当，则熔断体的保护特性和被保护设备的热特性不能很好配合，将达不到保护作用。

（5）非限流熔断器的额定电压一般等于或高于安装处电网的额定电压，但限流熔断器的额定电压若高于安装处电网的额定电压，则灭弧时产生的过电压可能使设备损坏。

（6）串联相邻两级熔断体的额定电流之比应不小于该型熔断体的过电流选择比，才能保证动作的选择性。

（7）熔断体选择后必须校验分断能力，其额定分断能力应不小于线路可能出现的最大短路电流。

2. 熔断体额定电流的选择

（1）熔断体额定电流 I_{NFE} 不小于线路的计算电流 I_{com}，以使熔断体在线路正常最大负荷下运行时也不致熔断，即

$$I_{NFE} \geqslant I_{com} \tag{8-20}$$

（2）熔断体额定电流还应躲过线路的瞬时最大负荷电流 I_{Lmax}，以使熔断体在线路出现瞬时最大负荷电流时不致熔断。应满足以下条件

$$I_{NFE} \geqslant KI_{Lmax} \tag{8-21}$$

式中　K——小于 1 的计算系数。对于单台电动机的线路，如起动时间 $t_{st}>3s$（轻载起动），一般取 $0.25\sim0.35$；$t_{st}\approx3\sim8s$（重载起动），一般取 $0.35\sim0.5$；$t_{st}>8s$ 及频繁启动或反接制动，一般取 $0.5\sim0.6$。对多台电动机的线路，视线路上最大一台电动机的起动情况、线路的计算电流与瞬时最大负荷电流的比值及熔断器的特性而定，一般取 $0.5\sim1$；如线路的计算电流与瞬时最大负荷电流的比值接近于 1，则取 $K=1$。

（3）熔断器保护还应与被保护的线路相配合，使之不致发生因线路过负荷或短路而引起绝缘导线、电缆过热甚至燃烧而熔断体不熔断的事故，即满足下列条件

$$I_{NFE} \leqslant K_L I_{pl} \tag{8-22}$$

式中　I_{pl}——绝缘导线和电缆的允许载流量，A；

　　K_L——绝缘导线和电缆的允许短时过负荷系数。当熔断器只作短路保护时，对电缆和穿管绝缘导线，取 2.5；对于明敷绝缘导线，取 1.5。如熔断器不止作短路保护还要求做过负荷保护时，如居住建筑、重要仓库和公共建筑中的照明线路，有可能长时间过负荷的动力线路以及在可燃建筑物构架上明敷的有延燃性外皮的绝缘导线线路，应取 1。

若按式 (8-20) 和式 (8-21) 两个条件选择的熔断体电流不满足式 (8-22) 的配合要求, 则应改选熔断器的型号规格, 或者适当增大导线和电缆线芯的截面。

3. 其他参数的选择和校验

(1) 熔断器的额定电压应 U_{NFU} 不小于安装地点的电网额定电压 U_{NS}, 即

$$U_{NFU} \geq U_{NS} \tag{8-23}$$

(2) 熔断器的额定电流应 I_{NFU} 不小于其本身的熔断体的额定电流 I_{NFE}, 即

$$I_{NFU} \geq I_{NFE} \tag{8-24}$$

(3) 熔断器的断路能力校验: 对限流熔断器, 由于可以在短路电流达到冲击值之前灭弧, 应满足以下条件

$$I_{oc} \geq I''^{(3)} \tag{8-25}$$

式中 I_{oc}——熔断器的断路电流, A;

$I''^{(3)}$——熔断器安装地点的三相次暂态短路电流有效值, A。

对于非限流熔断器, 由于它不能在短路电流达到最大瞬时值之前灭弧, 应满足以下条件

$$I_{oc} \geq I_{imp}^{(3)} \tag{8-26}$$

式中 $I_{imp}^{(3)}$——熔断器安装地点三相短路时的冲击短路电流有效值, A。

低压熔断器的动稳定、热稳定校验参考高压熔断器的选择部分。

(4) 熔断器保护的灵敏性校验。为保证熔断器在其保护范围内发生最小故障时能可靠的熔断, 要求灵敏系数 K_{sen} 不小于 4。

【例 8-3】   某异步电动机, 额定电压 380V, 额定容量为 18.5kW, 额定电流为 35.5A, 起动电流倍数为 7。采用 10mm² 的铝芯塑料线穿硬塑料管对电动机配电。采用 RM10 型熔断器作短路保护。$I''^{(3)}$＝2000A。当地环境温度为 30℃。试选择熔断器及其熔断体的额定电流, 并进行校验。

解   (1) 选择熔断器熔断体电流及熔断器电流。

计算电流为 I_{com}＝35.5A, 瞬时最大负荷电流 KI_{Lmax}＝0.3×35.5×7＝74.55A。查找产品样本 (见附表 18), 选择 RM10-100 型熔断器, 其 I_{NFU}＝100A, 而 I_{NFE}＝80A。

校验熔断器的断路能力。从附表查得 I_{oc}＝10kA, 由于 RM10-100 为非限流型, 则 $I_{imp}^{(3)}$＝1.09×2＝2.18kA＜10kA, 该熔断器的断路能力满足要求。

(2) 校验导线与熔断器保护的配合。

假设该电动机安装在一般车间内, 熔断器只作短路保护用, 由已知条件查找产品样本, 导线 BLV-500-1×10mm² 允许载流量为 I_{pl}＝35A (30℃)。导线的允许短时过负荷电流为 2.5×35＝87.5A, 大于熔断体的额定电流 80A, 满足配合要求。

四、接触器、热继电器和起动器的选择

1. 交流接触器的选择

接触器的选择除了按电压等一般条件外, 主要按电流选择, 但应注意以下几方面内容。

(1) 接触器的额定电流或额定接通、分断能力都和使用类别有关。

(2) 接触器的额定电流还与工作制有关, 同一接触器用于不同的工作制时, 允许电流是不相同的; 在断续工作制当中, 负荷因数不同, 额定电流和分断能力也不同。

(3) 用于断续工作制, 特别是点动工作制的接触器, 由于其接通或断开的负荷电流都可能比负荷的额定电流大, 还要校验接触器的通断能力。

（4）根据被控设备每小时的操作次数校验接触器的使用期限（电寿命）是否满足要求。

（5）根据控制电源的性质与参数选择接触器线圈的参数。

2. 热继电器的选择

在选择热继电器时，如果仅以电动机的额定电流作为选择的依据，是不恰当的。因为电动机的型式、起动特性、负载情况等，会影响热继电器的保护作用。

一般情况下，选择热继电器时应注意以下问题。

（1）电动机的型号、规格和特性。从原则上说，热继电器是按电动机的额定电流来选择，但对过载能力较差的电动机，其配用的热继电器的额定电流就要适当小些，一般取电动机额定电流的 60%～80%。

（2）定子绕组的连接方式。当三相异步电动机的绕组为星型连接时，需要选择一般的三极热继电器即可。若绕组为三角形连接，则必须选用带断相运行保护装置的热继电器。

（3）正常起动时的起动特性。为保证热继电器在电动机起动过程中不会误动作，在非频繁起动的场合，若起动电流倍数为 6、起动时间 6 s，一般可按电动机的额定电流选择。

（4）电动机的使用条件和它所驱动机械的性质。对于驱动不允许停车的机械所用的电动机，即使过载会使其寿命缩短，也不宜让热继电器动作，以免生产上遭受比电动机价格高许多倍的损失。这时应采用由热继电器和其他保护电器组合的装置，而且只有在最危险的过载时，才考虑脱扣。

（5）电动机负载的性质。在断续周期工作制时，应确定热继电器的允许操作频率。作可逆运行和密接通断的电动机，不宜用热继电器来保护，而应选择半导体电阻的装入式温度继电器。

3. 起动器的选择

起动器一般由接触器和热继电器组成，制造时已考虑了接触器和热继电器的参数配合，制造厂将热继电器按额定电流与接触器配合后列成表供用户选用。选用起动器时应注意以下问题。

（1）根据使用环境确定起动器是开启式（无外壳）的还是保护式（有外壳）的。

（2）根据线路的要求确定起动器是可逆式的或不可逆式的，是有热保护的还是无热保护的。

（3）根据被控电动机的功率确定起动器级别，而不是根据电动机额定电流选择，产品样本中所列的额定电流是从发热方面规定的。如果是保护式产品，由于散热条件较差，应使起动器在额定电流方面留有裕度。

（4）在各种工作制中都可应用起动器，但其操作频率在带热继电器时通常不得超过 60次/h；在不带热继电器且通电持续率不大于 40%时，额定负载下允许 600 次/h，如降低容量使用，允许提高到 1200 次/h。

（5）起动器是否具有断相保护功能，取决于其所配用的热继电器是否具有这项功能。

五、闸刀开关的选择

闸刀开关、隔离器以及它们与熔断器的组合电器都可以按电路中的计算电流选择，要求其额定电流不小于电路的计算电流。但是，当闸刀开关被用于控制电动机时，考虑到其起动电流达 6～7 倍额定电流，闸刀开关的额定电流一般取电动机额定电流的 3 倍左右。例如，电压 380V，4kW 的电动机要配用 30A 闸刀开关，5.5kW 电动机配用 60A 闸刀开关。

若电路中不是以熔断器作为短路保护电器，或者短路保护电器是非限流熔断器，这时应校验闸刀开关、隔离器承受短路电流的能力。

组合电器中的熔断器仍按熔断器的选择方法进行选择。

六、低压载流导体的选择

(一)母线的选择

在配电装置中，电流首先汇集到母线上，然后再从母线将电能分配到各支路。常用的母线材料是铜、铝和钢。

铜的导电能力强，机械强度高，抗腐蚀性强，是很好的导电材料。但是铜的储量较少，属于贵重金属。在变配电所中，除了在含有腐蚀性气体、有强烈振动的地区或使用空间狭小而使用铜母线外，一般都采用铝母线。铝的电阻率比铜高一些，约为铜的 1.63 倍。但储量大、比重小、加工方便，用铝母线比用铜母线经济。钢的电阻率很大，比铜大 7 倍，用于交流时有很强的趋肤效应，其优点是机械强度高和价格低，一般只应用在高压小容量回路、电流在 200A 以下的低压电路、直流电路以及接地装置中。

母线截面的形状有矩形、圆形和槽形等。在 35kV 及以下配电装置中，大多采用矩形截面母线。这是因为在同样的截面积下，矩形母线比圆形母线的周长要长，散热面积大，冷却条件好，也就是在相同的截面积和允许发热温度下，矩形截面母线要比圆形母线的允许工作电流大。为了改善冷却条件和趋肤效应的影响，并且考虑到母线的机械强度，一般铜和铝的矩形母线的边长之比为 1/5～1/12，最大的截面积为 $10 \times 120 = 1200 \text{mm}^2$。如果截面积还不能满足要求，可将几条母线并列组成。在 35kV 以上配电装置中，为了防止电晕，采用圆形截面母线，即钢芯铝绞线或管形母线。

矩形母线的固定方式有平放及竖放两种，如图 8-9 所示，母线在绝缘子上的放置方式

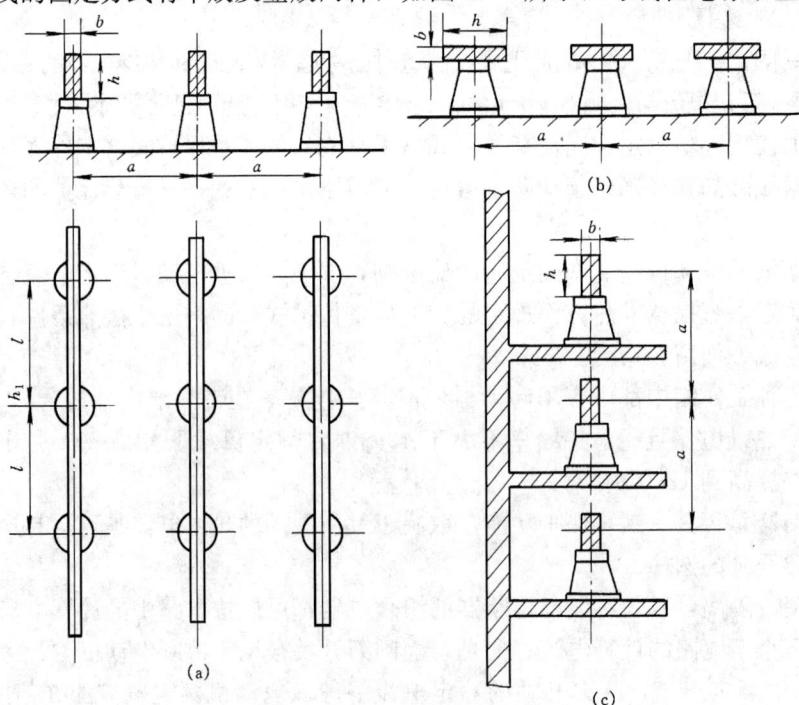

图 8-9 三相母线的布置方式

(a)、(b) 水平布置；(c) 垂直布置

和三相母线的布置方式会影响母线的散热和机械强度。母线平放比竖放散热条件差，允许工作电流小。母线水平布置竖放时，机械强度差，散热条件好。母线垂直布置竖放时，散热和机械强度都较好，但增加了配电装置的高度。

配电装置汇流母线截面积一般按长期允许电流选择，较长导体的截面应按经济电流密度选择并校验动热稳定。

（二）导线的选择

1. 导体类型的选择

（1）导体材料的选择。绝缘导线及电缆一般采用铝线。对于移动设备或有剧烈振动的场合、对铝有严重腐蚀而对铜腐蚀轻微、有爆炸危险或重要的操作回路，应采用铜芯绝缘导线或电缆。

（2）绝缘及护套的选择。低压配电线路常用的绝缘导线有以下几种：

1）塑料绝缘导线，其绝缘性能良好，制造工艺简便，价格较低，无论明敷或穿管都可取代橡皮绝缘导线。缺点是塑料绝缘对气候适应性较差，低温时容易变硬变脆，高温或日照下绝缘老化加快，因此，塑料绝缘导线不宜在户外敷设。

2）橡皮绝缘导线，氯丁橡皮绝缘电线耐油性好，不易燃，适应气候环境好，老化过程缓慢，适宜在户外敷设。

3）架空绝缘导线，其耐压水平较高，对于解决树木与导线间的绝缘及导线与建筑物的间隔距离非常有利。当发生断线时，仅在断线的两个端头有电，减轻了对外界的危险程度。低压绝缘线可采用集束性敷设方式。

4）地埋线，主要用于农村低压线路。同架空线相比，有节省投资、使用安全、抗御自然灾害的侵袭等优点。缺点是发生故障时寻找故障点困难。白蚁、鼠类等地下小动物活动频繁的地区，若埋深不够或无防范措施，会受到损害。

5）聚氯乙烯绝缘及护套电力电缆，也称为全塑电缆。其主要优点是制造工艺简便，对敷设高度差没有限制，质量轻，弯曲性能好，接头制作简便，价格低。

6）橡皮绝缘电力电缆，其弯曲性能较好，能够在严寒气候下敷设，特别适用于敷设线路水平落差大或垂直敷设的场合。它不仅适用于固定敷设的线路，也可用于定期移动的固定敷设线路。移动式电气设备的供电回路应采用橡皮绝缘橡皮护套软电缆。

（3）在低压配电系统中，对三相四线制供电线路，若第四芯为 PEN（保护中性线）线时，应采用四芯型电缆而不得采用三芯电缆加单芯电缆组合的方式；当 PE 线（保护线）作为专用而与带电导体 N 线（中性线）分开时，则应采用五芯型电缆。若无五芯型电缆，可用四芯型电缆加单芯电缆线捆扎组合的方式。PE 线也可利用电缆的屏蔽层、铠装等金属外护层。分支单相回路带 PE 线时，应采用三芯电缆。如果是三相三线制系统，则采用四芯型电缆，第四芯为 PE 线。

（4）铠装选择。对直埋敷设的电缆，在土壤可能发生位移的地段，如流沙、回填土及大型建筑物、构筑物附近应选用能承受机械张力的钢丝铠装电缆。塑料电缆直埋敷设时，若使用中可能承受较大压力和存在机械损伤危险时，应选用钢带铠装。电缆金属套或铠装外面应具有塑料防腐蚀外套。在导管或排管中敷设，宜选用塑料外护套或加强型铅保护套。

2. 导线和电缆的截面积选择

根据设计经验，对于低压动力线路，一般先按发热条件来选择截面积，然后校验机械强度和电压损耗。对于低压照明线路，由于对电压水平要求较高，所以一般先按允许电压损耗来选择截面积，然后校验发热条件和机械强度。导线的截面应不小于最小允许截面积，由于电缆的机械强度较好，因此电缆不必校验机械强度，但需要校验短路热稳定。

(1) 按发热条件选择相线截面积。按发热条件选择三相线路中的相线截面积 A_{ph} 时，应使其长期允许电流 I_{pl} 不小于相线的计算电流 I_{com}，即

$$I_{pl} \geqslant I_{com} \tag{8-27}$$

导体的长期允许电流 I_{pl} 的计算可参考式 (8-27)。按规定，选择导体所用的温度：在户外（含户外电缆沟），采用当地最热月的日最高气温平均值；在户内（含户内电缆沟），采用当地最热月的日最高气温平均值另加 5℃；直埋式电缆，采用埋深处的最热月平均地温，或近似地取当地最热月平均气温。

应注意的是，按发热条件选择的导体还应校验与其保护装置（熔断器或低压断路器）是否配合得当，否则应改选保护装置或适当增大导体截面。

(2) 中性线、保护线和保护中性线截面积的选择。按规定，三相四线制（TN 或 TT）线路中的中性线（N 线）的允许电流不应小于线路中的最大不平衡负荷电流，同时应考虑谐波电流的影响。一般三相负荷基本平衡电线路中的中性线截面积 A_0，应不小于相线截面积 A_{ph} 的 50%，即

$$A_0 \geqslant 0.5A_{ph} \tag{8-28}$$

对于三次谐波电流突出的三相线路，由于各相的三次谐波电流都要通过中性线，使得中性线电流可能接近或等于甚至超过相电流，这时，应使中性线截面积与相线截面积相等。

对于由三相线路分出的两相三线线路和单相双线线路中的中性线，由于其中性线的电流与相电流完全相等，因此中性线截面积应与相线截面积相等。

低压系统中的保护线（PE 线），当其材质与相线相同时，其最小截面积应符合表 8-2 的要求。

低压系统中的保护中性线（PEN 线）的截面积，应同时满足上述中性线（N 线）和保护线（PE 线）选择的条件，即

$$A_{PEN} = (0.5 \sim 1)A_{ph} \tag{8-29}$$

当采用单芯导线为 PEN 干线时，铜芯截面积不应小于 $10mm^2$，铝芯截面积不应小于 $16mm^2$；采用多芯电缆的芯线为 PEN 干线时，截面积不应小于 $4mm^2$。

表 8-2　　　　　　　　　　PE 线的最小截面积

相线芯线截面积	$A_{ph} \leqslant 16mm^2$	$16mm^2 < A_{ph} \leqslant 35mm^2$	$A_{ph} > 35mm^2$
PE 线最小截面积	$A_{PE} = A_{ph}$	$A_{PE} = 16mm^2$	$A_{PE} = A_{ph}/2$

【例 8-4】　有一条采用 BLV-500 型铝芯塑料线明敷的 220/380V 的 TN-S 线路，计算电流为 86A，敷设地点的环境温度为 35℃。试按发热条件选择此线路的导线截面积。

解　此 TN-S 线路为具有单独 PE 线的三相四线制线路，包括相线、N 线和 PE 线。

相线截面积的选择。产品目录可知，35℃ 时明敷的 BLV-500 型铝芯塑料线 $A_{ph} = 25mm^2$，$I_{pl} = 90A$，而 $I_{com} = 86A$，满足发热条件，故选择 $A_{ph} = 25mm^2$。

N 线截面积的选择：按式（8-29），选择 $A_0 = 16mm^2$。

PE 线截面积的选择：按表 8-2，选择 $A_{PE} = 16mm^2$。

该线路所选择导线型号可表示为 BLV-500-（$3 \times 25 + 1 \times 16 + PE16$）。

3. 按电压损失选择导线截面积

按电压损失选择导线截面积参考第一单元课题二。

课题三 短路电流限制

内容要求

1. 了解供配电系统中限制短路电流的目的及方法。

2. 了解电抗器的结构。

一、限制短路电流的目的

在供用电系统的降压变电站及用电负荷达几万千瓦级的大型企业的降压变电站中，高压侧电压一般在 110kV 及以上。这样在变电站低压侧的系统中发生短路时，短路电流会很大，使低压侧必须选择重型电气设备和大截面的载流导体，才能满足短路电流的动热稳定的要求，结果使投资增大。如果能采取限制短路电流的措施，减小短路电流，就可以选用价格较低的轻型电器和截面积较小的载流导体。

二、限制短路电流的方法

1. 变电站母线分开运行

图 8-10（a）所示为降压变电站高压侧通过双回线路从电力系统受电，当分段断路器断开运行时，若发生母线短路，则此时短路回路阻抗比双回线并联时要大。图 8-10（b）所示为降压变电站低压侧母线分开运行的情况，也可以增大低压侧短路时短路回路的阻抗，减小短路电流。以上两种情况可分别称为双回线分开运行与变压器分开运行。

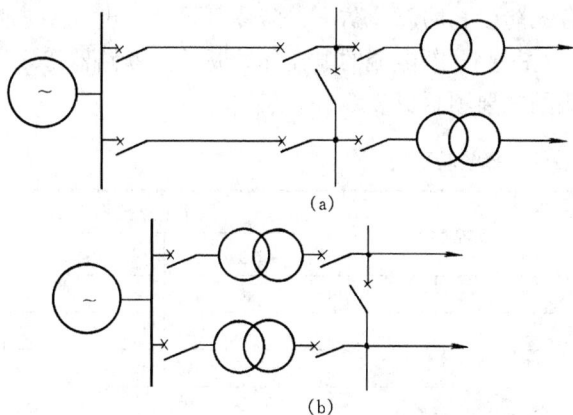

图 8-10 降压变电站母线分开运行
(a) 高压母线分开运行；(b) 低压母线分开运行

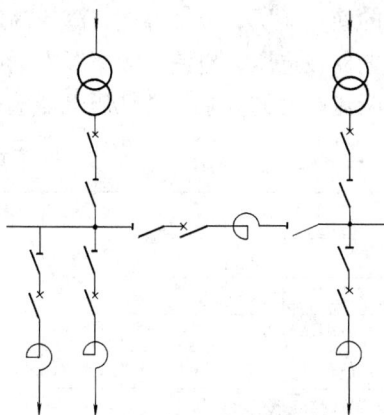

图 8-11 装设电抗器的大容量降压变电站

2. 装设电抗器

图 8-11 为装设电抗器的大容量降压变电站的主接线图。引出线装设的电抗器称为线路

电抗器;母线上装设电抗器称为母线电抗器。有时电抗器也装设在主变压器低压侧出口与低压母线之间。

线路电抗器一般接在出线断路器靠近负荷一侧,正常运行时有电压降,但数值较小,当线路侧发生短路时,由于短路回路的总电抗增大,减小了短路电流,则出线侧就可以选择轻型的开关电器,导体的截面也可以减小。同时,由于短路回路阻抗加大,还可以提高母线的剩余电压。线路电抗器的电抗百分值取3%～6%。

母线电抗器能够限制从非故障母线流向故障母线的短路电流,母线电抗器的电抗百分值一般为8%～10%。当母线电抗器能够将短路电流限制在规定值以内,则线路上可不装设电抗器。

三、电抗器的结构

变电站6～10kV配电装置中一般采用水泥电抗器,图8-12为水泥电抗器三相垂直布置的结构。绕组是用纱包纸绝缘的多芯铜或铝导线,空心绕制。在专设的支架上浇注成水泥支柱,放入真空中干燥,干燥后涂漆以防水分浸入。相与相及相与地之间用支柱绝缘子绝缘。除垂直布置外,也可以采用水平布置和品字形布置。水泥电抗器结构简单、工作可靠性高、价格较低,缺点是尺寸大、笨重。

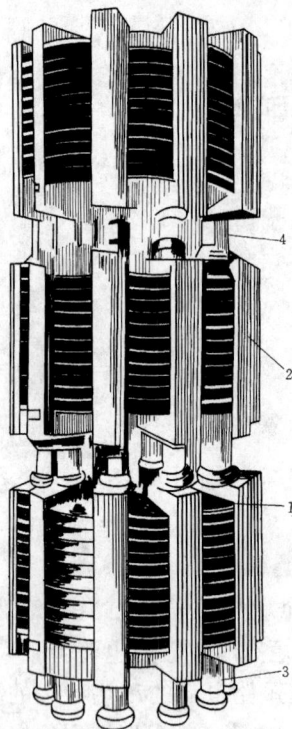

图8-12 水泥电抗器三相垂直敷设的外形结构图
1—绕组;2—水泥支柱;
3、4—支柱绝缘子

小　　　结

供配电系统的高低压电气设备的选择,必须满足正常工作条件下和短路故障条件下的要求。

按正常工作条件下选择,就是要考虑电气设备的环境条件和电气要求。环境条件是指电器的使用场所、环境温度、海拔高度以及有无防尘、防腐、防火、防爆等要求。电气要求是指电器在电压、电流、频率等方面的要求;对一些开断电流的电器如熔断器、断路器等,还有断流能力的要求。高低压电器选择及校验的主要项目见表8-3。

表8-3　　　　　　　　　高低压电器的选择校验项目

电器名称	电压（V）	电流（A）	断路能力（kA）	短路电流校验	
				动稳定	热稳定
高压断路器	√	√	√	√	√
高压隔离开关	√	√	—	√	√
负荷开关	√	√	√	√	√
高压熔断器	√	√	√	—	—
电流互感器	√	√	—	√	√
电压互感器	√	—	—	—	—
并联电容器	√	√	—	—	—
低压断路器	√	√	√	○	○

续表

电器名称	电压（V）	电流（A）	断路能力（kA）	短路电流校验	
				动稳定	热稳定
低压熔断器	√	√	√	—	—
接触器	√	√	√	√	√
起动器	√	√	√	√	√
闸刀开关	√	√	√	○	○
母线	—	√	—	√	√
绝缘导线、电缆	√	√	—		√
应满足的条件	$U_N \geq U_{NS}$	$I_N \geq I_{com}$	$I_{oc} \geq I''^{(3)}$ 或 $I_{oc} \geq I_{imp}^{(3)}$	$i_{mip}^{(3)} \leq i_{NS}$ 或 应力校验	$Q_f \leq I_t^2 t$ 或 $A \geq \dfrac{I_\infty^{(3)}}{C}\sqrt{t_f}$

注　（1）表中"√"表示必须校验；"—"表示不必校验；"○"表示一般可不校验。

（2）电器的额定频率应与所在电路的频率相等。

习　题

8-1　短路电流通过设备和导体时，会产生什么效应？有哪些危害？

8-2　载流导体长期发热和短路时的发热各有什么特点？为什么要规定发热的允许温度？长期发热和短时发热的允许温度为什么不同？

8-3　导体中通过短路电流时，哪一相的短路电流最大？如何计算？

8-4　什么是电气设备选择的一般条件？包括哪些内容？

8-5　保护电力变压器熔断器的熔断体额定电流如何选择？保护电压互感器熔断器的熔断体额定电流如何选择？

8-6　限流熔断器和非限流熔断器的断路能力各按什么条件校验？

8-7　选择熔断器熔断体电流时为什么要与被保护线路配合？如何配合？

8-8　低压断路器的瞬时过电流脱扣器、短延时过电流脱扣器和长延时过电流脱扣器各作什么保护？其动作电流如何整定？

8-9　高压负荷开关和高压断路器的断路能力各满足什么条件？

8-10　电压互感器、电流互感器选择及校验的条件有哪些？

8-11　选择导线及电缆截面应满足哪些条件？

8-12　为什么要限制短路电流？供配电系统限制短路电流的方法有哪些？

8-13　某380V线路的计算电流为57A，瞬时最大负荷电流为230A。该线路首端三相短路电流周期分量有效值为12.8kA。试选择该线路所装RT0型熔断器及其熔断体的额定电流。

8-14　某380V线路的计算电流为150A，瞬时最大负荷电流为780A。该线路首端和末端的三相短路电流周期分量有效值分别为15.8kA和6.8kA。试选择线路首端装设的DW15型低压断路器，并选择和整定其瞬时动作的电磁脱扣器，检验其保护的灵敏性。

8-15　已知380V供电回路的计算电流为320A，导线的长期允许载流量为335A（已考虑温度修正）。回路中最大一台电动机的额定电流为80A，起动电流倍数为6。线路首端的三相短路功率为14.5MVA，$I_{imp}=23$kA；线路末端三相短路电流周期分量有效值为11kA。试选择用于线路首端的低压断路器型号，并进行整定和校验。

8-16　试按发热条件选择220/380V的TN-S线路中的相线、N线和PE线截面（导线采用BLV型）和埋地敷设的穿线塑料管（VG）的内径。已知线路的计算电流为145A，敷设地点环境温度为30℃。

8-17　有一条380V的TN-C线路，供电给10台7.5kW、$\cos\varphi=0.85$、$\eta=0.87$的Y型电动机，环境温度为35℃。试按发热条件选择此明敷的BLV-500导线截面积，并校验其机械强度。

用 电 设 备

知识要点

电能是通过用电设备将其转化为其他形式的能量，然后加以利用的。

1. 采煤机。是以电动机为原动机拖动的生产机械设备，主要介绍采煤机的结构和工作原理。

2. 炼钢电弧炉。炼钢电弧炉是电弧炉中最主要的一种炉种，是钢铁冶炼工业中的重要冶炼设备，主要介绍电弧炉炼钢过程。

3. 电解槽。主要介绍电解铝生产的基本原理和生产流程，电解槽的结构和工作原理。

4. 纺织机。主要介绍纺织生产流程和织机的工作原理。

5. 球磨机。主要介绍球磨机的结构和工作原理，水泥的生产工艺过程。

6. 电气照明。电气照明是不可缺少的照明工具，主要介绍电光源的结构、工作原理和特点。

课题一 用 电 设 备

内容要求

1. 了解煤炭、冶金、纺织、机械制造等行业的生产流程。

2. 了解煤炭、冶金、纺织、机械制造等行业常见用电设备的工作原理、结构和特点。

3. 了解电光源的分类以及白炽灯、荧光灯的结构、工作原理。

4. 了解电力机车、电梯的使用情况。

工农业生产、国防、科研和日常生活用电，实质上是通过用电设备将电能转化成其他形式的能量，然后加以利用的。例如：电动机将电能转变成机械能，拖动各种机械，进行各种工作；电炉将电能转为热能，加热和熔炼材料；电化工业将电能转为化学能，进行电解等；电气照明装置则将电能转化为光能。本单元主要介绍煤炭、冶金、纺织、机械制造等行业的生产流程及常用电气设备的使用情况以及交通运输、电气照明等用电设备的基本知识。

一、煤炭工业

（一）煤的开采

煤的开采分为露天开采法和井工开采法（又称地下采煤）。

对于埋藏较浅煤层较厚的煤田，采用把覆盖在煤层上的表土和岩石挖去，使煤暴露出来的方法开采，叫露天开采法。

对于埋藏较深又有开采价值的，则必须从地面向地下打井，并通过井筒和巷道钻入地下去开采，这种开采方法，叫井工开采法。

1. 露天采煤

我国露天煤矿多使用机械法开采。首先是钻孔爆破，使用钻孔机钻孔，钻孔达到一定数量后装入炸药进行爆破，使用在露天煤矿的钻孔机有冲击钻机、旋转钻机、潜孔钻机等，钻孔直径为 150～200mm，孔深 10～20m，使用电动机驱动，一般功率 22～110kW。潜孔钻机是一种履带自行式穿凿设备，自带变压器和空气压缩机，采用电力机械传动，电动机总功率分别为 58.5kW、331kW、397.5kW 三种，多使用在大、中型露天煤矿中。

轮斗挖掘机，如图9-1所示，是广泛应用于露天矿的一种挖掘和运输连续运转的大型开采设备。

图 9-1　轮斗挖掘机

2. 地下采煤

根据采煤方式和支架形式不同，井下采煤分为爆破采煤、机械化采煤和综合机械化采煤三种，分别简称炮采、机采和综采。

炮采工作面的主要机械是功率为 1.2kW 的手持式旋转煤电钻。

机采工作面采用滚动式采煤机采煤，我国常用的采煤机是 MLQ1-80 型单滚筒可调高采煤机，如图 9-2 所示。

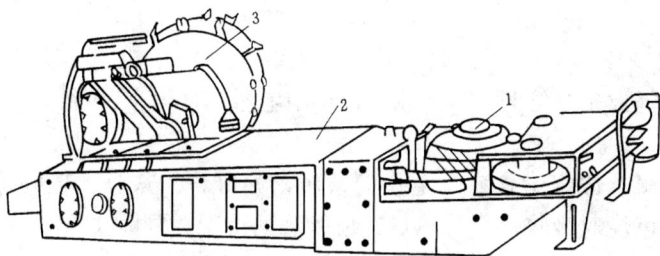

滚筒采煤机由牵引部、割煤机构和电动机部组成。割煤机构是一个圆形滚筒，上面螺旋形排列着截齿。采煤机骑在可弯曲刮板输送机上工作。机械开动后，由于卷筒的旋转将牵引锚链或钢丝绳缠入或放出滚筒，使采煤机在输送机上按一定的速度运行。安装在采煤机前面的圆形滚筒随采煤机的运行，利用飞速旋转的滚筒上的刀齿将煤破碎，通过滚筒旋叶和弧形挡煤板装入输送机运出，电动机功率为80kW。现代化大型矿井近几年多采用两端各有一个滚筒的双滚筒可调高度的采煤机。前滚筒在上割顶煤，后滚筒在下割底煤，两滚筒一般相背旋转，采用双向采煤，电动机功率为150kW。一般情况下，每台双滚筒采煤机平均日产煤 20000t，最高可达 10 万 t。

图 9-2　单滚筒采煤机

1—牵引部；2—电动机部；3—螺旋滚筒

综采各工序全部实现机械化作业。采煤使用滚筒采煤机，运煤使用可弯曲刮板输送机，顶板支护使用自移式液压支架及其附属设备。

可弯曲刮板输送机靠铁链带着固定在链上的刮板，沿铁溜槽运行，把煤从机尾向机头方向运出。每小时输煤 150～250t。电动机功率 SGW-80 型 2×40kW，SGW-150A 型 2×75kW。

采煤工作面使用的采煤机械多数靠电力拖动。如图 9-3 为典型的机采工作面机电设备布置图，使用设备 16 台，总额定功率达到 446.4kW。若使用综采机械，工作面电气设备总功率可达 1000～1500kW，设备数量超过 20 台。综采一般适用于年产能力 900kt 及以上的大型矿井，在相同的工作面上，综采效率比机采效率高 2～5 倍。

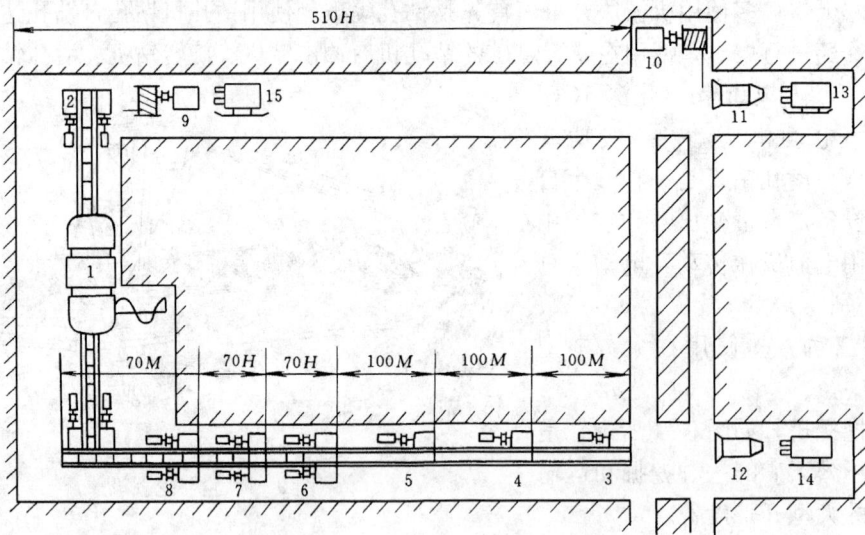

图 9-3 典型采区机电设备布置图

1—采煤机；2—工作面运输机；3、4、5、6、7、8—顺槽运输机；9—回柱绞车；
10—料材绞车；11、12—局部扇风机；13、14、15—干式变压器

某年产 1200kt 的竖井，有 3 个采区，8 个工作面，其中一个综采、四个机采，三个炮采，井下采煤设备合计 230 台，电气设备总容量 5045.6kW，年用电量 685 万 kWh。

（二）原煤的洗选

开采并运到地面上的煤称为原煤，原煤中含有一定量的杂质，如矸石、灰分、硫分等，它们不仅不能燃烧，而且还要在煤燃烧时吸收一部分热量造成能源的浪费，同时又产生有害气体污染大气。

原煤的洗选在选煤厂中进行。由于煤质不同，所以洗选的方法也不同，跳汰法是目前最常用的选煤方法之一。在跳汰机中，原煤在脉动的水流中上下跳动，利用煤与矸石的不同比重，把煤与矸石分开。

对于难选的煤，为了提高精煤回收率，使用重介质选煤法。

大型选煤厂年处理原煤能力达 10000000t，电气设备容量超过 10000kW。

二、冶金工业

冶金工业又可分为黑色冶金工业和有色冶金工业。

黑色冶金工业是指铁、铬、锰金属及其合金的冶炼，习惯上称为钢铁工业。

有色金属是指铁、铬、锰三种金属以外的所有金属。

（一）钢铁工业

一个钢铁联合企业，它的生产流程如图 9-4 所示。

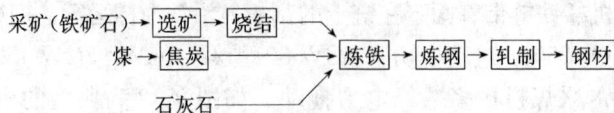

图 9-4 钢铁企业生产流程简图

在整个生产过程中，我们主要介绍炼钢过程。

1. 炼钢原理

钢是用生铁或废钢为主要原料，根据不同的性能要求，配加一定量的合金元素炼制而成。

炼钢的方法很多，但它的基本原理都是一样的，都是在 1700℃ 的高温下把炉料熔化成液体，用不同来源的氧来氧化铁水中碳、锰、硅等元素实现的。化学反应过程如下

$$C+FeO == CO+Fe$$
$$Si+2FeO == SiO_2+2Fe$$
$$Mn+FeO == Mno+Fe$$

2. 炼钢方法

在炼钢中大量使用的方法有平炉、转炉、电炉等三种。

（1）平炉炼钢。使用部分废钢和生铁冷料在平炉中加热到 1700～1800℃，再加入由高炉车间运来的高温铁水作原料。

（2）转炉炼钢。主要以液态生铁为原料，靠转炉内液态生铁的物理热和生铁内各组成部分，与向炉内吹入的空气中的氧进行化学反应所放出的热量，进行炼钢。

（3）电炉炼钢，是指通过石墨电极向电弧炼钢炉内输入电能，以电极端部与炉料之间发生的电弧热能为热源进行炼钢的方法。

3. 炼钢电弧炉

炼钢电弧炉是电弧炉中最主要的一种，是钢铁冶炼工业中的重要冶炼设备，它有以下主要优点：热效率较高，一般可达 65% 以上，约比平炉高一倍；温度高，弧区温度最高可达 3000℃ 以上，可将钢水加热到 1600℃ 以上，能满足冶炼不同钢种的要求；可以较方便地在冶炼过程中采用相应的熔炼工艺，对钢的成分进行控制；设备比较简单，并与其他炼钢设备相比较，电弧炉占地少，投资少，建厂快，容易控制污染。

电弧炉结构如图 9-5 所示。炉底、炉墙用镁砂加焦油捣打或用镁砖砌筑，炉盖上设有三个电极孔，三根石墨电极插入炉内，通电后电炉中石墨电极与炉料直接起弧发热进行冶炼，温度高达 2000℃。

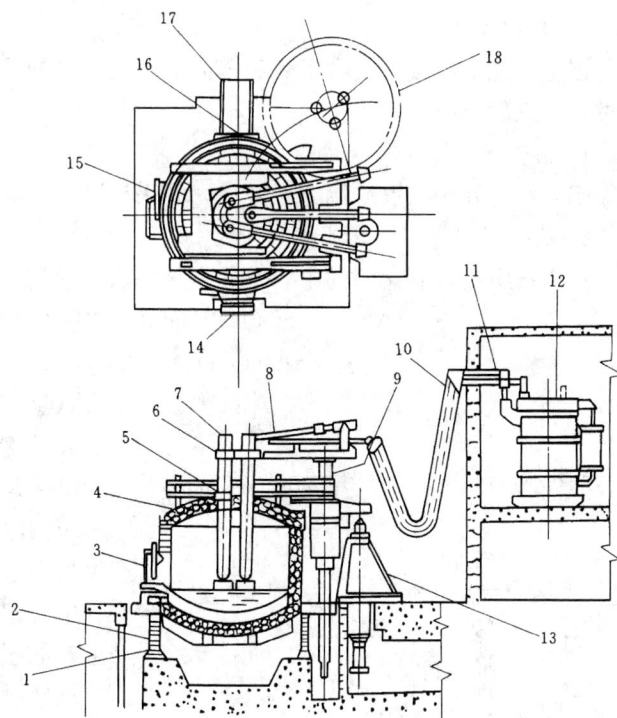

图 9-5 电弧炉结构示意图

1—底座；2—支座；3—操作口；4—炉盖；5—电极水冷却环；6—电极把持器；7—电极；8—电极横臂；9—电极支柱；10—电缆；11—变压器二次侧母线；12—电炉变压器；13—炉盖升降旋转装置；14—出渣口；15—操作口；16—出钢口；17—出钢槽；18—炉盖旋转位置

碱性电弧炉氧化法炼钢是目前电炉炼钢的主要方法。

电弧炉炼钢过程如下：

接通电源，电炉变压器向电网供电，石墨电极端部与炉料之间产生电弧，电能转为热能，炉料开始熔化，电炉炼钢进入熔化期。熔化期占一炉钢冶炼时间一半，占生产电耗的 $60\%\sim70\%$，为加速熔化，缩短冶炼时间，采用向炉内吹氧的方法，原料全部熔化后电炉冶炼进入氧化期。

氧化期的任务是继续并最大程度地降低钢中磷的含量，除去钢中气体和非金属夹杂物，控制氧化终了时钢中含碳量，保持钢液温度高于出钢温度。氧化期要向炉内加入一定量的烘烤好的石灰和矿石以及其他造渣材料，使熔液面上形成高碱度氧化炉渣，促进氧化过程进行。

还原期的任务是除去钢中氧和硫。首先除去氧化期含氧高的炉渣，加入铝进行预脱氧，随后加入石灰等造渣剂，然后按照冶炼钢种要求再加还原渣料进行还原精炼，还原剂造成含氧化铁很低的还原渣，还原期中硫的含量可以降到 0.03% 以下，整个电炉冶炼时间平均每炉约 228min。

除电弧炉炼钢外，另外还有感应电炉、电渣炉、真空自耗炉、电子轰击炉等。感应电炉是利用电能通过电磁感应产生的热能进行冶炼。电渣炉、真空自耗炉、电子轰击炉等电炉生产重熔钢。

（二）铝工业

铝是地壳中储藏量仅次于氧和硅而居于第三位的元素。要从矿石中得到金属铝，整个生产过程由三部分组成。

1. 铝矿石的开采

铝矿石的开采一般采用露天开采，它采矿工业与煤的开采相似。

2. 从矿石中提取氧化铝

从矿石中提取氧化铝的主要方法是结晶法，它的生产过程中化学反应如下

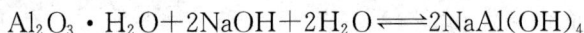

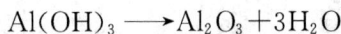

$$Al_2O_3 \cdot H_2O + 2NaOH + 2H_2O \Longleftrightarrow 2NaAl(OH)_4$$

$$NaAl(OH)_4 \Longleftrightarrow Al(OH)_3 \downarrow + NaOH$$

$$Al(OH)_3 \longrightarrow Al_2O_3 + 3H_2O$$

3. 电解铝生产的基本原理

电解是一种工业生产工艺过程，它利用通过电解质的电流，使电解质电离，引起阳极和阴极产生化学或由化学反应生成新物质。

电解铝的生产过程在电解槽内进行的，其生产工艺如图 9-6 所示。

电解槽内以氧化铝为原料，阳极糊（由焦粉、焦粒和沥青组成）、冰晶石（$3NaF \cdot AlF_3$）氟化铝以及其他氟化物，如氟化镁等为基本材料。其中以炼铝的熔剂冰晶石、氧化铝熔体为电解质，碳素材料为电极。

当直流电流经阳极通过高温熔融状态下的电

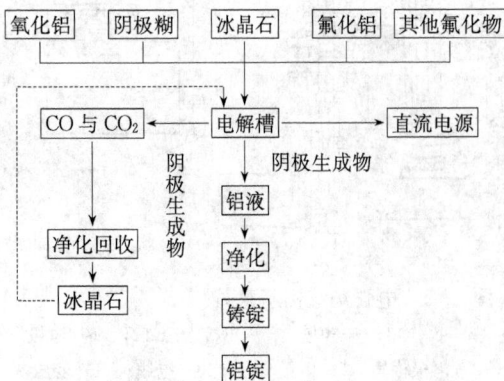

图 9-6 电解铝的生产工艺过程

解质流向阴极时，引起电解质的电离，形成正负离子，其中正离子向着阴极移动，负离子向着阳极移动。由于离子放电的顺序不同，正离子中的铝离子首先在阴极得到电子而生成金属铝，并因为重力的作用，使熔铝液汇集于电解槽底。负离子的氧离子在阳极首先失去电子而变成氧气。这种氧气化学性质很活跃，一经析出，立即与碳素阳极中阳极糊反应，生成 CO 和 CO_2。整个电解的结果是：①阴极上得到铝；②阳极上放出 CO_2 和 CO 气体；③电解质 Al_2O_3 被不断消耗掉。电解槽的化学反应是

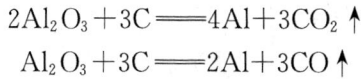

$$2Al_2O_3 + 3C \Longrightarrow 4Al + 3CO_2 \uparrow$$

$$Al_2O_3 + 3C \Longrightarrow 2Al + 3CO \uparrow$$

由于在阴极上除了 Al^{3+} 放电析出外，还有少量的 Na^+ 进行放电析出，它的析出相对地降低了铝的产量，所以电解质中加入少量氟化物以减少 Na^+ 的析出。

随着电解过程的进行，氧化铝和氟化铝不断消耗掉，所以要定期向电解槽内添加氧化铝和氟化铝熔体，以保证电解过程的持续进行。

4. 电解槽

电解槽一般是一个钢结构的有底槽壳，槽壳四壁衬以耐火砖、石棉板、碳素材料。槽底铺石棉板、保温砖。阴极用钢棒做成，阳极用碳素材料造成，其结构形式有：侧部导电自焙阳极电解槽；上部导电自焙阳极电解槽；预焙阳极电解槽。

上插电解槽如图 9-7 所示。槽壳安装在水泥基础上，槽壳内部由阴极棒和底部碳块所组成。碳块组安装在碳素底垫上，紧贴槽壳砌一层耐火砖和两层侧部碳块，底部碳块间的缝隙用底糊扎实，从而构成电解槽的槽膛。

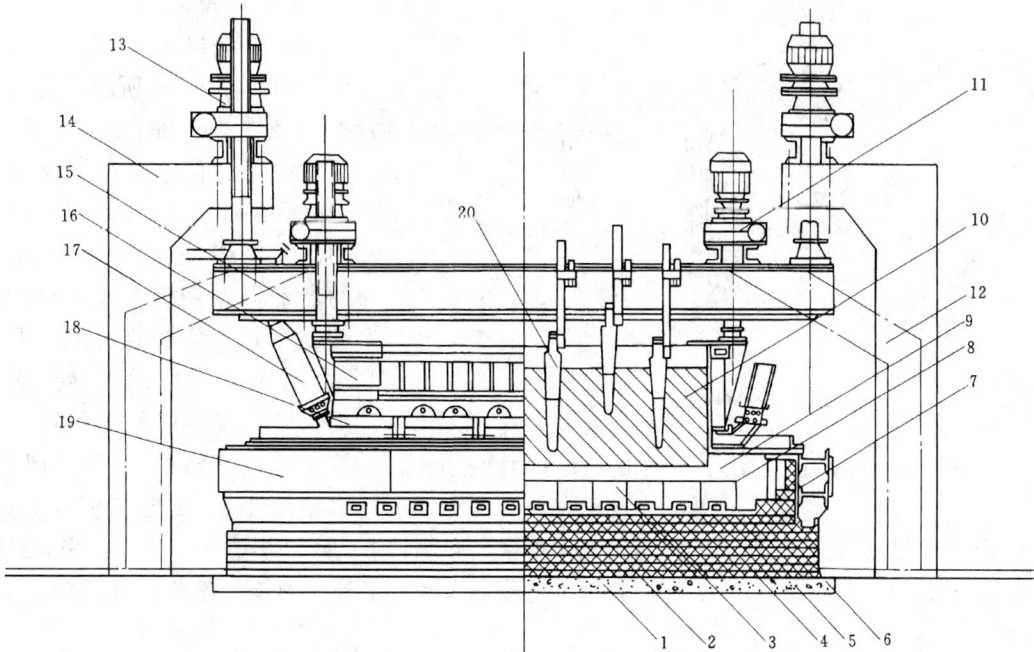

图 9-7　上插电解槽结构的示意图

1—水泥基础；2—碳素底垫；3—底部碳块；4—底部耐火砖；5—阴极铜板；6—红砖；7—侧部耐火砖；
8—侧部碳块；9—槽膛；10—阳极；11—阳极副提升结构；12—立柱铅母线；13—阳极主提升机构；
14—水泥支柱；15—水平铝母线；16—阳极框套；17—燃烧器；18—集气罩；19—槽壳；20—阳极棒

上插槽的阳极装置由插在阳极内的阳极棒，阳极框套、集气罩、燃烧器及阳极主、副提升机构组成。直流电源从阳极立柱母线接入，经过阳极水平铝母线与阳极棒而导入阳极，通过电解质、金属铝、底部碳块及阴极棒，由阴极母线导出，然后通入下一台电解槽的阳极主柱……这样顺序通过各串联着的所有电解槽回到电源。

三、纺织工业

纺织狭义地讲是指纺织和织造，它的生产过程就是把纤维原料加工成衣料等用品的过程主要经过纺纱、织布和染整等工序。

（一）纺纱

纺纱的基本过程就是经过破除纤维集合体原有的局部横向联系—称为"松解"和建立新的沿轴取向的纵向联系—称为"集合"。

纺纱的生产过程（以棉纱为例）主要由清棉、前纺和后纺三部分组成。

（1）清棉。将棉包经过开松、混合，清除杂质，然后由清棉机进行清棉。

（2）前纺。指梳棉、并条、精梳、粗纺等工序。

1）梳棉。是指使用梳理机将棉卷梳理成单向纤维状态，并制成棉条的过程。

2）并条。是指两个或两个以上的纤维卷、纤维条或粗纱同时放入一台机器，合并为一体的工艺过程。

3）精梳。是指在精梳机上除去不合乎要求的短纤维的过程。

4）粗纺。是将棉条放入粗纱机中，拉细成粗纱。

（3）后纺。包括精纺、络纱、捻线、摇纱、成包等工序。

（二）织布

在棉织机上进行，它的工作原理如图9-8所示。在棉织机上经纱从织轴上退出，绕过后梁，穿过停经片，综丝眼与筘座到织口与纬纱交织形成织物。织物绕过胸梁，在卷布辊的带动下卷绕成布卷。经纱纬纱交织时，综框分别作上下运动，使穿入综眼的经纱分成两层，形成梭口以便把纬纱引入梭口。当纬纱引过经纱层后，由筘座上的筘把它推向织口，

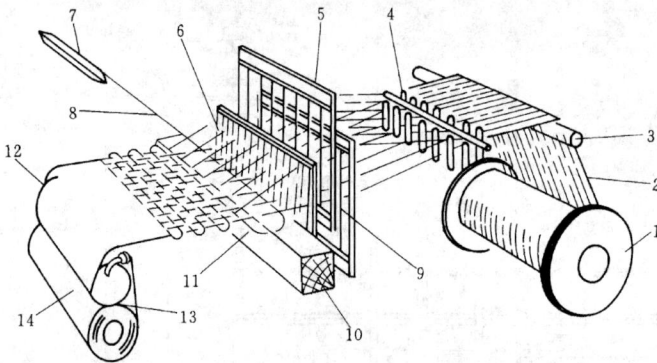

图9-8 棉织机工作原理

1—织轴；2—经纱；3—后梁；4—停经片；5—综框；6—钢筘；7—梭子；8—纬纱；9—综丝眼；10—筘座；11—织口；12—胸梁；13—卷布辊；14—布卷

为了使交织连接进行，已制成的织物引离工作区，布织轴上的经纱需进入工作区。完成经纬的交织，织机必须完成开口、引纬、打纬、卷取和选经五个基本动作，各自由相应的机构来完成。

四、石油工业

（一）石油开采

石油的开采要经过测井、钻井、采油和集输工程。

1. 钻井工程

为了开采地下油、气资源、钻井是油田开发的第一步。钻井使用钻机来完成，我国主要使用转盘旋转钻机进行钻井，可钻深度达到 1700m。

2. 采油工程

采油方法有自喷采油法和人工举升（又叫机械采油），而人工举升又分为气举和泵抽法。

（1）气举采油法，是将高压天然气从套管环隙或油管中注入井内，降低井口流体的比重，使井内流体柱的压力低于已降低的油层压力，从而把流体从油管或套管环隙中导出井外。

（2）泵抽采油法。在油井内放入抽油泵，将井下油气经抽油泵送到地面。抽油泵按动力传动方式分为有杆和无杆两类。

有杆泵是最常用的单缸单作用抽油泵，如图9-9所示。抽油机的工作原理是将动力机的圆周运动变为往复直线运动，带动抽油杆和泵。适用于中低产量井。

无杆泵适用于产量高的中深井、深井或斜井。

（二）石油的炼制

1. 原油的蒸馏

原油蒸馏是最基本的石油炼制过程，指用蒸馏的方法通过加热、汽化、分馏、冷凝和冷却等方式将原油分离成不同沸点范围油品。通常包括三个工序。

（1）原油预处理。应用电化学分离或加热沉降方法脱除原油所含水、盐和固体杂质的过程。

（2）精馏。是一种利用回流使流体混合物得到高纯度分离的蒸馏方法。

典型的精馏设备是连续精馏装置（如图9-10所示）。它的工作原理是：被加热到360℃左右的原油通过进料口进入塔内，原油中气化了的低沸点油穿过塔板上升，液态油品在进口处下降。位于塔顶的冷凝器使蒸汽得到部分冷凝，其中一部分凝液作为回流液返回塔顶，其余馏出液作为塔顶产品输出；位于塔底的再沸器使液体部分气化并返回塔底，蒸汽沿塔上升，余下的液体作为塔底产品（重油）输出。

（3）常减压蒸馏。原油精馏塔在常压下只能取出沸点较低的产品，而重质润滑油馏分的沸点较高，在常压下要蒸馏出这些馏分，需要加热到400℃以上，而在这温度下，重馏分会发生一定程度的裂化使油品变质。所以通常在常压蒸馏后再进行减压蒸馏。它的工艺流程如图9-11所示。

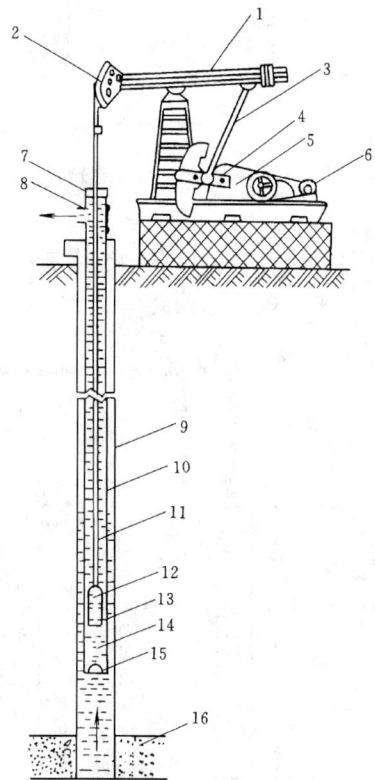

图 9-9 抽油机泵组

1—游梁；2—驴头；3—连杆；4—曲柄；
5—减速箱；6—电动机；7—盘根盒；
8—三通；9—套管；10—油管；
11—抽油杆；12—柱塞；13—排
出阀；14—泵筒；15—吸入阀；
16—生产层

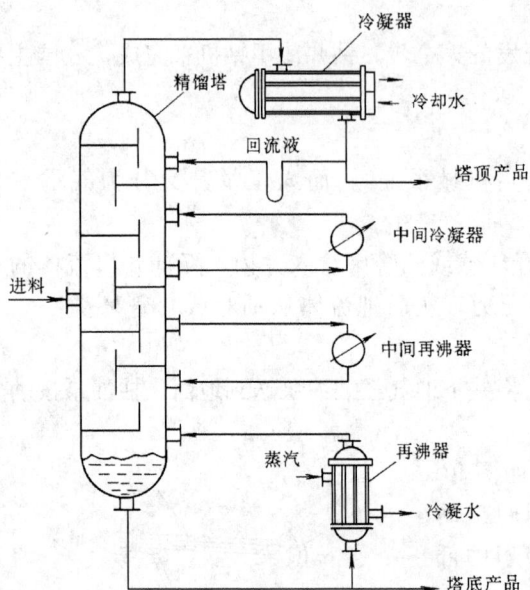

图 9-10　连续精馏装置

它的工作过程如下：

1）预处理后的原油经换热器加热到 200～250℃后送入常压蒸馏装置的初馏塔，蒸馏出大部分轻汽油。

2）从初馏塔底得到的油和拔顶油，用泵送到常压加热炉加热到 360～370℃，进入常压蒸馏塔与汽提塔配合分别馏出汽油、煤油、轻柴油和重柴油。

3）常压塔底残油油温约 350℃左右，用热油泵抽出经减压加热炉再加热，油温达到 380～400℃送入减压蒸馏塔。

2. 燃料油生产

原油经常减压蒸馏处理后，重质油和渣油馏分所占比例超过 70%，为了获得更多的轻质油品，需对重质油或渣油进行再加工，这个加工过程叫燃料油生产工艺。

（1）催化裂化。催化裂化是用重质油生产轻质油的工艺，通过催化剂作用，所生成的汽油产品中辛烷值比较高，安全性也比较好。

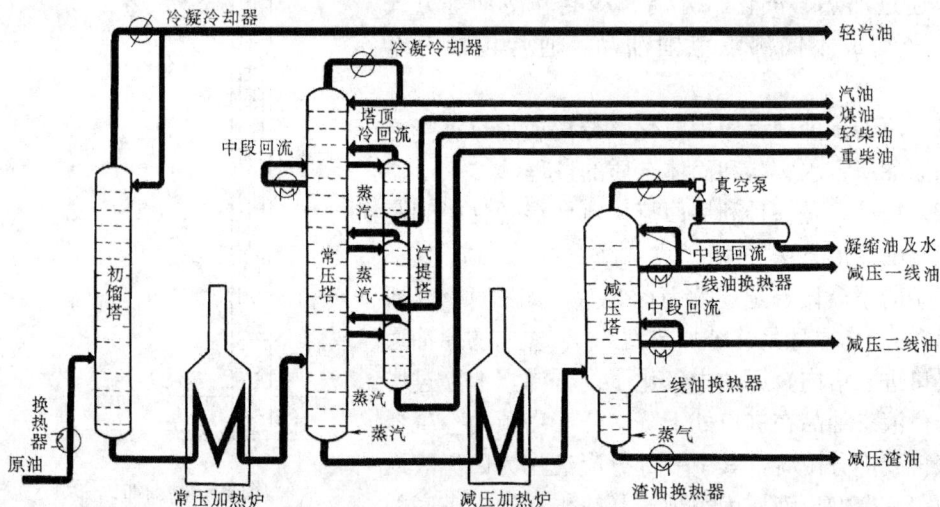

图 9-11　常减压蒸馏工艺流程

（2）加氢裂化。加氢裂化是在催化剂和氢气存在下，使重质油品通过裂化反应转化为汽油、煤油和柴油等轻质油品。

（3）焦化。重残油碳元素含量比较高，氢元素含量较少。焦化就是使含碳较多的化合物进一步缩合，使碳含量比氢更高，形成焦炭，同时也生成部分轻质油和气体。

整个原油的蒸馏及燃料油生产流程如图 9-12 所示。

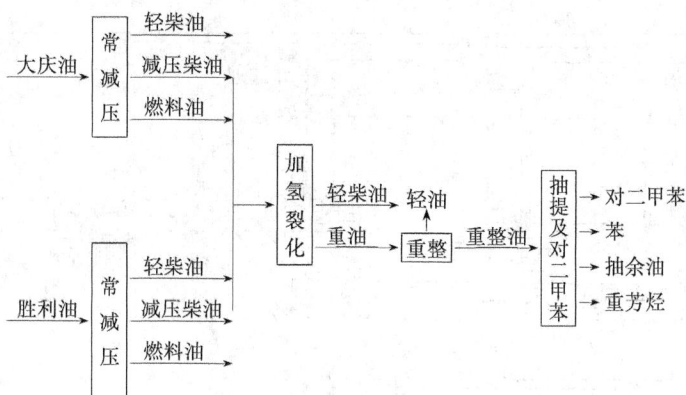

图 9-12　上海石油化工总厂化学炼厂流程

五、水泥工业

水泥生产分为生料制备、熟料烧成、水泥制成三个阶段。

（一）生料制备

将几种水泥原料按适当的配合比磨制的粉末生料。整个过程要进行原料的破碎、配料、粉磨等过程。

1. 原料的破碎

破碎分为粗碎、中碎、细碎三级，根据不同规格运用不同破碎机。

2. 生料的配料

配料是指根据水泥品种要求，确定配料方案（也称为配料计算）。

3. 原料的粉磨

粉磨一般采用球磨机，它不仅将一定配比的原料磨成生料，而且入窑煅烧成熟料后，还要磨成水泥。

球磨机由磨筒体、进料漏斗、主轴承、联轴器等组成，如图 9-13 所示。

这种球磨机属于边缘传动、中间卸料、带烘干仓的循环磨，主要用于烘干粉磨含水少于8％中硬石灰石和黏土原料。

它的工作原理是：在回转的筒体内装入钢球和钢段（钢柱），统称研磨体，当筒体回转时，研磨体由离心力的作用贴在磨机筒体内壁与筒体一道回转，并被带到一定高度，借重力作用自由落下，部分较轻的研磨体沿筒壁滑下，利用磨体的冲击和研磨作用将物料磨细。

（二）熟料烧成

水泥生料通过煅烧，进行一系列物理和化学变化后即成熟料。

水泥生料煅烧可采用立窑和回转窑。地方性小水泥厂多采用立窑煅烧，中、大型水泥厂多采用回转窑煅烧水泥生料。

1. 立窑生产水泥熟料

分为普通立窑和机械立窑。机械立窑与普通立窑比，产量高、熟料质量好。

机械立窑生产过程：入窑物料由成球机制成直径为 5～10mm，水分为 10％～14％的料球，由加料装置喂入窑内。窑内整个空间充满物料，物料自上而下运动，气流则自下而上通过物料层，物料在窑内经过干燥、预热、分解、烧成、冷却等过程。冷却熟料经位于窑体底部的卸料箅子的破碎作用破碎成小块，经卸料密闭装置排出窑外。

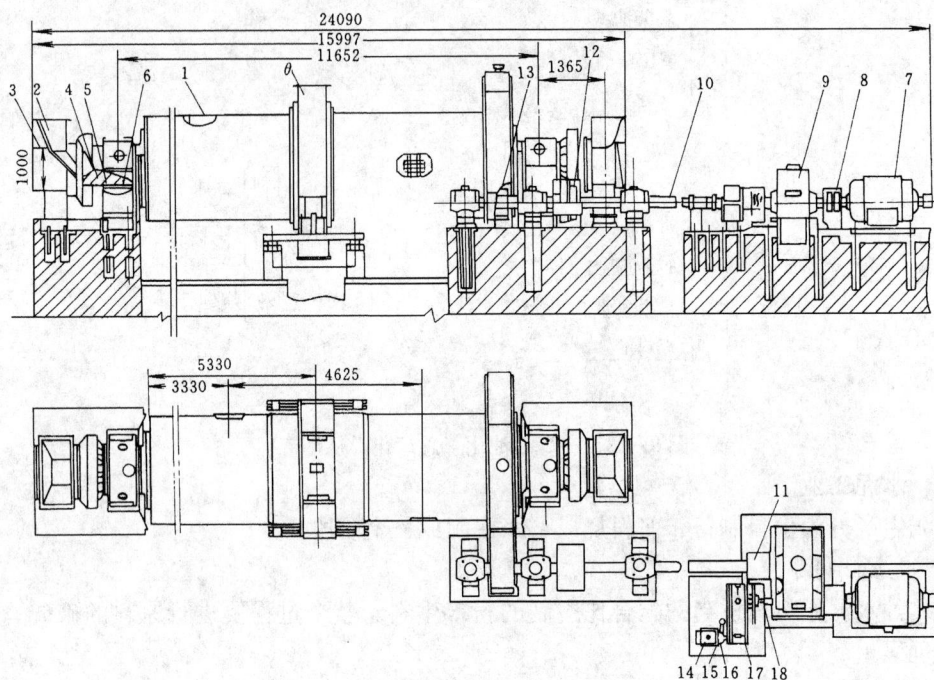

图 9-13　球磨机的结构示意图

1—磨筒体；2—进料漏斗；3—进风管；4—进料螺旋筒；5—中心轴；6—主轴承；7—电动机；

8、11、12、15—联轴器；9—减速机；10—中间轴；13—齿轮；14—辅助电动机；16—液压传

动装置；17—减速机；18—离合器

2. 回转窑生产水泥熟料

回转窑生产方法有湿法、干法、半干法、窑外分解等。这里介绍湿法回转窑生产水泥熟料。

湿法长窑的构造及生产过程如下：

(1) 湿法长窑（见图 9-14），回转窑的筒体呈倾斜安装，斜度一般 2.5%～5%，筒体转速 0.5～1.5r/min。筒体两端有密封装置，窑尾（高端）设喂料装置，窑头（低端）有燃料燃烧装置。筒体内部衬有耐火材料、挂链条及装设热交换器。

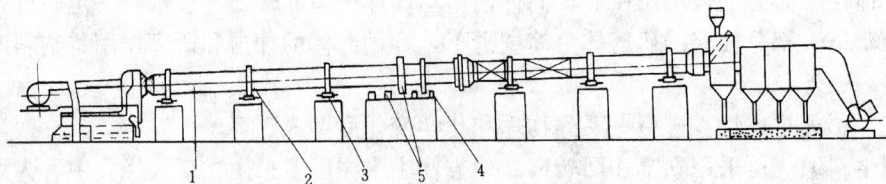

图 9-14　湿法长窑

1—筒体；2—轮带；3—托轮；4—挡轮；5—传动装置

(2) 从窑尾喂入的水泥生料，由于筒体的斜度及回转，窑内物料一面沿周向翻滚，一面沿轴向移动。从窑头喷入燃料进行燃烧，热气体与物料以相反方向流动，热交换后经窑尾排出，生料经干燥、预热、煅烧、冷却等一系列反应后烧成水泥熟料，由窑头卸出。

（三）水泥的制成

烧成的水泥熟料冷却后即为水泥熟料块，将熟料、石膏、混合材料按比例混合，经粉磨机磨成的细粉称为水泥。

综上所述，水泥生产的基本过程是：把几种原料按适当比例配合后，在生料磨中磨成生料粉；第二步是将生料粉在 1100～1500℃ 的窑中煅烧，被煅烧成熟料；第三步是把熟料配以适量的其他材料后，磨成细粉，即成水泥。图 9-15 为水泥生产过程示意图。

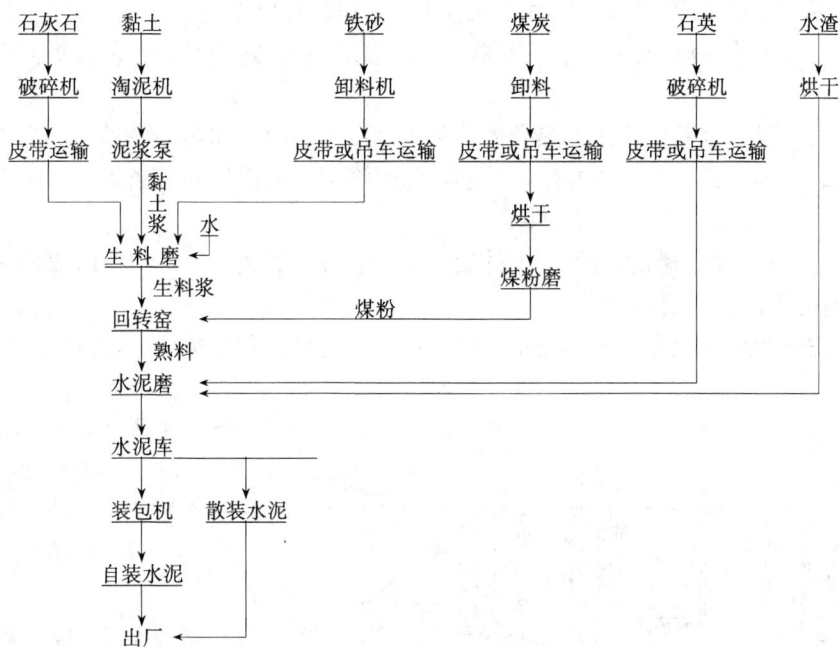

图 9-15　水泥生产过程示意图

六、机械制造工业

一般中型以上的机械制造厂，大多数从原材料开始加工，直到成品出厂，它的生产流程如图 9-16 所示。

这里主要介绍金属热处理。

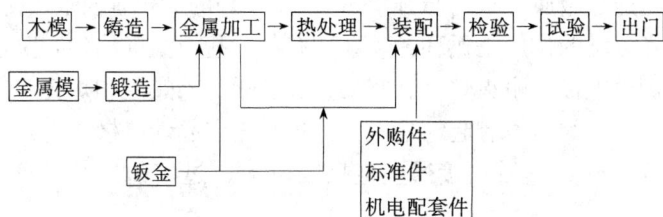

图 9-16　机械制造工业生产流程示意图

金属热处理是机械制造中的重要工艺之一，它是将金属工件放在一定的介质中加热到适宜的温度，并保持一定时间后又以不同速度冷却的一种工艺。

热处理工业一般包括加热、冷却两个过程。

1. 加热

加热是热处理的重要工序之一，所用热处理的设备有两类，一类是火焰炉，一类是电炉。而电炉主要有电阻炉、盐浴炉等。

(1) 电阻炉是利用电流通过炉内电热元件（电阻）或加热介质发热，从而对工件或物料进行加热，熔炼或热处理的一类电炉。

工业电阻炉一般由电热元件、砌体、金属壳体、炉门、炉用机械和电气控制系统等组成。加热功率从不足 1kW 到数千千瓦。工作温度在 650℃ 以下为低温炉；650～1000℃ 为中温炉；1000℃ 以上为高温炉。在高、中温炉内主要以辐射方式加热，在低温炉内则以对流传热方式加热。

(2) 盐浴炉是用熔融盐液作加热介质，将工件浸入盐液内加热的一种电热浴炉。除用盐外，也可用碱、油、铅等作加热介质，分别称为碱浴炉、油浴炉和铝浴炉，其中以盐浴炉用得最为广泛。

盐浴炉加热速度快，温度均匀，工件始终处于盐液内加热，工件出炉时表面又附有一层盐膜，能防止工件表面氧化和脱碳。

盐浴炉按热源位于盐槽的内部还是外部，可分为内热式和外热式。图 9-17 为不同结构的盐浴炉。

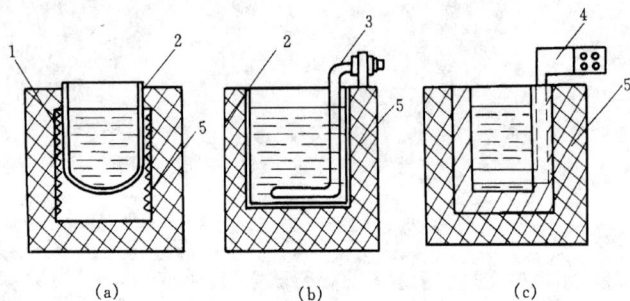

图 9-17　不同结构的盐浴炉
(a) 外热式；(b) 内热式（管状元件）；(c) 内热式（埋入电极）
1—电热元件；2—盐槽；3—管状电热元件；4—电极；5—炉衬

外热式盐浴炉如图 9-17（a）所示，它由一个用铸铁或铸钢制成的金属盐槽为主体，放在炉膛内，用电加热，使用硝酸盐做加热介质。

电热元件盐浴炉如图 9-17（b）所示，由金属盐槽、搅拌器、隔热层和炉壳构成，电热元件呈管状安装在盐槽内部，通常是金属管内装入金属电阻丝，并充以氧化镁等填料，金属管外套耐酸瓷管，端部做成插座或插头形式。

电极式盐浴炉是通过金属电极将低压（5.5～36V）的大电流交流电引入炉内，电流流过盐液发热，盐液在磁场的作用下循环翻动，这有利于盐液温度均匀，又能提高工件的加热速度。电极式盐浴炉由电极、耐火炉衬、密封金属炉罐、绝热层和炉壳组成，由专用变压器供电，因固态盐不导电，炉内设有起动电极，开炉时先向起动电极送电，利用起动电极的电阻发热使一部分盐先熔化，然后再接通主电极使电流通过熔盐发热工作，如图 9-17（c）所示。

2. 冷却

冷却是热处理工艺过程中不可缺少的步骤主要控制冷却速度。

七、电气照明

电气照明在现代生产、科研、国防、商业、文娱体育以及我们生活不可缺少的。这里我们主要介绍有关电光源的结构和工作原理。

电光源根据发光原理的不同可分为热辐射电光源和气体放电光源。热辐射电光源是根据物体通电加热时辐射发光的原理制成的；气体放电光源是根据气体放电时发光的原理制成的。电光源的分类如下：

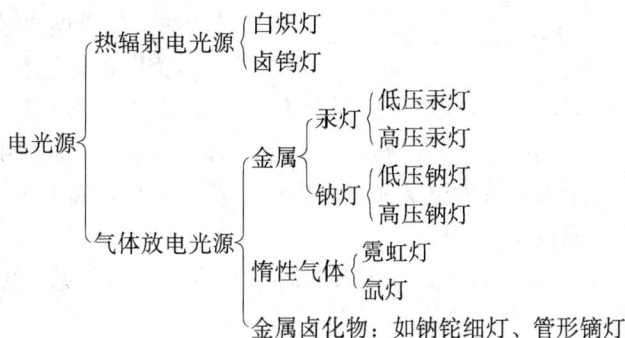

1. 白炽灯

白炽灯的结构如图 9-18 所示，由灯丝、支架、引线、泡壳和灯头等部分组成。

白炽灯灯丝在有电流通过时产生的热效应使灯丝的温度升高，当灯丝炽热到白炽状态时，就会发出可见光。由于灯丝温度很高，所以灯丝要用高熔点材料，现在都用钨来制作。白炽灯工作时，灯丝温度随电压而变化。

2. 荧光灯

荧光灯是一种低气压汞灯，它利用放电过程中的电致发光和荧光质的光致发光的原理而工作的。

荧光灯的结构如图 9-19 所示。灯管有直管形、环形和 U 形等。管内壁涂有荧光粉，灯管两端装有钨丝电极，从管脚引出。管内抽真空后再充以少量汞和氩气。

荧光灯的工作原理如下：

在图 9-20 的接线图中，合上开关 S，电网电压经镇流器和灯管两端的灯丝加到启辉器的动、静触片之间，使它在较高的电场强度作用下产生气体放电，放电产生的热量使金属片的动触片受热伸展与静触片接通，电路经启辉器导通，灯丝有电流通过，灯丝预热到一定温度（约 850～900℃）产生热电子发射，同时使灯管内汞受热蒸发。氖泡中动、静

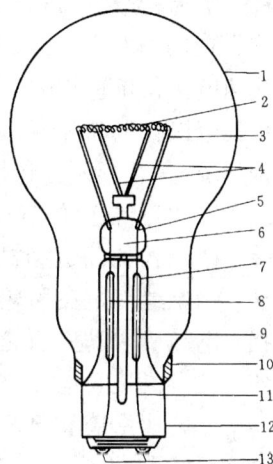

图 9-18　白炽灯结构

1—玻壳；2—钨丝灯；3—引线；4—铝丝支架；5—杜美丝；6—玻璃压封；

7—熔丝衬管；8—排气管；9—熔丝；

10—焊泥；11—引线；12—灯头；

13—焊锡触点

触头接通后泡内气体放电停止，经过 0.5～2s 动触片冷却收缩而与静触片分离，切断了镇流

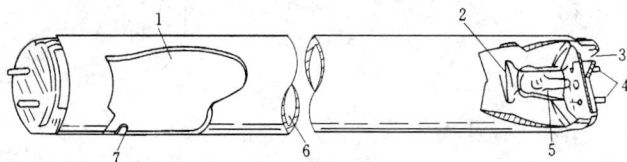

图 9-19　荧光灯的结构

1—管内充满氩和汞蒸气；2—氧化物阴极；3—排气管；4—灯脚；

5—芯柱；6—管壁荧光粉；7—玻璃管壳

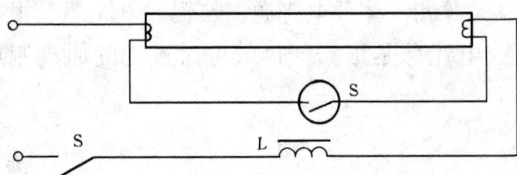

图 9-20　荧光灯电气接线图

器的电流通路，镇流器是个电感线圈，它在线圈电流突降为零时，在线圈两端感应出瞬时高压，这个电压与电网电压串联叠加后加于灯管两端，使管内电子加速运动，高速运动的电子撞击氩气分子使氩气电离而导电，氩气导电后产生的热量又使灯管内更多的汞蒸发变成蒸气，汞蒸气受到电子，离子碰撞也被电离而参与导电，汞放电发射少量可见光和大量紫外线，紫外线再激发灯管内壁荧光粉发出可见光，从而完成荧光灯启燃过程。

八、高层建筑的电梯系统

所谓高层建筑是指 10 层及以上的住宅及建筑高度超过 24m 的其他建筑。

电梯是一种沿固定导轨自一个高度运动至另一个高度的升降机，它是高层建筑中极为重要的机电设备。

高层建筑中使用的电梯设备种类繁多，按用途分为客梯，货梯、服务梯和特殊用途电梯（停车场汽车用电梯、消防电梯等）。按额定速度又可分为低速电梯、快速电梯和高速电梯。

现代电梯有电动和液压两种类型，电动电梯的典型结构如图 9-21 所示。包括轿厢、厅门、导轨、曳引机（绞车）、安全装置和信号操纵系统等。这些部分分别安装在建筑物的井道和机房中。通常采用钢丝绳摩擦传动，钢丝绳绕过曳引轮，绳两部分别接轿厢和平衡重物，电动机驱动曳引轮使轿厢升降。这种电梯适用于各种提升高度。电力驱动方式有交流单速、双速系统、交流调速系统和直流调速系统，低速电梯通常采用交流双速系统，高速电梯采用直流调速系统。

电梯的客流量由于生活习惯或作息制度的不同，高峰使用时间的出现也不同。一般办公楼的客流量发生在上班时，住宅电梯客流高峰出现在傍晚，医院电梯客流高峰出现在会客期间。

九、交通运输

将人或物从一个地方转移到另一个地方的交通工具或运输设备都属于运输范畴。这里我们主要介绍电力机车。

1. 电力机车的特点和分类

电力机车牵引所需能量不是由机车本身产生的，而是通过接触网供给的，这使牵引具有了一系列特点：①能源消耗低；②机车效率高；③机车功率大；④机车速度高；⑤过载能力强。

电力机车按用途分客运、货运、客货两用；按传

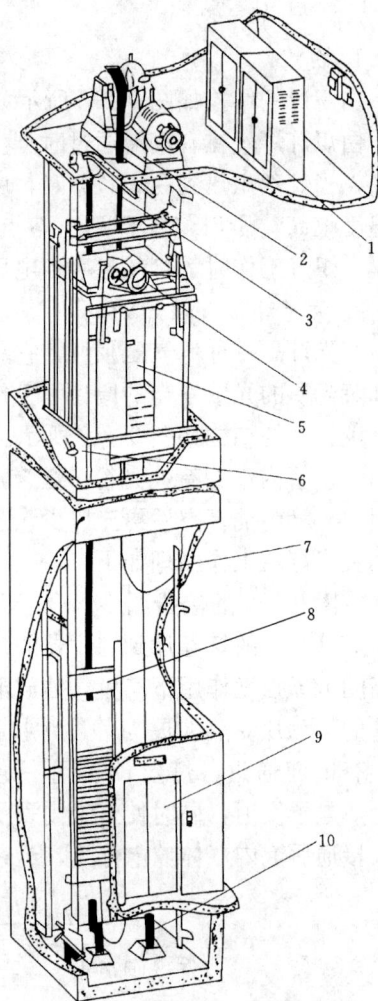

图 9-21　电动电梯的典型结构
1—控制柜；2—曳引机；3—限速器；
4—自动门机；5—轿厢；6—安全钳；
7—导轨；8—平衡重；9—厅
门；10—缓冲器

动形式分个别传动和组合传动；按机车动轴数分四轴、六轴、八轴；按电流制分直流和交流。

我国干线电气化铁道采用单相工频交流制额定电压为 25kV。

2. 电力机车电路

无论是何种型号的电力机车，它的基本组成和工作原理是相似的。

电力机车由机械部分、电气部分和空气管路三部分组成。电气部分由主电路、辅助电路和控制电路组成。电力机车主要电气设备布置如图 9-22 所示。

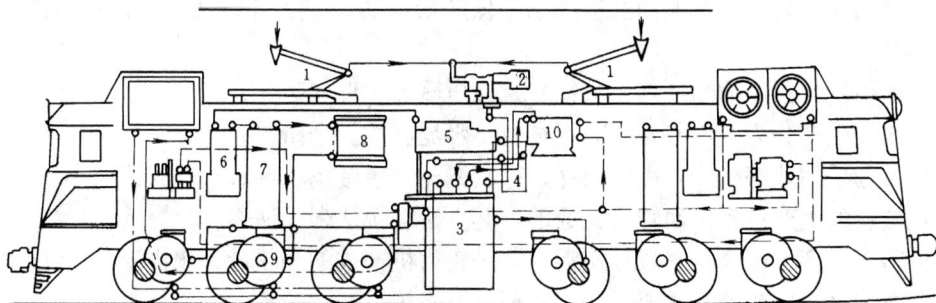

图 9-22　电力机车主要电气设备布置示意图

1—受电弓；2—主断路器；3—主变压器；4—转换硅机组；5—调压开关；6—整流硅机组；

7—主回路相；8—平波电抗器；9—牵引电动机；10—劈相机

（1）主电路，是指牵引电动机及其相关的电气设备，如牵引变压器、调压开关、硅整流器组等用导线或铜排连接起来所组成的高、低压大电流电路。它的任务是传输功率，即使电网供给的电能转变为牵引功率，使机车具有牵引、起动、调速及电制动等功能。

（2）辅助电路，是由电动车的辅助电动机组，如电动压缩机组、电动通风机组、电动油泵机组和辅助设备，以及相关的电气设备相连所组成的电路，其中有些设备使用三相异步电动机驱动。因此，在机车上专门设有劈相机用来将单相交流电劈为三相交流电，给这些机组供电。

（3）控制电路。由司机控制器，低压电器及主电路和辅助电路内的电气设备的电磁阀线圈所组成的电路。

电力机车运行时，受电弓升起，从接触网上取得 25kV 交流电，通过主断路器进入牵引变压器，将接触网的高压交流电变成低压交流电，然后经过硅整流器将交流电变换成直流电，再经平波电抗器滤波后供给牵引电动机。牵引电动机旋转带动车轴和车轮转动，由于轮轨间的粘着作用，从而产生牵引力使列车前进。

小　　结

各行业的用电都是通过用电设备将电能转化为其他形式的能，加以利用。

（1）煤是通过采煤机进行开采和跳汰机的洗选而得到的。冶金工业分为黑色冶金工业和有色金属，炼钢电弧炉主要用于冶炼熔点较高的合金钢，其炼钢过程有装料、熔化、氧化期、还原期。其中熔化期约占总冶炼时间的 50%，电耗约占总电耗的 60%～70%。

（2）电解在电解槽中进行，槽中置有阳、阴两类电极和电解质。所用电解质的主要成分即为欲电解获得产品的原料。如电解铝中的氧化铝为主要原料,冰晶石、氟化铝等为辅助原料,经电解后得到铝和一氧化碳、二氧化碳气体。

(3)纺织狭义地讲是指纺织和织造。主要经过纺纱、织布和染整等工序。

纺纱生产过程主要由清棉、前纺和后纺三部分组成。

织布在棉织机上进行。

(4)石油的开采要经测井、钻井、采油和集输工程。

采油方法有自喷采油和人工举升(又叫机械采油),泵抽采油法是机械采油常用一种。又分为有杆和无杆泵,有杆抽油泵适用于中低产量的油井,无杆泵适用于产量高的中深井、深井或斜井。

石油的炼制包括原油预处理、精馏、常减压蒸馏、催化裂化。

(5)水泥生产分为生料制备、熟料烧成、水泥制成三个阶段。

粉磨一般采用球磨机,它由磨筒体、进料漏斗、主轴承、联轴器等组成。

水泥熟料的生产过程由回转窑完成的,其方法有湿法、干法等。

将熟料、石膏、混合材料按比例混合,经粉磨机磨成的细粉就是水泥。

(6)电炉是金属热处理重要设备,主要有电阻炉,盐浴炉等。

电阻炉一般由电热元件、砌体、金属壳体、炉门、炉用机械和电气控制系统组成。

盐浴炉是用熔融盐液作加热介质,具有加热速度快、加热均匀等特点。

(7)电光源按发光原理可分为两大类:热辐射式电光源与气体放电式电光源。属热辐射式电光源的有白炽灯、卤钨灯;属气体放电式电光源的有荧光灯、高压汞灯、荧光高压汞灯、钠灯、金属卤化物灯和氙灯。

(8)现代电梯有电动和液压两种类型,电动电梯包括轿厢、厅门、导轨、曳引机(绞车)、安装置和信号操纵系统等。

习　　题

9-1　煤开采方式有几种?分别使用何种机械?

9-2　炼钢电弧炉在冶炼过程中有哪些阶段?哪个阶段耗电最多?耗时最长?

9-3　电解铝生产用哪些原料?有哪些产物?

9-4　简述纺纱的生产过程。

9-5　采油方法有几种?泵抽采油机械有几种?

9-6　简述常减压蒸馏工艺过程?

9-7　水泥生产工艺分为几个阶段进行?简述每个阶段的生产过程。

9-8　盐浴炉有哪些特点?盐浴炉采用埋入式电极有何意义?

9-9　按发光原理,电光源分成几类?

9-10　简述荧光灯的工作原理。

9-11　简述高层建筑电梯系统的构成。

9-12　简述电力机车主电路及其操作过程。

供配电所的接线方式及成套配电装置

知识要点

1. 供配电所的一般知识，包括供配电所的分类、供电负荷的分级和确定供配电所的位置及变压器的选择。

2. 供配电所主接线，包括电气主接线的概念、选择主接线的要求、常见主接线的形式及特点。

3. 供配电所的配电装置，包括配电装置的类型和对它的要求、屋内配电装置的结构及安全距离、屋内配电装置的布置、屋外配电装置的安全距离。

4. 供配电所的布置，包括屋内和屋外供配电所的布置示例。

5. 成套配电装置，包括成套配电装置的概念和基本类型、高低压开关柜的作用及特点和结构。

6. 箱式变电站，包括箱式变电站的类型、结构和特点。

课题一　供配电所主接线

内容要求

1. 了解供配电所的作用、供电方式。
2. 了解确定供配电所的一般原则。
3. 了解供配电所电气主接线的一般知识。
4. 掌握供配电所常用主接线的形式及特点。
5. 了解配电装置的类型和对它的要求。
6. 了解供配电所配电装置的构成及布置特点。

一、供配电所的一般知识

1. 作用

为了把电力送到远处用电地区，输电线的电压一般都很高，因此它不能直接应用于各种生产机械的电气设备。供配电所的作用就是把电力系统供给的高压电能，经过变电站降压后，变成各种用电设备所需要的较低电压的电能，然后经过各种配电装置和配电线路将电能传递到各用电设备。

供电所一般属于降压变电站，它接受电能电压分为 10、35kV 和 110kV，它的作用是接受电能、变换电压和分配电能，而配电所的作用只是接受电能和分配电能。

2. 电力负荷的分级

根据负荷对供电可靠性的要求及中断供电造成的损失或影响的程度，将电力负荷分为三级。分级的方法见第一单元。

对负荷的分级,往往根据地区等条件而有所不同,对不同负荷的供电方式,也视电力网及地区的具体条件而有所不同。一般由两个独立电源对一级负荷供电。所谓独立电源,是指不受其他电源是否停电的影响,而能保证继续供电的电源,也包括自备发电机组或蓄电池组。二级负荷由两回线路供电,或一回专用线路供电。对三级负荷的供电无特殊要求。

3. 供配电所的供电方式

(1) 按供电系统的电压高低可分为高压供电、低压供电。

(2) 按供电电源的相数可分为单相制供电、两相或三相制供电。

(3) 按电源引入方式可分为架空线引入、电缆引入、直配线引入、公用线上引入。

4. 供配电所变压器的选择

(1) 变压器容量的选择。

1) 在满足近期需要的前提下,变压器应保留合理的备用容量,为以后用电留有余地。

2) 在保证变压器不超载和安全运行的前提下,要考虑减少电网的无功损耗。计算负荷等于变压器额定容量的 75% 左右是最经济的。

(2) 变压器台数的选择。

对一般负荷,可选一台变压器;有一、二级负荷,应选用 2 台变压器,以保证有 2 个独立电源供电的要求。这时每一台变压器的容量都应大于全部一、二级负荷,或为总计算负荷的 70%~80%。

二、供配电所常用主接线的形式及特点

1. 主接线及其基本要求

供配电所的主接线是其接受、汇集和分配电能的电路。它由变压器、开关电器、避雷器以及母线等电器和载流导体连接而成。这些电器和导体以规定的符号表示,按它们的实际连接关系,就是电气主接线图。又称一次接线图。电气主接线图都以单线图表示,一根线代表三相。但在三相可能不同的局部地方用三线图表示,这时,一根线就是一相。如电流互感器局部就用三相表示。

对供配电所主接线有下列基本要求。

(1) 安全性。应符合国家标准有关规定,能充分保证人身和设备的安全。

(2) 可靠性。应符合电力负荷特别是一、二级负荷对供电可靠性的要求。

(3) 灵活性。能适应各种不同的运行方式,便于切换操作和检修,且适应负荷的发展。

(4) 经济性。在满足上述要求的前提下,尽量使主接线简单,投资少,运行费用低,并节约电能和有色金属消耗量。

2. 供配电所主要电气设备及其作用

(1) 高压断路器。线路正常时,用来通断负荷电流;线路故障(短路)时,用来切断巨大的短路电流。断路器具有良好的灭弧装置和较强的灭弧能力。

(2) 负荷开关。线路正常时,用来通断负荷电流,但不能用来切断短路电流。负荷开关在断开后具有明显的断开点。

（3）隔离开关。隔离开关没有灭弧装置，其灭弧能力很小，仅当电气设备停电检修时，用来隔离电源，以保证检修人员的工作安全。

（4）高压熔断器。在过负荷或短路时，能利用熔体熔断来切除故障。

（5）电流互感器。将主回路中的大电流变换为小电流，供计量和继电保护用。

（6）电压互感器。将高电压变换为低电压，供计量和继电保护用。

（7）避雷器。主要用来抑制架空线路和配电母线上的雷电过电压和操作过电压，以保护电气设备免受损害。

（8）电力电容器。主要用于补偿用户所需无功功率。

（9）所用变压器。向变电站内部动力及照明负荷、操作电源提供电力。

此外，还有低压断路器、低压隔离开关、低压熔断器等。

3. 电气主接线

（1）线路—变压器单元接线（如图 10-1 所示）。这是由单回路、单台变压器供电的用户中，主变压器高压侧普遍采用的接线。

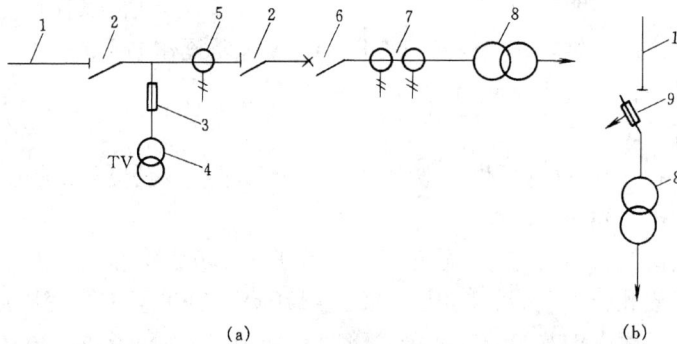

图 10-1　线路—变压器单元接线图

（a）在高压侧计量电能的单元接线；（b）中、小用户的单元接线

1—线路；2—隔离开关；3—熔断器；4—电压互感器；5、7—电
流互感器；6—断路器；8—主变压器；9—跌开式熔断器

若主变压器容量较大，则线路进入用户要经隔离开关 2 和断路器 6 再接入变压器，如图 10-1（a）所示。对这样以高压供电的用户，规程规定要在变压器高压侧计量电能，故接入电压互感器 4 和电流互感器 5 供计量电能用。电流互感器 7 则供继电保护用。由 10kV 供电的小型变压器的高压侧可用跌开式熔断器 9 代替隔离开关和断路器，在低压侧计量电能，如图 10-1（b）所示。

线路—变压器单元接线的优点是简单、清晰、不易出现误操作、设备少、投资少。但缺点是供电可靠性不高，当发生故障或检修时，都要全部停电。

（2）桥形接线。桥形接线分为内桥和外桥，是由 2 条线路、2 台主变压器和 3 台断路器构成的接线，其共同特点是在 2 台变压器一次侧进线处用桥断路器 QF3 将两回线路相连。桥断路器 QF3 在进线断路器 QF1 和 QF2 之下称内桥，连在进线断路器 QF1 和 QF2 之上称外桥。如图 10-2 所示。

两种桥形接线都能实现线路和变压器的充分利用，如变压器 T1 故障，可以将 T1 切除，用 l1 和 l2 并联给 T2 供电以减小线路能耗和线路中的电压损失；若线路 l1 故障，可以将 l1 切除，用 l2 同时给 T1 和 T2 供电，以充分利用变压器并减少变压器损耗。

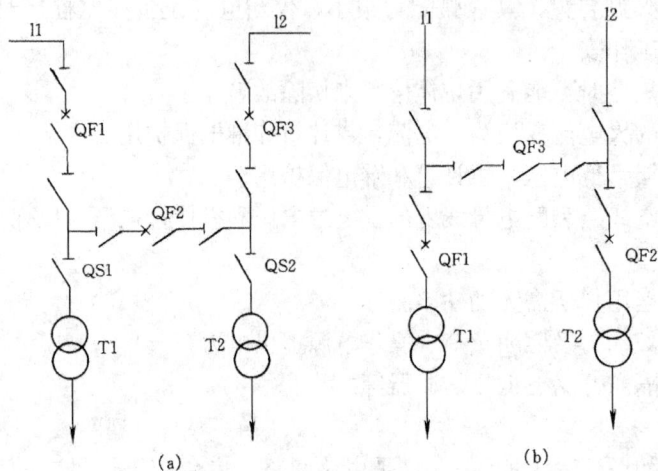

图 10-2　桥形接线图

(a) 内桥式；(b) 外桥式

内、外桥接线各有其特点。内桥接线的特点是线路开断很方便，但变压器切除时要短时影响相应线路的工作。如 l1 发生故障，首先将断路器 QF1 断开，再将桥断路器 QF3 闭合即可恢复变压器 T1 的供电，若 T1 发生故障，首先将断路器 QF1 和 QF3 打开，再断开隔离开关 QS1，然后接通 QF1 和 QF3 才恢复 l1 的使用。故内桥接线适用于线路长、线路故障多和变压器不需要经常操作的系统。外桥接线的操作特点正好和内桥接线

相反，故外桥接线适用于供电线路较短且变压器需要经常操作的系统。

桥形接线可供一、二级负荷使用。

（3）单母线接线。

1）母线的作用。变电站低压侧一般有几路、十几路，甚至更多的引出线，它们都要从主变压器获得电能，必须采用母线。

母线是使各负荷的引出线与电源进线相连接的那一部分导体。它一般与进、出线的方向垂直布置，起着汇集和分配电能的作用。电压为 110kV 及 60kV 的主变压器高压侧的电器一般装在户外，它的母线由钢芯铝绞线或圆管形母线构成。35kV 及以下电压、装于户内的母线，一般由矩形截面的铝或铜导线（又称为铝排或铜排）构成。从主变压器套管引到母线的导体和各引出线的开关电器引到母线的导体，一般称为分支母线。连接各进出线的母线则相应地称为主母线。

2）不分段的单母线接线。高压侧接线为线路—变压器，其低压侧的接线，一般都是不分段的单母线接线。不分段的单母线接线如图 10-3 所示。

不分段单母线接线的特点是电源回路和出线回路都经过断路器和隔离开关接到一组公共的母线上，正常运行时，任何回路的投、切只需操作断路器，而不需要操作隔离开关。

单母线接线的主要优点是接线简单、设备少、操作方便、投资少和便于扩建。主要缺点是当母线或母线侧隔离开关发生故障、检修时必须断开全部电源，造成停电。所以单母线接线不能满足重要用户对供电可靠性的要求，它只适用于容量小和用户对供电可靠性要求不高的场合。但是采用成套配电装置时，也可向重要用户供电。

3）单母线分段接线。为了提高单母线供电的可靠性，可用断路器将母线分段而成为单母线分段接线，如图 10-4 所示。

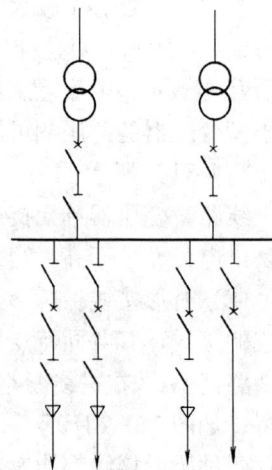

图 10-3　不分段单母线接线图

当母线故障或检修时，只影响一部分停
电；当引出线回路的断路器检修时，该
回路要停止工作。因此，对于重要负荷，
可采用从不同分段引出线的双回线供电。

这种接线可用于 2 台主变压器的总
降压变电站的低压侧，母线电压为
10kV。图 10 - 4 中进线处接主变压器的
低压套管，变压器 T1 和 T2 为站用变压
器，母线电压互感器为 Y0，y0，开口三
角形接线，其二次侧星形接线供仪表和
继电保护用，开口三角形接线供绝缘监
察之用。这种接线也可以是大型车间变
电站的接线，这时变压器 T1 和 T2 就是

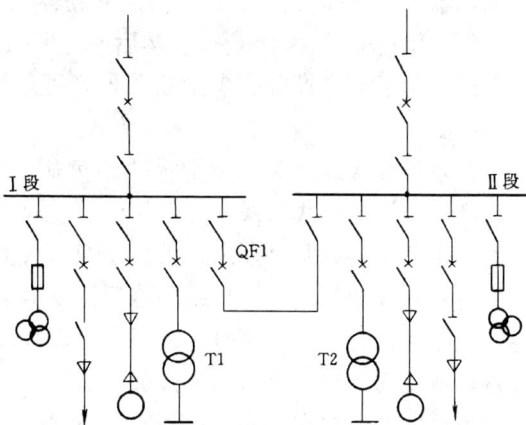

图 10 - 4　用断路器分段的单母线接线图

供给低压负荷的降压变压器，而引出线则是高压负荷的电源线。

图 10 - 4 中的分段断路器 QF1 处，装有继电保护装置或备用电源自动投入装置。正常情
况下，母线是"合"或是"分"，应根据技术经济比较而定。

单母线分段的缺点是：任一回路断路器检修时，这一回路必须停电。

4）单母线分段带旁路母线的接线。单母线分段带旁路母线的接线，如图 10 - 5 所示。
除工作母线外，还有一组旁路母线 WP，每段母线都是通过旁路断路器 QF1 与旁路母线连
接，每一回路均装有一组旁路隔离开关 QS1 与旁路母线连接。

这种接线优点是旁路断路器可代替线路断路器工作，因而在检修任何一回路的断路器
时，该回路可以不停电，提高了供电的可靠性。

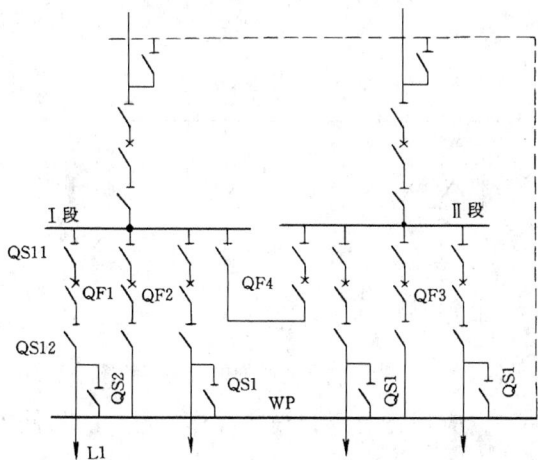

图 10 - 5　单母线分段带旁路母线接线图

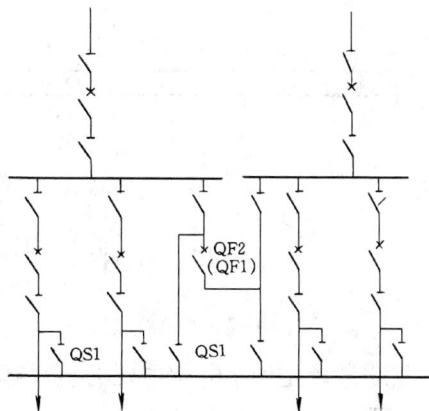

图 10 - 6　分段断路器兼作旁路断路的接线

正常工作时，旁路断路器 QF2 和 QF3 及旁路隔离开关 QS1 都是断开的。

当检修引出线 L1 的断路器 QF1 时，首先合上旁路断路器 QF2 两侧的隔离开关，再合
QF2，然后合上引出线 L1 的旁路断路器 QS2，最后断开 QF1 及两侧隔离开关 QS12 和
QS11。这时由 QF2 代替 QF1 工作，引出线 L1 并不中断供电。

断路器 QF1 检修完毕后，将旁路断路器 QF2 退出，恢复正常工作的操作步骤是：首先投入 QS11 和 QS12，再合 QF1，然后断开 L1 的 QS2 和 QF2 及其两侧的隔离开关。

有时，为了节省投资、少用断路器，可采用分段断路器兼作旁路断路器的接线，如图 10 - 6 所示。

（4）双母线接线。对于特别重要的负荷，当采用单母线分段接线还不能满足其可靠性时，可考虑采用双母线接线，如图 10 - 7 所示。B1 为工作母线，B2 为备用母线，每一进出线路经一个断路器和两个隔离开关接于双母线上。

双母线接线的优点是：母线检修时而不会引起停电；检修任一母线隔离开关仅使该回路停电；在工作母线发生故障时，通过备用母线能迅速恢复供电。

双母线接线的缺点是：隔离开关数目增多、联锁机构复杂、切换操作繁琐、造价高。

（5）供配电所的主接线。在不同的情况下，将上述的主接线的各种基本形式加以组合就构成一个个完整的主接线，如图 10 - 8 所示。

三、供配电所配电装置的构成及布置特点

（一）配电装置的类型及基本要求

按电气设备的安装环境，配电装置可分为屋内配电装置和屋外配电装置。按电气设备的组装方式，配电装置又分为成套配电装置和装配式配电装置。

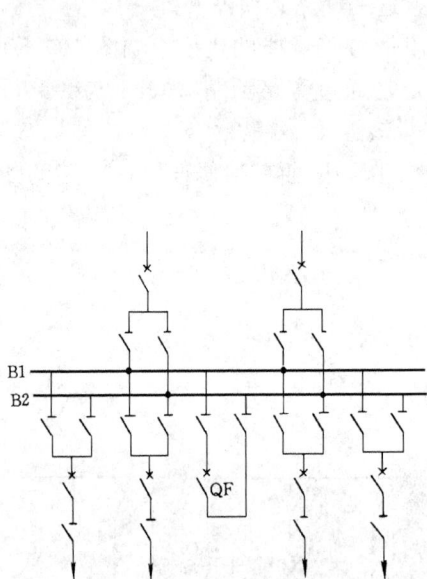

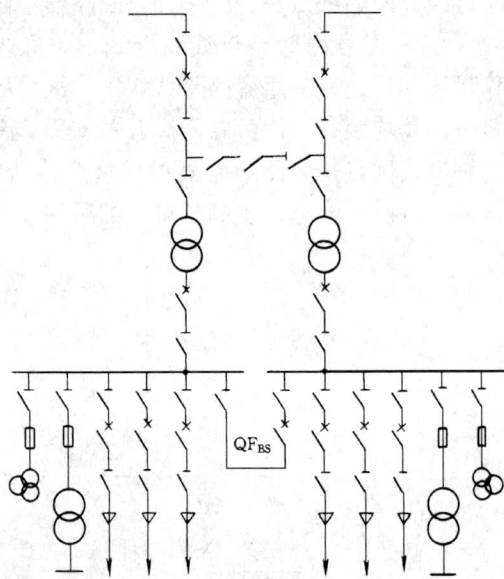

图 10 - 7　双母线接线　　　　图 10 - 8　某一供配电所的电气主接线图

配电装置是供配电所主要的组成部分之一，它应运行可靠；设备操作、维护、检修方便；还要满足防火等要求。

（二）屋内配电装置

将电气设备安装在屋内，架空进出线通过穿墙套管引入，电缆进出线通过电缆引入的配电装置，称为屋内配电装置。

屋内配电装置通常按电压与所装电器分为高压配电室、低压配电室、变压器室、电容器室等。

1. 安全净距

安全净距是不同相的带电体之间或与接地构架间为了保证安全的最小净距离。为了保证运行时设备和人身安全，屋内配电装置规定了最小允许安全净距。在各种电压下，屋内配电装置的安全净距见表 10-1。

表 10-1　　　　　　　　　　　　屋内配电装置的最小安全净距　　　　　　　　　　单位：mm

符号	适用范围	额定电压（kV）						
		3	6	10	35	60	110J	110
A_1	（1）带电部分至接地部分之间； （2）网状和板状遮栏向上延伸线距地 2.3m 处与遮栏上方带电部分之间	75	100	125	300	550	850	950
A_2	（1）不同相的带电部分之间； （2）断路器和隔离开关的断口两侧带电部分之间	75	100	125	300	550	900	1000
B_1	（1）栅状遮栏至带电部分之间； （2）交叉的不同时停电检修的无遮栏带电部分之间	825	850	875	1050	1300	1600	1700
B_2	网状遮栏至带电部分之间	175	200	225	400	650	950	1050
C	无遮栏裸导体至地（楼）面之间	2375	2400	2425	2600	2850	3150	3250
D	平行的不同时停电检修的无遮栏裸导体之间	1875	1900	1925	2100	2350	2650	2750
E	通向屋外的出线套管至屋外通道的路面	4000	4000	4000	4000	4500	5000	5000

注　（1）110J 系指中心点直接接地电力网；
　　（2）海拔超过 1000m 时，本表所列 A 值，应按每升高 100m 增大 1% 进行修正。

图 10-9 为解释表 10-1 的安全净距校验图。

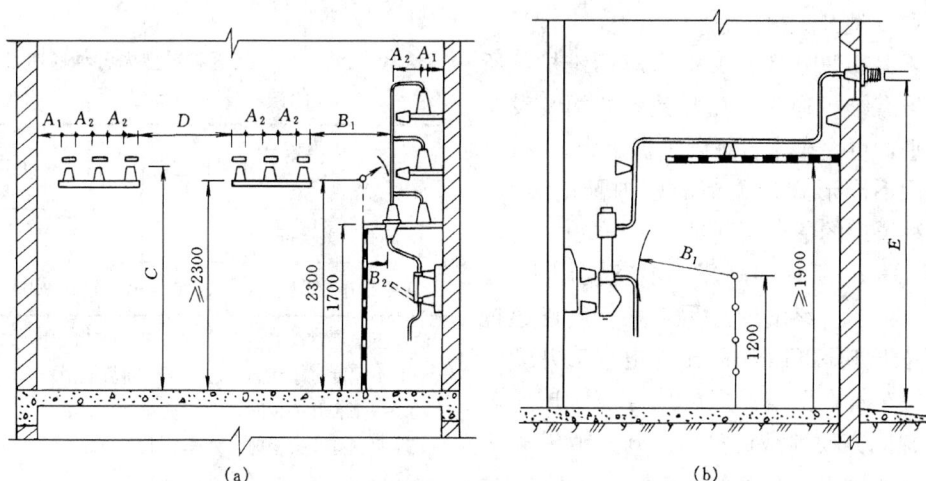

图 10-9　屋内配电装置的安全净距校验图
(a) A_1、A_2、B_1、B_2、C、D 值校验图；(b) B_1、E 值校验图

在表 10-1 所列的安全净距中，最基本是 A_1 和 A_2 的安全净距。在这一距离下，无论正

常或过电压的情况下，都不会发生空气绝缘的电击穿。其余各值都是在 A_1 及 A_2 的基础上，加上运行维护，检修或搬运工具的活动范围而制定的。

在实际建设变电站时，考虑检修和维护上的方便，还为了减少电路中电晕损耗以及估计到施工不正确，工程上采用的距离都比安全净距要大。

2. 屋内高压配电装置

供配电所的屋内配电装置一般为平房或 2～3 层的房屋结构。在高压配电室内安装高压成套配电装置，同一级电压的配电装置布置在同一层一间屋内，当有电抗器时可能占 2 层。

高压配电室的结构考虑到：门的数量与尺寸，高压开关柜的安装、进出线方式及走向、各种通道与出口（如运行维护通道、操作搬运通道等）、电缆沟走向以及防火、通风、采光等。

为了表示整个配电装置的结构，以及其中设备的布置和安装，常用到平面图、断面图和配置图三种图表示。

平面图按比例绘制，图中示出房屋轮廓、成套配电装置的位置与数量、各种通道、电缆沟等，并标出它们的尺寸。

断面图是表明配电装置所取断面中各设备的相互连接及具体布置的结构图。此图应按比例画出。

配置图是按平面图中的开关柜，通道等的相对关系，标出各间隔的序号、间隔名称、该间隔开关柜的方案编号、通道名称、画出各间隔电器的图形符号以及进出线的方式与方向等。配置图便于了解整个配电装置设备的内容和布置，以便统计所用设备。

图 10 - 10 为开关柜平面图和配置图的示例，该配电装置电压为 10kV，采用 KGN-10 型柜。从图 10 - 10 中可以看出，高压开关柜为单列布置，当出线数很多时，也可以双列布置，开关柜下贯通电缆沟，并通至本室以外。

该配电装置的接线为单分段母线。由于结构上的原因，分段断路器要占 2 个间隔。在母线分段处应设防火隔板，进出线的方式，一部分间隔为架空线，一部分间隔为电缆出线，都用 KGN-10 型开关柜。

由于 KGN-10 型开关柜为双面维护，所以后面设有维护通道。在开关柜的两端设有终端通道，可由操作走廊到维护走廊。

使用不同形式开关柜的屋内配电装置，它的各种通道的最小宽度见表 10 - 2。

图 10 - 10 所示的高压配电室使用 12 台开关柜，再加上终端通道后，其长度已超过 7m。凡长度超过 7m 的高压配电室应开 2 个门，并宜布置在两端。门的尺寸应考虑所装的开关柜能方便地搬进室内。开关柜靠墙布置时，两端也应留有适当的距离，以便于安装。

表 10 - 2　　　　配电装置室内各种通道的最小宽度（净距）　　单位：mm

通道分类 布置方式	维护通道	操作通道
一侧有开关设备	800	1500
两侧有开关设备	1000	2000

注　当采用移开式（手车式）开关柜时，操作通道的最小宽度（净距）不应小于下列数值：

一侧有开关柜时，单车长＋1200mm；

两侧有开关柜时，双车长＋900mm。

图 10 - 11 为高压开关柜的断面图。图 10 - 11 中标出了开关柜外各部分之间的距离。室内地面标高为零。如果出线为架空出线，并且出线套管外侧为屋外配电装置时，其屋外部分距地面的距离，不应小于屋外配电装置的有关规定。

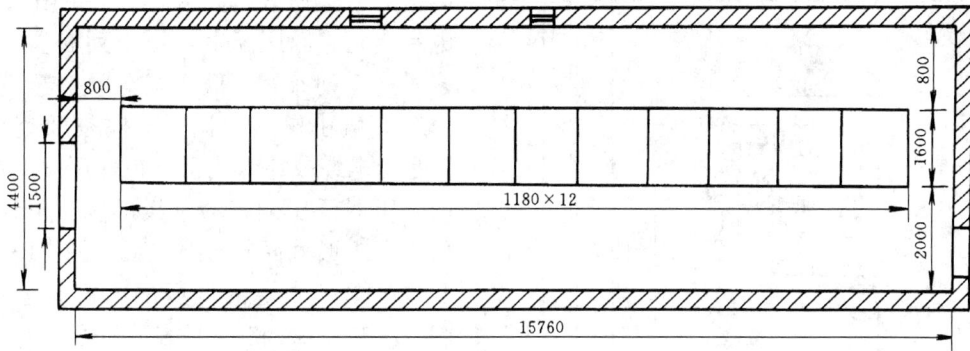

(a)

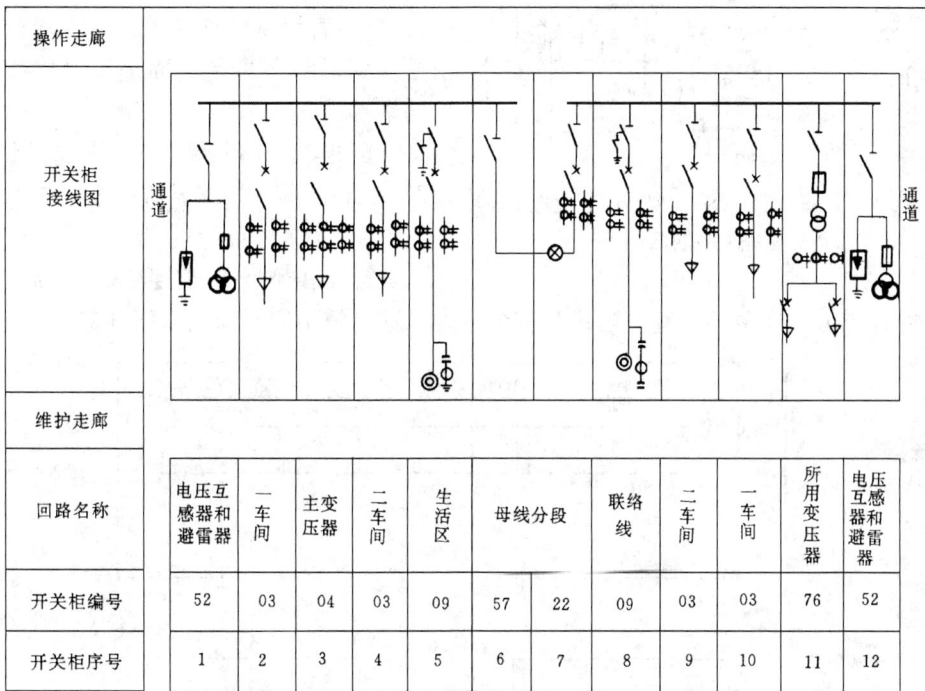

(b)

图 10 - 10 采用 KGN-10 型开关柜的屋内配电装置

(a) 平面图；(b) 配置图

屋内配电装置的三相母线，应按相涂不同颜色的漆。涂漆既能保持相色的永久性和对母线起防腐保护作用，又能有助于散热、减小温升，同时还提高母线的载流量等。

屋内配电装置的三相母线相序排列也有规定。各相母线的相序排列和涂色，从正面观察应符合表 10 - 3 中的规定。

3. 低压配电室

低压配电室中布置低压配电屏。低压配

表 10 - 3　　　　母线的相序排列和涂色

母线相别	颜　色	垂直排列	水平排列	前后排列
L1	黄	上	左	远
L2	绿	中	中	中
L3	红	下	右	近

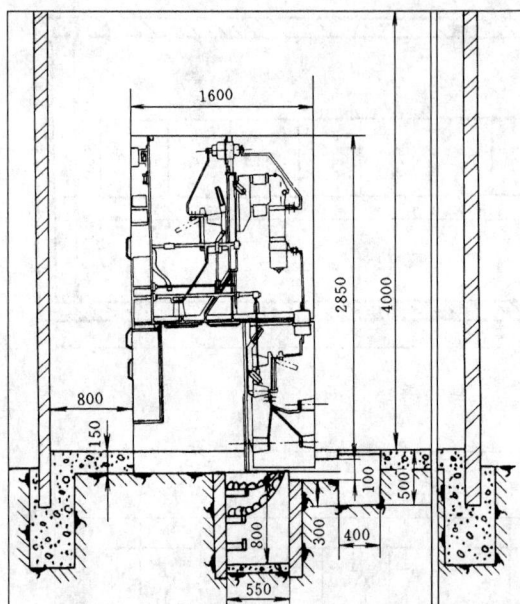

图 10-11 采用 KGN-10 型高压开关柜的
高压配电室断面图

电室的结构形式、要求等，大致和高压配电室相同。低压配电屏可单列布置、数量多时可双列布置。低压配电屏引至负荷的出线一般由电缆引出，即便是架空出线，也是由电缆或绝缘线引至户外后再上电杆。由变压器低压侧来的进线可能是电缆，也可能由矩形截面硬母线进线。图 10-12 为配电屏单列布置的低压配电室布置示例。图 10-12（b）和（c）表示硬母线进线的 2 种方式。

图 10-12（b）表示屏后进线，图 10-12（c）表示从侧面进线。这 2 种进线都直接接到母线，只是侧面进线只能接于母线的端部。

配电屏双列布置时，屏前通道改为 2000mm。屏前操作通道一般比图 10-12 示值要大：单列布置时为 1.8m，双列时为 2.5m。低压配电室长度超过 8m 时，应设 2 个门，并且应分布在两端为宜。当只有一个门时，这个门不应通向高压配电室。

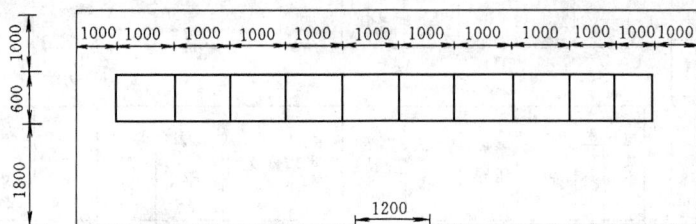

(a)

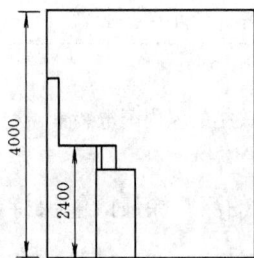

(b)

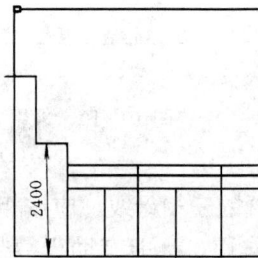

(c)

图 10-12 低压配电室布置示例
(a) 平面布置图；(b) 端视图（屏后进线）；(c) 正视图（侧面进线）

低压母线的相序排列与高压母线的相同。在母线布置方式不同时中性线的排列也不同，分别应为最下、最右和最近，它的颜色为淡蓝色。

由同一低压配电室向一级负荷供电时，母线分段处应有防火隔板和隔墙。给同一级负荷供电的电缆，不应通过同一电缆沟。

4. 变压器的布置

屋内安装的变压器，从防火和限制故障范围的要求考虑，应安装在单独的防爆小间，每一室只能安装一台变压器。

为了操作和维护，变压器外部与门和墙壁间应不小于表 10-4 中所列的数值。

表 10-4　变压器外廓与变压器室墙壁和门的最小净距　　单位：mm

变压器容量（kVA）	1000 及以下	1250 及以上
变压器与后壁，侧壁之间	600	800
变压器与门之间	800	1000

变压器室的门应向外开，其大小由变压器的外形尺寸决定。

从工作人员维护巡视安全考虑，变压器在室内安装方向为：变压器宽面推入时一般低压侧向外；窄面推入时油枕向外，同时注意高低压引线不应交叉，引线的布置应便于变压器吊芯检查。

变压器室高度定为：如果在室内检修，那么应比吊芯所需最小高度高出 700mm。并且室的宽度可按变压器两侧各加 800mm 确定。

变压器室不考虑采光，但应有良好的自然通风，以利散热。变压器室按变压器容量不同分别采取地坪进风或下层进风两种自然进风方法。容量小于 630kVA 的变压器一般采用地坪进风，对容量在 800～1250kVA 的变压器，采用抬高地坪。下层进风的方法效果较好，通常将地坪抬高 0.65～0.85m。通风方式如图 10-13 所示。

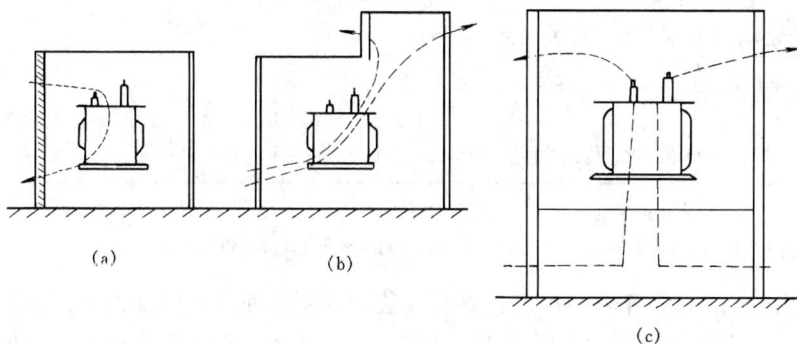

图 10-13　变压器室通风

(a) 地坪进风单侧出风；(b) 地坪进风气楼抽风；(c) 下层进风两侧出风

变压器室还应满足防雨雪、防小动物、防洪水及防火要求。

5. 层内配电装置的特点

屋内配电装置运行的可靠性高，运行巡视，维护检修和倒闸操作的条件好，防止污染的效果好。

屋内配电装置最大的优点就是占地面积小，节约用地。缺点相对来说是需要建筑特殊的房屋，所以土建工程量大，投资较多。

（三）屋外配电装置

将电气设备安装在露天场地的称为屋外配电装置。

1. 安全净距

屋外配电装置的最小安全净距，见表 10-5。工程上采用的值一般都较表 10-5 中所列的值大。

图 10 - 14 为屋外配电装置最小安全净距的校验图，与表 10 - 5 配合使用。

2. 屋外配电装置

表 10 - 5　　　　　　　　　　屋外配电装置的最小安全净距　　　　　　　单位：mm

符号	适 用 范 围	额 定 电 压 （kV）				
		3～10	35	60	110J	110
A_1	(1) 带电部分至接地部分之间； (2) 网状遮栏向上延伸线距地 2.5m 处与遮栏上方带电部分之间	200	400	650	900	1000
A_2	(1) 不同相带电部分之间； (2) 断路器和隔离开关的断口两侧引线带电部分之间	200	400	650	1000	1100
B_1	(1) 设备运输时，其外廓至无遮栏带电部分之间； (2) 交叉时，不同时停电检修的无遮栏带电部分之间； (3) 栅状遮栏至绝缘体和带电部分之间； (4) 带电作业时带电部分至接地部分之间	950	1150	1400	1650	1750
B_2	网状遮栏至带电部分之间	300	500	750	1000	1100
C	(1) 无遮栏裸导体至地面之间； (2) 无遮栏裸导体至建筑物、构筑物顶部之间	2700	2900	3100	3400	3500
D	(1) 平行的、不同时停电检修的无遮栏带电部分之间； (2) 带电部分与建筑物、构筑物的边沿部分之间	2200	2400	2600	2900	3000

注　1. 110J 系指中性点直接接地电力网；

2. 海拔超过 1000m 时，本表所列 A 值应按每升高 100m 增大 1% 进行修正。

为了说明屋外配电装置的结构、布置和安装，常用平面图、断面图表示。

(1) 35kV 双母线布置屋外配电装置。图 10 - 15 是 35kV 双母线布置屋外配电装置的横断面图。这种配电装置属于 35kV 中型屋外配电装置。母线是软母线，用耐张绝缘子串固接在母线支架上。隔离开关与断路器间的连接线在母线支架上面，并拉紧在两个支架之间的连接线。

(2) 10kV 屋外配电装置。图 10 - 16 所示为变压器安装在户外墩上的一种布置，适用于 200～1250kVA 的 6～10kV 变压器的安装。

高压侧从进户终端杆经跌开式熔断器等电器接至变压器的高压套管，低压侧以矩形截面母线穿墙进入低压配电室。变压器周围应有实体围栏和门，可供运行人员进入巡视。围栏高度不低于 1.7m，变压器外廓与墙间距离应大于 0.8m。

变压器的上面不应有屋檐水滴落，也不应有可能下落固体物件。靠变压器面的建筑物墙上，高于变压器顶 3m 以内和变压器两侧 3m 以内不应开窗。

一般屋外配电装置的运行、维护、检修要受外界气候和环境因素影响；相间距离大、间隔宽、电器间的距离也大。但由于 6～10kV 单元接线的变电站可以在低压侧计量电能，高

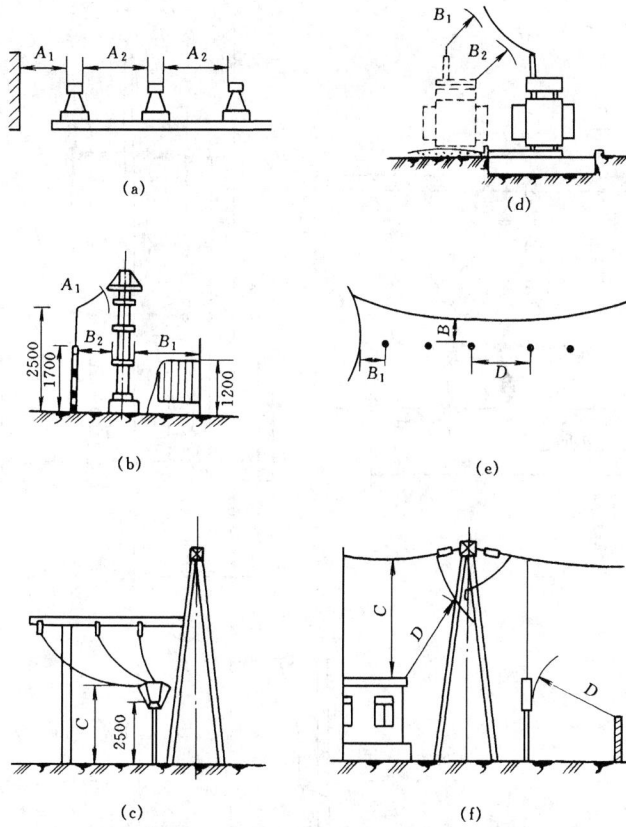

图 10-14 屋外配电装置最小安全净距校验图

(a) 相间及相对地距离；(b) 至围栏净距；(c) 至地面净距；(d) 运
输净距；(e) 不同时停电检修时净距；(f) 至建筑物的净距

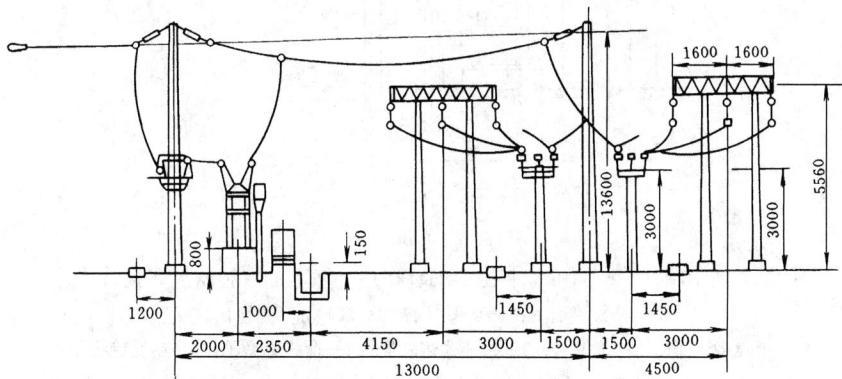

图 10-15 35kV 双母线双列布置

压设备很简单，可以装在进线的终端杆上，所以可以不设变压器室。这样对于 10kV 变电站来说，它的高压侧大多数采用屋外配电装置。

3. 屋外配电装置的特点

屋外配电装置的优点：

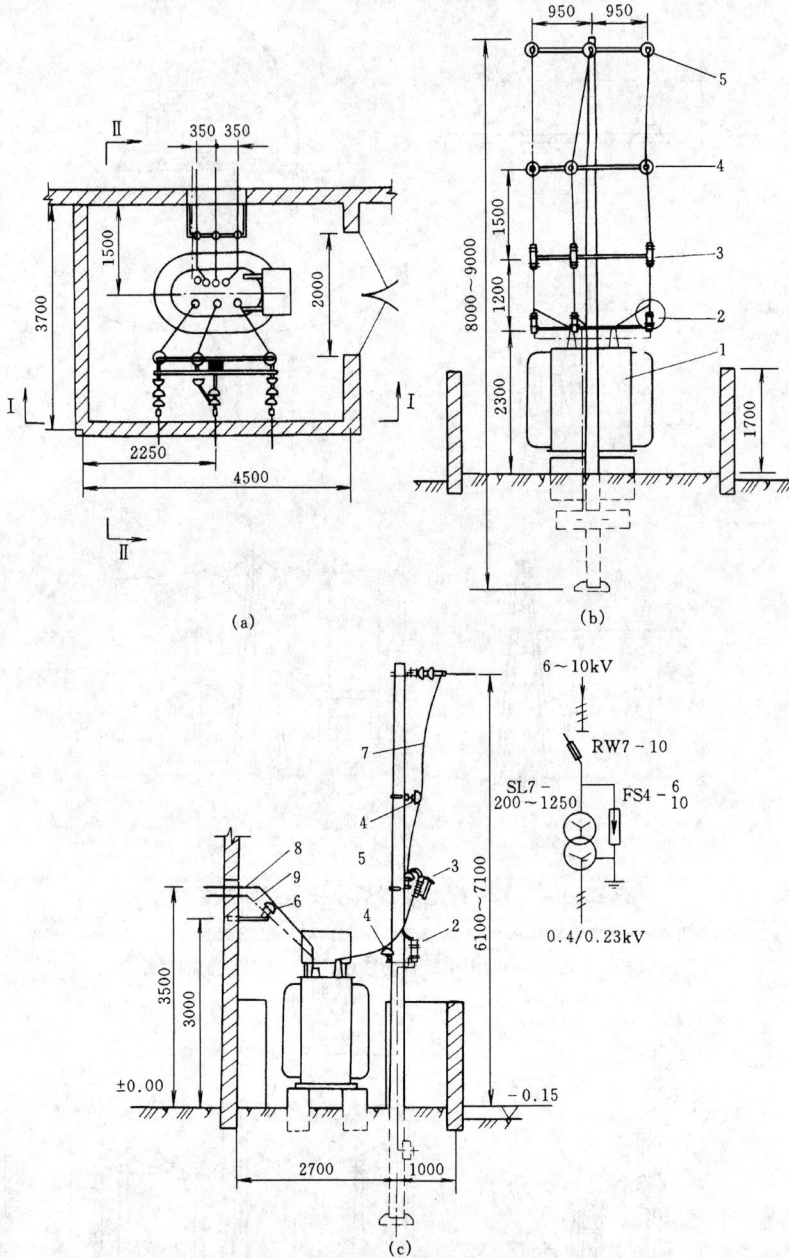

图 10-16 6~10kV 变压器安装在户外墩上的一种露天布置

(a) 平面图；(b) Ⅰ-Ⅰ断面；(c) Ⅱ-Ⅱ断面

1—电力变压器；2—避雷器；3—跌开式熔断器；4—针式绝缘子；5—耐张绝缘子；

6—支柱绝缘子；7—高压引线；8—低压母线；9—中性母线

(1) 减少了配电装置土建工程量，降低了建造费用。

(2) 可以增大相邻线路电器之间的距离，而并不显著地增加费用，大大地减少了故障蔓延的危险性。

(3) 缩短配电装置建造时间，节省建筑材料。

(4) 观察清楚，便于扩建，容易迅速地将原设备更换。

屋外配电装置的缺点：

（1）运行维护较不方便，隔离开关的操作以及对各种电器巡视，在任何天气条件下必须在露天进行。

（2）建筑面积较大。

（3）电器要受周围空气温度剧烈变化的影响。

（四）总体布置

供配电所的布置和其电压等级、配电装置的形式、变电站的性质等有着密切的联系。同时，还应符合防火、环境保护、防震等有关规定。

1. 供配电所总体布置的要求

（1）便于运行维护和检修。有人值班的供配电所，一般应设单独的值班室，值班室也可以与低压配电室合并。值班室应直接或经走廊与高压配电室相通。

主变压器室应靠近交通运输方便的马路侧。

要考虑搬运通道、运行巡视小道。

（2）保证运行安全。

1）主控制室或值班室内不得有高压设备。

2）主控制室或值班室的门应朝外开。高低压配电室和电容器室也应朝外开。

3）油量为 100kg 及以上的变压器，如果是屋内配电装置应有单独的变压器室，它的大门应朝外开。

（3）便于进出线。如果是架空进线，那么高压配电室最好位于进线侧。

如果是屋外配电装置的变电站，主变压器安装在屋外配电装置和屋内配电装置之间。

如果是屋内式变电站，主变压器安装在靠近低压配电室。

低压配电室最好位于低压架空出线侧。

（4）考虑发展要求。如果是屋内配电装置、主变压器室应考虑到扩建时有更换大一级容量变压器的可能。高低压配电室内都要留有一定量开关柜（屏）的备用位置。

（5）节约土地和建筑费用。如果高压开关柜的数量不超过 6 台时，可以与低压配电屏设置在同一房间内，但是高压柜与低压屏间距不得小于 2m。

如果高压电容器柜数量较少时，可装设在高压配电室内。

2. 供配电所的防火

在设计、布置供配电所时应考虑到防火要求。供配电所中各种建筑物的耐火等级，见表 10 - 6。

表 10 - 6　　　　　　　　供配电所中建筑物和构筑物的耐火等级

序号	建筑物和构筑物名称		火灾危险性类别	最低耐火等级
1	控制室		戊	二 级
2	配电装置	每台设备充油为 60kg 及以上	丙	二 级
		每台设备充油量为 60kg 及以下	丁	二 级
3	变压器室		丙	一 级
4	电容器室（有可燃性介质的电容器）		丙	二 级
5	材料库，工具间		戊	三 级
6	电缆隧道，电缆沟		—	一 级

可燃油油浸电力变压器室的耐火等级应为一级，非燃或难燃介质的电力变压器室的耐火等级不应低于二级。

高压配电室的耐火等级不应低于二级；低压配电室的耐火等级不应低于三级。

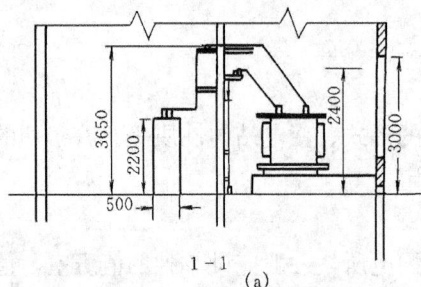

1-1
(a)

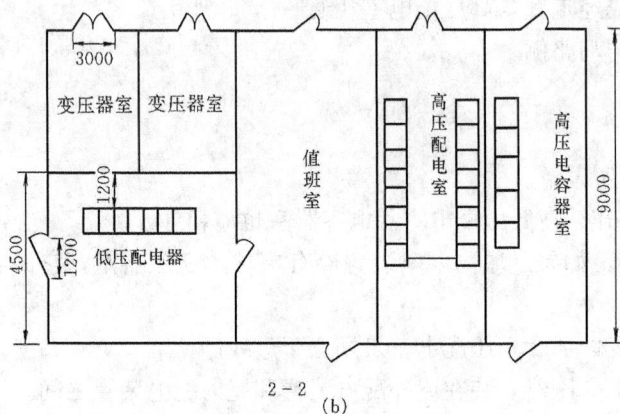

2-2
(b)

图 10-17　10kV 变电站的剖面图和平面图
(a) 剖面；(b) 平面

为屋内布置。

高压电容器室的耐火等级不应低于二级。

3. 供配电所总体布置的方案

供配电所总体布置的方案应因地制宜，合理设计。

(1) 6~10kV 变电站布置。图 10-17 为 10kV 变电站的平面图和剖面图。高压配电室中的开关柜为双列布置时，按有关规定，操作通道的最小宽度为 2m。

对于不设高压配电室的变电站，它的布置和图 10-17 基本相同。只是高压开关柜的数量少些，高压配电室相应小一些，如果没有高压配电室又没有值班室的变电站，它的平面布置如图 10-18 所示。

(2) 35kV 变电站布置。作为总降压变电站，多数为 35kV 进线，从节约土地，维护和运行等方面出发，现在 35kV 变电站大都为屋内布置。

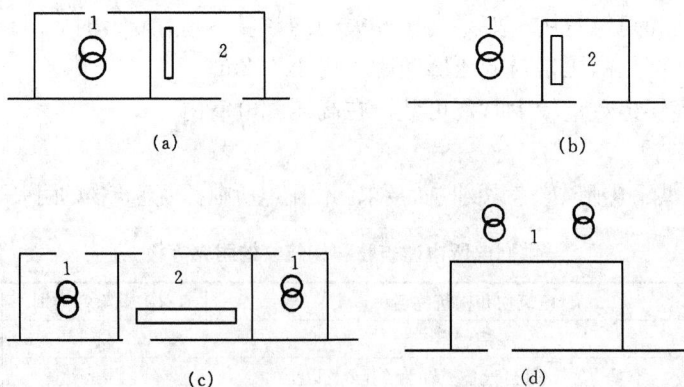

图 10-18　无高压配电室和值班室的变电站布置示例
(a) 室内型，一台变压器；(b) 室外型，一台变压器；(c) 室内型，两台
变压器；(d) 室外型，两台变压器
1—变压器室或室外变压器台；2—低压配电室

图 10-19 为屋内 35kV 变电站布置示意图，从图 10-19 中可以看出，变电站为三层楼

房。一楼有 10kV 配电装置和电容器柜、变压器室；二楼为电缆层和通信室；三楼为 35kV 配电装置和主控制室休息室。

35kV 配电装置是由 35kV 架空进线由穿墙套管引入；10kV 全是电缆出线。

整个变电站的各室都有门，主控室端部的门是经楼梯直达地面的安全通道。

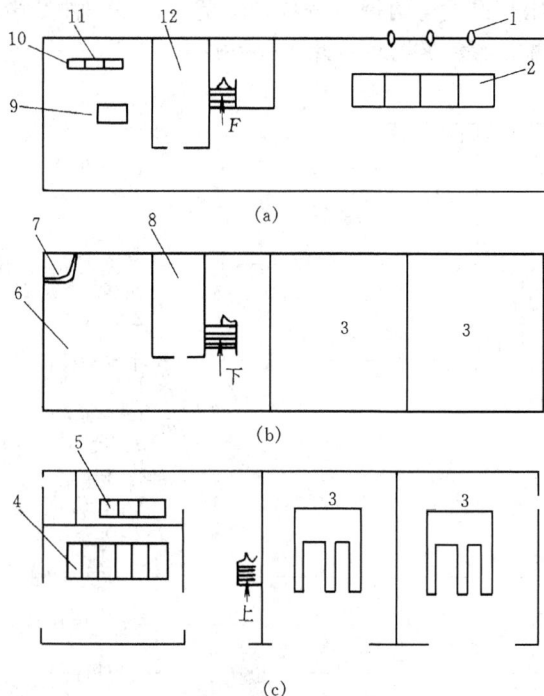

图 10-19　35kV 屋内变电站布置示意图

(a) 三楼；(b) 二楼；(c) 一楼

1—35kV 套管；2—35kV 开关柜；3—主变压器；4—10kV 断路器
柜；5—并联电容器；6—电缆层；7—电缆通道；8—通信室；
9—控制台；10—中央信号屏；11—操作电源屏；12—休息室

课题二　成套配电装置

内容要求

1. 了解成套配电装置的基本类型。
2. 了解成套配电装置的结构。
3. 掌握成套配电装置的作用及特点。

成套配电装置（也称开关柜），是以断路器为主，根据一次线路方案的要求将断路器、隔离开关、互感器、避雷器等连接在一起，起接受和分配电能的作用。

成套配电装置按电气元件固定的特点可分为手车式和固定式；按母线可分为单母线和双母线，按电压等级可以分为高压开关柜和低压开关柜。

一、高压开关柜

高压开关柜是按一定的线路方案将有关一、二次设备组装而成的一种高压成套配电装置。高压开关柜主要特点是以断路器为主，其中包括测量仪表、保护装置、控制调整和辅助设备等。一般采用一个柜是一个间隔并构成一个电气回路（必要时用两个或几个柜）。

目前我国生产的高压开关柜有两种：一种是固定式，另一种是移开式（也叫手车式）。

（一）KYN1-10 户内交流金属铠装移开式开关设备

1. 型号及含义

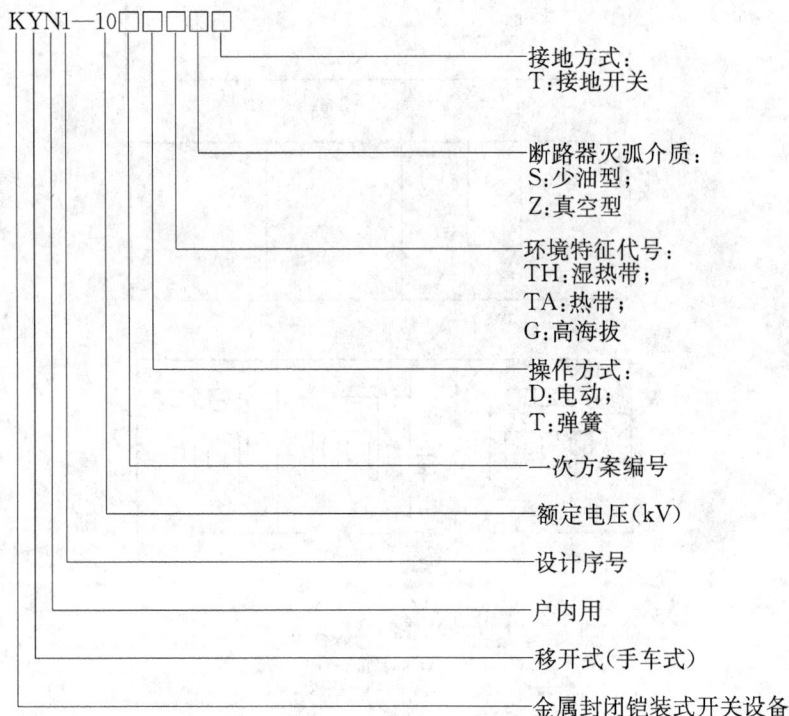

2. 用途

KYN1-10 户内交流金属铠装移开式开关设备适用于交流 50Hz，额定电压 3～10kV 中性点不接地的单母线及单母线分段系统，供各类发电厂、变电站、工矿企业作为接受和分配网络电能，对电路实行控制保护监测。

3. 使用环境

（1）环境温度：上限+40℃，下限-5℃。

（2）海拔高度不超过 1000m。

（3）相对湿度日平均值不大于 95％，月平均值不大于 90％。

（4）地震强度不超过 8 级。

（5）没有火灾，爆炸危险、严重污秽、化学腐蚀及剧烈振动的场所。

（6）空气中不得有导电灰尘及足以能腐蚀金属和破坏绝缘气体的场所。

4. 技术数据

柜内所装的一次元件包括 ZN（SN10）-10 断路器、电流互感器等。

KYN1-10 型主要技术参数见表 10 - 7。

表 10 - 7   **KYN1-10 型开关柜主要技术参数**

名 称	参 数	名 称	参 数
额定电压（kV）	3、6、10	防护等级	IP2X
最高工作电压（kV）	3.5、6.9、11.5	母线系统	单母线
额定电流（A）	630、1000、1250、2000、3000	外形尺寸（宽×深×高，mm）	800×1500×2200
操作机构	CD10 型		

5. 柜体结构（如图 10 - 20 所示）

KYN1-10 型开关柜是采用钢板与角钢焊接而成的。各单元之间用金属板隔开成为全封闭型的结构，外壳的防护等级为 IP2X；由柜体、继电器仪表箱、手车三大部件组成，柜体又有前柜、后柜和泄压窗三部分组成，三者之间均由螺栓连接而成一体。柜体用接地的金属板分隔成手车室、端子室、母线室和电缆室。手车具有架空进出线、电缆进出线及左右联络功能，设计变电站时可以根据用途将各种方案的手车柜排列运行组成能完成设定功能的配电装置。

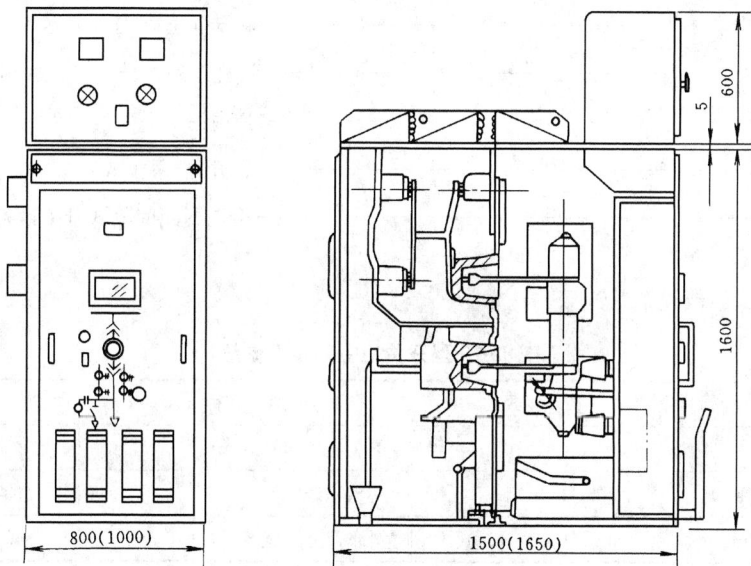

图 10 - 20　KYN1-10 型金属铠装移开式高压开关柜结构示意图
（电缆进出线柜深为 1500mm，架空进出线柜深为 1650mm）

（二）JYN2-10 移开式交流金属封闭开关设备

1. 用途

JYN2-10 型移开式交流金属封闭开关设备（以下简称开关柜）用于交流 50Hz、3～10kV 单母线系统作为一般接受和分配电能的户内金属封闭开关设备，主要用于发电厂中型发电机送电、工矿企业配电以及电业系统的二次变电站的变电。送电及大型高压电动机起动及保护等。

2. 使用环境

（1）环境温度上限＋40℃，下限－5℃。

（2）海拔高度不超过 1000m。

(3) 相对湿度不大于 90%（+25℃）。

(4) 地震烈度不超过 8 级。

(5) 没有火灾、爆炸危险、严重污秽、化学腐蚀及剧烈振动的场所。

(6) 允许在−30℃时储运。

3. 型号及含义

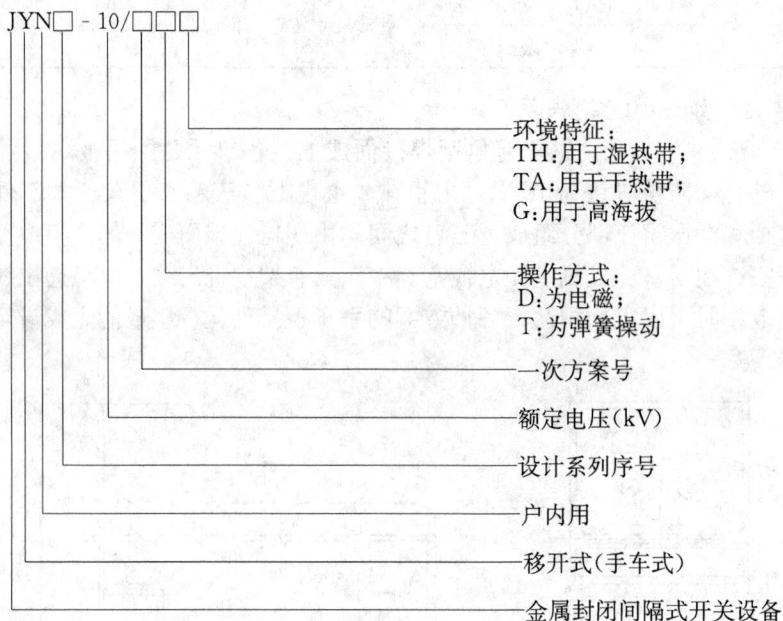

    JYN□ - 10/□□□

        环境特征:
        TH:用于湿热带;
        TA:用于干热带;
        G:用于高海拔

        操作方式:
        D:为电磁;
        T:为弹簧操动

        一次方案号

        额定电压(kV)

        设计系列序号

        户内用

        移开式(手车式)

        金属封闭间隔式开关设备

4. 技术参数

开关柜技术参数见表 10 - 8。

表 10 - 8   **JYN2-10 型开关柜主要技术参数**

名　　称	参　　数	名　　称	参　　数
额定电压（kV）	3、6、10	热稳定时间（s）	4
最高工作电压（kV）	3.5、6.9、11.5	母线系统	单母线
额定电流（A）	630、1000、1250	外形尺寸（宽×深×高，mm）	840×1500×2200

5. 柜体结构（如图 10 - 21 所示）

JYN2-10 型开关柜用钢板弯制焊接而成，整个柜由外壳和装有滚轮的手车两部分组成。

外壳用钢板绝缘分隔成手车室、母线室、电缆室和继电仪表室四个部分，制成金属封闭间隔式开关设备。壳体的前上部位是继电仪表室，继电仪表室前门可以装指示仪表、操作开关、信号继电器、按钮和信号灯具等。二次元件室内装有摇门式继电器，继电器为凸装板后接线型。室内顶部能装 15 路小母线、底部为二次插座和端子排，底部左侧为二次电缆进线孔。电缆沿左侧通到继电仪表室。

外壳的后上部分为主母线室，一次母线最大截面为 2×（10×100）；后下部分为电缆室，可放置 240mm² 电缆 2 根，电流互感器和接地开关都装于其中，底部用绝缘板将电缆室和电缆沟隔离。

手车用钢板弯制焊接而成，底部装有 4 只滚轮，能沿水平方向移动，手车分断路器手

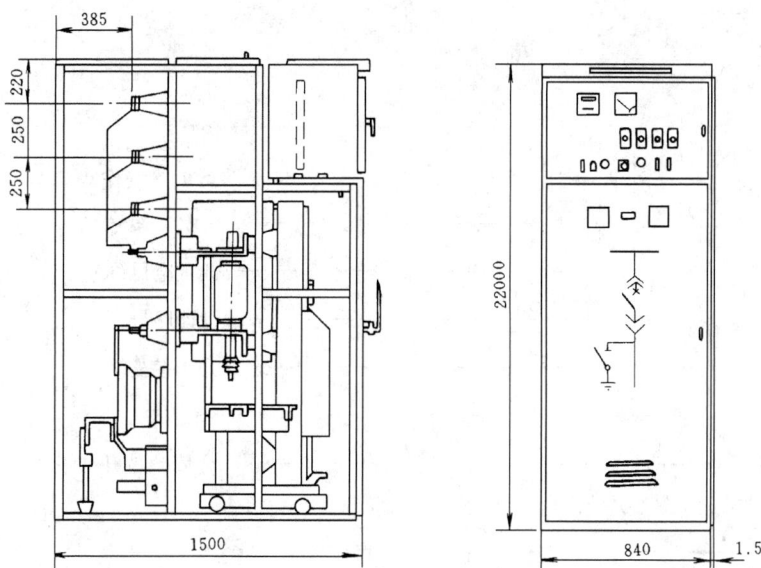

图 10-21　JYN2-10 型手车式交流金属封闭高压开关柜

车、电压互感器手车、电压互感器避雷器手车、电容器避雷器手车、站用变压器手车，隔离手车和接地手车 7 种。

继电仪表室顶部可设置 15 路小母线，并装有一个小母线支座，通过它把 15 路小母线固定连接起来，柜内到小母线引线汇集其上，合闸小母线采用 16mm² 塑料导线，其余的小母线用 4mm² 塑料导线。

（三）KGN-10 型铠装固定式金属封闭开关设备

1. 用途

KGN-10 型铠装固定式金属封闭开关柜适用于 3～10kV 三相交流 50Hz 系统，作为接受与分配电能之用。它的母线系统有单母线，单母线带旁路及双母线三种。

2. 使用环境

（1）环境温度：上限 +40℃，下限 -5℃。

（2）海拔不超过 1000m。

（3）相对湿度：日平均值不大于 95%，月平均值不大于 90%。

（4）无火灾，爆炸危险，严重污秽，化学腐蚀及剧烈震动的场所。

3. 技术参数

KGN-10 型技术参数见表 10-9 所示。

表 10-9　　　　　　　　　　　　KGN-10 型开关柜的技术参数

名　称	参　数	名　称	参　数
额定电压（kV）	3、6、10	母线系统	单母线
最高工作电压（kV）	3.5、6.9、11.5	操作方式	直流电磁式
最大工作电流（A）	2500	防护等级	IP2X
额定开断电流（kA）	16、31.5、40	外形尺寸（宽×深×高，mm）	1180×1600×2800

4. 型号及含义

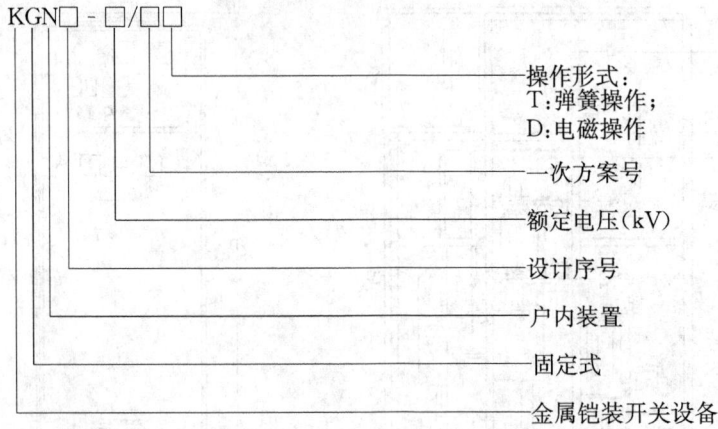

操作形式:
T:弹簧操作;
D:电磁操作
一次方案号
额定电压(kV)
设计序号
户内装置
固定式
金属铠装开关设备

5. 柜体结构（如图 10-22 所示）

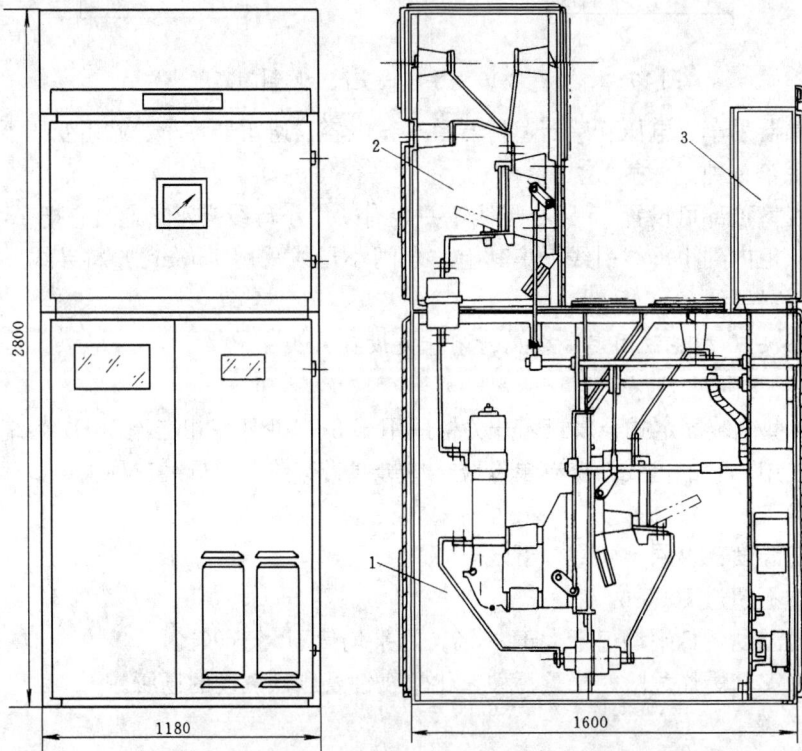

图 10-22　KGN-10/05D～08D 型高压开关结构简图
1—本体装配；2—母线室装配；3—继电器室装置

KGN-10 型高压开关柜为金属封闭式结构，柜体骨架由角钢或钢板弯制焊接形式，柜内以金属板分割成母线室、断路器室、电缆室、操动机构室及压力释放通道。母线室在柜后上部，母线呈三角形排列，以 7500N 抗弯强度的瓷质绝缘子支撑，带接地开关的隔离开关也装在本室内，以便与主母线进行电气连接。断路器室在柜的后下部，断路器传动通过上下拉杆和水平轴在电缆室与操动机构连接，断路器通过套管或电流互感器进行进出线电气连接。电缆室除做电缆连接外，还要装设带接地开关的隔离开关，操作室内安装操动机构合闸接触器和熔断器及联锁板，机构不外露，门上有主母线带电指示氖灯显示器。继电器室在柜体前部上方，室内的安装板可安装各种继电器等。

开关柜为双面维护。前面检修继电器室的二次元件、维护操动机构及其传动部分、程序锁及机械连锁、检修电缆和下隔开关等。后面检修主母线、带接地开关的隔离开关、断路器，后门上有观察窗，后壁还有照明灯，给断路器照明，以便观察断路器的油位和断路器的运行情况。

KGN-10型开关柜具有"五防"功能。"五防"是指防止带负荷分、合隔离开关；防止误操作断路器；防止误入带电间隔；防止带电挂接地线；防止带接地线合隔离开关和断路器。

（四）高压开关柜部分一次线路方案

JYN2-10型手车式交流金属封闭高压开关柜部分一次线路方案见表10-10。

KYN1-10型金属铠装移开式高压开关柜部分一次线路方案见表10-11。

KGN-10型铠装固定式金属封闭高压开关柜部分一次线路方案见表10-12。

表 10-10　　　　　　　　　JYN2-10 型高压开关柜部分一次线路方案

一次线路方案编号		05	06	07	08
一次线路方案					
主要电气设备	SN10-10$^{I}_{II}$Cl 型断路器	1	1	1	1
	CD10$^{I}_{II}$C 或 CT8 型操动机构	1	1	1	1
	LZZB6～10 或 LZZQB6～10 型电流互感器	2		2	3
	JDZ6-$^{6}_{10}$ 型电压互感器	2			
备　　注					
一次线路方案编号		09	10	11	12
一次线路方案					
主要电气设备	SN10-10$^{I}_{II}$Cl 型断路器	1	1		
	CD10$^{I}_{II}$C 或 CT8 型操动机构	1	1		
	LZZB6～10 或 LZZQB6～10 型电流互感器	2	3	3	
备　　注					

续表

一次线路方案编号	13	14	15	16
一次线路方案				
主要电气设备　RN2-10 型熔断器	3	3	3	3
JDZ6-$^6_{10}$型电压互感器	2		2	
JDZJ6-$^6_{10}$型电压互感器		3		3
备　注				

表 10 - 11　　　　　　　　　　**KYN1-10 型高压开关柜部分一次线路方案**

一次线路方案编号	01	02	03	05
一次线路方案				
主要电气设备　SN10-10Ⅰ、Ⅱ型少油断路器	1	1	1	1
CD10Ⅰ、Ⅱ（CT8Ⅰ、Ⅱ）型操动机构	1	1	1	1
LDJ1-10 型电流互感器	2	2	2	3
DXN3-20B 型传感器		3		
JN4-10 型接地开关			1	
备　注		电　缆　进　出		

一次线路方案编号	06	07	09	10
一次线路方案				

主要电气设备	SN10-10 I、II型少油断路器	1	1	1	1
	CD10 I、II（CT8 I、II）型操动机构	1	1	1	1
	LDJ1-10型电流互感器	3	3	2	2
	DXN3-20B型传感器	3			3
	JN4-10型接地开关		1		
备 注		电 缆 进 出		架 空 进 出	

表 10-12　KGN-10型高压开关柜部分一次线路方案

一次线路方案编号	01	02	03	04	05
一次线路方案					
主要电气设备 GN24-10D（上）型隔离开关	1	1	1	1	1
GN24-10D（下）型隔离开关					1
SN10-10 I、II、III型断路器	1	1	1	1	1
CT10或CT8型操动机构	1	1	1	1	1
LFZJ-10型电流互感器	1	2	3		
备 注	电 缆 出 线			电缆进出线	
一次线路方案编号	06	07	08	09	10
一次线路方案					
主要电气设备 GN24-10D（上）型隔离开关	1	1	1	1	1
GN24-10D（下）型隔离开关	1	1	1		
SN10-10 I、II、III型断路器	1	1	1	1	1
CT10或CT8型操动机构	1	1	1		1
LFZJ-10型电流互感器	1	2	3	1	2
备 注	电 缆 进 出 线			架 空 出 线	

二、低压开关柜

低压开关柜（也称低压配电屏）是指 500V 以下的三相或三相四线制的配电装置。在低压配电室内常用来作为动力、照明的控制作用。

现在低压配电屏主要有固定低压配电屏、抽出式低压开关柜、XL 类低压动力配电箱和 XM 类低压照明配电箱四种型式。

（一）PGL1、2 型交流低压配电屏

1. 用途

PGL1、2 型交流低压配电屏，适用于发电厂、变电站、厂矿企业中作为 50Hz，额定工作电压不超过交流 380V 的低压配电系统中动力，配电照明的作用。

2. 使用环境

（1）海拔高度不超 2000m。

（2）周围环境温度不高于+40℃，而在 24h 周期内平均温度不高于 35℃，周围空气温度的下限为−5℃。

（3）空气清洁，相对湿度在+40%，不超过 50%，在温度较低时，允许有较高的相对湿度。

（4）无剧烈震动冲击的地方，及其不足以腐蚀电器元件的场所。

3. 型号及含义

```
PGL□ - □ - □
         └──────────── 辅助电路方案号
        └───────────── 主电路方案号
      └─────────────── 设计序号
   └──────────────────  动力用
  └─────────────────── 电气元件固定安装、固定接线
 └──────────────────── 低压开启式配电屏
```

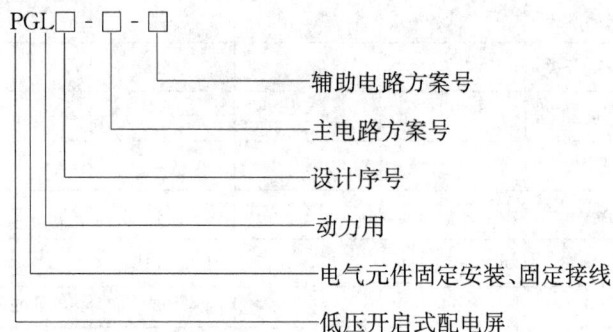

4. PGL1、2 型开关柜的结构

PGL1、2 的基本结构采用薄钢板及角钢焊接组合而成，屏前有门。屏面上方有仪表板，为开启式的小门，可装设指示仪表，因此维护方便。屏与屏之间加有钢板弯制而成的隔板，这样就减少了由于一个单元（一面屏）内因故障而扩大事故的可能，屏后骨架上方，有主母线安装于绝缘框上，并在它上方装有母线防护罩，防止上方坠落金属物体造成主母线短路的事故，并具有良好的保护接地系统，主接地点焊接在下方的骨架上，仪表门也有接地点与壳体相连。

中性母线取置于屏的下方绝缘子上，屏内外涂有防护漆层，始端屏、终端屏可加防护板。

5. 设计特点

（1）PGL1、2 型交流低压配电屏具有分断能力高，动热稳定性好，运行安全可靠，并且辅助电路方案与主电路方案相对应。

（2）简化了主电路方案。

（3）具有双面维护，检修方便的特点。

（4）屏宽尺寸有 400、600、800、1000mm 四种，每一屏可作为一个独立单元，可以组合成各种不同方案。

（二）MKS 低压抽出式开关柜

1. 用途

MKS 型低压抽出式开关柜适用于交流 50～60Hz，额定工作电压及以下系统，能适应各种供、配电的需要，广泛用于电站、核电站、船用、石油平台等各种工矿企业配电系统。

2. 使用环境

（1）周围空气温度不高于 +40℃，不低于 -5℃，并且 24h 内的平均温度不高于 +35℃。

（2）周围空气清洁，相对湿度在最高温度为 40℃ 时不超过 50%，在较低温度时允许有较高的相对湿度。

（3）开关柜运输和储存过程中的温度可在 -25℃ 至 55℃ 的范围之间，在短时间内（不超过 24h）温度可达到 +70℃。

（4）海拔高度不超过 2000m。

3. 型号及含义

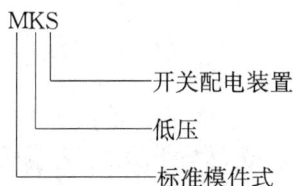

4. 技术参数

MKS 型低压开关柜技术参数见表 10 - 13。

表 10 - 13　　MKS 型低压开关柜技术参数

名　　称	参　数
额定电压（V）	660
额定工作电压（V）	600
最大工作电流（A）	4700
主母线短时耐受电流（kA）	100
主母线短时峰值电流（kA）	250
配电母线最大工作电流（A）	1000
配电母线短时峰值电流（A）	90、130
防护等级	IP40

5. 结构和特点

开关柜柜体基本结构是 C 型材装配而成，C 型材是以 $E=25mm$ 为模数安装孔的钢板弯制而成，全部框架及内层隔板都为镀锌处理四周门板，侧板则作粉末涂装，柜体的设计根据需要可组成单面操作柜或双面操作柜。每个柜体又分隔成三个小室，即主母线室，电器室和电缆室。

MKS 型的特点是：设计紧凑；结构通用性强；组装灵活；采用标准模块设计；安全性高；技术性能高，主要参数达到当代国际技术水平；压缩场地化程度高；装配方便。

（三）XL-21 型低压动力配电箱

1. 用途

XL-21 型低压动力配电箱适用于发电厂及工矿企业中在交流频率 50Hz，电压 500V 及500V 以下的三相三线及三相四线系统作动力，照明之用。XL-21 型低压动力配电箱是户内装置，靠墙安装，前面检修。

2. 使用环境

（1）安装海拔高度不超过 2000m。

（2）周围介质温度不高于 +40℃，不低于 -5℃，24h 内的平均值不超过 +35℃。

（3）空气相对湿度不超过 90%。

（4）无腐蚀金属，破坏绝缘的气体和导电尘埃。

（5）无爆炸危险场所。

（6）无剧烈振动和颠簸及垂直倾斜度不超过 5°。

（7）在没有雨雪侵袭的地方。

3. 型号及含义

XL—21—□□□

箱门型：
a：凸门型；
b：嵌门型

A 独立
B 排列

主回路方案号

设计序号

动力配电箱

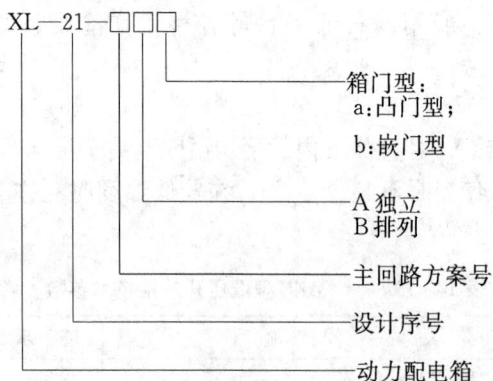

表 10 - 14　　PGJ 无功功率自动补偿屏型号、规格

	型　号	单台容量	操作步数
主屏	PGJ1-1	72kvar	6 步、带控制器
	PGJ1-2	96kvar	8 步、带控制器
辅屏	PGJ1-3	72kvar	6 步
	PGJ1-4	96kvar	8 步

（四）PGJ1 无功功率自动补偿屏

1. 型号及规格

PGJ 型号、规格见表 10 - 14。

2. 用途和性能

PGJ1 型无功功率补偿屏适用于工矿企业，车间民用住宅及变压器容量为 100kVA～1000kVA 的 50Hz、380V 三相交流配电系统中。该补偿屏既可与 PGL1、2 型低压屏配套使用，也可单独使用。该补偿屏采用双面维护，屏内设有 ZKW-Ⅱ 型无功功率自动补偿屏控制器一台。控制器采用 8 步或 6 步循环投切的方式进行工作，并根据电网负荷消耗的感性无功容量的多少以 10s～120s 可调的时间间隔自动地控制并联电容器组的投切动作，使电网的无功消耗保持到最低状态，从而可提高电网电压质量，减少输配电系统和变压器的损耗。

3. 结构

无功功率自动补偿屏的结构为开启式。它外形尺寸、屏间连接孔、主母线距地尺寸，架线方式相间距离和 PGL1、2 型低压配电屏完全相同，屏的正面由薄钢板弯制而成，内柜架由角钢相互焊接而成。屏内有两层油盘作为电容器的支架。正面有活动的仪表门、固定的操作板、两扇活门。单独安装使用时，屏体两端可装护板，电源通过电缆引入或电架空线引入。

（五）JK 型交流低压电控设备

1. 用途

JK 型交流低压电控设备适用于冶金、矿山轧机、石油、化工、轻纺、电站、机械加工等工矿企业，容量在 315kW 以下的各类笼型的绕线型电动机的各种控制方式，同时可以作为各类发电厂、变电站中，额定电流在 3150A 及以下的低压电源系统进线受电，馈电及辅助设备供电之用。

2. 使用环境

（1）周围空气温度上限不得超过＋40℃，下限不低于－5℃，24h 内的平均温度不得超过+35℃，运输与储存过程中的温度可在−25℃至+55℃的范围内，短时（不超过 24h）的温度不超过+70℃。

（2）安装使用地点的海拔高度不超过 2000m。

（3）相对湿度 90%。

（4）设备所接的电源电压波动范围，须保证最低值不低于设备标定额定工作电压值 90%，最高值不高于设备标定额定工作电压的 110%。

（5）设备使用时，局部环境的污染等级不得超过 3 级。

（6）设备应安装在与垂直面的倾斜度不超过 5°的平面上。

（7）设备应安装在无爆炸危险及腐蚀性气体的场所。

3. 型号及含义

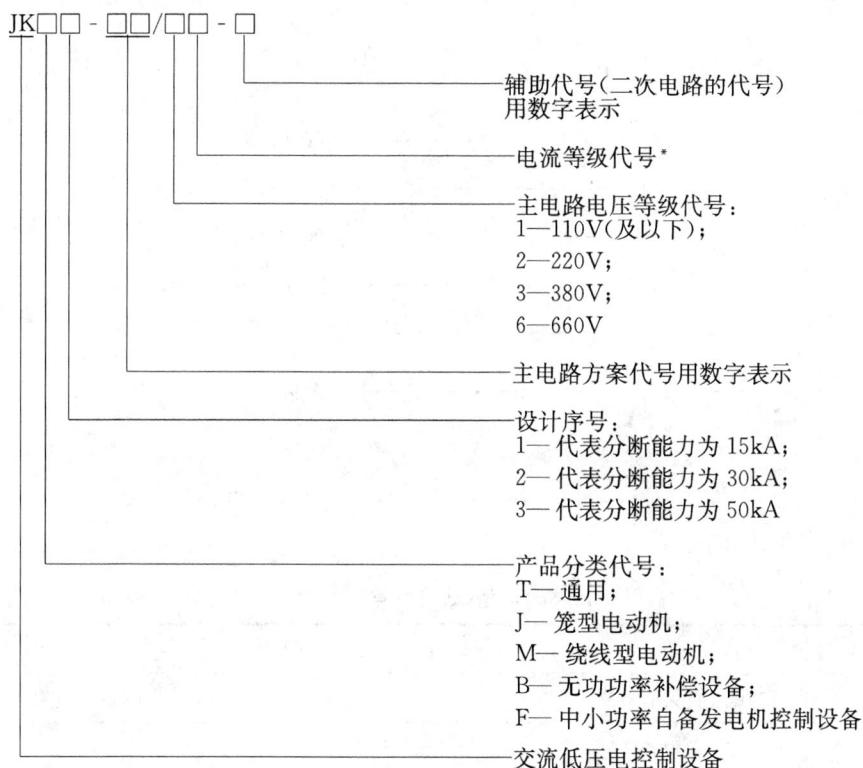

电流等级代号用字母表示（右下角 2 为加强型）见表 10 - 15。

表 10 - 15　　　　　　　　　　　电 流 等 级 代 号

代号	A	B	C	D	E	F	G	H	I	J	K	L	M	N
额定电流（A）	10	16	25	40	63	100	160	250 (200)	400	630 (600)	1000	1600 (1500)	2500	3150

4. 技术参数

JK 系列主要技术参数见表 10 - 16。

表 10 - 16   **JK 系列主要技术参数**

名 称	参 数	名 称	参 数
额定电压（V）	500、600	主母线最大工作电流（A）	3150
额定工作电压（V）	380、660	主母线最大短时耐受峰值电流（kA）	105

（六）$X_R^X M$ 型照明配电箱

1. 用途

$X_R^X M30$ 型照明配电箱用于高层建筑、宾馆、住宅交流 50Hz、电压 380V 以下的低压配电系统中，作为实现对照明配电线路切换、漏电、过载、短路保护用。

2. 型号及含义

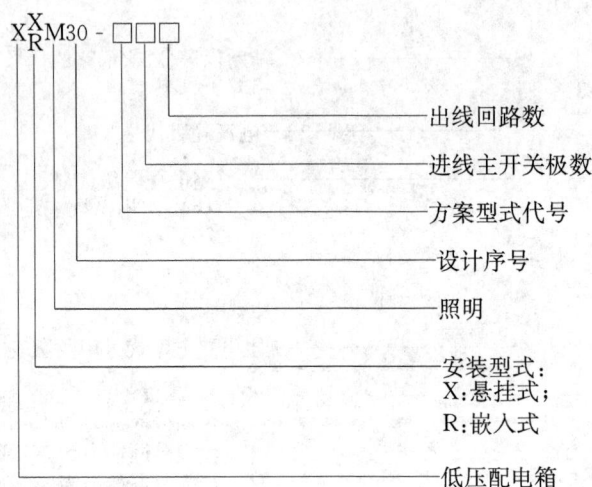

方案型式代号见表 10 - 17。

表 10 - 17   **方 案 型 式 代 号**

方案型式代号	含 义
A	无进线主开关单相进线
B	进线主开关为 DZ12-60/2
C	进线主开关为 DZ12-60/3
D	进线主开关为 DZ12-100/3
E	带有单相电能表一只及主开关为 DZ12-60/2
F	带有三相四线电能表一只及主开关为 DZ12-60/3
G	带有三相四线电能表一只及主开关为 DZ10-100/3
H	单相电能表箱
I	进线主开关为 DZ12-60/3，出线开关为单相漏电开关
J	插座箱

3. 技术参数

X$\frac{X}{R}$M30 型主要技术参数见表 10 - 18。

表 10 - 18　　　　　　　　　　　X$\frac{X}{R}$M30 型技术参数

名　　称	参　　数	名　　称	参　　数
进线方式	单相三线、三相五线、220/380V	进线电流（A）	15、20、30、40、50、60
额定电压（V）	AC220、380	出线电流（A）	6、10、15、20、30、40、50、60
工作频率（Hz）	50、60		

4. 结构

X$\frac{X}{R}$M30 型照明配电箱采用箱底、箱芯、箱盖三体可拆装结构，箱内设有零线、接地、端子排、箱壳上下均有敲落孔。

三、成套配电装置的特点

（1）成套配电装置由于电气设备安装在封闭或半封闭的金属外壳中，它的外壳有一定的防护等级，运行可靠性高，特别是安装了防止误操作闭锁装置的成套配电装置，更是提高了供电的可靠性。

（2）成套配电装置内电器安装的结构紧凑，因而占地面积小。

（3）维护工作量小，运行检修方便。

（4）现场安装工作量小，建筑周期短。

（5）耗用钢材较多。

外壳防护等级的分类代号，如第五单元表 5 - 2 所示。

课题三　预装式变电站

内容要求

1. 了解预装式变电站的类型及结构；

2. 掌握预装式变电站的用途及技术特征。

在城市中的商业繁华地区，建筑物稠密，人口密度大，土地特别贵重，在居民小区，高楼林立，高层建筑不断涌现，以及车站，港口、码头等地，低压供电的负荷密度不断增大，对供电的可靠性和质量也提出了很高的要求。在这种情况下，如果以某一较大容量的变电站为中心，以低压向周围的用户供电，将耗费大量的有色金属，电能损耗很大，还不能保证供电质量。反之，如果以高电压深入负荷中心，在负荷中心建变电站，就能缩短低压供电半径，提高供电质量，节约有色金属，降低电能损耗。

在负荷中心最适宜建设成预装式变电站。它由高压开关柜、低压配电屏和干式变压器柜等单元组成。

ZBN-6（10）/0.4（0.7）kV 型户内干式成套组合变电站，如图 10 - 23～图 10 - 26 所示。其型号、含义如下：

1. 户内高压开关设备型号含义

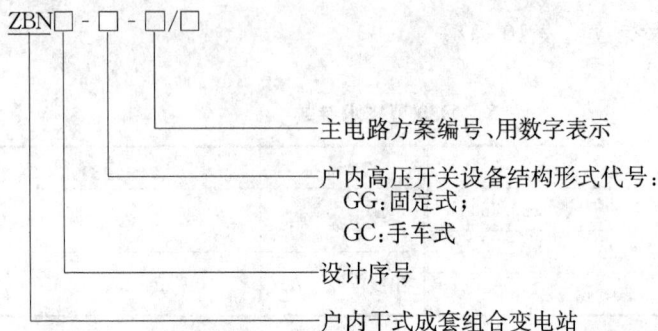

ZBN□ - □ - □/□

- 主电路方案编号,用数字表示
- 户内高压开关设备结构形式代号:
  GG:固定式;
  GC:手车式
- 设计序号
- 户内干式成套组合变电站

2. 户内干式变压器柜型号含义

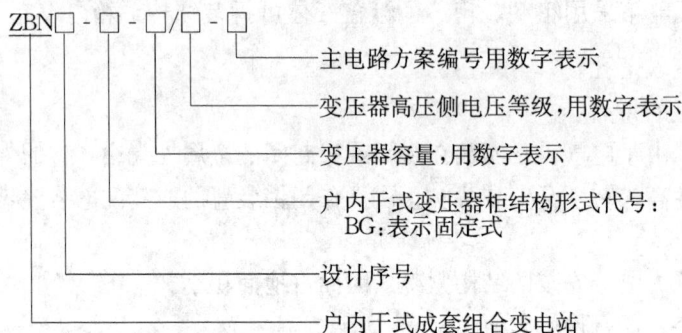

ZBN□ - □ - □/□ - □

- 主电路方案编号用数字表示
- 变压器高压侧电压等级,用数字表示
- 变压器容量,用数字表示
- 户内干式变压器柜结构形式代号:
  BG:表示固定式
- 设计序号
- 户内干式成套组合变电站

3. 户内低压开关设备型号含义

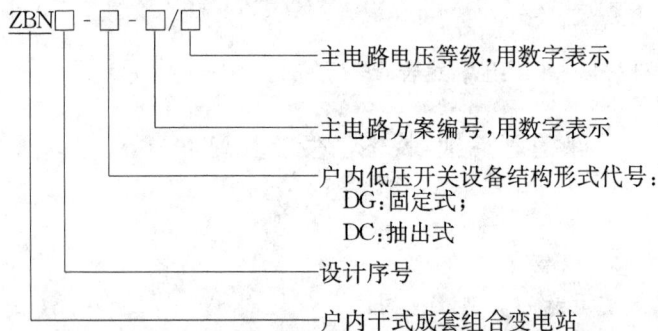

ZBN□ - □ - □/□

- 主电路电压等级,用数字表示
- 主电路方案编号,用数字表示
- 户内低压开关设备结构形式代号:
  DG:固定式;
  DC:抽出式
- 设计序号
- 户内干式成套组合变电站

ZBN-6（10）/0.4（0.7）kV 型户内变电站由高压开关设备，户内变压器柜、户内低压开关设备3部分组成。各个主电路方案自成单元，各单元壳体用标准型钢以螺栓连接组成骨架后，与用冷轧钢板制成的门、侧板、顶板、底板等零件连接成单元壳体；前门与骨架采用铰链连接，门可以自由开启；当低压开关设备采用双面布置时，后门与骨架采用埋头螺栓连接，后门不开启；当低压开关设备单面布置时，后门与骨架采用铰链连接，后门可开启。各单元壳体成型后，用双头螺栓连接为变电站整体。各柜间留母线贯穿孔及母线固定装置。

作为 ZBN 型干式户内成套变电站，其3部分的组合有3种：①各部分单独使用；②任意两部分相互组合使用；③三部分同时组合使用。

预装式变电站的特点：①深入负荷中心；②节约有色金属；③减少电能损耗；④提高供电质量；⑤占地面积小，便于安装、迁移、扩建；⑥价贵。

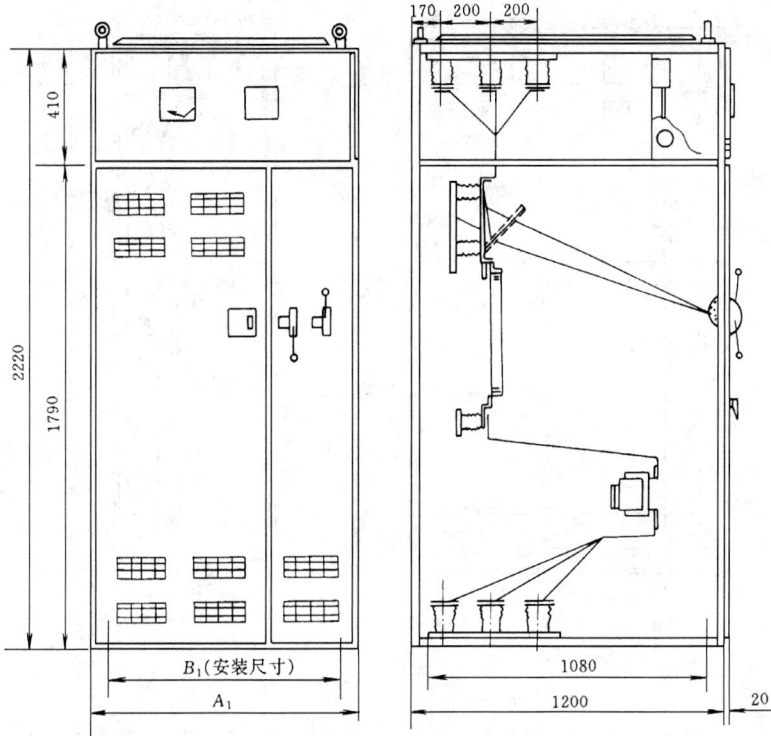

图 10 - 23　ZBN□-GG 户内固定式开关设备结构简图

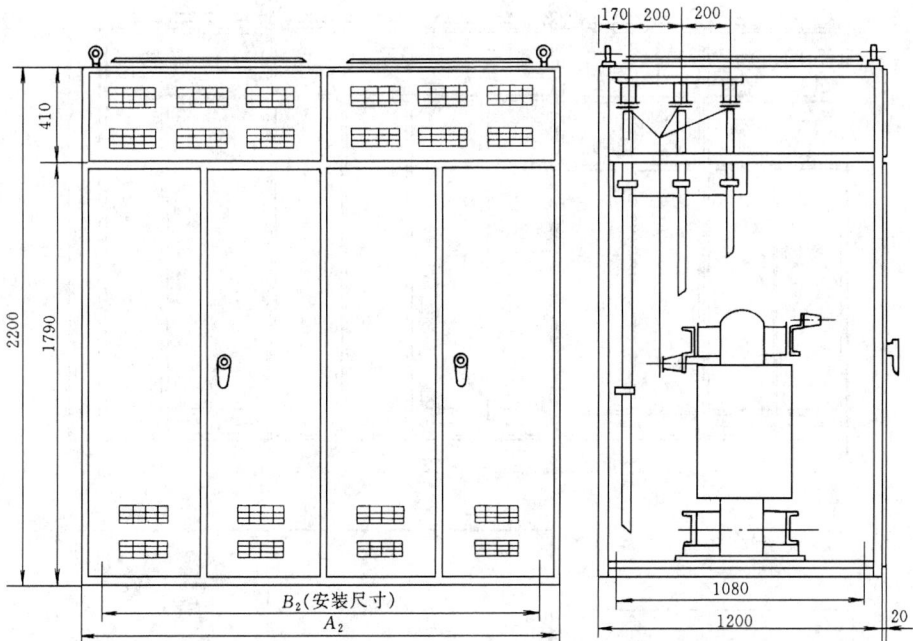

变压器容量	A_2	B_2	变压器容量	A_2	B_2
30～160	1600	1480	630～800	2000	1880
200～500	1800	1680	1000～1600	2200	2080

图 10 - 24　ZBN□-BG 型户内变压器结构简图

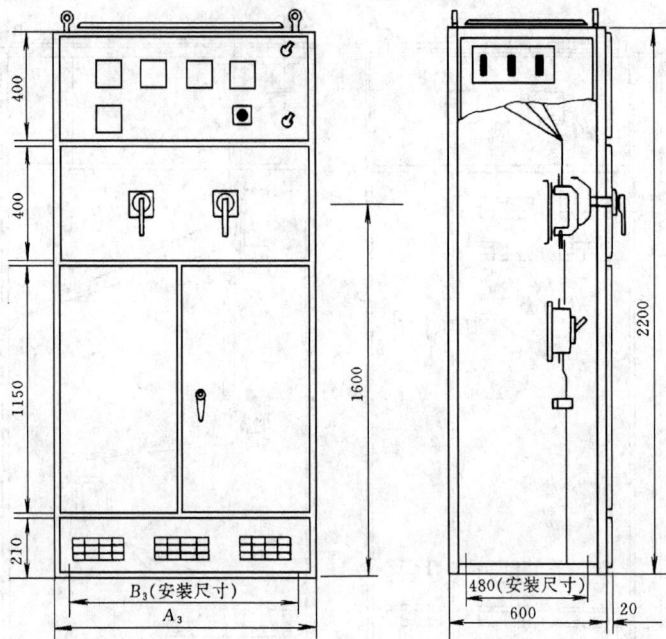

A	800	1000	1200
B	680	880	1080

图 10-25　ZNB□-DG 型户内固定式开关设备结构简图

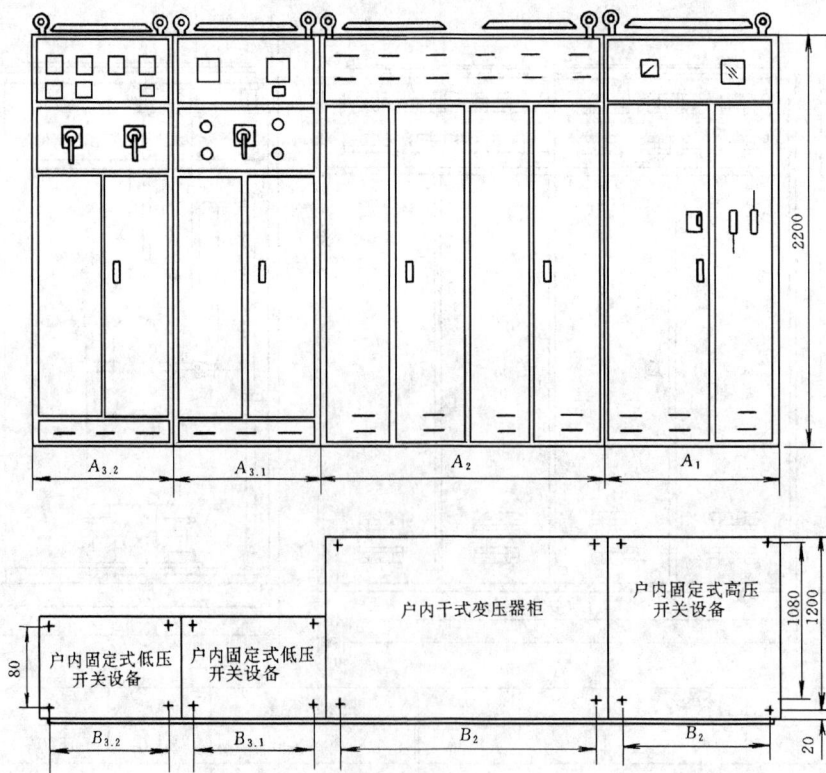

图 10-26　ZBN□型户内固定式干式成套组合变电站布置组合示意图

小　结

供配电所的作用就是把电力系统供给的高压电能，经过供配电所的降压，变成各种用电设备所需的电压的电能，然后经过各种配电装置和配电线路将电能供给用电设备使用。其电气主接线应满足可靠性、灵活性、经济性。根据供电电压和负荷的不同，主接线有多种形式。

配电装置的形式与电气主接线、周围环境等因素有关；按它的设置的场所可分为户内配电装置和户外配电装置；按其电压等级可分为高压和低压配电装置；按其结构形式可分为装配式和成套式。一般来说，10kV 及以下电压等级的配电装置采用户内式的成套配电装置；35kV 及以上电压等级的配电装置采用户外架构式的配电装置。

成套配电装置，是以断路器为主的成套电气设备。制造厂根据电气主接线要求，将断路器、隔离开关、互感器、避雷器、电容器等设备按一定顺序，装配在封闭式的或敞开式的金属柜内，作接受和分配电能的作用。按安装方式分为固定式和手动式。

预装式变电站由高压开关柜、低压配电屏和装于金属箱体中的干式变压器等单元组成，由制造厂成套供应。

习　题

10-1　电力负荷怎样分级？各级负荷对供电可靠性的要求是怎样的？

10-2　变压器的选择应考虑哪些条件？

10-3　主接线有哪几种基本形式？各有什么特点？

10-4　什么叫内桥形和外桥形接线？各适用于什么场合？

10-5　屋内配电装置和屋外配电装置各有什么特点？

10-6　什么叫成套配电装置？有哪几种？

10-7　安全净距的 A 值是怎样确定的？其余各值与 A 值有何关系？

10-8　供配电所总体布置应考虑哪些要求？

10-9　对配电装置有哪"五防"要求？

10-10　成套配电装置有哪些优缺点？

10-11　预装式变电站有哪些特点？

附录　各类型设备的技术参数及特性

附表 1　　　　　　　　　　　　LJ 型铝绞线计算参数

标称截面 （mm²）	16	25	35	50	70	95	120	150	185	210	240	300	400
计算截面 （mm²）	15.89	25.41	34.36	49.48	71.25	95.14	121.21	148.07	182.80	209.85	238.76	297.57	397.83
外　径 （mm）	5.1	6.45	7.50	9.00	10.80	12.48	14.25	15.75	17.50	18.75	20.00	22.40	25.90
计算质量 （kg/km）	43.5	69.6	94.1	135.5	195.1	260.5	333.5	407.4	503.0	577.4	656.9	820.4	1097

附表 2　　　　　　　　　　　　LGJ 型钢芯铝绞线计算参数

标称截面积 （铝/钢， mm²）	计算截面积 总　计 （mm²）	外　径 （mm）	计算拉 断　力 （N）	计算质量 （kg/km）	标称截面积 （铝/钢， mm²）	计算截面积 总　计 （mm²）	外　径 （mm）	计算拉 断　力 （N）	计算质量 （kg/km）
35/6	40.67	8.16	12630	141.0	185/25	211.29	18.90	59420	760.1
50/8	56.29	9.60	16870	195.1	185/30	210.93	18.88	64320	732.6
50/30	80.32	11.60	42620	372.0	185/45	227.83	19.60	80190	848.2
70/10	79.39	11.40	23390	275.2	210/10	215.48	19.00	45140	650.7
70/40	114.40	13.60	58300	511.6	210/25	236.12	19.98	65990	789.1
95/15	109.72	13.61	35000	380.8	210/35	246.09	20.38	74250	853.9
95/20	113.96	13.87	27200	408.9	210/50	258.06	20.86	90830	960.9
95/55	152.81	16.00	78110	707.7	240/30	275.96	21.60	75620	922.2
120/7	125.50	14.50	27570	379.0	240/40	277.75	21.66	83370	964.3
120/20	134.49	15.07	41000	466.8	240/55	297.57	22.40	102100	1108
120/25	146.73	15.74	74880	562.6	300/15	312.21	23.01	68060	939.8
120/70	193.40	18.00	98370	895.8	300/20	324.33	23.43	75680	1002
150/8	152.80	16.00	32860	461.4	300/25	333.31	23.76	83410	1058
150/20	164.50	16.67	46630	549.4	300/40	338.99	23.94	92220	1133
150/25	173.11	17.10	54110	601.0	300/50	348.36	24.26	103400	1210
150/35	181.62	17.50	65020	676.2	300/70	376.61	25.20	128000	1402
185/10	193.40	18.00	40880	584.0					

附表 3　　　　　　　　　**LJ、TJ 型架空线路导线的电阻及感抗（Ω/km）**

导线型号	电阻(LJ型)	几何均距 (m)									4.0	电阻(TJ型)	导线型号
		0.6	0.8	1.0	1.25	1.5	2.0	2.5	3.0	3.5			
		感　　抗											
LJ-16	1.98	0.358	0.377	0.391	0.405	0.416	0.435	0.449	0.460			1.2	TJ-16
LJ-25	1.28	0.345	0.363	0.377	0.391	0.402	0.421	0.435	0.446			0.74	TJ-25
LJ-35	0.92	0.336	0.352	0.366	0.380	0.391	0.410	0.424	0.435	0.445	0.453	0.54	TJ-35
LJ-50	0.64	0.325	0.341	0.355	0.365	0.380	0.398	0.413	0.423	0.433	0.441	0.39	TJ-50
LJ-70	0.46	0.315	0.331	0.345	0.359	0.370	0.388	0.399	0.410	0.420	0.428	0.27	TJ-70
LJ-95	0.34	0.303	0.319	0.334	0.347	0.358	0.377	0.390	0.401	0.411	0.419	0.20	TJ-95
LJ-120	0.27	0.297	0.313	0.329	0.341	0.352	0.368	0.382	0.393	0.403	0.411	0.158	TJ-120
LJ-150	0.21	0.287	0.312	0.319	0.333	0.344	0.363	0.377	0.388	0.398	0.406	0.123	TJ-150

附表 4　　　　　　　　　**LGJ 型架空线路导线的电阻及感抗（Ω/km）**

导线型号	电阻	几何均距 (m)														
		1.0	1.5	2.0	2.5	3.0	3.5	4.0	4.5	5.0	5.5	6.0	6.5	7.0	7.5	8.0
		感　　抗														
LGJ-35	0.85	0.366	0.385	0.403	0.417	0.429	0.438	0.446								
LGJ-50	0.65	0.353	0.374	0.392	0.406	0.418	0.427	0.435								
LGJ-70	0.45	0.343	0.364	0.382	0.396	0.408	0.417	0.425	0.433	0.440	0.446					
LGJ-95	0.33	0.334	0.353	0.371	0.385	0.397	0.406	0.414	0.422	0.429	0.435	0.44	0.445			
LGJ-120	0.27	0.326	0.347	0.365	0.379	0.391	0.400	0.408	0.416	0.423	0.429	0.433	0.438			
LGJ-150	0.21	0.319	0.340	0.358	0.372	0.384	0.398	0.401	0.409	0.416	0.422	0.426	0.432			
LGJ-185	0.17				0.365	0.377	0.386	0.394	0.402	0.409	0.415	0.419	0.425			
LGJ-240	0.132				0.357	0.369	0.378	0.386	0.394	0.401	0.407	0.412	0.416	0.421	0.425	0.429
LGJ-300	0.107										0.399	0.405	0.410	0.414	0.418	0.422

附表 5　　　　　　　　　**LGJ、LGJJ 及 LGJQ 型架空线路导线的容纳（×10⁻⁶ S/km）**

导线型号		几何均距 (m)														
		1.5	2.0	2.5	3.0	3.5	4.0	4.5	5.0	5.5	6.0	6.5	7.0	7.5	8.0	8.5
	35	2.97	2.83	2.73	2.65	2.59	2.54									
	50	3.05	2.91	2.81	2.72	2.66	2.61									
	70	3.12	2.99	2.88	2.79	2.73	2.68	2.62	2.58	2.54						
	95	3.25	3.08	2.96	2.87	2.81	2.75	2.69	2.65	2.61						
LGJ	120	3.31	3.13	3.02	2.92	2.85	2.79	2.74	2.69	2.65						
	150	3.38	3.20	3.07	2.97	2.90	2.85	2.79	2.74	2.71						
	185			3.13	3.03	2.96	2.90	2.84	2.79	2.74						
	240			3.21	3.10	3.02	2.96	2.89	2.85	2.80	2.76					
	300										2.86	2.81	2.78	2.75	2.72	

附表 6　　　　　　6～10kV SL7 系列三相双绕组电力降压变压器部分技术数据

型　号	S_N (kVA)	U_N (kV)		U_K (%)	连接组标号	损耗 (W)		I_0 (%)
		高压	低压			空载	短路	
SL7-100/10	100	10 / 6	0.4	4.0	Yyn0	324	2021 2040	2.3
SL7-125/10	125	10 / 6	0.4	4.0	Yyn0	378	2396 2481	2.2
SL7-160/10	160	10 / 6	0.4	4.0	Yyn0	460	2900 2902	2.1
SL7-200/10	200	10 / 6	0.4	4.0	Yyn0	545	3419 3426	2.1
SL7-250/10	250	10 / 6	0.4	4.0	Yyn0	630	4038 4002	2.0
SL7-315/10	315	10 / 6	0.4	4.0	Yyn0	773	4761 4889	2.0
SL7-400/10	400	10 / 6	0.4	4.0	Yyn0	899	5919 6810	1.9
SL7-500/10	500	10 / 6	0.4	4.0	Yyn0	1073	6917 6847	1.9
SL7-630/10	630	10 / 6	0.4	4.5	Yyn0	1308	8151 8189	1.8
SL7-800/10	800	10 / 6	0.4	4.5	Yyn0	1513	9988 9968	1.5
SL7-1000/10	1000	10 / 6	0.4	4.5	Yyn0	1799	11250 11556	1.2
SL7-1250/10	1250	10 / 6	0.4	4.5	Yyn0	2240	13521 14030	1.2
SL7-1600/10	1600	10 / 6	0.4	4.5	Yyn0	2645	16358 16461	1.1
SL7-2000/10	2000	10	6.3	5.5	Yd11	3115.5	20108	1.0
SL7-2500/10	2500	10	6.3	5.5	Yd11	3710	23355	1.0
SL7-3150/10	3150	10	6.3	5.5	Yd11	4448	27117	0.9
SL7-4000/10	4000	10	6.3	5.5	Yd11	5344	32396	0.8
SL7-5000/10	5000	10	6.3	5.5	Yd11	6373	36632	0.8
SL7-6300/10	6300	10	6.3	5.5	Yd11	7662	41582	0.7

附表 7　　　　　　35kV SL7 系列三相双绕组电力降压变压器部分技术数据

型　号	S_N (kVA)	U_N (kV)		U_K (%)	连接组标号	损耗 (W)		I_0 (%)
		高压	低压			空载	短路	
SL7-50/35	50	35	0.4	6.5	Yyn0	264	1302	2.8
SL7-100/35	100	35	0.4	6.5	Yyn0	367	2237	2.6
SL7-125/35	125	35	0.4	6.5	Yyn0	416	2570	2.5

型　　号	S_N (kVA)	U_N (kV)		U_K (%)	连接组标号	损耗（W）		I_0 (%)
		高压	低压			空载	短路	
SL7-160/35	160	35	0.4	6.5	Yyn0	476	3166	2.4
SL7-200/35	200	35	0.4	6.5	Yyn0	542	3740	2.2
SL7-250/35	250	35	0.4	6.5	Yyn0	636	4395	2.0
SL7-315/35	315	35	0.4	6.5	Yyn0	762	5370	2.0
SL7-400/35	400	35	0.4	6.5	Yyn0	920	5329	1.9
SL7-500/35	500	35	0.4	6.5	Yyn0	1083	7540	1.9
SL7-630/35	630	35	0.4	6.5	Yyn0	1245	9222	1.8
SL7-800/35	800	35	0.4	6.5	Yyn0	1520	10801	1.5
SL7-1000/35	1000	35	0.4	6.5	Yyn0	1830	13620	1.4
SL7-1250/35	1250	35	0.4	6.5	Yyn0	2193	16047	1.2
SL7-1600/35	1600	35	0.4	6.5	Yyn0	2594	19728	1.1
SL7-2000/35	2000	35	10.5 6.3	6.5	Yd11	3411	19567	1.1
SL7-2500/35	2500	35	10.5 6.3	6.5	Yd11	4030	23317 23523	1.1
SL7-3150/35	3150	35	10.5 6.3	7	Yd11	4844	26843 27062	1.0
SL7-4000/35	4000	35	10.5 6.3	7	Yd11	5680	31244 31513	1.0
SL7-5000/35	5000	35	10.5 6.3	7	Yd11	6768	36977 37254	0.9
SL7-6300/35	6300	35	10.5 6.3	7.5	Yd11	8250	41075 42461	0.9

附表 8　　500kV 橡皮绝缘和聚氯乙烯绝缘四芯电力电缆每米阻抗值（MΩ/m）

线芯标称截面 （mm²）	电阻 R（相线），$t=65℃$时		电抗 X	
	铝	铜	橡皮绝缘	聚氯乙烯绝缘
3×35+1×10	1.077	0.639	0.083	0.080
3×50+1×16	0.754	0.447	0.082	0.079
3×70+1×25	0.538	0.319	0.079	0.078
3×95+1×35	0.397	0.235	0.080	0.079
3×120+1×35	0.314	0.188	0.078	0.076
3×150+1×50	0.251	0.151	0.077	0.076
3×180+1×50	0.203	0.123	0.077	0.076

附表 9　　　　　　　　**DW15 系列万能式低压断路器的通断能力**

I_N (A)	极限通断能力（kA）				延时通断能力（kA）			机械寿命（千次）	电寿命（千次）			
	额定电压（V）			$\cos\varphi$	延时（s）	380V	$\cos\varphi$		配电用（V）			电动机用
	380	660	1140						380	660	1140	
200	20	10		0.25		4.4		20	5			10
400	25	15	10	0.25	0.2	8.8	0.5	10	2.5	1.5	1	5
630	30	20	12	0.3		13.2		10	2.5	1.5	1	5
1000	40			0.25		30	0.25	10	2.5			
1500	40			0.25	0.4	30	0.25	10	2.5			
2500	60			0.2		40	0.25	5	0.5			
4000	80			0.2		60	0.2	5	0.5			

附表 10　　　　　　　**DW15 系列万能式低压断路器的过负荷保护特性**

（DW15-200～630 型低压断路器过流脱扣器的额定电流及整定值）

型　　号	过电流脱扣器额定电流（A）		过电流脱扣器整定值（A）				
			长延时动作整定值		短延时动作整定值	瞬时动作整定值	
	热式电磁式	电子式	热　式	电子式	电子式	电子式	电磁式
DW15-200	100	100	64，80，100	40～100	300～1000	300～1000	1000
						800～2000	1200
	160	—	102，128，160	—	—	—	1600
							1920
	200	200	128，160，200	80～200	600～2000	600～2000	2000
						1600～4000	2400
DW15-400	—	200		80～200	600～2000	600～2000	—
						1600～4000	
	315		201.6，252，315			—	3150
							3780
	400	400	256，320，400	160～400	1200～4000	1200～4000	4000
						3200～8000	4800
DW15-630	315	315	201.6，252，315	126～315	945～3150	945～3150	3150
						2520～6300	3780
	400	400	256，320，400	160～400	1200～4000	1200～4000	4000
						3200～8000	8000
	630	630	403.2，504，630	252～630	1890～6300	1890～6300	6300
						5040～12600	7560

附表 11　　　　　　　　　**DZ20 系列塑料外壳式断路器通断能力**

壳架等级 I_N (A)	断路器 I_N (A)	额定短路分断能力 (kA)					瞬时脱扣器整定电流值		1h操作频率 (次)	电寿命 (次)	机械寿命 (次)
		代号	AC		DC		配电用	电动机用			
			380V	cosφ	380V	cosφ					
100	16、20、32、40、50、63、80、100	Y	18	0.3	10	10	10I_N(最小500A)	12I_N(最小500A)	240	4000	4000
		J	35	0.25	15	10					
		G	75	0.2	20	10					
200	100、125、160、180、200、225	Y	25	0.3	20	10	5I_N 和 10I_N	8I_N 和 12I_N	120	2000	6000
		J	35	0.25	20	10					
		G	70	0.2	25	15					
400	200、250、315、350、400	Y	30	0.25	25		10I_N	12I_N	600	1000	4000
		J	42	0.25	25						
		G	80	0.2	30						
630	200、250、315、350、400、500、630	Y	30	0.25	25	15	5I_N 和 10I_N				
		J	40								
1250	630、700、800、1000、1250	Y	50		30		4I_N 和 7I_N		30	500	2500

注　Y 为一般型；G 为最高型；J 为较高型。

附表 12　　　　　　　　　**配电用 DZ20 系列断路器的反时限特性**

试验电流名称	试验电流 I	I_N (A)					起始状态
		16~63	80~100	100~225	200~630	630~1250	
		约定试验时间					
约定不脱扣电流	1.05I_N	1h	2h				冷态
约定脱扣电流	1.25I_N	<1h	<2h				热态
	3I_N 可返回时间	>3s	>5s	>5s	>8s	>8s	冷态

注　(1) 当 I_N＝16~63A 时，约定脱扣电流为 1.35I_N；
　　(2) 热态是指以约定不脱扣电流到规定约定试验时间不动作，再使电流上升到约定脱扣电流时的状态。

附表 13　　　　　　　　　**电动机用 DZ20 系列断路器的反时限特性**

试验电流名称	试验电流 I	I_N (A)				起始状态
		16~63	80~100	100~225	400Y 型	
		约定试验时间				
约定不脱扣电流	1.05I_N	2h				冷态
约定脱扣电流	1.2I_N	<2h				热态
	6I_N 可返回时间	>1s	>3s		>5s	冷态

注　DZ20Y 型的全开断时间 t<20ms；J 型 t<14ms；G 型 t<8~10ms。

附表 14　　　　　　**RT0、RT12、RT14、RT15 系列低压熔断器的技术数据**

型　　号	额定电流（A）		极限分断能力（kA）
	熔断器	熔　　体	
RT0-50	50	5、10、15、20、30、40、50	
RT0-100	100	30、40、50、60、80、100	
RT0-200	200	80*、100*、120、150、200	50（交流 380V）
RT0-400	400	150*、200*、250、300、350、400	25（直流 440V）
RT0-600	600	350*、400*、450、500、550、600	
RT0-1000	1000	700、800、900、1000	
RT12-20	20	4、6、10、16、20	
RT12-32	32	20、25、32	80
RT12-63	63	32、40、50、63	（交流 415V，cosφ＝0.1～0.2）
RT12-100	100	63、80、100	
RT14-20	20	2、4、6、10、16、20	
RT14-32	32	2、4、6、10、16、20、25、32	100
RT14-63	63	10、16、20、25、32、40、50、63	（交流 380V，cosφ＝0.1～0.2）
RT15-100	100	40、50、63、80、100	
RT15-200	200	125、160、200	80
RT15-315	315	250、315	（交流 415V）
RT15-400	400	350、400	

注　表中带 * 号的熔体尽量不采用。

附表 15　　　　　　　　　　**RL 系列低压熔断器的技术数据**

1. RL1 系列螺旋式熔断器技术数据

型　　号	额定电流（A）		cosφ≥0.3 时的极限分断能力（kA）	
	支持件	熔　断　体	380V	500V
RL1-15	15	2、4、6、10、15	2	2
RL1-60	60	20、25、30、35、40、50、60	5	3.5
RL1-100	100	60、80、100		20
RL1-200	200	100、125、150、200		50

2. RL6 系列螺旋式熔断器技术数据

型　　号	额定电压（V）	额定电流（A）		额定分断能力（kA）
		支持件	熔　断　体	
RL6-25		25	2、4、6、10、16、20、25	
RL6-63	500V	63	35、50、63	50
RL6-100		100	80、100	（500V、cosφ＝0.1～0.2）
RL6-200		200	125、160、200	

3. RL7 系列螺旋式熔断器技术数据

型　　号	额定电压（V）	额定电流（A）		额定分断能力（kA）
		支持件	熔　断　体	
RL7-25		25	2、4、6、10、20、25	
RL7-63	660V	63	35、50、63	25
RL7-100		100	80、100	（660V、cosφ＝0.1～0.2）

附表 16　　　　　　　　**RS0、RS3、RLS2 系列低压熔断器的技术数据**

型　号	额定电压（V）	额定电流（A）		极限分断能力（kA）	熔断时间
		熔断器	熔　体		
RS0-50	250	50	30、50	50（cosφ>0.3）	1.1I_N 时，4h 内熔断； 4I_N 时，0.05～0.3s 内熔断； 6I_N 时，100～500A 的产品在 0.02s 内熔断； 7I_N 时，10～80A 的产品在 0.02s 内熔断
RS0-100		100	50、80		
RS0-200		200	150		
RS0-350		350	320		
RS0-500		500	400、480		
RS0-50	500	50	30、50	40（cosφ>0.3）	
RS0-100		100	50、80		
RS0-200		200	150		
RS0-350		350	320		
RS0-500		500	400、480		
RS0-350	750	400	320	30（cosφ>0.3）	
RS3-50	500	50	10、15、20、25、30、40、50	25（cosφ=0.3）	1.1I_N 时，5h 内不熔断； 3.5I_N 时，0.06s 内熔断； 4I_N 时，100A 以上的产品在 0.02s 内熔断； 4.5I_N 时，100A 及以下的产品在 0.02s 内熔断
RS3-100		100	80、100		
RS3-200		200	150、200	50（cosφ=0.3）	
RS3-300		300	250、300		
RS3-200	750	200	150		
RS3-300		300	250		
RLS2-30	500	30	16、20、25、30	50（100）cosφ=0.1～0.2	
RLS2-63		63	35、45*、50、63		
RLS2-100		100	75*、80、90*、100		

附表 17　　　　　　　　**RC1A 系列熔断器的技术数据**

型　号	额定电流（A）		熔体材料	1.1U_N 时的分断能力（A）
	熔断器	熔　体		
RC1A-5	5	2、5	锡锑合金丝	250（cosφ=0.8）
RC1A-10	10	2、4、6、10		500（cosφ=0.8）
RC1A-15	15	15		
RC1A-30	30	20、25、30	铜丝	1500（cosφ=0.7）
RC1A-60	60	40、50、60		3000（cosφ=0.6）
RC1A-100	100	80、100		
RC1A-200	200	120、150、200	变截面铜片	

附表 18　　　　　　　　**RM7、RM10 系列低压熔断器的技术数据**

型　号	额定电压（V）	额定电流（A）		分断能力（kA）
		熔断器	熔　体	
RM7-15	500	15	6、10、15	2（cosφ=0.7）
RM7-60		60	10、15、20、25、30、40、50、60	5（cosφ=0.55）
RM7-100		100	60、80、100	20（cosφ=0.4）
RM7-200		200	100、125、160、200	
RM7-400		400	200、240、260、300、350、400	20（cosφ=0.35）
RM7-600		600	400、450、500、550、600	
RM10-15	380、500	15	6、10、15	1.2
RM10-60		60	15、20、25、35、45、60	3.5
RM10-100		100	60、80、100	10
RM10-200		200	100、125、160、200	
RM10-350		350	200、225、260、300、350	
RM10-600		600	350、430、500、600	
RM10-1000		1000	600、700、850、1000	12

参 考 文 献

[1] 西北电力设计院. 电力工程电气设计手册（一）. 北京：中国电力出版社，1989.

[2] 中国航空工业规划设计研究院. 工业与民用配电设计手册. 3 版. 北京：中国电力出版社，2005.

[3] 电力工业部电力规划设计总院. 电力系统设计手册. 北京：中国电力出版社，1995.

[4] 要焕年，曹梅月. 电力系统谐振接地. 2 版. 北京：中国电力出版社，2009.

[5] 陈德桂. 低压断路器的开关电弧与限流技术. 北京：机械工业出版社，2007.

[6] 李建基. 高压断路器及其应用. 北京：中国电力出版社，2004.

[7] 王仁祥. 常用低压电器原理及其控制技术. 北京：机械工业出版社，2009.

[8] 苑舜，崔文军. 高压隔离开关设计与改造. 北京：中国电力出版社，2007.

[9] 王季梅. 高压交流熔断器及其应用. 北京：机械工业出版社，2006.

[10] 王子午，徐泽植. 常用供配电设备选型手册第 5 分册. 预装（组合、箱式）、变电站、变压器. 北京：煤炭工业出版社，2006.

[11] 高翔. 智能变电站技术. 北京：中国电力出版社，2012.

[12] 张猛. 智能高压开关设备设计及工程应用. 北京：机械工业出版社，2014.

[13] 刘介才. 供电工程师技术手册. 北京：机械工业出版社，1997.

[14] 李润先. 中压电网系统接地实用技术. 北京：中国电力出版社，2002.

[15] 李瑞荣. 短路电流实用计算. 北京：中国电力出版社，2003.

[16] 中国机械工业联合会. 供配电系统设计规范 GB 50052—2009. 北京：中国计划出版社，2010.

[17] 东北电力设计院. 导体和电器选择设计技术规定 DL/T 5222—2005. 北京：中国电力出版社，2005.

[18] 王鲁杨，王禾兴. 工业用电设备. 北京：中国电力出版社，2006.